EMMANUEL COSQUIN

CONTES POPULAIRES

DE

 LORRAINE

COMPARÉS

AVEC LES CONTES DES AUTRES PROVINCES DE FRANCE
ET DES PAYS ÉTRANGERS

ET PRÉCÉDÉS

D'UN ESSAI

SUR L'ORIGINE ET LA PROPAGATION

DES CONTES POPULAIRES EUROPÉENS

TOME PREMIER

PARIS

F. VIEWEG, LIBRAIRE-ÉDITEUR

67, RUE DE RICHELIEU, 67

ACKERMANN (L.), Contes (en vers), in-8 br. Cont. : Savitri. — Sakuntala. — L'Ermite. — L'Entrevue nocturne. — Le Perroquet. — Le Chasseur malheureux... 1 50

AMOURS (Les) et les aventures du jeune Ons-Ol-Oudjoud (les Délices du Monde) et de la fille de Vézir El-Ouard Fi-l-Akmam (le Bouton de Rose), conte des Mille et une Nuits, traduit de l'arabe et publié complet pour la première fois par G. Rat, in-8 br.................. 1 50

BANCROFT (G.). Histoire de l'action commune de la France et de l'Amérique pour l'indépendance des Etats-Unis. Traduit et annoté par le comte Adolphe de Circourt, accompagné de documents inédits, 3 vol. in-8 br., ornés de deux portraits gravés sur acier. Au lieu de 22 fr. 50.... 10 »

BARTHOLMESS (C.). Histoire philosophique de l'Académie de Prusse, depuis Leibniz jusqu'à Schelling, particulièrement sous Frédéric le Grand. 2 vol. in-8 br. Au lieu de 12 fr .... 8, »

BIBLIOTHECA SCATOLOGICA, ou catalogue raisonné des livres traitant des vertus, faits et gestes de très noble et très ingénieux Messire Luc (à rebours), seigneur de la Chaise et autres lieux, par trois savants en us. Scatopolis, chez les marchands d'aniterges. 5850 (1850), in-8 br. 15 »

BIBLIOTHÈQUE FRANÇAISE DU MOYEN AGE, publiée sous la direction de MM. G. Paris et P. Meyer, membres de l'Institut. Format gr. in-16, impression sur papier vergé en caractères elzeviriens. Tous les ouvrages sont accompagnés d'introductions développées et de copieux glossaires.
— Vol. I et II. Recueil de Motets français des XIIᵉ et XIIIᵉ siècles, publiés d'après les manuscrits, avec introduction et notes, par G. Raynaud, suivis d'une étude sur la musique au siècle de saint Louis, par H. Lavoix fils. 2 vol. cart.................. .... 20 »
   Les mêmes, br............................. .... 18 »
— Vol. III. Le Psautier de Metz. Texte du XIVᵉ siècle. Edition critique publiée d'après quatre manuscrits par F. Bonnardot. Tome Iᵉʳ. Texte intégral, cart.................................. 10 »
   Le même, br................................... 9 »
— Vol. IV et V. Alexandre le Grand dans la littérature française du moyen âge, par Paul Meyer, membre de l'Institut. Tome I. Textes. Tome II. Histoire de la légende. 2 vol. cart............, ... 20 »
   Les mêmes, br.................. .... 18 »

Volume en préparation.

— Vol. VI : Le Psautier de Metz, publié par F. Bonnardot. Tome II, comprenant l'Introduction, une étude critique, la grammaire et le glossaire.

BONSTETTEN (Baron de). Romans et épopées chevaleresques de l'Allemagne au moyen âge. In-8 br. Au lieu de 7 fr. 50 .... 3 »

BRUNET (G.). La France littéraire au XVᵉ siècle, ou Catalogue raisonné des ouvrages en tout genre imprimés en langue française jusqu'à l'an 1500, in-8, papier vergé, impression elzevirienne....... . ... 15 »

DU MÉRIL (E.). Mélanges archéologiques et littéraires. Cont. : De la langue des gloses malbergiques. — Sur l'origine des runes. — Aristophane et Socrate. — Des origines de la versification française. — De Virgile l'enchanteur, etc. In-8 br................... .. .. 8 »

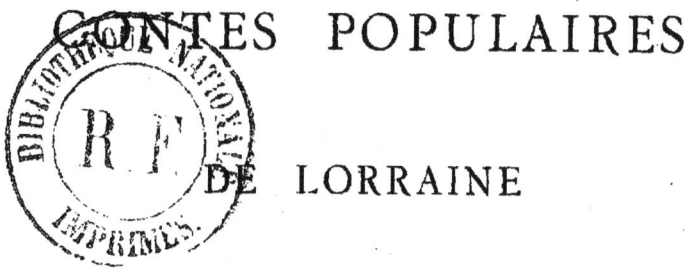

CONTES POPULAIRES

DE LORRAINE

1939

EMMANUEL COSQUIN

CONTES POPULAIRES

DE

LORRAINE

COMPARÉS

AVEC LES CONTES DES AUTRES PROVINCES DE FRANCE
ET DES PAYS ÉTRANGERS

ET PRÉCÉDÉS

D'UN ESSAI

SUR L'ORIGINE ET LA PROPAGATION

DES CONTES POPULAIRES EUROPÉENS

TOME PREMIER

PARIS

F. VIEWEG, LIBRAIRE-ÉDITEUR

67, RUE DE RICHELIEU, 67

AVANT-PROPOS

Cette collection de contes populaires présente ce caractère particulier que, pour la former, nous avons puisé dans la tradition orale d'un seul village : les cent contes et variantes dont elle se compose viennent tous de cette même source ; ils ont été recueillis par mes sœurs et moi à Montiers-sur-Saulx, village de Lorraine, — ou, si l'on veut plus de précision, du Barrois, — situé à quelques centaines de pas de l'ancienne frontière de Champagne [1]. Nous devons la plus grande partie de notre collection au zèle intelligent et à la mémoire prodigieuse d'une jeune fille du pays, morte aujourd'hui, qui s'est chargée de rechercher par tout le village les contes des veillées, et nous les a ensuite transmis avec une rigoureuse fidélité.

De bons juges ont parfois exprimé le regret de trouver dans certaines collections de contes populaires un style apprêté, des développements et des enjolivements qui trahissent le littérateur. Nous espérons qu'on ne nous adressera pas cette critique ; nous avons, du moins, tout fait pour ne pas nous y exposer, et, si notre collection a un mérite, c'est, ce nous semble, de reproduire avec simplicité les récits que nous avons entendus.

A la suite de chacun des contes sont indiquées les ressemblances qu'il peut présenter avec tels ou tels récits faisant partie

1. Montiers-sur-Saulx est un chef-lieu de canton du département de la Meuse ; il se trouve tout près de la Haute-Marne.

de quelqu'un des recueils de contes populaires édités en France ou à l'étranger, et surtout avec les contes orientaux. Ces rapprochements fourniront toute une série de pièces justificatives, si l'on peut parler ainsi, à l'histoire des migrations des fictions indiennes à travers le monde, histoire que cherche à exposer l'introduction de cet ouvrage.

Dans un *Supplément aux remarques*, placé à la fin du second volume, nous mettons à profit divers documents, dont plusieurs n'ont été livrés à la publicité que pendant l'impression de nôtre travail. Un *Index bibliographique* donne le titre complet des livres qui ont été indiqués en abrégé dans l'intérêt de la brièveté.

Publiées d'abord, de 1876 à 1881, dans la revue la *Romania*, cette collection et ses remarques ont reçu, de la part de savants de toute nationalité, comme M. Gaston Paris, M. Reinhold Kœhler, M. Ralston, un accueil qui était pour l'auteur un encouragement à faire paraître les *Contes lorrains* en volumes, avec des remarques considérablement augmentées et souvent tout à fait transformées.

Me permettra-t-on d'exprimer ici mon affectueuse reconnaissance envers les dévouées collaboratrices sans lesquelles ce travail n'aurait jamais été ni entrepris ni achevé ? C'est en commun avec elles qu'a été faite la rédaction des contes ; pour celle des remarques, j'ai reçu l'aide de leurs conseils, et l'une d'elles ne s'est jamais lassée de me signaler, dans les innombrables collections de contes européens, les plus intéressants rapprochements.

Août 1886.

INTRODUCTION

ESSAI SUR L'ORIGINE ET LA PROPAGATION DES CONTES POPULAIRES EUROPÉENS[1]

Quand Perrault voulut publier les contes dont son enfance avait été bercée, il n'osa les faire paraître sous son nom : il craignait qu'on ne le soupçonnât d'attacher la moindre importance à des récits de paysans et de bonnes femmes. Aujourd'hui Perrault n'aurait plus cette fausse honte, — on recueille, en notre temps, dans tous les pays, les contes des veillées ; il existe même, en littérature, ce que l'on pourrait appeler la « question des contes populaires » ; — mais Perrault serait exposé à un autre danger : il pourrait, après tant d'autres auteurs, céder à la tentation de grossir démesurément un problème déjà pourtant très intéressant, très sérieux même ; de traiter nos contes bleus comme de graves documents ; de voir dans le *Chat Botté*, le *Petit Poucet* et leurs compagnons l'incarnation de « mythes » dignes de la plus religieuse attention, et de les invoquer comme des témoins des idées primitives de l'humanité ou tout au moins de la race à laquelle appartiennent les nations indo-européennes, la race âryenne. Tel est, en effet, l'enseignement de toute une école, et voilà dans quels nuages, dans quels brouillards se

---

1. Une première esquisse de ce travail a paru, le 25 juin 1873, dans le *Correspondant*.

plaisent des hommes qui ne sont pas sans valeur. Pour nous, le brouillard est toujours malsain, fût-ce le brouillard mythique. Contribuer à le dissiper, c'est faire œuvre bonne et utile : nous l'essaierons ici.

I.

Si l'on compare entre eux les contes populaires, merveilleux ou plaisants, des diverses nations européennes, de l'Islande à la Grèce, de l'Espagne à la Russie, on trouvera dans ces récits, recueillis chez des peuples si différents de mœurs et de langage, les ressemblances les plus surprenantes. Il n'y a pas là seulement un fonds commun d'idées, des éléments identiques; mais cette identité s'étend à la manière dont ces idées sont mises en œuvre et dont ces éléments sont combinés. C'est là un fait bien connu aujourd'hui, dont il sera facile de se convaincre en jetant un coup d'œil sur n'importe quel conte de notre collection et sur les contes étrangers que nous en rapprochons dans nos remarques.

Comment expliquer ces ressemblances si frappantes ?

Les frères Grimm, ceux-là mêmes qui les premiers ont posé le problème, en ont donné une solution qui séduit au premier abord. Leur système, adopté par M. Max Müller et par bien d'autres, a été précisé et développé, notamment par un philologue autrichien, M. de Hahn, dans son introduction aux contes grecs et albanais recueillis par lui [1]. On peut le formuler ainsi :

Les peuples européens appartiennent presque tous à une même famille, la famille âryenne [2]. De l'Asie centrale, jadis leur commune patrie, les diverses tribus de cette famille ont apporté,

---

1. *Griechische und albanesische Mærchen* (Leipzig, 1864).
2. D'après l'opinion la plus générale, les Aryas, peuplade japhétique, habitaient, bien des siècles avant l'ère chrétienne, sur le plus haut plateau de l'Asie centrale, dans la région qui s'appela plus tard la Bactriane et qui aujourd'hui fait partie du Turkestan. C'est à cette souche que se rattachent les Indiens et les Perses, les Grecs, les Romains et la plupart des races européennes.

dans les pays où elles ont émigré, avec le fond de leurs idiomes les germes de leur mythologie. Ces mythes antiques, leur patrimoine commun, se sont, dans la suite des temps, développés, transformés, et le dernier produit de cette transformation n'est autre que les contes populaires. Rien d'étonnant que ces contes présentent, chez tous les peuples âryens, de si nombreux traits de ressemblance, puisqu'ils proviennent, en dernière analyse, de mythes autrefois communs à tous ces peuples.

« Ces éléments mythiques, qu'on retrouve dans tous les contes, ressemblent, dit Guillaume Grimm, à des fragments d'une pierre précieuse brisée, que l'on aurait dispersés sur le sol, au milieu du gazon et des fleurs : les yeux les plus perçants peuvent seuls les découvrir. Leur signification est perdue depuis longtemps, mais on la sent encore, et c'est ce qui donne au conte sa valeur[1]. » — « Les contes populaires, dit Jacques Grimm, sont les derniers échos de mythes antiques... C'est une illusion de croire qu'ils sont nés dans tel ou tel endroit favorisé, d'où par la suite ils auraient été portés au loin par telles ou telles voies[2]. » En d'autres termes, les ressemblances qui existent entre les contes populaires ne doivent pas être expliquées par des emprunts qu'un peuple aurait faits à un autre. — « Les éléments, les germes des contes de fées, dit à son tour M. Max Müller, appartiennent à la période qui précéda la dispersion de la race âryenne ; le même peuple qui, dans ses migrations vers le nord et vers le sud, emportait avec lui les noms du soleil et de l'aurore, et sa croyance aux brillants dieux du ciel, possédait, dans son langage même, dans sa phraséologie mythologique et proverbiale, les germes plus ou moins développés qui devaient un jour, à coup sûr, donner des plantes identiques ou très ressemblantes dans tous les sols et sous tous les climats[3]. »

1. *Kinder-und Hausmærchen*, t. III (3ᵉ éd., Gœttingue, 1856), p. 409.
2. Préface à la traduction allemande du *Pentamerone* (Breslau, 1846), p. VIII.
3. *Chips from a German Workshop*, t. II, p. 226 ; article publié d'abord en 1859.

Nous ne nous engagerons pas dans l'exposition détaillée du système, telle que nous la trouvons dans M. de Hahn : il nous faudrait cheminer trop longtemps à travers les théories philosophiques les plus contestables, pour arriver enfin à cette assertion prodigieuse, que les contes nous ont conservé « les idées primitives de l'humanité ». Ce commentaire du savant autrichien, — pour ne parler que de celui-là, — sur les idées de Jacques et Guillaume Grimm, est loin pourtant de nous avoir été inutile. Les frères Grimm se tiennent d'ordinaire dans un certain vague vaporeux et poétique. M. de Hahn précise, épreuve redoutable pour les théories les plus ingénieuses : il crève la bulle de savon en voulant lui donner de la consistance.

Un effort un peu sérieux d'attention soulève, en effet, contre ce système une objection des plus graves. Les ressemblances si nombreuses et si frappantes qu'offrent entre eux les contes des peuples européens ne portent pas seulement sur le fond, sur les idées qui servent de base à ces récits, mais aussi, — nous avons indiqué ce point, — sur la forme et sur la combinaison de ces idées. On nous dit que les contes sont le produit de la décomposition de mythes primitifs communs aux diverses nations âryennes et que celles-ci auraient emportés en Europe du berceau de leur race. C'est de cette décomposition, assure-t-on, que sont sortis les différents éléments, les différents thèmes qui, se groupant de mille et mille façons, composent la mosaïque des contes populaires. « Pour beaucoup de nos contes de fées, dit M. Max Müller, nous savons d'une manière certaine (sic) qu'ils sont le détritus d'une ancienne mythologie, à demi oubliée, mal comprise, reconstruite [1]. » — Mais alors comment expliquer que ces mythes, se décomposant dans les milieux les plus divers, chez vingt peuples différents de mœurs et d'habitudes d'esprit, se soient, en définitive, transformés partout d'une manière si semblable, parfois même d'une manière identique ? De plus, comment se fait-il que, sans entente préalable, plu-

[1] *Op. cit.*, p. 233.

sieurs peuples se soient accordés pour grouper les prétendus
éléments mythiques dans le cadre de tel ou tel récit bien caracté-
risé ? N'est-ce pas là une impossibilité absolue ?

Prenons un exemple. Il a été recueilli, chez plusieurs peuples
de race âryenne, notamment chez les Hindous du Pandjab, chez
les Bretons, les Albanais, les Grecs modernes, les Russes (et
aussi chez les habitants de Mardîn en Mésopotamie, population
de langue arabe, et les Kariaines de la Birmanie, qui, ni les uns
ni les autres, ne sont de race âryenne, mais supposons qu'ils le
soient), un conte dont voici brièvement le sujet[1] : Un jeune
homme devient possesseur d'un anneau magique ; cet anneau,
après diverses aventures, lui est volé par certain personnage
malfaisant, et il le recouvre ensuite, grâce aux bons offices de
trois animaux, auxquels il a rendu service. Dans tous ces contes
asiatiques et européens, nous constatons l'identité non seulement
du plan général du récit, mais de détails parfois bizarres : ainsi,
dans tous, la souris reconnaissante introduit, pendant la nuit,
sa queue dans le nez de l'ennemi de son bienfaiteur pour le faire
éternuer et rejeter l'anneau qu'il tient caché dans sa bouche.
Comment expliquer ces ressemblances ou plutôt, nous le répé-
tons, cette identité ? Le bon sens répond qu'évidemment ce récit,
avec ses détails caractéristiques, a dû être inventé dans tel ou tel
pays, d'où il a passé dans les autres. Ce détail de la queue de
souris, par exemple, est-ce qu'on peut en expliquer raisonnable-
ment la présence dans tous ces contes asiatiques et européens, si
l'on n'admet pas qu'il existait déjà, à l'origine, dans un prototype dont tous ces contes sont dérivés ? Et ce prototype, — le
détail en question et bien d'autres le montrent, — était un conte
et non un mythe.

---

1. *Indian Antiquary*, 1881, p. 347 ; — Luzel, 1er Rapport, p. 151 ;
— Sébillot, III, n° 18 ; — Dozon, p. 73 ; — Gubernatis, *Zoological Mythology*,
II, pp. 56, 57 ; — *Zeitschrift der Deutschen Morgenlændischen Gesellschaft*, 1882,
p. 238 ; — *Journal of the Asiatic Society of Bengal*, t. XXXIV (1865), 2e partie, p. 225. (Voir, pour ces indications, l'*Index Bibliographique*, à la fin du
tome second.)

Si l'on veut à toute force faire dériver nos contes populaires de mythes primitifs des Aryas, et si, en même temps, on soutient, avec l'école des frères Grimm, que les contes ainsi dérivés n'auraient point passé d'un peuple âryen à l'autre par voie d'emprunt, il n'y a qu'un moyen de se mettre en règle avec le bon sens. Il faut dire que les mythes d'où seraient sortis nos contes étaient déjà décomposés et parvenus à la forme actuelle avec ses détails caractéristiques, au moment où les premières tribus âryennes quittèrent le plateau de l'Asie centrale, bien des siècles avant notre ère. Nos ancêtres, les pères des nations européennes, auraient, de cette façon, emporté dans leurs fourgons la collection complète des contes bleus actuels.

C'est là une hypothèse qu'on n'ira guère soutenir ; elle est, d'ailleurs, en contradiction directe avec les idées mêmes des partisans du système mythique. Les « contes âryens » sont, d'après eux, le *dernier terme* du développement des mythes âryens ; or, de leur propre aveu, à l'époque de la séparation des tribus âryennes, le développement de ces mythes n'en était encore qu'à son *premier degré*.

Le système des frères Grimm et de leurs disciples étant de tout point insoutenable, il ne reste qu'une solution possible de la question : c'est d'admettre qu'après avoir été inventés dans tel ou tel endroit, qu'il s'agit de déterminer, les contes populaires communs aux diverses nations européennes (pour ne mentionner que celles-là) se sont répandus dans le monde, de peuple à peuple et par voie d'emprunt.

Dans l'examen que nous venons de faire des opinions des frères Grimm, nous nous sommes volontairement privé d'un avantage, en acceptant les données du problème telles qu'elles nous étaient présentées. Nous aurions pu, en effet, contester dès l'abord l'assertion qui est la base de tout le système.

A l'époque où les frères Grimm ont imaginé leur système « mythique », le problème ne pouvait encore être posé dans ses termes véritables, faute de documents suffisants. Les deux illustres

philologues croyaient, — et Guillaume Grimm le répétait encore
en 1866 [1], — que les ressemblances existant entre les contes
populaires se renfermaient dans les limites de la famille indo-
européenne (peuples d'Europe, Persans, Indiens). Aujourd'hui
la question a pris une tout autre tournure. Chaque jour des
découvertes nouvelles reculent les frontières arbitrairement tra-
cées par les frères Grimm et l'école « mythique ». Nos contes
prétendus âryens existent, on le constate maintenant, chez bon
nombre de peuples nullement âryens. Qu'on examine, à ce point
de vue, la collection, très riche en rapprochements, de contes et
poèmes recueillis par M. W. Radloff chez les tribus tartares de
la Sibérie méridionale et publiés avec traduction allemande de
1866 à 1872. Qu'on étudie également les contes de forme si
populaire, identiques pour le fond à nos contes européens, et qui
ont été trouvés chez les Avares, peuplade mongole du Caucase,
et traduits en allemand, en 1873, par feu M. Schiefner. Qu'on
lise les contes syriaques, provenant de la région montagneuse
située au nord de la Mésopotamie et publiés en 1881 par deux
orientalistes allemands, MM. Eugène Prym et Albert Socin ; les
contes arabes d'Egypte, recueillis par feu M. Spitta-Bey (1883) et
par M. Dulac (1884) ; les contes découverts chez les Kabyles du
Djurdjura par feu le P. Rivière (1882) ; les contes swahili de l'île
de Zanzibar, édités en anglais par feu M. Steere (1870) ; le
recueil de contes cambodgiens de M. Aymonier (1878) ; celui
de contes annamites, de M. A. Landes (1884-1886) ; les contes
kariaines de la Birmanie (1865), que nous avons mentionnés
tout à l'heure. Enfin n'oublions pas qu'en Europe les prétendus
contes âryens existent en grand nombre chez les Hongrois,
peuple qui n'est âryen ni de langue ni d'origine, pas plus que les
Finlandais et les Esthoniens, chez lesquels on en a recueilli également.

Ainsi, la base même sur laquelle s'appuie le système des frères
Grimm n'a aucune solidité : ce n'est autre chose qu'une erreur
de fait.

1. *Op. cit.*, p. 411.

Examinerons-nous maintenant en détail un autre système, qui s'est produit en Angleterre et qui voit dans les contes populaires l'incarnation d'idées communes aux sauvages *de toutes les races?* Les ancêtres de toutes les races humaines, que l'auteur du système, M. A. Lang, déclare sans hésitation avoir été des sauvages, tout semblables aux sauvages actuels, auraient incarné leurs idées, supposées les mêmes partout, dans des contes qui, de cette façon, se trouveraient partout identiques. — En réalité, tout est à contester dans ce système : prétendre qu'on trouvera chez les sauvages actuels les idées primitives de l'humanité est une assertion sans aucune preuve [1] ; prétendre que les sauvages de l'Amérique, par exemple, doivent forcément posséder et possèdent en effet des contes semblables à nos contes populaires, c'est énoncer une inexactitude de fait : à de très rares exceptions près, qui peuvent facilement s'expliquer par une importation relativement récente, tout ce qu'on nous donne ici pour des ressemblances n'a aucun rapport avec cette identité de fond et de forme que l'on constate dans les collections de contes européens, asiatiques, africains, mentionnées il y a un instant; tout cela est vague, sans aucun trait caractéristique, ou c'est purement imaginaire [2].

Du reste, même en admettant comme vraies les affirmations qui servent de point de départ à M. Lang, nous devrions faire à

---

1. Voir, par exemple, le remarquable travail dans lequel M. Max Müller démontre, après d'autres, que le sauvage actuel est un homme non pas primitif, mais dégénéré (*Nineteenth Century*, livraison de janvier 1885).

2. A propos de quelques contes recueillis chez les indigènes du Brésil, nous lisons dans *Mélusine* : « Cette collection fournit des similaires à des contes connus en Europe, en Asie, en Afrique, etc., et leur présence au Brésil *pose bien des problèmes* » (no du 5 juin 1885, col. 408). — Il nous est impossible de voir quels problèmes peuvent se poser ici. Les Portugais ont apporté au Brésil les contes de leur pays, et ils continuent à les raconter ; M. Roméro en a publié, en 1885, un recueil assez considérable. Que quelqu'un de ces contes ou de leurs traits principaux ait pénétré chez les indigènes, c'est là une chose dont il n'y a nullement lieu de s'étonner. — Disons, à ce propos, que les Espagnols ont, de leur côté, apporté leurs contes au Chili; M. Machado y Alvarez en a donné plusieurs, en 1884, dans la *Biblioteca de las tradiciones populares españolas*.

cette théorie la même objection qu'au système mythique. A supposer que, dans toutes les races humaines, on ait eu primitivement les mêmes idées de sauvages, comment ces idées auraient-elles revêtu partout les mêmes formes si caractéristiques, et se seraient-elles groupées de la même façon dans les mêmes cadres ?

Nous avons hâte de mettre le pied sur un terrain plus ferme, et d'entrer dans la voie ouverte, il y a une trentaine d'années, par Théodore Benfey, l'éminent et regretté orientaliste de Gœttingue[1].

II.

La question de l'origine des contes populaires est une question de fait. M. Reinhold Kœhler, bibliothécaire à Weimar, l'homme qui assurément possède en cette matière l'érudition la plus vaste et la plus sûre, insiste sur ce point comme M. Benfey[2]. Il s'agit de prendre successivement chaque type de contes, de le suivre, si nous le pouvons, d'âge en âge, de peuple en peuple, et de voir où nous conduira ce voyage de découverte. Or, ce travail d'investigation est en partie fait, et, cheminant ainsi de proche en proche, souvent par plusieurs routes, partant de divers points de l'horizon, on est toujours arrivé au même centre, à l'Inde, non pas à l'Inde des temps fabuleux, mais à l'Inde historique.

1. M. Benfey a fait connaître ses découvertes, avec les conclusions qu'il en tirait, dans divers articles insérés dans des revues : *Bulletin de l'Académie de Saint-Pétersbourg*, nº du 4/16 septembre 1857 ; — *Ausland*, 1858, nºs 41 à 45 ; — *Gœttingische Gelehrte Anzeigen*, années 1857 et suivantes ; — *Orient und Occident* (1860 à 1866), et dans le volume d'introduction dont il a fait précéder sa traduction allemande du livre sanscrit intitulé le *Pantchatantra* (Leipzig, 1859). On peut voir aussi son introduction à la vieille traduction syriaque du même livre, publiée par M. Bickell, professeur à la Faculté de théologie catholique de l'Université d'Inspruck, sous ce titre : *Kalilag und Damnag* (Leipzig, 1876).

2. *Weimarer Beiträge zur Literatur und Kunst* (Weimar, 1865), p. 190.

Ce qui est venu grandement en aide à l'explorateur et lui a permis d'accomplir sa tâche, c'est qu'un certain nombre des types des contes actuels se trouvent fixés par écrit depuis fort long-temps, souvent depuis des siècles. Si nous remontons jusqu'au xviie siècle et jusqu'à la Renaissance, nous rencontrerons, dans la littérature européenne de ces deux époques, une bonne partie de ces types. Mais les livres de Straparola et de Basile, en Italie, de Perrault et de Mme d'Aulnoy, en France [1], ne sont pas la source des contes populaires actuels : ces livres ont été écrits sous la dictée du peuple, et les récits qu'ils renferment présentent parfois des lacunes et des altérations dont se sont préservées certaines versions parvenues jusqu'à nous par voie de simple tradition orale. Et, d'ailleurs, la littérature du moyen âge nous a conservé des traces irrécusables de l'existence de contes iden-tiques aux contes actuels. Ce n'est pas non plus à cette littéra-ture du moyen âge que nous devrons nous arrêter. Il nous faut quitter l'Europe et chercher ailleurs.

Il existe en Orient plusieurs collections de récits merveilleux ou plaisants. Le plus généralement connu parmi ces ouvrages est le livre arabe qui porte le titre de *Mille et une Nuits*, et qui fut traduit, sur un manuscrit incomplet, et publié en 1704 par l'orientaliste Galland. Là encore nous rencontrons un certain nombre des thèmes dont se composent nos contes populaires européens, et plusieurs de ces contes eux-mêmes.

S'ensuit-il que les *Mille et une Nuits* soient le prototype d'une partie de nos contes actuels? Non, car les *Mille et une Nuits* elles-mêmes ne sont pas le produit de l'imagination des Arabes :

1. Le Vénitien Straparola a inséré plusieurs contes merveilleux dans son recueil de nouvelles *Tredici piacevoli Notti*, publié de 1550 à 1554, dont Guillaume Grimm (III, p. 285) flétrit l'impardonnable licence, et qui, après avoir été mis à l'Index en 1605, fut réimprimé en une édition expurgée. — Giambattista Basile a donné, sous le titre de *Pentamerone*, un recueil de contes populaires napolitains, dans le dialecte et dans la manière parfois effrontée du pays. Ce livre, qui parut en 1637, eut un grand nombre d'édi-tions, dont une à Rome en 1679 et la plupart à Naples. — Les *Histoires ou Contes du temps passé*, que Perrault publia sous le nom de son fils, âgé de dix ans, parurent en 1697; les *Contes des Fées*, de la comtesse d'Aulnoy, en 1698.

un passage très précis du *Fihrist*, histoire de la littérature arabe écrite au xᵉ siècle de notre ère, nous apprend que les *Mille et une Nuits* et d'autres livres arabes du même genre ont été traduits ou imités du persan[1]. — Mais les Persans eux-mêmes ont emprunté à l'Inde plusieurs livres de contes. Ainsi, au sixième siècle de notre ère (entre l'an 531 et l'an 579), l'original du recueil indien de fables, contes et fabliaux qui porte aujourd'hui le titre de *Pantchatantra*, c'est-à-dire en sanscrit les « Cinq livres », fut traduit dans la langue de la cour des Sassanides, le pehlvi, sur l'ordre de Khosrou Anoushirvan (Chosroës le Grand), roi de Perse, et une version arabe, qui existe encore, fut faite plus tard, d'après cette traduction persane, aujourd'hui perdue, sous le titre de *Kalilah et Dimnah*. Ainsi encore le célèbre livre persan le *Toûti-Nâmeh* ou « Livre du Perroquet », qui renferme plusieurs contes que l'on peut rapprocher de nos contes européens, n'est autre chose que la traduction libre d'un ouvrage indien de même titre, la *Çouka-saptati* (les « Soixante-dix Histoires du Perroquet »), augmentée de récits tirés d'autres collections de contes, également rédigées en sanscrit. — D'ailleurs, au témoignage de M. Benfey, la substance des *Mille et une Nuits* se retrouve presque d'un bout à l'autre dans la littérature indienne.

Nous voilà donc, — en partant d'une collection de contes arabes, parfois semblables à nos contes européens, — arrivés dans l'Inde, et nos recherches ne peuvent nous conduire plus loin. Voyons si un autre chemin nous amènera encore au même terme.

Notre point de départ sera, cette fois, la région, située au nord de l'Inde, où habitent les tribus mongoles comprises sous le nom de Kalmouks. On sera peut-être surpris d'apprendre que ces peuplades nomades ont une littérature écrite. Elles possèdent,

---

1. Ce passage du *Fihrist*, nous dit M. G. Weil dans l'introduction à sa traduction des *Mille et une Nuits*, a été découvert par un orientaliste allemand, M. de Hammer. — Il est très possible, du reste, pour ne pas dire certain, que le recueil des *Mille et une Nuits* ait subi, depuis le xᵉ siècle, de nombreuses modifications et quant à la forme et quant au fond.

entre autres ouvrages, une collection de contes intitulée *Siddhi-Kûr* (« le Mort doué du *siddhi* », c'est-à-dire d'une vertu magique) [1], et les récits qui composent ce livre présentent de nombreux traits de ressemblance avec les contes populaires européens.

Quelle est l'origine du *Siddhi-Kûr?* Le plus rapide coup d'œil, le plus simple examen des noms propres, par exemple, et du titre même de l'ouvrage (le mot *siddhi* est sanscrit) nous montrent d'une manière évidente que nous avons affaire à une traduction ou imitation de récits indiens. Le cadre du *Siddhi-Kûr* a été emprunté à un recueil indien de contes, dont le titre a la plus grande analogie avec celui du livre kalmouk, la *Vetâla-pantchavinçati* (les « Vingt-cinq Histoires d'un *vetâla* », c'est-à-dire d'un démon qui entre dans le corps des morts). — Une autre collection mongole, l'*Histoire d'Ardji Bordji Khan*, qui a été traduite en 1868 par M. Jülg sur un manuscrit incomplet conservé à Saint-Pétersbourg, et qui offre plusieurs points de comparaison avec nos contes européens, est une imitation d'un livre qui porte en sanscrit le titre de *Sinhâsana-dvâtrinçati*, les « Trente-deux Récits du Trône ».

Ainsi, de ce côté encore, le dernier terme de nos investigations est l'Inde.

Des récits indiens ont également passé, par voie littéraire, chez les Thibétains [2] et dans l'Indo-Chine [3].

Les livres de contes indiens, on le voit, ont rayonné tout autour de leur pays d'origine, et parfois même, de proche en proche, ils sont arrivés jusqu'en Europe. Le *Pantchatantra*, par

---

1. L'introduction et les treize premiers contes du *Siddhi-Kûr* ont été deux fois traduits en allemand sur le texte kalmouk : en 1804, par le voyageur B. Bergmann, et en 1866, par M. Jülg, professeur à l'Université d'Inspruck. M. Jülg a publié, à la fin de 1868, le texte et la traduction des neuf derniers contes, d'après un manuscrit en langue mongole.

2. M. Schiefner a publié un grand nombre de « Récits indiens », tirés de livres thibétains. (Voir *Mémoires de l'Académie de Saint-Pétersbourg*, année 1875, et *Mélanges asiatiques*, publiés par la même Académie, t. VII.) — M. Ralston a traduit ces récits en anglais, sous le titre de *Tibetan Tales*.

3. Adolf Bastian, *Geographische und ethnologische Bilder* (Iéna, 1873), p. 248.

exemple, dont nous parlions tout à l'heure, après avoir été apporté de l'Inde en Perse, vers le milieu du sixième siècle de notre ère, par Barzôî, médecin de Chosroës le Grand, est traduit en pehlvi par ce même Barzôî. Cette traduction elle-même est traduite en syriaque vers l'an 570, et, deux siècles plus tard, en arabe, sous le calife Almansour (754-775). Enfin, à cette version arabe se rattachent diverses traductions, — dont les plus importantes sont une traduction grecque (1080) et une traduction hébraïque (1250), cette dernière presque aussitôt mise en latin, — qui répandent le livre indien dans l'Europe du moyen âge [1].

Rappelons, à ce propos, la singulière histoire d'un autre livre indien, la vie légendaire du Bouddha, qui, transformée en une légende chrétienne, sous le titre de *Vie des saints Barlaam et Josaphat*, est rédigée en grec, dans le cours du septième ou du huitième siècle, probablement dans un couvent de Palestine, pénètre dans l'Europe occidentale dès avant le XIIᵉ siècle, par l'intermédiaire d'une traduction latine, et obtient une très grande diffusion pendant le moyen âge [2].

Ces courants littéraires, qui ont porté dans toutes les directions et si loin les contes indiens, sont très importants à constater. Il y a là une indication précieuse, et de la faveur que ces contes ont rencontrée partout, et des voies qu'a pu suivre également un courant *oral*. Car, assurément, nous ne prétendons pas attribuer à la littérature, à ces recueils traduits, imités de tous côtés, il y a déjà si longtemps, une part exclusive ou même prépondérante dans la propagation des contes indiens en Asie, en Europe et dans le nord de l'Afrique. Combien de nos contes populaires européens doivent se rattacher, non point à la forme conservée par la littérature indienne, — quand elle y est conservée, — mais à telle forme orale, encore vivante aujourd'hui dans

---

1. Voir les travaux de M. Benfey sur le *Pantchatantra*, indiqués plus haut, p. xv.

2. Ce fait est si curieux, que nous croyons devoir lui consacrer une étude spéciale. Voir, à la suite de cette introduction, l'*Appendice A*.

l'Inde ! Voici seulement quelques années qu'on a commencé à rassembler les contes populaires du Bengale, du Deccan ou du Pandjab, et déjà cette observation frappera tous les esprits attentifs. Veut-on un exemple? Nous avons résumé, dans les remarques de notre n° 60, le *Sorcier* (II, pp. 193-195), deux contes indiens : l'un pris dans la grande collection sanscrite formée au xiie siècle de notre ère par Somadeva, de Cachemire, et intitulée *Kathâ-Sarit-Sâgara,* l' « Océan des Histoires »; l'autre recueilli en 1875 par M. Minaef chez les Kamaoniens, tribus montagnardes habitant au pied de l'Himalaya. Que l'on rapproche ces deux contes de notre conte français et d'un conte populaire sicilien de même famille, cité dans nos remarques : c'est évidemment avec le conte *oral* indien que ces contes européens présentent la plus grande ressemblance, une ressemblance qui va jusqu'à l'identité d'un petit détail caractéristique.

Il importe, à ce propos, de le faire remarquer : ce n'est pas une forme unique de chaque *thème*, de chaque type de contes, qui serait venue de l'Inde en Europe pour y donner naissance à diverses variantes. Bien que, jusqu'à présent, on ait à peine puisé dans les richesses de la tradition orale de l'Inde, ce qu'on en a tiré suffit pour faire penser que plus tard il sera possible de mettre en regard de chacune, pour ainsi dire, des variantes caractéristiques d'un conte européen, une variante indienne correspondante. Dès maintenant nous sommes en état de le faire en partie pour certains contes. Nous renverrons, par exemple, à notre conte n° 4, *Tapalapautau,* et à ses remarques. Dans ce conte et dans la plupart des contes européens de cette famille, des objets magiques, qu'un pauvre homme reçoit d'un personnage mystérieux, lui sont dérobés par un hôtelier, qui leur substitue des objets en apparence semblables. Or, jusqu'à ces dernières années, nous ne connaissions qu'un seul conte indien du même genre, provenant du Deccan; mais, dans ce conte, — dont il faut rapprocher sous ce rapport un conte syriaque, un conte russe, un conte allemand d'Autriche, etc., — les objets sont enlevés par ordre d'un roi, et il n'est pas question de substitu-

tion (voir I, p. 55). On n'avait donc pas trouvé dans l'Inde la
forme de ce thème la plus répandue en Europe. Cette forme,
nous la possédons aujourd'hui : nous en avons trois versions,
qui ont été recueillies, l'une dans l'Inde septentrionale, chez les
Kamaoniens, les deux autres, dans le Bengale (I, pp. 56-57), et
l'une de ces dernières met même en scène, comme les contes
européens, un fripon d'aubergiste.

Il est probable que les auteurs des vieux livres de contes
indiens ont fait comme les Perrault ou les Basile au XVIIᵉ siècle :
ils ont fixé par écrit telle ou telle des formes orales existant dans
leur pays. Il en est résulté que cette forme particulière a pu pénétrer, par la voie littéraire, chez les Persans, chez les Arabes,
chez les Mongols, et enfin en Europe ; ce qui ne l'a pas empê-
chée de faire aussi son chemin, avec les autres variantes du même
thème, par transmission orale.

Par quelle voie cette transmission orale s'est-elle opérée ? Il est
bien difficile de suivre dans leur vol toutes ces graines emportées
aux quatre vents du ciel et qui ont dû voyager non point à telle
époque seulement, mais à bien des époques ; qui voyagent peut-
être encore à l'heure qu'il est. Mais enfin on peut rechercher les
occasions que les contes indiens ont eues, dans le cours des
siècles, de se répandre au dehors et d'arriver jusqu'en Europe.

Les intermédiaires entre l'Inde et les autres contrées, depuis le
commencement de l'ère chrétienne, ont dû être, à l'ouest, avant
Mahomet, les Persans, puis, après l'hégire, les diverses nations
musulmanes ; au nord et à l'est, les peuples bouddhistes.

Évidemment ce n'est pas uniquement par des traductions de
livres sanscrits que les Persans d'abord, et ensuite les Arabes et les
autres peuples soumis à l'islamisme ont fait connaissance avec les
contes indiens ; tous ces peuples ont dû en apprendre un grand
nombre de la bouche même des Indiens, dans les relations soit
belliqueuses, soit pacifiques, qu'ils eurent avec l'Inde. Dès le
milieu du sixième siècle de notre ère, Chosroès le Grand, roi de
Perse, fit une expédition dans l'Inde. En 707, quatre-vingt-cinq
ans après l'hégire, un lieutenant du calife Abdul-Mélek soumit les

bords de l'Indus. Enfin, en l'an 1000, le sultan Mahmoud le Ghasnévide s'étendit jusqu'au Gange. La domination arabe dans l'Inde dura longtemps : elle fut, très probablement, d'une grande influence sur la propagation des contes indiens dans les royaumes islamites d'Asie, d'Afrique et d'Europe, et même dans l'Occident chrétien, qui avait avec eux tant de points de contact, surtout l'empire byzantin, l'Italie et l'Espagne [1]. Avant l'époque de Chosroës le Grand et des campagnes des Persans dans l'Inde, il est à supposer qu'il ne sera parvenu de contes dans les contrées situées à l'occident de ce pays que par l'intermédiaire de voyageurs et de marchands. La « fable » de *Psyché*, conte indien facilement reconnaissable sous le lourd manteau mythologique dont il a été affublé par Apulée, nous montre qu'un de ces contes, tout au moins, avait, au deuxième siècle de notre ère, pénétré dans le monde gréco-romain [2].

On se tromperait grandement si l'on croyait qu'avant l'ère chrétienne il n'existait pas de relations entre l'Inde et le monde occidental. M. Reinaud a montré quelles furent, vers le milieu du siècle qui précéda notre ère, les conséquences de la découverte de la *mousson*, c'est-à-dire de la périodicité de certains vents qui, sur l'Océan Indien, soufflent pendant six mois de l'ouest à l'est, et pendant les six autres mois dans le sens contraire. A partir du gouvernement de Marc-Antoine et de Cléopâtre, il se forma des comptoirs romains dans les principales places de commerce des mers orientales, et des compagnies de marchands s'organisèrent. « Indépendamment des personnes qui, chaque année, se rendaient par terre dans les régions orientales, il partait d'Egypte, par la mousson, environ deux mille personnes, qui visitaient les côtes de la mer Rouge, du golfe Persique et de la presqu'île de l'Inde. Six mois après, il arrivait, avec la mousson contraire, le même

1. Les contes si curieux et présentant avec nos contes européens de si nombreux traits de ressemblance, qui ont été recueillis chez les Kabyles du Djurdjura par feu le P. Rivière et publiés en 1882, ont été évidemment apportés en Kabylie, avec l'islamisme, par les Arabes.

2. Nous étudions cette fable de *Psyché* dans les remarques de nos n°ˢ 63, *le Loup blanc*, et 65, *Firosette* (II, pp. 224-230 ; 242-245).

nombre de personnes en Egypte. Naturellement ce qui s'était passé d'important d'un côté était transmis de l'autre, et l'Orient et l'Occident se trouvaient en communication régulière [1]. »

A l'orient et au nord de l'Inde, les récits indiens, d'après M. Benfey, s'étaient répandus de bonne heure, principalement par l'influence du bouddhisme [2]. Ce fut ainsi que, toujours d'après le même savant, ils pénétrèrent en Chine dès le premier siècle de notre ère et tout le temps que la Chine demeura en relations étroites avec les bouddhistes de l'Inde. Du Thibet, où ils étaient aussi parvenus de la même manière qu'en Chine, ils arrivèrent, toujours avec le bouddhisme, chez les Mongols. (On se rappelle que les Mongols firent passer dans leur langue des contes empruntés à des recueils indiens). Or les Mongols ont dominé, dans l'Europe orientale, pendant près de deux cents ans à partir du XIIIe siècle, et il n'est pas impossible qu'ils aient ouvert ainsi un nouveau débouché aux contes indiens [3].

L'influence des invasions mongoles fut plus grande qu'on ne serait porté à le penser. « Que le lecteur se représente, dit M. Léon Feer [4], le vaste mouvement dont la puissance mongole fut la cause au XIIIe siècle, ces ambassadeurs tartares qui visitaient toutes les cours de l'Europe... ; cette résidence des

1. *Relations politiques et commerciales de l'Empire romain avec l'Asie orientale pendant les sept premiers siècles de l'ère chrétienne*, par Reinaud (Paris, 1863), pp. 18, 19.

2. Le bouddhisme, fondé, probablement vers le commencement du sixième siècle avant notre ère, par l'ascète indien Câkyamouni, surnommé *Bouddha*, c'est-à-dire *sage*, *savant*, fut d'abord une simple secte philosophique qui rejetait les Védas, livres sacrés du brahmanisme, supprimait les distinctions de castes et prêchait une morale sans Dieu. Il se transforma ensuite en une religion des plus superstitieuses, qui se répandit hors de l'Inde dès avant l'ère chrétienne, et qui, combattue pendant des siècles par le brahmanisme, finit par être presque entièrement bannie de l'Inde vers le XIVe siècle de notre ère.

3. « La domination mongole se consolida en Europe entre la mer Caspienne et la mer Noire, et au nord de ces deux mers. C'est là un des faits les plus considérables de l'histoire, car l'élément tartare est prépondérant dans le sud de la Russie, les souvenirs de la domination mongole y sont nombreux et vivaces. » Voir *la Puissance et la Civilisation mongoles au XIIIe siècle*, par M. Léon Feer, professeur de thibétain au Collége de France, 1867, p. 7.

4. *La Puissance et la Civilisation mongoles au XIIIe siècle*, p. 37.

Khaghans à Karakorum, et plus tard à Kambalikh, où les causes
les plus diverses, les combinaisons de la politique, le zèle de la
religion, les intérêts du commerce, les hasards de la guerre, le
goût même des aventures, rassemblaient des hommes de tous les
pays, et faisaient d'un canton de l'Asie centrale une sorte de rendez-vous et d'abrégé de l'Europe et de l'Asie : cette cour de
Mangou, où un moine, venu pour répandre le christianisme,
pouvait admirer de colossales et ingénieuses pièces d'argenterie,
fabriquées avec le produit des rapines des Mongols par un orfèvre
de Paris, rencontrait une femme de Metz, un jeune homme des
environs de Rouen, sans compter bien d'autres représentants de
divers peuples et pays... Jamais peut-être il n'y eut de communi-
cations plus étroites entre des hommes venus de contrées plus
éloignées les unes des autres... Ce vaste ébranlement donné à la
société du moyen âge, succédant au mouvement déjà si considérable des croisades, eut les suites les plus importantes; il modifia
les notions reçues, fit sortir les peuples de leur immobilité, leur
apprit à tourner leurs regards et leurs pensées vers des régions nouvelles, spécialement vers l'Asie. Quand la cause eut cessé, l'effet
subsista ; les voyages se succédèrent les uns aux autres. »

Les peuples bouddhistes ont donc pu parfaitement contribuer,
pour une certaine part, à la propagation des contes indiens, non-
seulement en Asie, mais en Europe.

III.

Il est un fait qui vient fortifier la thèse de l'origine indienne des
contes populaires européens : c'est la conformité de plusieurs des
idées fondamentales de ces contes avec les idées qui, de longue
date, règnent dans l'Inde.

M. Benfey a présenté des considérations fort intéressantes sur
les recueils sanscrits dans lesquels on retrouve une partie des
thèmes ou même des types de nos contes. Il y voit le reflet d'idées

non seulement indiennes, mais bouddhiques. Nous donnerons ici
la substance de ces considérations, en nous réservant d'indiquer
tout à l'heure quelques objections à une théorie trop exclusive.

D'après M. Benfey, les recueils sanscrits de fables, contes et
nouvelles furent primitivement rédigés par des écrivains bouddhistes. Après la réaction brahmanique qui anéantit le bouddhisme
dans l'Inde et dont nous avons dit un mot plus haut [1], les origi-
naux de la plupart de ces livres furent remaniés par les brahmanes, et c'est sous cette forme qu'ils nous sont parvenus. Mais
les traductions qui en avaient été faites avant cette refonte fournissent le moyen de reconstituer, jusqu'à un certain point, le texte
primitif. Ainsi en est-il de cette traduction en pehlvi de l'original du *Pantchatantra*, laquelle, faite par l'ordre du roi de Perse,
au sixième siècle de notre ère, à une époque où le bouddhisme
était encore florissant dans l'Inde, a conservé (on le voit par la
version arabe qui en a été faite et qui existe encore [2]) tout un
chapitre insultant pour les brahmanes, lequel a été retranché du
texte sanscrit actuel [3]. Ainsi en est-il encore des traductions, faites
par les Mongols, de récits provenant de l'Inde, que le bouddhisme leur avait apportés. Le *Siddhi-Kûr*, *l'Histoire d'Ardji
Bordji Khan*, sont tout imprégnés des idées et de la mythologie
bouddhiques. Enfin, pour nous borner à ces remarques, la littérature bouddhique, que les Chinois ont empruntée à l'Inde, renferme plusieurs des récits figurant dans le *Pantchatantra*. On peut
étudier, à ce sujet, les *Avâdanas*, *contes* et *apologues indiens*, que
M. Stanislas Julien a extraits de deux encyclopédies bouddhiques
chinoises, et dont il a publié la traduction en 1859.

Ajoutons qu'une collection de contes et nouvelles, rédigée en
sanscrit, la grande collection formée, au XIIᵉ siècle de notre ère,
par Somadeva, de Cachemire, avec des matériaux provenant de
recueils antérieurs, offre encore aujourd'hui, en divers endroits,
notamment dans son livre sixième, une physionomie franchement

---

1. Page XXIII, note 2.
2. Voir *suprà*, pp. XVII et XIX.
3. Th. Benfey, Introduction au *Pantchatantra*, § 225.

bouddhique : ici, c'est un ennemi du bouddhisme qui se convertit; là, c'est la fille d'un roi qui fait présenter des offrandes au Bouddha; le bouddhisme y est même désigné sous ce nom : « notre religion. » [1].

Les autres recueils sanscrits, malgré les remaniements qu'ils ont subis, ont conservé, d'après M. Benfey, des traces de bouddhisme. M. Benfey relève, par exemple, dans le *Pantchatantra*, une thèse qu'il considère comme une des thèses favorites des bouddhistes : l'ingratitude des hommes, opposée à la reconnaissance des animaux [2]. Cette thèse y est mise en action dans un conte dont voici l'analyse :

« Un brahmane tire d'un trou, dans lequel ils sont tombés, un tigre, un singe, un serpent et un homme. Tous lui font des protestations de reconnaissance. Bientôt le singe lui apporte des fruits; le tigre lui donne la chaîne d'or d'un prince qu'il a tué. L'homme, au contraire, dénonce son libérateur comme le meurtrier du prince. Jeté en prison, le brahmane pense au serpent, qui paraît aussitôt devant lui et lui dit : « Je vais piquer l'épouse favorite du roi, et la blessure ne pourra être guérie que par toi. » Tout arrive comme le serpent l'avait annoncé; l'ingrat est puni, et le brahmane devient ministre du roi. »

Or, non seulement l'idée fondamentale de ce conte, mais la forme même sous laquelle cette idée est exprimée se retrouve dans deux livres bouddhiques, dans la *Rasavâhini*, collection de légendes en langue pali [3], et dans un livre thibétain, la *Karmaçataka*, où ce conte est mis dans la bouche même du Bouddha Çâkyamouni [4].

1. *Orient und Occident*, 1861, p. 373.
2. *Pantschatantra*, t. I, § 71; t. II, p. 128.
3. Le pali est la langue sacrée du bouddhisme, comme le sanscrit est la langue sacrée du brahmanisme. L'un et l'autre appartiennent à la famille des langues âryennes ou indo-européennes.
4. Il est intéressant de noter, avec M. Benfey, que ce conte s'est introduit, plus ou moins modifié, dans deux ouvrages du moyen âge, le *Livre des Merveilles* et les *Gesta Romanorum*. En 1195, d'après la *Grande Chronique* de Mathieu Paris, Richard Cœur-de-Lion la racontait en public. On le retrouve également dans un recueil de contes populaires de la Souabe (Meier, n° 14) et dans la collec-

L'empreinte du bouddhisme se reconnaît encore, — nous continuons à exposer les idées de M. Benfey, — dans cette étrange charité envers les animaux, dont les héros des contes font preuve si souvent [1]. On sait que la charité des bouddhistes doit s'étendre à tout être vivant, et, dans la pratique, comme M. Benfey le fait remarquer, les animaux en profitent bien plus que les hommes. Cette vertu bouddhique atteint l'apogée de l'absurde dans un conte persan du *Touti-Nameh*, originaire de ·l'Inde, où le héros, après avoir délivré une grenouille qui vient d'être saisie par un serpent, se fait conscience d'avoir privé le serpent de sa nourriture naturelle, coupe un morceau de sa propre chair et le lui donne en pâture [2]. Les légendes bouddhiques sont remplies de traits de ce genre. Tantôt le Bouddha abandonne son corps à une tigresse affamée ; tantôt il donne un morceau de sa chair à un épervier pour racheter la vie d'une colombe [3].

Ces légendes religieuses du bouddhisme ont, d'après M. Benfey, joué un rôle dans la formation des contes indiens, et notamment donné naissance à plusieurs fables ou contes du *Pantchatantra* ou d'autres collections. Ainsi un trait de charité et d'immolation de soi-même du Bouddha s'est transformé en une simple fable en passant dans le *Pantchatantra*. La légende en question est ce qu'on appelle un *djâtaka*, c'est-à-dire un récit concernant l'une des existences antérieures du Bouddha, où, selon les lois de la métempsycose, il était tantôt homme, tantôt animal. Elle se trouve dans un ouvrage bouddhique qui fut traduit du sanscrit en chinois, sous le titre de *Mémoires sur les contrées occidentales*, par Hiouen-Thsang, en l'an 648 de notre ère, et que M. Stanislas

tion de contes siciliens de M. Pitrè (nº 90). Enfin, ce qui est curieux, ce même conte, un peu altéré, a été trouvé chez les Nagos, peuple nègre de la Côte-des-Esclaves (*Mélusine*, II, col. 49 seq.).

1. Un missionnaire, Mgr Bruguière, écrivait de Bangkok, en 1829, que les dévots siamois achètent du poisson encore vivant et le rejettent dans la rivière. Absolument comme le héros du conte tchèque de la *Vierge aux cheveux d'or* (Chodzko, p. 84, ou Waldau, p. 17).

2. Voir Introduction au *Pantchatantra*, p. 217.

3. *Ibid.*, p. 389.

Julien a fait passer du chinois en notre langue. La voici, d'après la traduction du célèbre sinologue (t. II, p. 61) :

A l'est de tel couvent (dans l'Inde), il y a un *stoûpa* (monument commémoratif), qui a été bâti par le roi Açôka. Jadis le Bouddha y expliqua la loi pendant la nuit, en faveur de la grande assemblée. Au moment où le Bouddha expliquait la loi, il y eut un oiseleur qui chassait au filet dans la forêt. Ayant passé un jour entier sans rien prendre, il fit cette réflexion : « Si j'ai peu de bonheur, c'est sans doute parce que je fais cet indigne métier [1]. »

Il alla trouver le Bouddha et dit à haute voix : « Aujourd'hui, ô Joulaï, vous expliquez ici la loi et vous êtes cause que je n'ai pu rien prendre dans mes filets. Ma femme et mes enfants meurent de faim. Quel moyen employer pour les soulager? — Il faut que vous allumiez du feu, » lui dit Joulaï; « je m'engage à vous donner de quoi manger. »

En ce moment, Joulaï se changea en une grande colombe, qui se jeta dans le feu et mourut. L'oiseleur la prit et l'emporta chez lui, de sorte que sa femme et ses enfants trouvèrent là de quoi manger ensemble. Après cet évènement, il se rendit une seconde fois auprès du Bouddha qui, par des moyens habiles, opéra sa conversion. Après avoir entendu la loi, l'oiseleur se repentit de ses fautes et devint un nouvel homme... Voilà pourquoi le couvent que bâtit Açôka fut appelé le *Kialan de la Colombe*.

Voyons maintenant ce que cette légende religieuse devient dans le *Pantchatantra* (t. II, p. 24) :

« Un chasseur prend une colombe et l'enferme dans une cage qu'il porte avec lui. Eclate un orage; il se réfugie sous un arbre en s'écriant : « O toi, qui que tu sois, qui habites ici, j'implore ton secours. » Or cet arbre était précisément la demeure du mâle de la colombe prisonnière. Fidèle aux devoirs de l'hospitalité, et oubliant son ressentiment, l'oiseau accueille le chasseur et cherche partout pour lui quelque chose à manger. Ne trouvant rien, il se précipite dans le brasier et lui livre son corps en nourriture. »

Il est évident que c'est bien là notre légende, mais purgée par les brahmanes de ce qu'elle avait de trop expressément bouddhique.

Telle est, en abrégé, la thèse de M. Benfey. Nous devons dire que d'autres indianistes sont loin d'admettre cette part si considérable attribuée au bouddhisme, nous ne disons pas dans la propa-

---

[1]. Il faut se rappeler que le bouddhisme prêche la charité envers tout être vivant. L'oiseleur viole constamment cette maxime.

gation des contes indiens (sur ce point il n'y a pas de doute), mais dans la *formation*, la *création* de ces contes. D'après eux, — s'il nous est permis de traduire ainsi leur pensée, qui nous paraît très juste, — les écrivains bouddhistes seraient à comparer à ces prédicateurs du moyen âge qui, pour rendre sensibles et frappantes certaines thèses, empruntaient à la tradition populaire des anecdotes, des apologues, voire même des contes, et les adaptaient à leurs sermons; les bouddhistes, dans leurs livres, où fables et contes se groupent autour de thèses morales, auraient donc fait œuvre non de création, mais d'*adaptation*. « Le bouddhisme, dit M. Sénart [1], a été en réalité, au point de vue mythique ou légendaire, très peu créateur (Lassen, *Alterthumskunde*, I, p. 454). La nature populaire de ses origines et de son apostolat a fait, il est vrai, de sa littérature un répertoire capital de fables et de contes; ces légendes et ces contes, il les a recueillis, transmis, il ne les a pas inventés. Ce sont des restes, sauvés par lui, sauf les accommodations inévitables, du développement antérieur, religieux et national, d'où il surgit... Et pourtant, dans la pratique surtout, on n'a pas jusqu'à présent tenu grand compte de cette étroite relation entre ce que j'appellerai le brahmanisme populaire et la légende bouddhique.» M. A. Barth, lui aussi, critique, chez un indianiste anglais, M. Rhys Davids, cette tendance à revendiquer pour le bouddhisme « un peu plus que sa part [2] ».

Peu importe, du reste, pour notre thèse, que les contes populaires européens aient ou non un cachet bouddhique; s'ils ont un cachet indien, cela suffit, et il nous semble que cette empreinte des idées indiennes peut facilement se constater.

Il n'est pas inutile de montrer d'abord que certains de nos contes européens portent la trace de modifications ayant pour objet d'adapter à notre civilisation occidentale des contes nés dans

1. *Journal Asiatique* (août-septembre 1873, p. 114).
2. *Bulletin des religions de l'Inde*, dans la *Revue de l'histoire des religions* (t. III, 1881, pp. 83 seq.).

un tout autre milieu. Il était impossible, par exemple, de transporter tel quel en Europe un conte où l'on voit les *sept femmes*
d'un roi persécutées par une rivale, une *râkshasi* (mauvais génie),
qui a pris une forme humaine et s'est fait épouser, comme
huitième femme, par ce roi [1]. Aussi, dans un conte sicilien
(Gonzenbach, n° 80), ressemblant pour le corps du récit aux
contes orientaux de ce type, tout ce qu'il y a là de trop étranger
à nos mœurs a-t-il été changé. Les sept femmes du roi sont devenues ses sept *filles*, qui épousent sept princes, fils d'une reine
veuve, avec laquelle se remarie le roi, qui lui-même est veuf.
C'est cette reine qui persécute les sept princesses, ses belles-
filles ; c'est elle qui, comme la *râkshasi* du conte indien, leur fait
arracher les yeux ; qui cherche à perdre, en le faisant envoyer
dans des expéditions périlleuses, le fils de la plus jeune des sept
princesses, etc. [2]. — On peut voir encore, dans les remarques de
notre n° 18, l'*Oiseau de vérité*, comment s'est modifiée l'introduction d'un autre conte oriental, où un roi épouse trois sœurs.

Mais la polygamie n'est pas une institution spécialement
indienne ; elle est commune à tout l'Orient. Tout ce qu'on peut
donc affirmer ici, c'est que les contes européens que nous venons
de citer sont des contes *orientaux*, arrangés à la mode occidentale. Nous pouvons, ce nous semble, nous prononcer plus for-
mellement au sujet de certains autres contes, et, — sans attribuer à cette partie de notre démonstration, à ces arguments
intrinsèques, une importance aussi grande qu'aux arguments
extrinsèques, aux arguments historiques que nous avons exposés
plus haut, — nous croyons qu'en étudiant avec quelque attention
les collections de contes européens, on y trouvera, en plus d'un
endroit, le reflet d'idées non pas seulement orientales, mais

1. Ce conte a été recueilli dans plusieurs pays de l'Inde (Steel et Temple,
p. 98 ; Stokes, n° 11 ; Lal Behari Day, n° 7) ; il se retrouve chez les Siamois
(*Asiatic Researches*, t. XX, Calcutta, 1836, p. 345) et chez les Arabes du Caire
(Spitta-Bey, n° 2).

2. Ce conte est encore plus altéré dans un conte espagnol (*Biblioteca de
las tradiciones populares españolas*, I, p. 172) et dans un conte italien des
Abruzzes (Finamore, n° 94).

indiennes; nous voulons surtout parler des idées se rattachant à la croyance en la métempsycose. Rien, plus que cette croyance, n'était favorable à la formation de fables et de contes. Dans l'Inde, la fable, avec ses animaux parlants qui sont, au fond, des hommes déguisés, était l'expression toute naturelle des idées populaires : la même âme, en effet, dans ses transmigrations, ne se voilait-elle pas tout aussi bien sous une forme animale que sous une forme humaine ? Par conséquent, l'animal n'était-il pas, au fond, identique à l'homme, et ne pouvait-il pas être substitué à celui-ci dans les petits drames où l'on voulait mettre en action une vérité morale ? La fable, dans l'Inde, était, pour ainsi dire, un produit spontané du pays ; ailleurs, ou du moins dans les pays où ne régnait pas la croyance en la métempsycose, elle ne pouvait avoir cette fécondité, cette force d'expansion.

Dans les contes eux-mêmes, c'est-à-dire dans des récits où la préoccupation de la leçon morale n'existe pas, où l'on cherche avant tout à intéresser l'auditeur, cette doctrine de la métempsycose joue, ce nous semble, un rôle qui doit être mis en relief. Nous parlions tout à l'heure de cette singulière charité envers les animaux, que manifestent tant de fois les héros des contes populaires, et dont ils sont ensuite récompensés par leurs obligés. Si ce n'est point là une idée bouddhique d'origine, c'est du moins une idée bien indienne, et elle dérive certainement de la croyance en la métempsycose, qui efface la distinction entre l'homme et l'animal, et qui, dans tout être vivant, voit un frère.

De cette même croyance vient encore, ce nous semble, l'idée que les animaux, ces frères disgraciés, soumis à une dure épreuve, sont meilleurs que l'homme ; qu'ils sont reconnaissants, tandis que l'homme est ingrat. Nous avons vu, plus haut, cette thèse développée dans des récits bouddhiques ; nous la retrouvons dans un conte européen bien connu, dans le *Chat Botté*. Les versions bien conservées de ce conte ont, en effet, une dernière partie qui manque dans Perrault : ainsi, dans un conte des Avares du Caucase (Schiefner, n° 6), le renard qui, dans ce conte, — comme dans divers contes européens, — joue le rôle du chat, et qui sert

« Boukoutchi-Khan » par reconnaissance, fait le mort pour éprouver son maître ; celui-ci, qui doit au renard toute sa fortune, dit, en le voyant étendu raide par terre, qu'il est bien débarrassé ; sur quoi le renard ressuscite et fait des reproches à l'ingrat [1].

A la métempsycose se rattache encore le conte dont le prétendu « mythe » de *Psyché* n'est qu'une version altérée. On peut voir, dans les remarques de notre n° 63, *le Loup blanc* (t. II, pp. 224 et suivantes), que l'idée fondamentale, tout indienne, de ce conte est celle d'un être humain revêtu d'une forme animale, d'une véritable enveloppe, qu'il quitte à certains moments, mais qu'il est obligé de reprendre.

Cette croyance en la métempsycose est bien indienne. Elle n'est pas de ces idées que l'on peut supposer avoir été communes aux diverses tribus âryennes, avant leur séparation. M. Benfey, pour ne citer que lui, a fait remarquer qu'on ne la trouve, en dehors de l'Inde, chez aucun peuple indo-européen, si ce n'est tout au plus chez les Celtes, et encore n'y a-t-il là que de faibles traces, à une époque tardive [2]. Les Perses eux-mêmes, qui, de tous les Aryas, sont restés le plus longtemps unis aux Indiens, n'ont pas cette croyance. Il y a plus : dans l'Inde même, l'idée de la métempsycose n'apparaît aucunement dans les monuments les plus anciens de la littérature. Ce fait est d'autant plus frappant que, plus tard, et certainement bien longtemps avant le bouddhisme, elle règne d'une manière incontestable chez les Indiens. Entre autres hypothèses, M. Benfey s'est demandé si elle ne serait pas venue dans l'Inde du dehors et spécialement de l'Egypte. « Il y a eu, à une époque très reculée, dit-il [3], des relations entre l'Inde et l'Occident : nous le savons avec certitude par les expéditions envoyées à Ophir par le roi Salomon. Assurément ces

---

1. Comparer un conte swahili de l'île de Zanzibar (Steere, p. 51), le conte n° 14 du *Pentamerone* napolitain, livre antérieur d'une soixantaine d'années à la publication de Perrault, le conte sicilien n° 65 de la collection Gonzenbach, etc.

2. Cela est même contesté. Voir l'ouvrage du Dr Dœllinger, *Heidenthum und Judenthum* (Ratisbonne, 1857, pp. 559, 560).

3. Voir la revue *Orient und Occident*, 3e année (1864), p. 170.

expéditions ne sont pas les plus anciennes. Longtemps auparavant, les Phéniciens ont certainement été les intermédiaires du commerce entre l'Inde et l'Occident, et, de même que très vraisemblablement ils apportèrent l'écriture dans l'Inde, ils peuvent fort bien, — eux et peut-être les Egyptiens eux-mêmes, — y avoir apporté et à leur tour en avoir emporté bien d'autres éléments de civilisation. »

Ces réflexions de M. Benfey jettent-elles quelque lumière sur une question d'un grand intérêt ? Nous voulons parler des ressemblances singulières qu'un conte égyptien, vieux de plus de trois mille ans, le « roman » ou le « conte » des *Deux Frères*, traduit pour la première fois en 1852 par M. de Rougé, présente avec plusieurs contes actuels d'Europe et d'Asie, se rattachant, comme les autres, à l'Inde [1].

Ce conte des *Deux Frères* est-il originaire de l'Egypte elle-même, ou vient-il de l'Inde ? S'il est né en Egypte, il s'ensuivrait que dans les contes indiens se seraient introduits tout au moins un certain nombre d'éléments égyptiens, ce qui nous ouvrirait des horizons tout à fait nouveaux. Dans cette hypothèse, en effet, ce vaste réservoir indien, d'où nous voyons les contes et les fabliaux découler dans toutes les directions, n'aurait pas été alimenté exclusivement par des sources locales ; il aurait reçu l'affluent de canaux restés inconnus jusqu'à ces derniers temps. — Si, au contraire, ce conte des *Deux Frères* est né dans l'Inde, les conséquences sont aussi, ce nous semble, très importantes. Il en résulterait que ce conte des *Deux Frères* ou ses thèmes principaux existaient dans l'Inde avant l'époque où le scribe Ennana, contemporain de Moïse, en écrivait ou plutôt en transcrivait une forme égyptianisée, plus ancienne peut-être de beaucoup. Nous voici donc reportés, dans l'Inde, à une époque antérieure au XIVe siècle avant notre ère. Mais quelles étaient à ce moment les populations indiennes auxquelles les Egyptiens pouvaient emprunter les thèmes

---

1. Dans l'*Appendice B*, à la suite de cette introduction, nous traitons ce sujet avec les développements que nous ne pourrions lui donner ici.

dont est formé le conte des *Deux Frères* ? ll nous semble difficile
d'admettre que ce soient les Aryas, c'est-à-dire la race qui a joué
dans les temps historiques le rôle prépondérant dans l'Inde et
qui a créé la littérature sanscrite. Avant le xive siècle, les conquérants Aryas étaient-ils établis dans l'Inde, ou, du moins, l'oc-
cupaient-ils tout entière ? Cela n'est pas prouvé. En outre, — ce
qui est un point capital, — l'idée de la métempsycose, si l'on
en juge par leurs vieux monuments littéraires, ne devait pas encore
s'être implantée chez eux ; or, le conte des *Deux Frères* est construit en grande partie sur cette idée de la métempsycose. Si
donc les Egyptiens, à cette époque reculée, ont emprunté à l'Inde
des thèmes de contes (chose qui, après tout, n'a rien d'invrai-
semblable), ils ne peuvent guère les avoir empruntés qu'aux
populations habitant l'Inde avant l'invasion des Aryas, populations
très avancées en civilisation, paraît-il, et probablement de race
kouschite, c'est-à-dire se rattachant, comme les Egyptiens, à la
grande famille des Chamites [1]. Mais alors ce serait de ces populations primitives que les Aryas conquérants de l'Inde auraient reçu
plus tard, eux aussi, ces thèmes de contes, et peut-être bien d'autres,
et peut-être aussi l'idée même de la métempsycose, étrangère
à la race âryenne, et germe d'une foule de contes. Il nous semble,
du reste, que ce n'est guère par l'intermédiaire de navigateurs,
de trafiquants, égyptiens ou autres, qu'une croyance comme la
croyance en la métempsycose a pu s'implanter chez ces Aryas.

    Autant de questions pour la solution desquelles les données
certaines nous font défaut. Bornons-nous à signaler l'intérêt du
problème.

IV.

    Quoi qu'il en soit de l'origine première des contes indiens ou de
tel conte indien en particulier, il nous semble que l'importation

---

    1. Voir, par exemple, le *Manuel d'histoire ancienne de l'Orient*, par M. François
Lenormant (septième édition, 1869), III, pp. 415-429.

de ces contes dans les pays voisins de l'Inde et de là en Europe, leur *rayonnement* autour de l'Inde, est un fait historiquement démontré.

On a parlé, pour combattre cette thèse, de difficultés considérables qu'aurait forcément rencontrées cette importation d'une masse de contes orientaux en Europe. « Pour que les habitants des campagnes, a-t-on dit [1], soient imprégnés de certaines traditions, superstitions ou croyances, il faut un long temps, un contact prolongé, une propagande opiniâtre, c'est-à-dire un mélange de races ou de civilisations, ou l'expansion d'une doctrine religieuse. » Nous avons répondu, il y a déjà quelques années, à cette objection [2]. Il nous est impossible de voir quelle « difficulté » les les contes venus de l'Inde auraient eue jadis à « se faire adopter par masses populaires et rurales. » Il existe, sous ce rapport, une grande différence entre les « superstitions » et les contes. Les premières, on y croit, et, pour qu'un peuple en devienne « imprégné », si elles arrivent du dehors, il faut, cela est vrai, « un long temps, un contact prolongé, une propagande opiniâtre. » Mais les contes, est-il besoin d'y croire pour y prendre plaisir et les retenir ? Si un conte indien, — conte merveilleux ou fabliau, — s'est trouvé du goût d'un marchand, d'un voyageur persan ou arabe, est-il bien étonnant que ce marchand, ce voyageur, l'ait gardé dans sa mémoire et rapporté chez lui pour le raconter à son tour ? Aujourd'hui encore, c'est de cette manière que les contes se répandent. Parmi les contes que nous-même nous avons recueillis de la bouche de paysans lorrains, quelques-uns avaient été apportés dans le village, peu d'années auparavant, par un soldat qui les avait entendu raconter au régiment. Voici encore un autre exemple. Un professeur à l'université d'Helsingfors, en Finlande, M. Lœnnrot, demandait un jour à un Finlandais, près de la frontière de Laponie, où il avait appris tant de contes. Cet homme lui répondit qu'il avait passé plusieurs années au service tantôt de pêcheurs russes, tantôt de pêcheurs

---

1. *Mélusine*, I, 1877, col. 236; article de M. Loys Brueyre.
2. *Mélusine*, I, col. 276 seq.

norvégiens, sur le bord de la mer Glaciale. Quand la tempête empêchait d'aller à la pêche, on passait le temps à se raconter des contes et toutes sortes d'histoires. Souvent, sans doute, il s'était trouvé dans ces récits des mots, des passages qu'il n'avait pas compris ou qu'il avait mal compris ; mais cela ne l'avait pas empêché de saisir le sens général de chaque conte ; son imagination faisait le reste, quand ensuite, revenu au pays, il racontait ces mêmes contes dans les longues soirées d'hiver et dans les autres moments de loisir [1].

Le témoignage de ce Finlandais est intéressant. Il montre bien, notamment, comment les contes se modifient, et il confirme les observations d'un savant qui ne se paie pas de mots, M. Gaston Paris. « Les contes qui forment le patrimoine commun de tant de peuples, se sont assurément modifiés dans leurs pérégrinations, dit M. Paris [2], mais les raisons de ces changements doivent être cherchées presque toujours dans leur propre évolution, si l'on peut ainsi dire, et non dans l'influence des milieux où ils ont pénétré. Un conte à l'origine est un, logique et complet ; en se transmettant de bouche en bouche, il a perdu certaines parties, altéré certains traits ; souvent alors les conteurs ont comblé les lacunes, rétabli la suite du récit, inventé des motifs nouveaux à des épisodes qui n'en avaient plus ; mais tout ce travail est déterminé par l'état dans lequel ils avaient reçu le conte, et rarement il a été bien actif et bien personnel. »

La diffusion des contes par la voie orale s'explique donc sans aucune difficulté.

V.

Nous ne dirons qu'un mot des traits, des épisodes, épars dans la littérature mythologique de la Grèce et de Rome, et que l'on

1. *Bulletin de l'Académie de Saint-Pétersbourg*, t. III, 1861, p. 503.
2. *Revue critique*, 1882, II, p. 236.

peut légitimement rapprocher des contes populaires actuels. A ce sujet, nous sommes tout à fait de l'avis de M. Reinhold Kœhler : « Il ne s'en trouve, dit-il, qu'un très petit nombre ; car il faut assurément laisser de côté les essais qu'on a faits de ramener de force certains de nos contes à la mythologie grecque [1]. » Parmi les rapprochements innombrables que nous avons eus à faire dans les remarques de nos contes, c'est à peine si, — en dehors de la fable de *Psyché,* qui n'est pas un mythe [2], — nous avons eu à citer trois ou quatre fois la mythologie gréco-romaine [3].

La mythologie germanique entre également pour peu de chose dans les comparaisons que l'on peut faire à propos des contes populaires actuels, même allemands. C'est ce que disait, il y a une vingtaine d'années, M. Kœhler, s'adressant particulièrement à ses compatriotes : « Ce dont il faut avant tout se garder, c'est de chercher, et *naturellement de trouver,* dans chaque conte allemand un vieux mythe païen affaibli et défiguré, comme plus d'un mythologue allemand a trop aimé à le faire... On court risque ainsi, — un homme très versé dans la mythologie germanique, M. Adalbert Kuhn, en a fait judicieusement l'observation, — *de prendre des idées bouddhiques pour les idées de notre antiquité germanique* [4]. »

Combien de fois aussi l'on s'égare quand on juge ces quetions d'origine par des raisons que nous appellerons de sentiment ! Prenons, par exemple, une « chanson de geste » célèbre, le poème d'*Amis et Amiles,* qui remonte au onzième ou au douzième siècle. « Amis et Amiles, dit M. Léon Gautier [5], sont deux amis, et le modèle des parfaits amis... Or Amis devient lépreux ;

---

1. *Weimarer Beiträge,* p. 186.
2. Voir notre tome II, pp. 224 seq., 242 seq.
3. Voir I, pp. 48, 77, 80 ; II, p. 28.
4. *Weimarer Beiträge,* p. 190. — Il est assez curieux de constater qu'un écrivain allemand de la seconde moitié du XVIᵉ siècle, Rollenhagen, dans la préface de son *Froschmæuseler,* croit aussi trouver dans les contes des veillées « les doctrines païennes des anciens Germains. » (Cité dans l'*Academy* du 21 janvier 1882, p. 38.)
5. *Les Epopées françaises,* I, p. 273.

Amiles a une vision céleste, et apprend qu'il guérira son ami en le lavant dans le sang de ses propres enfants. Amiles n'hésite pas, et, d'une main implacable, tue ses deux fils pour sauver son ami qui lui avait autrefois sauvé la vie et l'honneur. Mais Dieu fait un beau miracle, et les deux innocents ressuscitent. Certes, ajoute M. Léon Gautier, voilà une fiction terrible, et il n'en est guère qui aient plus *le parfum de la Germanie.* » —Il est probable que le savant écrivain n'aurait pas fait cette réflexion s'il avait connu le vieux conte suivant de la *Vetâla-pantchavinçati* sanscrite : « Vîravara s'est mis au service d'un roi. Un jour celui-ci, entendant de loin les gémissements d'une femme, envoie Vîravara pour savoir le sujet de ce chagrin, et le suit sans se laisser voir. Vîravara interroge la femme, et apprend qu'elle est la Fortune du roi : elle pleure parce qu'un grand malheur le menace, mais ce malheur pourra être détourné, si Vîravara immole son fils à la déesse Devî. Le fidèle serviteur, pour sauver son maître, offre à la déesse le sacrifice qu'elle demande ; puis, dégoûté de la vie, il s'immole lui-même. A cette vue, le roi veut se donner la mort, mais la déesse se radoucit et ressuscite l'enfant et son père [1]. » — Dans un conte populaire indien du Bengale (Lal Behari Day, n° 2), nous allons voir s'accentuer encore la ressemblance sur certains points. Les héros de ce conte sont deux amis, comme dans le poème du moyen âge. L'un d'eux ayant été changé en statue de marbre, par suite de son dévouement à son ami, ce dernier, pour lui rendre la vie, immole son fils nouveau-né et prend son sang (comme Amiles) pour en oindre la statue. Plus tard la déesse Kali ressuscite l'enfant [2].

---

1. Th. Benfey, Introduction au *Pantchatantra*, p. 416.

2. Un conte westphalien, variante du *Fidèle Jean* (Grimm, III, p. 17), présente la plus grande ressemblance avec ce conte indien : Une voix mystérieuse a révélé à Joseph plusieurs dangers qui menacent son ami, et les moyens de l'en préserver ; mais Joseph ne doit point répéter ce qu'il a entendu, sinon il sera changé en pierre. Trois fois Joseph, par des démarches singulières, sauve la vie à son ami, qui ne se doute pas du danger qu'il court, et qui trouve fort étrange la conduite de Joseph. (Toute cette partie du récit est à peu près identique dans le conte allemand et dans le conte indien.) Forcé de s'expliquer, Joseph

Après avoir lu ces récits indiens, que personne assurément n'aura l'idée de faire dériver d'*Amis et Amiles*, fiez-vous en donc au « parfum » d'une œuvre littéraire !

Nous aussi, en lisant jadis pour la première fois les contes islandais de la collection Arnason, nous aurions volontiers trouvé une *saveur scandinave* à tel détail, à celui-ci, par exemple (p. 243) : « Une *troll* (ogresse) qui, en changeant de forme, s'est fait épouser par un roi, substitue sa fille à elle à la fille du roi, qu'un prince est venu demander en mariage. Le prince, ayant découvert la tromperie, tue la jeune troll ; puis il fait saler sa chair, dont on emplit des barils, et il la donne à manger à la mère. » Et voici que non-seulement ce trait se retrouve dans des contes siciliens (Gonzenbach, nos 48, 49, 34, 33 ; Pitrè, no 59), avec cette aggravation de sauvagerie que la tête de la fille a été mise au fond du baril, afin que la mère ne puisse se méprendre sur la nature de son horrible repas ; mais un conte annamite (A. Landes, no 22) présente identiquement la forme sicilienne, rattachant ainsi à l'Inde un trait qu'à première vue, et en l'absence d'autres documents, on pouvait croire exclusivement propre à la race des farouches hommes du Nord [1].

Chercher, dans les contes populaires des différents peuples, des renseignements sur le caractère de ces peuples, paraît tout naturel à quiconque est étranger à ces matières, et pourtant rien n'est plus trompeur. Quand, par exemple, feu le P. Rivière, en recueillant les contes des Kabyles du Djurdjura, s'imaginait que

---

est changé en pierre. Un an après, la femme de son ami, ayant mis au monde un fils, rêve trois nuits de suite que, si l'on frottait Joseph avec le sang de l'enfant, il serait délivré du charme qui pèse sur lui. L'enfant est immolé, et Joseph se réveille de son sommeil. Il se met aussitôt en route, et finit par trouver une fiole d'eau de la vie, avec laquelle il ressuscite l'enfant. — Bien que nous n'ayons pas à étudier ici ce type de conte, nous ajouterons qu'on l'a encore trouvé dans l'Inde, sous une forme affaiblie, chez les populations du Deccan (miss Frere, no 5).

1. Voir l'analyse de ce conte annamite à la fin de notre second volume, dans le *Supplément aux remarques* (au no 23, *le Poirier d'or*).

« dans ces pages si originales, un peuple illettré trace à notre curiosité le tableau vivant de ses qualités et surtout de ses vices », c'est qu'il ne savait pas que les contes kabyles sont identiques, pour le fond, à une foule de contes populaires d'Europe et d'Asie : s'il eût connu ce fait, il n'aurait jamais songé à demander à des récits d'importation étrangère des renseignements sur les particularités morales du peuple au sein duquel ils ont été introduits.

Nous en dirons autant des fabliaux du moyen âge, ces frères d'origine des contes populaires. M. Gaston Paris a fait là-dessus des réflexions admirablement justes [1] : « Quant aux contes innombrables, presque toujours plaisants, trop souvent grossiers, qui ont pour sujet les ruses et les perfidies des femmes, ils ne sont pas nés spontanément de la société du moyen âge ; ils procèdent de l'Inde... Ce qui surtout est nécessaire pour comprendre l'inspiration de ces contes, c'est de se représenter qu'ils ont été composés dans un pays où les femmes, privées de liberté, d'instruction, de dignité personnelle, ont toujours eu des vices dont le tableau, déjà exagéré dans l'Inde, n'a jamais pu passer en Europe que pour une caricature excessive. Cependant, la malignité aidant, les contes injurieux pour le beau sexe réussirent merveilleusement chez nous, et se transmirent, en se renouvelant sans cesse, de génération en génération. La nôtre en répète encore plus d'un sans accepter la morale qu'ils enseignent, et simplement pour en rire, parce qu'ils sont bien inventés et piquants ; c'est ce que faisaient déjà nos pères, et il ne faut pas apprécier la manière dont ils jugeaient les femmes et le mariage, d'après quelques vieilles histoires, venues de l'Orient, qu'ils se sont amusés à mettre en jolis vers. »

En dehors des fabliaux, dans la littérature d'imagination du moyen âge, dans les romans de chevalerie notamment, on peut signaler plus d'une œuvre où est bien marquée l'influence de l'Inde. M. Benfey et M. Liebrecht ont montré qu'un passage du

1. Leçons sur *les Contes orientaux dans la littérature du moyen âge* (1875).

roman de Merlin reproduit un conte indien de la *Çoukasaptati* et du recueil de Somadeva [1]; on verra dans les remarques d'un de nos contes (I, p. 144) qu'une certaine légende de Robert-le-Diable n'est autre qu'un conte actuellement encore vivant dans l'Inde et très répandu en Europe. Un autre récit, que parfois on a considéré comme historique, la légende de Gabrielle de Vergy et du châtelain de Coucy, est identique pour le fond à une légende héroïque indienne, récemment recueillie de la bouche de villageois du Pandjab, et dans laquelle se retrouve bien nettement le trait caractéristique du récit français : le cœur de l'amant, que le mari fait manger à la femme infidèle [2]. Ces rapprochements pourraient certainement être multipliés.

VI.

Au point où nous en sommes arrivé de notre exposé, il est assez inutile d'entrer dans la discussion des interprétations mythiques qui ont été données des contes. A supposer même qu'au lieu d'origine, au centre d'où ils ont rayonné partout, les contes aient eu primitivement une signification mythique, ou que des éléments mythiques soient entrés dans leur composition, il faudrait absolument, pour raisonner sur cette matière, avoir sous les yeux la forme première, originale, de chaque conte, et cette forme primitive, est-il besoin de le dire ? on ne pourra jamais être certain de la posséder. D'ailleurs, nous nous méfions fort des interprétations, fussent-elles les plus séduisantes. Un livre célèbre au moyen âge, les *Gesta Romanorum*, donne bien l'interprétation *mystique* (non pas mythique) de toute sortes de fables et de contes, et c'est merveille de voir avec quelle ingéniosité le

1. *Orient und Occident* (1861, pp. 341-354).
2. R. C. Temple, *The Legends of the Panjâb.* (Bombay, 1883), p. 64. — Cette version est meilleure que celle que M. Gaston Paris a donnée dans la *Romania* (1883, p. 359), d'après M. C. Swynnerton.

vieil écrivain fait une parabole chrétienne de tel ou tel conte, parfois assez risqué, venu de l'Inde. Faudra-t-il dire pour cela que les contes sont des paraboles chrétiennes ?

Revenons au bon sens, et ne nous perdons pas dans des systèmes où prévaut l'imagination. Le spectacle que nous donnent les enfants terribles de cette école mythique est bien fait, du reste, pour nous prémunir contre ces fantaisies. Combinant ce qu'ils prétendent découvrir dans les contes dits « âryens » avec le résultat de l'analyse plus ou moins exacte des *Védas*, ces vieux livres indiens, supposés gratuitement l'expression fidèle des croyances primitives de la race indo-européenne, ils dressent toute une liste de mythes, dans lesquels seraient invariablement symbolisés la lutte de la lumière et des ténèbres, du soleil et du nuage, et autres phénomènes météorologiques. A entendre M. André Lefèvre, par exemple, il n'y a pas un conte qui ne soit un « petit drame cosmique », ayant pour « acteurs » « le soleil et l'aurore, le nuage, la nuit, l'hiver, l'ouragan ». Voulez-vous l'interprétation du *Petit Chaperon rouge* ? La voici : « Ce chaperon ou coiffure *rouge*, dit gravement M. Lefèvre dans son édition des *Contes* de Perrault, c'est le carmin de l'aurore. Cette petite qui porte un gâteau, c'est l'aurore, que les Grecs nommaient déjà la messagère, *angelieia*. Ce gâteau et ce pot de beurre, ce sont peut-être les pains sacrés (*adorea liba*) et le beurre clarifié du sacrifice. La mère-grand', c'est la personnification des vieilles aurores, que chaque jeune aurore va rejoindre. Le loup astucieux, à la plaisanterie féroce, c'est, ou bien le soleil dévorant et amoureux, ou bien le nuage et la nuit. » Dans son interprétation de *Peau-d'Ane*, M. André Lefèvre trouve plus que jamais l'aurore et le soleil ; l'aurore, une fois, c'est l'héroïne ; le soleil, trois fois, c'est : 1° le roi, père de Peau-d'Ane ; 2° le prince qui épouse celle-ci, et enfin 3° l'âne aux écus d'or, dont elle revêt la peau. Tous les contes de nourrices recueillis jadis par Perrault sont soumis par M. André Lefèvre à une semblable exégèse.

Mais M. André Lefèvre n'est qu'un satellite ; le soleil de l'école mythico-météorologique, c'est un Italien, M. Angelo de

Gubernatis, professeur de sanscrit à Florence. Toutes les beautés du système brillent dans les volumes de *Mythologie zoologique*, *Mythologie des plantes*, *Mythologie védique*, *Mythologie comparée*, *Histoire des contes populaires*, que ce mythomane a écrits en anglais, en français et aussi dans sa propre langue. Ce que nous avons cité de M. André Lefèvre indique assez bien les procédés d'interprétation que M. de Gubernatis applique aux contes et fables. Voici, par exemple, le « mythe » contenu dans la fable de *la Laitière et le Pot au lait* : « Dans Donna Truhana (l'héroïne d'une vieille fable espagnole correspondant à celle de La Fontaine) et dans Perrette, qui rêvent, rient et sautent à la pensée que la richesse va venir, et avec elle l'épouseur, nous devons voir l'aurore qui rit, danse et célèbre ses noces avec le soleil, brisant, — comme on brise, en pareille occasion, la vieille vaisselle de la maison, — le pot qu'elle porte sur sa tête, et dans lequel est contenu le lait que l'aube matinale verse et répand sur la terre [1]. »

Si, après les mythes solaires, on veut faire connaissance avec les mythes lunaires, M. de Gubernatis est encore là pour nous instruire. Chez plusieurs peuples, et notamment en France, on a recueilli un conte plaisant où le héros sème une graine qui pousse si fort, que la plante monte jusqu'au-dessus des nuages. Il grimpe à la tige et arrive soit au ciel, soit dans un pays inconnu où il a diverses aventures, plus ou moins facétieuses [2]. M. de Gubernatis nous révèle qu'il y a là un mythe lunaire. D'abord, remarquez bien ce héros qui « vole au ciel sur un légume ». Et ce légume lui-même, remarquez que c'est « tantôt une fève, tantôt un pois, tantôt un chou, tantôt un autre légume *du rite funèbre* ». Ce légume « du rite funèbre », puisque rite funèbre il y a, qu'est-ce mythiquement? « Ce légume, dit M. de Gubernatis, c'est toujours *la lune.* » Et il ajoute : « Le héros qui, dans ces contes, monte au ciel, en tombe toujours (?); or le soleil et la lune, après être montés au ciel, redescendent sur

---

1. *Storia delle novelline popolari* (Milan. 1883), p. 83.
2. Voir notre n° 56, *le Pois de Rome* et les remarques de ce conte.

la terre. » Donc la fève est la lune. « Je serais infini, dit M. de Gubernatis, si je voulais faire l'histoire des vicissitudes du mythe lunaire ; qu'il me suffise de dire que le fromage que le renard ravit, ou fait tomber du bec du corbeau, est la lune que l'aurore matinale fait tomber à la fin de la nuit ; que la lune, pois chiche ou fève, est le viatique des morts ; que l'obole donnée par les morts à Caron pour passer le Styx, est encore la lune, etc., etc. [1] » — Que de choses dans les contes populaires ! Il est vrai que c'est toujours la même chose, le soleil et la lune, la pluie et le beau temps, bref l'almanach de Mathieu Laensberg.

D'autres écrivains, qui se moquent très agréablement de l'exégèse mythique, ne nous paraissent pas plus heureux dans leurs interprétations. Nous avons dit plus haut (p. XIV) un mot de cette école qui croit trouver dans les idées et les coutumes des sauvages actuels la clef de l'origine de nos contes ; nous donnerons ici un échantillon de ses explications. Dans le conte de *Psyché* et dans les autres contes analogues, ou du moins dans le passage de ces contes où il est interdit à l'héroïne de chercher à connaître les traits de son mystérieux époux, M. Lang, le principal représentant de l'école, découvre le reflet de « vieilles coutumes nuptiales », d'une « étiquette » de nous ne savons plus quels sauvages, d'après laquelle « la mariée ne doit pas voir son époux ». Le malheur est que cette explication est tout à fait arbitraire et qu'elle perd complètement de vue un élément important du conte : la forme animale, l'enveloppe de serpent, par exemple, dont l'époux mystérieux est revêtu pendant le jour, et qu'il ne dépouille que la nuit, quand aucun œil humain ne peut le voir. De là cette défense faite à la jeune femme d'allumer une lumière. L'idée est tout indienne, et l'on pourra s'en convaincre en lisant les remarques de notre n° 63, auxquelles nous avons déjà renvoyé ci-dessus [2].

---

1. *Mitologia Vedica*, p. 96. — On trouvera encore d'autres spécimens des fantaisies mythiques de M. de Gubernatis dans l'excellent petit livre du P. de Cara, *Errori mitologici del professore Angelo de Gubernatis* (Prato, 1883).

2. Pages XXII et XXXII.

Il est temps de finir. Réduite à ses justes proportions, la question des contes populaires et de leur origine ne perd rien de son intérêt. L'étude des contes, — si elle ne s'appelle plus du nom ambitieux de « mythographie », si elle ne prétend plus chercher dans Perrault ou dans les frères Grimm des révélations sur la « mythologie ancienne » des peuples indo-européens, ni sur les idées de l'humanité primitive, — n'en sera pas moins une science auxiliaire de l'histoire, de l'histoire littéraire et aussi de l'histoire générale. Est-il, en effet, rien de plus curieux, de plus imprévu, sous ce double rapport, que de voir tant de nations diverses recevoir de la même source les récits dont s'amuse l'imagination populaire ? Et quelle instructive odyssée que celle de ces humbles contes, qui, au milieu de tant de guerres et de bouleversements, à travers tant de civilisations profondément différentes, parviennent des bords du Gange ou de l'Indus à ceux de tel ruisseau de Lorraine ou de Bretagne ! L'édifice du système mythique avec ses apparences séduisantes a beau s'écrouler : qu'importe ? Par delà ces nuages évanouis s'étend un vaste champ de recherches, rempli des plus vivantes, des plus saisissantes réalités.

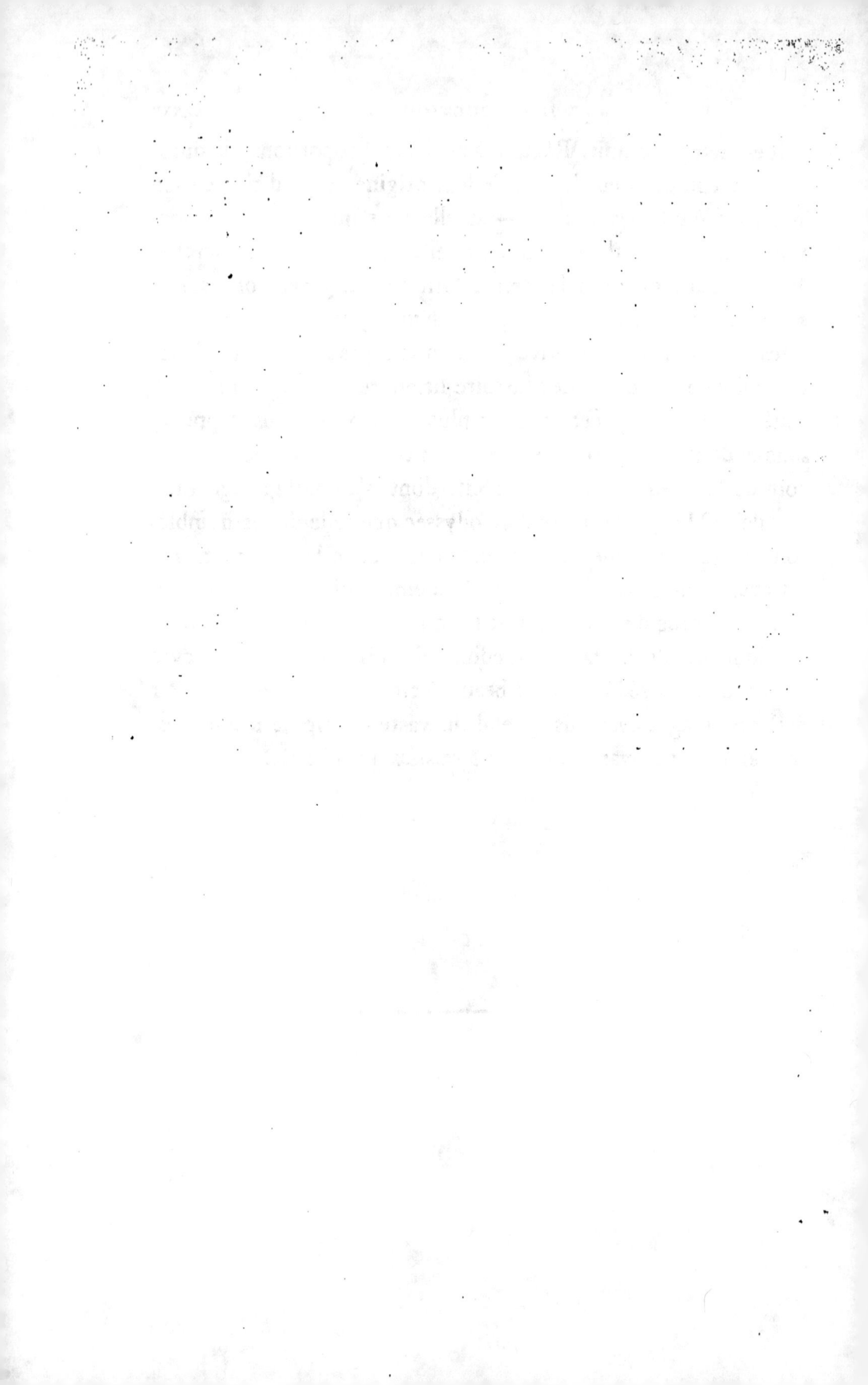

APPENDICE A[1]

LA « VIE DES SAINTS BARLAAM ET JOSAPHAT »
ET LA LÉGENDE DU BOUDDHA[2].

Au nombre des ouvrages les plus répandus et les plus goûtés au moyen âge se trouvait un livre qui, après un long oubli, a, dans ces derniers temps, attiré l'attention du monde savant, la *Vie des saints Barlaam et Josaphat*. C'est l'histoire d'un jeune prince, fils d'un roi des Indes et nommé Josaphat. A sa naissance, il avait été prédit qu'il abandonnerait l'idolâtrie pour se faire chrétien et renoncerait à la couronne. Malgré les précautions ordonnées par le roi son père, qui le fait élever loin du monde et cherche à écarter des yeux de l'enfant la vue des misères de cette vie, diverses circonstances révèlent à Josaphat l'existence de la maladie, de la vieillesse, de la mort, et l'ermite Barlaam, qui s'introduit auprès de lui, n'a pas de peine à le convertir au christianisme. Josaphat, de son côté, convertit son père, les sujets de son royaume et jusqu'au magicien employé pour le séduire ; puis il dépose la couronne et se fait ermite.

Attribuée jadis à saint Jean Damascène (VIIIe siècle), — on ne sait trop sur quel fondement, dit le Dr Alzog[3], — cette histoire, dont l'original est écrit en grec et a dû être rédigé en Palestine ou dans une région voisine, fut traduite en arabe, à l'usage des chrétiens parlant cette langue, et il existe encore un manuscrit, datant du XIe siècle, de cette traduction faite probablement sur une version syriaque, aujourd'hui disparue. La traduction arabe, à son tour, donna naissance à une traduction copte et à une traduction arménienne. — Au XIIe siècle, la *Vie de Barlaam et Josaphat* avait déjà pénétré dans l'Europe occidentale, par l'intermédiaire d'une traduction latine. Dans le courant du XIIIe siècle, cette traduction était insérée par Vincent de Beauvais (mort vers 1264) dans son *Speculum historiale*, puis par Jacques de Voragine, archevêque de Gênes (mort en 1298), dans sa *Légende dorée*, qui a été si longtemps popu-

1. Cet Appendice se rapporte à la p. XIX.
2. Cette étude a paru d'abord dans la *Revue des Questions historiques* d'octobre 1880.
3. « On lui attribue encore (à saint Jean Damascène), *nous ignorons sur quel fondement*, deux ouvrages hagiographiques : *La vie de saint Barlaam et de saint Josaphat* et la *Passion de saint Arthémius*. » (*Patrologie*, trad. de l'abbé P. Belet, 1877, p. 625.)

laire. Dans la première moitié du même siècle, le trouvère Gui de Cambrai tirait de cette traduction latine la matière d'un poème français, et il fut composé dans le même siècle deux autres poèmes français de *Barlaam et Josaphat*, ainsi qu'une traduction en prose. A la même époque que Gui de Cambrai, un poète allemand, Rodolphe d'Ems, traitait le même sujet, et, lui aussi, d'après la traduction latine ; deux autres Allemands mettaient également cette traduction en vers. Les bibliographes mentionnent encore une traduction provençale, probablement du XIVᵉ siècle, et plusieurs versions italiennes, dont l'une se trouve dans un manuscrit daté de 1323. Par l'intermédiaire d'une traduction allemande en prose, l'histoire de *Barlaam et Josaphat* arriva en Suède et en Islande. La rédaction latine fut traduite en espagnol, puis en langue tchèque (vers la fin du XVIᵉ siècle), plus tard en polonais. Ces quelques détails peuvent donner une idée de la diffusion de cette légende au moyen âge [1].

*
* *

Or, voici que, de nos jours, des hommes très compétents sont venus affirmer que la *Vie des saints Barlaam et Josaphat* n'est autre chose qu'un arrangement d'un récit indien. C'est M. Laboulaye qui, le premier, dans le *Journal des Débats* du 26 juillet 1859, attira l'attention sur l'étrange ressemblance que cette histoire présente avec la légende du Bouddha, contenue dans le livre indien le *Lalitavistâra*. En 1860, les deux récits étaient l'objet d'une comparaison détaillée de la part d'un érudit allemand, M. Liebrecht [2]. Dix ans plus tard, M. Max Müller est revenu sur ce même sujet dans une conférence publique [3]. Chose curieuse, et qui a été signalée par M. H. Yule dans l'*Academy* du 1ᵉʳ septembre 1883, l'identité existant, pour le fond, entre les deux légendes avait été reconnue, il y a environ trois siècles, par un historien portugais, Diogo de Couto.

Il suffira, pour que le lecteur se fasse une opinion par lui-même, de mettre en regard les principaux traits des deux récits. L'indication des chapitres de *Barlaam et Josaphat* est donnée d'après la *Patrologie grecque* de Migne. La légende du Bouddha, extraite pour la plus grande partie du *Lalitavistâra*, est citée d'après l'ouvrage de M. Barthélemy Saint-Hilaire, *le Bouddha et sa religion* (Paris, 1860), complété par la traduction que M. Foucaux a donnée du *Lalitavistâra* d'après une version thibétaine de ce livre [4].

---

1. Voir *Barlaam und Josaphat. Französisches Gedicht des dreizehnten Jahrhunderts von Gui de Cambrai*, herausgegeben von H. Zotenberg und P. Meyer (Stuttgart, 1864), p. 310 seq. — *Barlaam und Josaphat von Rudolf von Ems*, herausgegeben von Franz Pfeiffer (Leipzig, 1843), p. VIII seq. — *Bulletin de l'Académie des Sciences de Saint-Pétersbourg* (classe historico-philologique), t. IX (1852), nᵒˢ 20, 21, pp. 300, 309.

2. *Die Quellen des Barlaam und Josaphat*, dans la revue *Jahrbuch für romanische und englische Literatur*, t. II (1860) p. 314 seq., ou dans le volume de M. Liebrecht intitulé *Zur Volkskunde* (Heilbronn, 1879), p. 441.

3. *On the Migration of Fables*, dans la *Contemporary Review* de juillet 1870, ou dans le 4ᵉ volume des *Chips from a German Workshop* (1875).

4. *Rgya tch'er rol pa*, ou Développement des Jeux, contenant l'histoire du Bouddha Çâkya Mouni, traduit sur la version thibétaine du Bkah Hgyour, et revu sur l'original sanscrit (Lalitavistâra), par Ph. E. Foucaux (Paris, 1849).

LÉGENDE DE
BARLAAM ET JOSAPHAT
—

LÉGENDE DE
SIDDHÂRTA (le Bouddha)
—

Abenner, roi de l'Inde, est ennemi et persécuteur des chrétiens. Il lui naît un fils merveilleusement beau, qui reçoit le nom de Joasaph [1]. Un astrologue révèle au roi que l'enfant deviendra glorieux, mais dans un autre royaume que le sien, dans un royaume d'un ordre supérieur : il s'attachera un jour à la religion persécutée par son père.

Le roi, très affligé, fait bâtir pour son fils un palais magnifique, dans une ville écartée ; il entoure Joasaph uniquement de beaux jeunes gens, pleins de force et de santé, auxquels il défend de parler jamais à l'enfant des misères de cette vie, de la mort, de la vieillesse, de la maladie, de la pauvreté ; ils devront ne l'entretenir que d'objets agréables, afin qu'il ne tourne jamais son esprit vers les choses de l'avenir ; naturellement il leur est défendu de dire le moindre mot du christianisme (chap. III).

Joasaph, devenu jeune homme, demande à son père, qui n'ose la lui refuser, la permission de faire des excursions hors du palais. Un jour, sur son chemin, il aperçoit deux hommes, l'un lépreux, l'autre aveugle. Il demande aux personnes de sa suite d'où vient à ces hommes leur aspect repoussant. On lui répond que ce sont là des maladies qui frappent les hommes quand leurs humeurs sont corrompues. Le prince, continuant ses questions, finit par apprendre que tout homme peut être atteint de maux semblables. Alors il cesse d'interroger ;

Çouddhodana, roi de Kapilavastou, petit royaume de l'Inde, est marié à une femme d'une beauté ravissante, qui lui donne un fils aussi beau qu'elle-même : l'enfant est appelé Siddhârta. A sa naissance, les Brahmanes prédisent qu'il pourra bien renoncer à la couronne pour se faire ascète. (Barthélemy Saint-Hilaire, pp. 4-6.)

Le roi voit en songe son fils qui se fait religieux errant. Pour l'empêcher de concevoir ce dessein, il lui fait bâtir trois palais, un pour le printemps, un pour l'été et un autre pour l'hiver. Et à chaque coin de ces palais se trouvent des escaliers où sont placés cinq cents hommes, de manière que le jeune homme ne puisse sortir sans être aperçu. Le prince voulant un jour aller à un jardin de plaisance, le roi fait publier à son de cloche, dans la ville, l'ordre d'écarter tout ce qui pourrait attrister les regards du jeune homme. (Barthélemy Saint-Hilaire, pp. 6-12. — Foucaux, p. 180.)

Un jour, le jeune prince « se dirigeait avec une suite nombreuse, par la porte du midi, vers le jardin de plaisance, quand il aperçut sur le chemin un homme atteint de maladie, brûlé de la fièvre, le corps tout amaigri et tout souillé, sans compagnons, sans asile, respirant avec une grande peine, tout essoufflé et paraissant obsédé de la frayeur du mal et des approches de la mort. Après s'être adressé à son cocher, et en avoir reçu la réponse qu'il en attendait : « La santé, dit le jeune prince, est donc comme le jeu d'un rêve, et la crainte du mal a donc

---

1. *Joasaph* est la forme primitive, telle que la donne l'original grec.

mais il change de visage, et son cœur
est déchiré au souvenir de ce qu'il a vu.

Peu de temps après, Joasaph, étant
de nouveau sorti de son palais, rencontre un vieillard tout courbé, les
jambes vacillantes, le visage ridé, les
cheveux tout blancs, la bouche dégar-
nie de dents, la voix balbutiante.
Effrayé à ce spectacle, le jeune prince
demande à ses serviteurs l'explication
de ce qu'il voit. « Cet homme, lui
répondent-ils, est très âgé, et, comme
sa force s'est peu à peu amoindrie, et
que ses membres se sont affaiblis, il
est enfin arrivé au triste état dans
lequel tu le vois. — Et quelle fin
l'attend ? » demande le prince. — « Pas
d'autre que la mort, » répondent les
gens de de sa suite. — « Est-ce que ce
destin est réservé à tous les hommes, »
dit le prince, « ou quelques-uns seulement y sont-ils exposés ? » Les serviteurs lui expliquent que la mort est
inévitable et que tôt ou tard elle frappe
tous les hommes. Alors Joasaph pousse
un profond soupir, et il dit : « S'il en
est ainsi, cette vie est bien amère et
pleine de chagrins et de douleurs.
Comment l'homme pourrait-il être
exempt de soucis, quand la mort n'est
pas seulement inévitable, mais qu'elle
peut, comme vous le dites, fondre
sur lui à chaque instant ! » A partir
de ce jour, le prince reste plongé
dans une profonde tristesse, et il se
dit : « Il viendra une heure où la
mort s'emparera de moi aussi ; et qui
alors se souviendra de moi ? Et, quand
je mourrai, serai-je englouti dans le
néant, ou bien y a-t-il une autre vie
et un autre monde ? » (chap. v.)

cette forme insupportable ! Quel est
donc l'homme sage qui, après avoir
vu ce qu'elle est, pourra désormais
avoir l'idée de la joie et du plaisir ? »
Le prince détourna son char, et rentra dans la ville, sans vouloir aller
plus loin. » (Barthélemy Saint-Hilaire,
p. 13.)

« Un jour qu'avec une suite nombreuse il sortait par la porte orientale
pour se rendre au jardin de Loumbinî
auquel s'attachaient tous les souvenirs
de son enfance, il rencontra sur sa
route un homme vieux, cassé, décré-
pit ; ses veines et ses muscles étaient
saillants sur tout son corps ; ses dents
étaient branlantes ; il était couvert de
rides, chauve, articulant à peine des
sons rauques et désagréables ; il était
tout incliné sur son bâton ; tous ses
membres, toutes ses jointures trem-
blaient. « Quel est cet homme ? »
dit avec intention le prince à son
cocher. « Il est de petite taille et sans
forces ; ses chairs et son sang sont
desséchés ; ses muscles sont collés à sa
peau, sa tête est blanchie, ses dents
sont branlantes ; appuyé sur son bâton,
il marche avec peine, trébuchant à
chaque pas. Est-ce la condition particulière de sa famille ? ou bien est-ce
la loi de toutes les créatures du
monde ? — Seigneur, » répondit le
cocher, « cet homme est accablé par
la vieillesse ; tous ses sens sont affaiblis, la souffrance a détruit sa force,
et il est dédaigné par ses proches ; il
est sans appui : inhabile aux affaires,
on l'abandonne comme le bois mort
dans la forêt. Mais ce n'est pas la
condition particulière de sa famille.
En toute créature la jeunesse est
vaincue par la vieillesse ; votre père,
votre mère, la foule de vos parents et
de vos alliés finiront par la vieillesse
aussi ; il n'y a pas d'autre issue pour
les créatures. — Ainsi donc, » reprit le

(On remarquera que les deux rencontres du Bouddha avec le vieillard et avec le mort correspondent, pour les réflexions qu'elles suggèrent au prince, à la rencontre de Joasaph avec le seul vieillard.)

L'ermite Barlaam parvient à pénétrer sous un déguisement auprès de Joasaph, lui expose dans une suite d'entretiens toute la doctrine chrétienne et le convertit. Après le départ de Barlaam, Joasaph cherche à mener, autant qu'il le peut, dans son palais, la vie d'un ascète (chapitres VI-XXI).

prince, « la créature ignorante et faible, au jugement mauvais, est fière de la jeunesse qui l'enivre, et elle ne voit pas la vieillesse qui l'attend. Pour moi, je m'en vais. Cocher, détourne promptement mon char. Moi qui suis aussi la demeure future de la vieillesse, qu'ai-je à faire avec le plaisir et la joie ? » Et le jeune prince, détournant son char, rentra dans la ville sans aller à Loumbinî. » (p. 12 seq.)

« Une autre fois encore, il se rendait par la porte de l'ouest au jardin de plaisance, quand sur la route il vit un homme mort placé dans une bière et recouvert d'une toile. La foule de ses parents tout en pleurs l'entourait, se lamentant avec de longs gémissements, s'arrachant les cheveux, se couvrant la tête de poussière, et se frappant la poitrine en poussant de grands cris. Le prince, prenant encore le cocher à témoin de ce douloureux spectacle, s'écria : « Ah ! malheur à la jeunesse que la vieillesse doit détruire ; ah ! malheur à la santé que détruisent tant de maladies ! Ah ! malheur à la vie où l'homme reste si peu de jours ! S'il n'y avait ni vieillesse, ni maladie, ni mort ! Si la vieillesse, la maladie, la mort, étaient pour toujours enchaînées ! » (p. 13.)

« Une dernière rencontre vint le décider et terminer toutes ses hésitations. Il sortait par la porte du nord pour se rendre au jardin de plaisance, quand il vit un *bhikshou* (religieux mendiant), qui paraissait, dans tout son extérieur, calme, discipliné, retenu, voué aux pratiques d'un *brahmatchari* (nom donné au jeune brahmane, tout le temps qu'il étudie les Védas), tenant les yeux baissés, ne fixant pas ses regards plus loin que la longueur d'un joug, ayant une tenue accomplie, portant avec dignité le vêtement du religieux et le vase aux aumônes. « Quel est cet homme ? » demanda le prince. — « Seigneur, » répondit le cocher, « cet homme est un de ceux qu'on nomme *bhikshous ;* il a renoncé à toutes les joies du désir et il mène une vie très austère ; il s'efforce de se dompter lui-même et s'est fait religieux. Sans passions, sans envie, il s'en va cherchant des aumônes. — Cela est bon et bien dit, » reprit Siddhârta. « L'entrée en religion a toujours été louée par les sages ; elle sera mon recours et le recours des autres créatures ; elle deviendra pour nous un fruit de vie, de bonheur et d'immortalité. » Puis le jeune prince, ayant détourné son char, rentra dans la ville sans voir Loumbinî ; sa résolution était prise. » (p. 15).

Le prince informe son père de cette résolution ; le roi cherche à l'en détourner, mais il finit par comprendre qu'il n'y a point à combattre un dessein si bien arrêté (pp. 15-17).

Le roi ayant convoqué les Çâkyas (la tribu à laquelle il appartenait) pour leur annoncer cette triste nouvelle, on décide de s'opposer par la force à la fuite du prince. Toutes les issues du palais et de la ville sont gardées ; mais, une nuit, quand tous les gardes, fatigués par de longues veilles, sont endormis, le prince ordonne à son cocher Tchandaka de lui seller un cheval. En vain ce fidèle serviteur le supplie-t-il de ne point sacrifier sa belle jeunesse pour aller mener la vie misérable d'un mendiant. Le prince monte à cheval et s'échappe de la ville sans que personne l'ait aperçu (p. 17 seq.).

Le roi emploie tous les moyens pour détourner Joasaph de la foi que celui-ci vient d'embrasser et pour le ramener à l'idolâtrie ; mais tous ses efforts sont inutiles (chapitres XXII-XXXIII).

Après la mort du roi, que son fils a converti, Joasaph fait connaître à ses sujets sa résolution de renoncer au trône et de se consacrer tout entier à Dieu [1]. Le peuple et les magistrats protestent à grands cris qu'ils ne le laisseront point partir. Joasaph feint de céder à leurs instances ; puis il appelle un des principaux dignitaires, nommé Barachias, et lui dit que son intention est de lui transférer la couronne. Barachias le supplie de ne pas le charger de ce fardeau. Alors Joasaph cesse de le presser ; mais, pendant la nuit, il écrit une lettre adressée à son peuple et dans laquelle il lui ordonne de prendre Barachias pour roi, et il s'échappe du palais.

Le lendemain, ses sujets se mettent

Le roi envoie des gens à la pour-

---

1. Du vivant de son père, Joasaph avait consenti à gouverner la moitié du royaume, et il en avait converti les habitants. — De même, le Bouddha amène son père et les sujets de celui-ci à embrasser la nouvelle religion qu'il prêche (Barthélemy Saint-Hilaire, p. 43).

à sa poursuite et le ramènent dans la ville ; mais voyant que sa résolution est inébranlable, ils se résignent à sa retraite (chap. XXXVI).

suite de son fils ; mais ceux-ci rencontrent le fidèle Tchandaka, qui leur démontre que leur démarche est inutile, et ils reviennent sans avoir rien fait (p. 20).

Suit le récit des austérités de Joasaph et des combats qu'il doit soutenir contre le démon dans le désert. Il sort victorieux de cette épreuve, comme déjà, du vivant de son père, il avait triomphé du magicien Theudas, qui avait cherché à le séduire par les attraits de la volupté (chap. XXXVII. Cf. chap. XXX).

Avant d'arriver à la « connaissance suprême », le Bouddha est assailli, dans la forêt où il se livre à d'effroyables austérités, par Mâra, dieu de l'amour, du péché et de la mort, autrement appelé le démon Pâpiyân (« le très vicieux »), qui s'efforce vainement de le séduire en envoyant vers lui ses filles, les Apsaras. Le démon a beau tenter un dernier assaut ; son armée se disperse, et il s'écrie : Mon empire est passé (p. 64).

Il est inutile d'insister sur la ressemblance des deux récits ou plutôt sur l'identité qu'ils présentent pour le fond. Les seules modifications un peu notables sont celles qu'a rendues nécessaires la transformation d'une légende bouddhique en une légende chrétienne. Ainsi, le personnage de Barlaam, qui remplace le *bhikshou* du récit indien, a pris un développement considérable : cela est naturel, comme le fait très justement observer M. Liebrecht. Le Bouddha pouvait bien, par ses seules réflexions, arriver à reconnaître le néant de la religion dans laquelle il était né et la nécessité d'en fonder une autre ; mais, si Joasaph pouvait l'imiter dans la première partie, toute *négative*, de sa formation religieuse, il lui fallait, pour devenir chrétien, un enseignement extérieur. De là le rôle important de Barlaam.

Dira-t-on que l'origine bouddhique de la légende de *Barlaam et Joasaph* n'est pas suffisamment prouvée par ces rapprochements, et que la légende du Bouddha a fort bien pu être calquée sur l'histoire de Joasaph ? Un ou deux faits suffisent pour réfuter cette objection. Le *Lalitavistâra*, d'où sont tirés les principaux passages de la légende bouddhique, était rédigé *dès avant l'an 76 de notre ère* [1]. De plus, le souvenir des rencontres attribuées par la légende au Bouddha avec le malade, le vieillard, etc., a été consacré, *dès la fin du quatrième siècle avant notre ère*, par Açoka, roi de Magadha. Ce roi, dont le règne commença vers l'an 325 avant Jésus-Christ, fit élever, aux endroits où la tradition disait que ces rencontres avaient eu lieu, des *stoûpas* et des *vihâras* (monuments commémoratifs). Ces monuments existaient encore au commencement du cinquième siècle de notre ère, quand le voyageur chinois Fa-Hian visita l'Inde ; un autre voyageur chinois, Hiouen-Thsang, les vit également deux siècles plus tard [2].

---

1. Suivant les Chinois, la première traduction du *Lalitavistâra* dans leur langue a été faite vers l'an 76 après Jésus-Christ (Foucaux, *op. cit.*, p. XVI).

2. Barthélemy Saint-Hilaire, p. 15 ; Max Müller, *Chips from a German Workshop*, t. IV, p. 180.

Mais il y a plus encore : le nom même du héros de la légende que nous étudions démontre l'origine bouddhique de cette légende. Le nom de *Joasaph*, Ἰωάσαφ, en effet, est identique à celui de *Yoûasaf*, qui, chez les Arabes, désignait le fondateur du bouddhisme, le Bouddha [1].

Enfin, — s'il fallait un argument de plus à une démonstration qui, ce semble, n'en a pas besoin, — nous pouvons faire remarquer que plusieurs des paraboles mises dans la bouche de personnages de la légende chrétienne portent des traces d'une origine bouddhique, ou tout au moins se retrouvent dans des écrits bouddhiques [2].

*
* *

Il nous reste à rechercher comment la légende du Bouddha a pu arriver dans l'Asie occidentale, où a dû être rédigé le texte grec de *Barlaam et Josaphat*. Ici nous ne pouvons faire que des conjectures.

Il est très vraisemblable que l'original indien aura suivi à peu près la même route que le *Pantchatantra*, cet autre livre de l'Inde dont nous avons raconté plus haut (pp. XVIII-XIX) les pérégrinations à travers l'Asie et l'Europe [3]. Traduit dans la langue de la cour des Sassanides, le pehlvi, il sera parvenu, par l'intermédiaire d'une version ou imitation soit syriaque, soit arabe, entre les mains de l'écrivain grec qui aura paraphrasé cette version et l'aura munie des longues expositions dogmatiques et polémiques que présente aujourd'hui l'ouvrage.

---

1. Voici, sur ce nom de *Yoûasaf*, ce que dit feu M. Reinaud dans son *Mémoire géographique, historique et scientifique sur l'Inde antérieurement au milieu du XIe siècle de l'ère chrétienne, d'après les écrivains arabes, persans et chinois* (t. XVIII des *Mémoires de l'Académie des Inscriptions*, p. 90), qui a été lu à l'Académie des Inscriptions, le 28 mars 1845 : « Massoudi (auteur arabe) rapporte qu'un des cultes les plus anciens de l'Asie était celui des Sabéens. Suivant lui, il naquit jadis dans l'Inde, au temps où la Perse était sous les lois, soit de Thamouras, soit de Djemschid, un personnage appelé Youdasf, qui franchit l'Indus et pénétra dans le Sedjestan et le Zabulistan, puis dans le Kerman et le Farès. Youdasf se disait envoyé de Dieu, et chargé de servir de médiateur entre le créateur et la créature. C'est lui, ajoute Massoudi, qui établit la religion des Sabéens ; or, par la religion des Sabéens, Massoudi paraît entendre le bouddhisme. En effet, il dit que Youdasf prêcha le renoncement à ce monde et l'amour des mondes supérieurs, vu que les âmes procèdent des mondes supérieurs, et que c'est là qu'elles retournent. D'ailleurs... l'auteur du *Ketab-al-Fihrist* (autre écrivain arabe), qui emploie la forme *Youasaf*, dit positivement qu'il s'agit du Bouddha considéré, soit comme la représentation de la divinité, soit comme son apôtre. Il est évident que *Youdasf* et *Youasaf* sont une altération de la dénomination sanscrite *bodhisattva*, qui, chez les Bouddhistes, désigne les différents Bouddha. »

Quelques explications sur la transformation de *bodhisattva* en *Yoûasaf* ne seront pas inutiles. La forme *Boûdâsp*, *Boûdâshp*, qui se trouve chez les auteurs arabes et persans (A. Weber, *Indische Streifen*, t. III, p. 57, note), se rapproche déjà davantage de *Bodhisattva*, dont la transcription exacte aurait dû être *Boûdsatf* (Bodh [i] sattv [a]). Mais comment, de cette forme, est-on arrivé à *Yoûasaf*? Par une altération due au système d'écriture employé par les Arabes et les Persans. Dans l'écriture arabe, le même signe, selon qu'il est accompagné ou non de points diversement disposés, représente diverses lettres, entre autres B et Y. Dans le cas présent, les points étant omis, on a eu la forme *Yoûdsaif*, dont les auteurs ne présentent pas d'exemple, mais que suppose le mot *Yoûdsasp*, qui a été trouvé (A. Weber, *loc. cit.*); puis est venu *Yoûdasf* et enfin *Yoûasaf*.

M. Théodore Benfey a fait remarquer qu'un autre nom qui figure dans *Barlaam et Josaphat* se retrouve dans les légendes bouddhiques. Le nom du magicien *Theudas*, qui cherche à séduire Joasaph, est, en effet, philologiquement identique à celui de *Devadatta*, l'un des principaux adversaires du Bouddha (*Theudat = Dev* [a] *datt* [a]).

2. Voir M. Benfey (*Pantschatantra*, I, p. 80 seq., II, p. 528, et I, p. 407) et M. Liebrecht, *op. cit.*

3. On a la certitude qu'outre le *Pantschatantra*, rapporté par lui de l'Inde, Barzôi, médecin de Chosroès le Grand, traduisit aussi divers ouvrages indiens (Benfey, *Pantschatantra*, I, p. 84). Parmi ces ouvrages se trouvait-il la légende du Bouddha? Naturellement il est impossible de l'affirmer ; mais la chose n'est nullement impossible, le bouddhisme étant encore florissant dans l'Inde à l'époque où Barzôi visita ce pays.

Si, comme M. H. Zotenberg a cherché dernièrement à le démontrer par d'ingénieux arguments [1], le texte grec est l'œuvre d'un moine grec du couvent de Saint-Saba, près Jérusalem, et a été écrit avant l'année 634, c'est-à-dire avant l'apparition des musulmans dans ces contrées, l'hypothèse d'une version arabe de la légende du Bouddha semble inadmissible, et il faut recourir à l'hypothèse d'une version syriaque, déjà peut-être christianisée. Mais ici s'élève une grave objection. Le nom de *Jôasaph* correspond exactement au mot *Yoûasaf* par lequel le Bouddha est désigné dans des ouvrages écrits *en arabe*, et ce mot est, nous l'avons vu, le dernier terme d'une série de transformations dans lesquelles des altérations graphiques, propres au système d'écriture arabe, jouent un rôle considérable. Ces erreurs auraient-elles pu se produire également *en syriaque* ? On pourrait admettre, à la rigueur, que la lettre I ait été substituée par erreur à la lettre B, qui graphiquement en est assez voisine : on aurait eu ainsi, en syriaque, le prototype du *Jôasaph* grec; mais, nous l'avouons, supposer qu'en partant du mot sanscrit *Bodhisattva*, les mêmes transformations, les mêmes erreurs graphiques auraient concouru, en syriaque comme en arabe, à donner finalement la forme *Jôasaph*, c'est, ce nous semble, une impossibilité.

Nous laissons aux orientalistes à résoudre cette difficulté. Quant à l'objet spécial de notre travail, il est assez peu important que le livre de *Barlaam et Josaphat* ait été composé au VIIe siècle plutôt qu'au VIIIe.

*
* *

Nous permettra-t-on d'effleurer ici une question que nous avons traitée ailleurs [2] avec plus de détails ?

En 1583, l'autorité du rédacteur prétendu du livre qui nous occupe, saint Jean Damascène, fit entrer dans le *Martyrologe Romain* les noms des « saints Barlaam et Josaphat ». A la fin de la liste des saints dont il est fait commémoration le 27 novembre, on lit, en effet, ce qui suit : « Chez les Indiens limitrophes de la Perse, les saints Barlaam et Josaphat, dont les actes extraordinaires ont été écrits par saint Jean Damascène [3]. » En faut-il conclure que, comme l'a prétendu un indianiste, M. Rhys Davids, « le Bouddha, sous le nom de saint Josaphat, est actuellement reconnu officiellement, honoré et révéré dans toute la catholicité comme un saint chrétien ? » Il y a là, aux yeux de tout homme impartial, une complète inexactitude, et un écrivain anglais bien connu, M. Ralston, a eu la loyauté de le déclarer publiquement, dans une conférence faite par lui à la *London Institution*, le 23 décembre 1880, et, l'année suivante, dans la revue de l'*Academy* (22 janvier 1881). Après avoir renvoyé à notre travail de la *Revue des Questions historiques*, il ajoute : « M. Emmanuel Cosquin montre clairement que le *Martyrologe Romain*, qui a été rédigé en 1583 par ordre de Grégoire XIII, n'a jamais eu le poids d'une autorité infaillible, et que l'existence dans ses colonnes d'un nom précédé de l'épithète *saint, sanctus*, est

---

1. *Notice sur le livre de Barlaam et Joasaph* (Paris, 1886), extraite des *Notices et Extraits des manuscrits de la Bibliothèque Nationale*, t. XXVIII. — Voir aussi le *Journal Asiatique* (mai-juin 1885), et le compte rendu de M. Gaston Paris dans la *Revue critique* (n° du 7 juin 1886).

2. Dans l'article de la *Revue des Questions historiques*, indiqué ci-dessus.

3. « Apud Indos Persis finitimos, sanctorum Barlaam et Josaphat (commemoratio), quorum actus mirandos sanctus Joannes Damascenus conscripsit. »

une chose toute différente de la « canonisation ». Benoît XIV affirme expressément, dans son livre sur la *Canonisation des saints*, que « le Saint-Siège n'enseigne
point que tout ce qui a été inséré dans le *Martyrologe Romain* est vrai d'une
vérité certaine et inébranlable », et il ajoute qu'autre chose est la « sentence de
canonisation », autre chose l' « insertion d'un nom dans le *Martyrologe*
Romain » ; à l'appui de cette doctrine, il mentionne le fait que plusieurs erreurs
ont été découvertes et corrigées dans cet ouvrage. »

Et maintenant, que faut-il penser de cette transformation d'un récit bouddhique en une légende chrétienne? Est-il permis d'en tirer la conclusion
que le bouddhisme aurait de considérables analogies avec le christianisme?
Ce serait-là, — nous l'avons montré ailleurs [1], — raisonner d'une façon fort
peu scientifique. Prenez, par exemple, l'ascète bouddhiste et le moine chrétien.
Sans doute, dit M. Laboulaye [2], la ressemblance extérieure est grande entre les
ascètes bouddhistes et les premiers moines de l'Egypte ; « il faut reconnaître
néanmoins qu'elle ne dépasse point la surface ; au fond, il n'y a rien de commun entre l'ermite qui soupire après la vie éternelle en Jésus-Christ et le bouddhiste qui n'a d'autre espoir qu'un vague anéantissement. » Au fond, —
et nous terminerons cette digression par ces paroles de M. Barthélemy Saint-
Hilaire, le biographe du Bouddha [3], — « le bouddhisme n'a rien de commun
avec le christianisme, qui est autant au-dessus de lui que les sociétés européennes sont au-dessus des sociétés asiatiques. »

1. Dans notre article de la *Revue des Questions historiques* et dans le *Français* du 1er septembre 1883.
2. *Journal des Débats*, du 26 juillet 1859.
3. *Trois lettres de M. Barthélemy Saint-Hilaire, adressées à M. l'abbé Deschamps, vicaire général de Châlons* (Paris, 1880), p. 2.

APPENDICE B[1]

LE CONTE ÉGYPTIEN DES DEUX FRÈRES [2].

Tous ceux qui se sont occupés de l'Egypte antique et de sa littérature ont lu ce vieux conte des *Deux Frères*, dont un manuscrit sur papyrus, écrit au XIVe siècle avant notre ère, pour un prince royal, fils de Menephtah, le Pharaon de l'Exode, a été retrouvé dans un tombeau, comme tant de documents de tout genre [3].

Traduit d'abord, en 1852, par M. de Rougé, il l'a été ensuite, d'une manière plus complète, par divers égyptologues, et notamment par M. Maspero [4]. On peut le résumer ainsi :

Il y avait une fois deux frères, dont l'aîné s'appelait Anoupou et le plus jeune Bitiou. Anoupou avait une maison et une femme, et son frère demeurait avec lui ; ce dernier était un très bon laboureur. Un jour qu'ils étaient tous les deux ensemble aux champs, Anoupou envoya son jeune frère à la maison pour chercher des semences.

Bitiou part donc, et, arrivé à la maison, il y trouve la femme de son frère occupée à se parer et qui l'accueille par une proposition semblable à celle que la femme de Putiphar fit à Joseph. Bitiou repousse avec indignation cette proposition et retourne aux champs rejoindre son frère.

Cependant la femme d'Anoupou est effrayée des paroles qu'elle a dites, et elle s'avise d'une ruse. Quand son mari rentre à la maison, il la trouve étendue par terre, tout en désordre, et elle lui dit que son jeune frère a voulu lui faire violence. Anoupou, furieux, veut tuer Bitiou, mais celui-ci s'enfuit ; il est au moment d'être atteint, quand le dieu Râ (le soleil), à sa prière, jette entre eux deux une grande eau remplie de crocodiles. D'une rive à l'autre les deux

1. Cet appendice se rapporte à la p. XXXIII.

2. Publié d'abord en octobre 1877, dans la *Revue des Questions historiques*, notre travail a été longuement cité par M. Maspero, dans ses *Contes populaires de l'Egypte ancienne* (Paris, 1882).

3. Le manuscrit, dit M. Maspero (*op. cit.*, p. 4), a été écrit par le scribe Ennànà, qui vécut sous Ramsès II, sous Minephtah et sous Seti II. Il porte, en deux places, le nom de son propriétaire antique, le prince Seti Minephtah, qui régna plus tard sous le nom de Seti II.

4. *Revue des cours littéraires*, t. VII, p. 780 seq. (1871). — *Contes populaires de l'Egypte ancienne* (pp. 5-28).

frères se parlent : Bitiou se justifie. Il prévient ensuite Anoupou qu'il va se retirer dans le Val de l'Acacia; il déposera son cœur sur la fleur de cet arbre, auquel sa vie sera désormais indissolublement attachée. Si l'on coupe l'acacia, la vie de Bitiou sera tranchée en même temps; alors son frère devra chercher son cœur, et, quand il l'aura trouvé, le mettre dans un vase plein d'eau fraîche, et Bitiou ressuscitera. Ce qui devra montrer à Anoupou qu'il est arrivé malheur à son frère, c'est s'il voit tout à coup la bière bouillonner dans sa cruche.

Anoupou, désespéré, retourne dans sa maison et tue la femme impudique qui l'a séparé de son frère. Pendant ce temps, Bitiou se rend au Val de l'Acacia et dépose, comme il l'avait dit, son cœur sur la fleur de l'acacia, auprès duquel il fixe sa demeure. Les dieux ne veulent pas le laisser seul ainsi. Ils lui façonnent une femme, la plus belle de la terre entière; Bitiou en devient follement amoureux, et lui révèle le secret de son existence liée à celle de l'acacia.

Cependant le fleuve (le Nil) s'éprend de la femme de Bitiou, de la créature formée par le dieu Khnoum. Un jour qu'elle est à se promener sous l'acacia, son mari étant à la chasse, elle aperçoit le fleuve qui monte derrière elle. Elle s'enfuit et rentre dans la maison. Le fleuve dit à l'acacia qu'il veut s'emparer d'elle ; mais l'acacia lui livre seulement une boucle de cheveux de la belle. Le fleuve emporte cette boucle en Égypte et la dépose dans l'endroit où se tenaient les blanchisseurs du Pharaon. L'odeur de la boucle commence à se répandre dans les vêtements du Pharaon, et l'on ne sait comment expliquer la chose. Enfin le chef des blanchisseurs aperçoit la boucle de cheveux qui flotte sur l'eau. Il envoie quelqu'un la retirer, et, trouvant qu'elle sent merveilleusement bon, il la porte au Pharaon. On fait aussitôt venir les magiciens du Pharaon. Ceux-ci lui disent que la boucle appartient à une fille des dieux : sur leur conseil, il envoie un grand nombre d'émissaires dans toutes les directions pour chercher cette femme, et notamment vers le Val de l'Acacia. Bitiou les tue tous, à l'exception d'un seul, qu'il laisse en vie pour rapporter la nouvelle. Alors le Pharaon envoie toute une armée qui lui ramène la fille des dieux. Il élève celle-ci au rang de « Grande Favorite », et elle lui révèle le secret de la vie de son mari. On coupe la fleur sur laquelle était le cœur de Bitiou, et Bitiou meurt.

Le lendemain, comme Anoupou, le frère aîné de Bitiou, rentrait dans sa maison, on lui apporte une cruche de bière, qui se met à écumer; on lui en apporte une de vin, qui se trouble aussitôt. Il part pour le Val de l'Acacia et trouve son frère étendu mort. Il se met immédiatement en quête, et, pendant trois ans, cherche inutilement le cœur de Bitiou. Enfin, au commencement de la quatrième année, l'âme de Bitiou éprouve le désir de revenir en Égypte. Anoupou découvre le cœur de son frère sous l'acacia. Il le met dans un vase rempli d'eau fraîche, et, au bout de quelques heures, Bitiou ressuscite.

Les deux frères se mettent en route pour punir l'infidèle. Bitiou prend la forme d'un taureau sacré et se fait conduire par Anoupou à la cour du Pharaon, qui est rempli de joie en le voyant et fait célébrer de grandes fêtes. Un jour, le taureau se trouve auprès de la favorite et lui dit : « Vois, je suis encore vivant; je suis Bitiou. Tu as su faire abattre par le Pharaon l'acacia sous lequel était ma demeure, afin que je ne pusse plus vivre, et vois, je vis pourtant; je suis taureau. » La favorite est très effrayée, mais elle se remet bientôt et elle demande au Pharaon, comme une faveur, de lui donner à manger le foie du taureau. Le Pharaon y consent, non sans chagrin, et l'on met à mort l'animal, après avoir célébré en son honneur une grande fête d'offrande; mais, au moment où on lui coupe la gorge, il secoue son cou et lance par terre deux gouttes de sang qui vont tomber, l'une d'un côté de la grande porte du Pharaon, l'autre de l'autre côté, et il s'élève là deux grands et magnifiques perséas.

Le Pharaon sort avec la favorite pour contempler le nouveau prodige, et l'un des arbres, prenant la parole, révèle à la favorite qu'il est Bitiou, encore une fois transformé. Elle demande alors au Pharaon qu'on abatte les perséas et qu'on en fasse de bonnes planches. Le Pharaon y consent, et elle sort pour assister à l'exécution de ses ordres. Or, pendant qu'on coupait les arbres, « un copeau, ayant sauté, entra dans la bouche de la favorite. Elle l'avala et conçut... Beaucoup de jours après, elle mit au monde un enfant mâle. »

Devenu grand, l'enfant, qui n'est autre que Bitiou revenu à une nouvelle existence, succède au Pharaon sur le trône d'Égypte, et son premier soin est de châtier la femme dont il a eu tant à se plaindre dans sa première vie.

Tel est le « roman des *Deux Frères* ». Ce curieux conte a été étudié au point vue de la mythologie; M. François Lenormant lui a consacré un chapitre de son livre *Les Premières Civilisations* (t. I, p. 397 seq.). Il y voit « la transformation en un conte populaire du mythe, fondamental dans les religions de l'Asie occidentale, du jeune dieu solaire mourant et revenant tour à tour à la vie, mythe dont nous avons la version syro-phénicienne dans la fable d'Adonis, la version phrygienne dans celle d'Atys, et enfin la version hellénisée, à une époque encore impossible à déterminer, dans la légende de Zagreus. » Ce serait « un exemple de plus de cet influx des traditions asiatiques en Égypte, à l'époque de la dix-huitième et de la dix-neuvième dynastie, non plus de leur introduction dans la religion à l'état de mythe sacré, mais, ce qui est nouveau, de leur importation sous la forme de conte populaire. » Mais nous n'avons pas l'intention de suivre M. Lenormant sur ce terrain; c'est à un tout autre point de vue que nous voudrions examiner le roman des *Deux Frères*.

*
* *

Nous avons affaire ici, comme M. Lenormant le dit fort bien, à un véritable conte populaire. Or, si l'on rapproche des contes populaires actuels d'Europe et d'Asie les divers éléments qui composent le récit égyptien, on constatera, non sans surprise, que le roman des *Deux Frères* présente avec plusieurs de ces contes des ressemblances frappantes et beaucoup trop précises pour provenir du hasard.

Qu'on en juge.

Prenons d'abord le passage final où sont racontées les diverses transformations de Bitiou, et rapprochons-le d'un conte populaire allemand recueilli dans la Hesse (Wolf, p. 394). Dans ce conte, un berger, devenu général des armées d'un roi, se laisse dérober par une rusée princesse, fille d'un roi ennemi, une épée qui le rendait invincible. Il est vaincu, tué, et son corps, haché en morceaux, est envoyé dans une boîte au roi son maître. Des enchanteurs lui rendent la vie et lui donnent le pouvoir de se transformer en ce qu'il voudra. Il se change en un beau cheval et se fait vendre au roi ennemi. Quand la princesse voit le cheval, elle dit qu'il faut lui couper la tête. La cuisinière, qui a entendu, va caresser le cheval en le plaignant du sort qui l'attend. Le cheval lui dit : « Quand on me coupera la tête, il sautera trois gouttes de mon sang sur ton tablier : enterre-les pour l'amour de moi à telle place. » La cuisinière fait ce que le cheval a demandé, et, le lendemain, à la place où les gouttes de sang ont été enterrées, il s'élève un superbe cerisier. La princesse prie son père de faire abattre le cerisier. La cuisinière va plaindre l'arbre, qui lui dit : « Quand on m'abattra, ramasse pour l'amour de moi trois copeaux et jette-les dans l'étang de la princesse. » Le lendemain matin, trois canards d'or nagent dans l'étang. La princesse prend son arc et ses flèches et tue deux des canards ; elle se contente de s'emparer du troisième, qu'elle enferme dans sa chambre. La nuit venue, le canard reprend l'épée magique et s'envole.

On le voit, la ressemblance est surprenante. Dans les deux récits, allemand et égyptien, le héros, qui est mort, puis ressuscité, prend la forme d'un bel animal, taureau ou cheval, et se fait conduire à la cour d'un roi où se trouve une femme qui a été la cause de sa mort. Dans les deux récits, cette femme obtient du roi que l'on tue l'animal, et, au moment où on l'égorge, il saute des gouttes de sang qui donnent naissance à un arbre. Enfin, en Allemagne comme dans l'antique Egypte, la vie du héros se réfugie dans des copeaux de l'arbre que la princesse a fait abattre.

Un conte hongrois, recueilli par le comte J. Mailath, a une grande analogie avec le conte allemand [1]. Le héros, Laczi, a été tué et coupé en mille morceaux par un dragon. Le roi des serpents, à la fille duquel il a rendu service, le ressuscite au moyen de certaines plantes. Laczi se change en cheval et va dans la cour du dragon. La femme du dragon, bien qu'elle ne reconnaisse pas Laczi sous sa nouvelle forme, se doute qu'il y a là quelque enchantement, et elle dit au dragon qu'elle mourra si elle ne mange le foie du cheval (on se rappelle le « foie du taureau » dans le conte égyptien). On prend le cheval pour le tuer. La sœur de Laczi, prisonnière du dragon, vient à passer et plaint le sort du cheval. Celui-ci lui dit tout bas de prendre la terre sur laquelle tomberont les deux premières gouttes de son sang et de la jeter dans le jardin du dragon. A cette place, il pousse un arbre à pommes d'or. La femme du dragon dit alors qu'elle mourra si on ne lui fait cuire son repas avec le bois de l'arbre. La sœur de Laczy ayant encore exprimé sa compassion pour l'arbre, celui-ci lui dit de prendre les deux premiers copeaux qui tomberont et de les jeter dans l'étang du dragon. Le lendemain, un beau poisson d'or nage dans l'étang. La femme du dragon veut avoir le poisson. Le dragon se jette à l'eau pour le prendre ; mais, comme il a ôté une certaine chemise qui le rendait invulnérable, le poisson saute sur le rivage, redevient Laczi, qui revêt la chemise, s'empare d'une épée enchantée que le dragon avait déposée sur le bord de l'étang, et tue le dragon.

1. Cité d'après O. L. B. Wolff, *Die schœnsten Mærchen und Sagen aller Zeiten und Vœlker* (Leipzig, 1850), t. I, p. 229 seq.

Une légende héroïque de la Russie [1] se rapproche encore davantage, sur un point, du conte égyptien : la femme qui cherche à faire périr le héros est, en effet, là comme en Egypte, sa propre femme. Dans cette légende, Ivan, fils de Germain le sacristain, trouve dans un buisson une épée magique, dont il s'empare, puis il va combattre les Turcs. Pour prix de ses exploits, il obtient la main de Cléopâtre, fille du roi. Son beau-père meurt, le voilà roi à son tour ; mais sa femme le trahit, livre son épée aux Turcs, et, quand Ivan désarmé a péri dans la bataille, elle épouse le sultan. Cependant, Germain le sacristain, averti par un flot de sang qui jaillit tout à coup au milieu de l'écurie, part et retrouve le cadavre de son fils. Grâce au conseil d'un cheval, il se procure de l'eau de la vie et ressuscite Ivan. Celui-ci se met aussitôt en route et rencontre un paysan. « Je vais, » lui dit-il, « me changer pour toi en un cheval merveil-leux à la crinière d'or; tu le conduiras devant le palais du sultan. » Quand le sultan voit le cheval, il l'achète, le met dans son écurie et ne cesse d'aller le visiter. « Pourquoi, seigneur, » lui dit Cléopâtre, « es-tu toujours aux écuries ? — J'ai acheté un cheval qui a une crinière d'or. — Ce n'est pas un cheval, c'est Ivan, le fils du sacristain : commande qu'on le tue. » Du sang du cheval naît un bœuf au pelage d'or ; Cléopâtre le fait tuer. De la tête du bœuf naît un pommier aux pommes d'or; Cléopâtre le fait abattre. Le premier copeau se métamorphose en un canard magnifique. Le sultan ordonne qu'on lui donne la chasse, et se jette lui-même à l'eau pour l'attraper. Le canard s'échappe vers l'autre rive, reprend sa figure d'Ivan, mais avec des habits de sultan, jette sur un bûcher Cléopâtre et son amant, puis règne à leur place [2].

Nous pouvons encore rapprocher du conte égyptien un autre groupe de contes actuels, voisin de celui que nous venons d'examiner.

Dans un conte grec moderne, recueilli dans l'Asie Mineure, à Aïvali, l'an-cienne Cydonia (Hahn, n° 49), une jeune fille, fiancée d'un prince, est changée en un poisson d'or par une négresse qui prend sa place auprès du prince. Voyant que celui-ci a beaucoup de plaisir à regarder le poisson d'or, la négresse fait la malade et dit que pour qu'elle soit guérie, il faut qu'on tue le poisson et qu'on lui en fasse du bouillon. Quand on tue le poisson d'or, trois gouttes de sang tombent par terre, et aussitôt à cette place il pousse un grand cyprès. Alors la négresse feint une nouvelle maladie et demande qu'on brûle le cyprès et qu'on lui en donne de la cendre, mais qu'on ne laisse personne prendre du feu. Pendant qu'on est en train de brûler l'arbre, il s'approche une vieille femme; on la repousse, mais un copeau du cyprès s'est attaché au bord de sa robe. Le lendemain matin, la vieille sort sans avoir mis son ménage en ordre. Quand elle rentre, elle voit avec étonnement que tout est rangé. La même chose s'étant renouvelée plusieurs fois, la vieille se cache et surprend la jeune fille. Elle l'adopte, et plus tard la jeune fille se fait reconnaître du prince [3].

Encore ici, même thème : l'animal qu'on fait tuer, les gouttes de sang, l'arbre, le copeau.

---

1. Rambaud, *la Russie épique*, pp. 377-380.
2. Comparer un conte russe de la collection Erlenwein (Gubernatis, *Florilegio*, p. 210).
3. Comparer un autre conte grec moderne (baron d'Estournelles de Constans, *la Vie de province en Grèce*, Paris, 1878, p. 260 seq.), et un conte hongrois (Erdelyi, n° 13).

Au siècle dernier, en France, au XVIIᵉ siècle, en Italie, on recueillait des contes du même genre. Dans le conte français [1], une jeune reine est tuée par ordre de la vieille reine, sa belle-mère, et son corps jeté dans le fossé du château. Une autre femme est mise à sa place. Un jour que le roi est à sa fenêtre, il aperçoit dans l'eau un merveilleux poisson incarnat, blanc et noir. Il ne peut se lasser de le contempler, mais la vieille obtient que le poisson soit tué et servi à la fausse reine, alors enceinte, qui, dit-elle, en a envie. Tout à coup on voit devant la fenêtre du château un arbre aux trois mêmes couleurs. La vieille le fait brûler, mais de ses cendres s'élève un splendide château, toujours incarnat, blanc et noir, dont le roi seul peut ouvrir la porte, et il y trouve sa femme vivante. — Dans le conte italien (*Pentamerone*, nᵒ 49), comme dans le conte grec moderne, c'est une négresse qui se substitue à la vraie fiancée d'un roi. Celle-ci est changée en colombe, et elle vient plusieurs fois sous cette forme parler au cuisinier du château et lui demander ce qui se passe. La négresse ordonne au cuisinier de prendre la colombe et de la faire rôtir. Le cuisinier obéit, et, à l'endroit du jardin où il a jeté les plumes de la colombe, il s'élève bientôt un magnifique citronnier avec trois beaux citrons. Quand le roi ouvre un de ces citrons, il en sort sa vraie fiancée [2].

Nous trouvons dans l'Inde un conte populaire analogue, qui a été recueilli dans le Deccan (miss Frere, nᵒ 6) : Surya-Bay, qu'un roi a prise pour femme, est jetée dans un étang par la « première reine » jalouse. Alors, dans cet étang, paraît une belle fleur d'or qui incline gentiment sa tête vers le roi quand celui-ci s'approche pour la voir. Et tous les jours le roi va s'asseoir auprès de l'étang et contempler la fleur d'or. La première reine, en étant instruite, ordonne d'arracher la fleur et de la brûler. Mais, là où on a jeté les cendres, il pousse un grand manguier dont le fruit est si beau, que personne n'ose le cueillir et qu'on le réserve pour le roi. Un jour, la mère de Surya-Bay, pauvre laitière, vient en passant se reposer sous le manguier. Pendant qu'elle dort, le fruit tombe dans un de ses pots à lait. Elle l'emporte dans sa maison et le cache. Mais, quand on veut le prendre, il se trouve à la place une belle petite dame, pas plus grande qu'une mangue, qui grandit tous les jours et finit par avoir la taille d'une femme, etc. [3]. (Comparer un autre conte indien, recueilli dans le Bengale par miss Stokes, nᵒ 21.)

Un conte annamite (A. Landes, nᵒ 22) se rapproche encore davantage des contes européens de ce groupe : Une jeune fille, nommée Cam, est tuée par suite d'une machination de la fille de sa marâtre, nommée Tam, et cette dernière prend sa place auprès d'un prince. Mais Cam revient à la vie sous la forme d'un oiseau. Aussitôt Tam dit qu'elle veut manger l'oiseau. On le tue ; à la place où les plumes ont été jetées pousse un bambou. Le bambou est coupé : de son écorce naît un arbre *thi* avec un beau fruit. Vient à passer une vieille

---

1. *Nouveaux Contes de fées* (1718). Voir le conte *Incarnat, Blanc et Noir* (*Cabinet des Fées*, t. XXXI, p. 233 seq.).

2. Comparer un conte norvègien (Asbjœrnsen, *Tales from the Fjeld*, p. 156).

3. Dans un conte lithuanien (Chodzko, p. 368), le héros, à qui un roi a promis sa fille et la moitié de son royaume, est tué traîtreusement par ordre d'un des courtisans. De son sang, qui a jailli sous les fenêtres de la princesse, il naît un pommier, dont bientôt les branches touchent ces fenêtres. Quand la princesse veut prendre une des pommes, celle-ci se détache de l'arbre, et le jeune homme reparaît plein de vie.

mendiante : « O *thi,* » dit-elle, « tombe dans la besace de la vieille. » Le fruit obéit, et la vieille le rapporte chez elle. Pendant qu'elle est absente, Cam sort du fruit et fait le ménage [1]. La vieille, un jour, se cache et la surprend. Elle l'interroge et, ayant appris son histoire, elle fait venir le prince, qui reconnaît sa femme.

Nous citerons enfin un conte des « Saxons » de Transylvanie (Haltrich, n° 1), qui se retrouve presque identiquement chez les Roumains du même pays (*Ausland,* 1858, p. 118), chez les Tziganes de la Bukovine (Miklosisch, p. 277), en Hongrie (Gaal-Stier, n° 7), et aussi chez les Valaques (Schott, n° 8) et chez les Serbes (*Archiv für slavische Philologie,* II, p. 627) : Deux enfants aux cheveux d'or, fils d'une reine, sont, aussitôt après leur naissance, enterrés dans un fumier par une servante qui, par ses calomnies, parvient à perdre la reine et à se faire épouser par le roi. A l'endroit où les enfants ont été enterrés, il pousse deux beaux sapins d'or. La nouvelle reine feint d'être malade et dit qu'elle ne guérira que si elle couche sur des planches faites avec les sapins d'or. On coupe les sapins, et, avec les deux planches qu'on en tire, on fait un lit pour le roi et la reine. Pendant la nuit, l'une des deux planches dit à l'autre : « Frère, comme c'est lourd ! c'est la méchante marâtre qui couche sur moi. » L'autre répond : « Frère, comme c'est léger ! c'est notre bon père qui couche sur moi. » La reine a tout entendu, et elle obtient qu'on brûlera les planches. Tandis qu'on y est occupé, deux étincelles sautent dans de l'orge, qu'on donne ensuite à une brebis, et la brebis met bas deux agneaux à laine d'or. La reine demande à manger, pour se guérir, les cœurs des deux agneaux. On tue les agneaux ; mais, pendant qu'on lave les entrailles dans la rivière, deux morceaux s'en vont au fil de l'eau et sont portés sur le bord, et les deux enfants reparaissent sous leur forme naturelle.

Dans un conte indien du Bengale (miss Stokes, n° 2) se trouve un passage qui rappelle ce conte : Deux enfants, frère et sœur, ont été tués par ordre de la reine leur marâtre. A l'endroit où l'on a jeté leurs foies dans le jardin, pousse un arbre avec deux belles grandes fleurs, auxquelles succèdent deux beaux fruits. La reine veut cueillir ces fruits, mais ils se retirent devant sa main de plus en plus haut. Elle fait couper l'arbre ; mais il repousse, et la même chose se reproduit plusieurs jours de suite. Le roi, en ayant été averti, va voir l'arbre, et les deux fruits tombent d'eux-mêmes dans sa main. Il les emporte dans sa chambre et les met sur une table auprès de son lit. Pendant la nuit, une petite voix sort de dedans l'un des fruits : « Frère ! » Et une autre petite voix répond : « Sœur ! parle plus bas. Demain le roi ouvrira les fruits, et si la reine nous trouve, elle nous tuera. Dieu nous a fait revivre trois fois, mais si nous mourons une quatrième fois, il ne nous rendra plus la vie. » Le roi, qui a entendu, ouvre les fruits avec précaution, retrouve ses enfants et fait périr la marâtre.

Pour terminer cette partie de notre étude, nous signalerons un conte russe de ce même groupe (Gubernatis, *Zoological Mythology,* I, p. 412). Là, les deux jumeaux, après avoir passé à peu près par les transformations que nous avons vues dans le conte transylvain, sont tués, sous leur forme d'agneaux, et leurs entrailles sont jetées sur la route. Leur mère, la reine répudiée, ramasse ces

---

1. Comparer le conte grec moderne cité plus haut, p. LXI.

entrailles sans savoir d'où elles viennent, les fait cuire et les mange, et elle donne de nouveau naissance à ses deux fils, lesquels, interrogés par le roi leur père, racontent l'histoire de leur origine.

Dans cet étrange dénouement, n'y a-t-il pas quelque chose d'analogue à la *renaissance* de Bitiou ?

*
* *

Un second passage du vieux conte égyptien prête aussi à de nombreux rapprochements.

Quand Bitiou s'en va vers le Val de l'Acacia, il dit à son frère : « J'enchan-« terai mon cœur ; je le placerai sur le sommet de la fleur de l'acacia, et, si « l'on coupe l'acacia et que mon cœur tombe par terre, tu viendras le cher-« cher. Quand tu passerais sept années à le chercher, ne te rebute pas. Une « fois que tu l'auras trouvé, tu le mettras dans un vase d'eau fraîche, et alors « je reviendrai à la vie, et je rendrai le mal qu'on m'aura fait. Or tu sauras que « quelque chose m'est arrivé, lorsqu'on te mettra dans la main une cruche de « bière et qu'elle bouillonnera ; ne demeure pas un moment de plus, après que « cela te sera arrivé. » On se rappelle qu'ensuite Bitiou a l'imprudence de révé-ler à la femme que les dieux lui ont donnée, le mystère de sa vie.

Il faut étudier séparement dans ce passage, d'abord ce qui est relatif au cœur de Bitiou, et ensuite ce qui concerne la manière dont le frère de Bitiou doit être informé des malheurs de celui-ci.

Dans un grand nombre de contes actuels, comme dans le conte égyptien, le « cœur », l' « âme », la « vie » d'un personnage se trouvent cachés dans un certain endroit et liés à un certain objet, et, dans le plus grand nombre de ces contes, ce personnage se laisse aller à révéler son secret à une femme qu'il aime et qui le trahit. Seulement, à la différence du roman des *Deux Frères*, le per-sonnage en question n'est pas celui qui doit attirer la sympathie des auditeurs ; c'est toujours un être malfaisant, un « géant », un « magicien », etc.

Ainsi, dans un conte norvégien intitulé *le Géant qui n'avait pas de cœur dans la poitrine* (Asbjœrnsen, II, p. 65), une princesse, qui a été enlevée par le géant, lui demande où est son cœur. Il finit par le lui dire : « Loin, loin d'ici, au milieu d'une grande eau, il y a une île ; dans cette île, une église ; dans l'église, un puits ; dans le puits, un canard ; dans le canard, un œuf, et dans l'œuf mon cœur. » — Dans un conte breton, *le Corps sans âme* (Luzel, 5e rapport, p. 13), la vie d'un géant est dans un œuf ; cet œuf est dans une colombe ; la colombe est dans un lièvre ; le lièvre, dans un loup, et le loup est dans un coffre au fond de la mer. « Et qui pensez-vous maintenant, » dit le géant, « qui puisse me tuer ? »

On remarquera que, dans les contes actuels, ce thème a plus de netteté que dans le conte égyptien ; on comprend très bien, en effet, dans le conte norvé-gien et dans le conte breton, pourquoi le géant s'est séparé de son « cœur », de son « âme » : il l'a *cachée*, il a voulu la mettre en sûreté ; mais on ne se rend pas compte du motif qui a porté Bitiou à mettre son cœur sur le sommet de la fleur de l'acacia. Il nous semble que, dans le conte égyptien, malgré son antiquité, nous avons affaire à une forme altérée de ce thème et non à la forme primitive.

Ayant traité assez au long de ce sujet dans les remarques de notre n° 15,
les Dons des trois Animaux (I, pp. 173-177), nous nous permettrons d'y renvoyer.

Venons à la seconde partie du passage. On a vu de quelle manière Anoupou,
le frère aîné, doit être averti de la mort de Bitiou. Complétons la citation :
« Le lendemain du jour où l'acacia avait été coupé, comme Anoupou, le grand
« frère de Bitiou, entrait dans sa maison et s'asseyait ayant lavé ses mains, on
« lui apporta une cruche de bière, et elle se mit à bouillonner; on lui
« en apporta une de vin, et elle se troubla. Il prit son bâton et ses sandales,
« ses vêtements et ses outils, partit pour le Val de l'Acacia, entra dans la mai-
« son de son petit frère et le trouva étendu mort sur sa natte. »
Ce trait se retrouve dans une foule de contes populaires modernes. Ainsi,
dans un conte serbe (Vouk, n° 29), un frère dit à son frère en le quittant pour
un long voyage : « Prends cette fiole remplie d'eau et garde-la toujours sur toi.
Si tu vois l'eau se troubler, alors sache que je suis mort. » Même chose dans
deux contes suédois (Cavallius, pp. 81 et 351) : En quittant son frère, un
jeune homme lui laisse une cuve pleine de lait : si le lait devient rouge, ce sera
signe qu'il est en grand danger; ou bien, il lui indique une certaine source :
tout le temps que l'eau en sera claire, ce sera signe qu'il est en vie; si elle
devient rouge et trouble, c'est qu'il sera mort. — On trouvera beaucoup
d'autres rapprochements dans les remarques de notre n° 5, *les Fils du Pêcheur*
(I, pp. 70-72).
Ce thème, comme le précédent, nous paraît plus net dans les contes actuels
que dans le conte égyptien. Dans le conte serbe que nous venons de citer, par
exemple, le liquide qui doit se troubler en cas de malheur du héros, n'est pas
un liquide quelconque, comme la bière ou le vin d'Anoupou ; il a été donné
par celui-là même dont il fera connaître le sort. Mais ce n'est point encore là,
ce nous semble, la forme primitive, la forme logique de ce thème. Cette forme
logique, nous la trouvons, par exemple, dans notre conte n° 5 : Un pêcheur
prend plusieurs fois de suite un poisson merveilleux. Ce poisson lui dit :
« Puisque tu veux absolument m'avoir, je vais te dire ce que tu dois faire.
Quand tu m'auras tué, tu donneras trois gouttes de mon sang à ta femme,
trois gouttes à ta jument, et trois à ta petite chienne ; *tu en mettras trois dans un
verre*, et tu garderas mes ouïes. » Le pêcheur fait ce que lui dit le poisson.
Après un temps, sa femme accouche de trois beaux garçons ; le même jour, la
jument met bas trois beaux poulains, et la chienne trois beaux petits chiens; à
l'endroit où étaient les ouïes du poisson, il se trouve trois belles lances. *Le sang
qui est dans le verre doit bouillonner s'il arrive quelque malheur aux enfants*,
véritables incarnations du poisson. — Dans d'autres contes identiques, dans
un conte allemand, un conte écossais, un conte grec moderne, etc., ce sont
des lis d'or, des cyprès ou d'autres arbres, nés du sang du poisson merveilleux,
qui doivent se flétrir s'il arrive malheur aux jeunes gens unis à eux par la
communauté d'origine.

*
* *

Nous arrivons enfin à l'épisode de la boucle de cheveux dont le parfum donne
l'idée de rechercher partout la femme de qui vient cette boucle.

Dans un conte siamois [1], Phom-Haam, ou « la Belle aux boucles par-fumées », coupe un jour une de ses boucles et la livre au vent. Cette boucle tombe dans l'Océan, et elle est portée à travers les flots jusqu'au pays d'un cer-tain roi qui, guidé par le parfum qu'elle répand, la trouve en se baignant. Comme dans le roman des *Deux Frères*, il consulte des devins pour savoir de quelle femme vient cette précieuse boucle, et les devins lui indiquent où demeure Phom-Haam.

Un conte mongol du *Siddhi-Kür* (n° 23) offre un épisode du même genre. L'héroïne de ce conte étant un jour allée se baigner dans un fleuve, quelques boucles de ses cheveux se détachent et s'en vont au fil de l'eau. Or « ces boucles étaient ornées de cinq couleurs et de sept qualités précieuses ». Juste-ment, à l'embouchure du fleuve, une servante d'un puissant roi était allée cher-cher de l'eau : les boucles vont s'embarrasser dans le vase avec lequel elle puise, et la servante les porte au roi. Celui-ci dit à ses gens : « A la source de ce fleuve, il doit y avoir une femme très belle de qui viennent ces boucles ; prenez des hommes avec vous et ramenez-la-moi. »

Dans des contes indiens du Pandjab (Steel et Temple, p. 61), du Bengale (Lal Behari Day, p. 86) et du Kamaon (Minaef, n° 3 ; voir notre tome II, p. 303), des cheveux d'or d'une princesse, flottant au cours d'un fleuve, don-nent l'idée à un roi ou à un prince d'envoyer à la recherche de la femme à qui appartenaient ces cheveux merveilleux.

En Europe, on peut comparer un conte tchèque de Bohême (Chodzko, p. 81), où un roi, voyant tomber à ses pieds, du bec d'un oiseau, un cheveu de la Vierge aux cheveux d'or, ordonne à l'un de ses serviteurs de lui ramener cette jeune fille, qu'il veut épouser. — Le même trait se retrouve dans une légende juive et dans le vieux roman de chevalerie de *Tristan et Iseult*. Il s'agit, dans la légende juive [2], d'un roi d'Israël très impie, à qui les anciens du peuple viennent un jour conseiller de prendre femme pour devenir meilleur. Le roi les renvoie à huit jours. Pendant ce délai, un oiseau laisse tomber sur lui un long cheveu d'or. Le roi déclare aux anciens qu'il n'épousera que la femme de qui vient ce cheveu, et qu'il les fera tuer tous s'ils ne la lui ramènent pas. — Dans le roman de *Tristan et Iseult* (voir la revue *Germania*, XIe année, 1866, p. 393), Tristan était si cher au roi Marke, son oncle, que celui-ci le considérait comme son fils et ne voulait pas prendre femme. Un jour, les grands du royaume, jaloux de Tristan, se rendent près du roi et le prient de se marier. Le roi pro-met de leur donner réponse dans un certain délai. Tandis qu'il est à réfléchir aux moyens d'éluder cette demande, il voit se disputer deux hirondelles qui laissent tomber par terre un long et beau cheveu de femme. Il le ramasse et répond aux seigneurs qu'il épousera celle à qui appartient ce cheveu.

Dans ces deux derniers récits, le thème primitif a été, comme on voit, modifié par l'introduction d'autres éléments.

*
**

Tels sont les rapprochements que nous pouvons faire entre le vieux conte égyptien et les contes modernes, et ces rapprochements ne portent pas sur des

---

1. *Asiatic Researches*, t. XX (Calcutta, 1836), p. 142.
2. Voir notre tome II, p. 302.

idées générales, qui peuvent éclore, d'une manière parfaitement indépendante, dans plusieurs cerveaux humains. Les ressemblances ici portent sur des traits caractéristiques, parfois bizarres, et qui ne s'inventeront pas plusieurs fois. Rappelons, par exemple, cette curieuse série de transformations du héros égyptien, si exactement reflétée dans un conte allemand et un conte hongrois de nos jours, l'un et l'autre recueillis et publiés avant que M. de Rougé eût révélé au monde, — et au monde savant seulement, — le roman des *Deux Frères;* ou bien ce trait si particulier de la bière qui bouillonne ou du vin qui se trouble pour annoncer un malheur. Nous n'avons pas affaire ici à des ressemblances du genre de celle qu'on a prétendu trouver entre ce même roman des *Deux Frères* et l'histoire de Joseph dans la *Genèse.* Et, à ce propos, disons qu'un égyptologue bien connu, M. Ebers, a montré une perspicacité vraiment scientifique en ne voyant entre le conte égyptien et le récit de la Bible qu'une ressemblance purement fortuite [1]. Cette idée d'une séduction tentée par une femme adultère, qui ensuite accuse celui qu'elle n'a pu corrompre, est une idée qui s'est présentée plus d'une fois et très naturellement à l'esprit des poètes et des écrivains (M. Ebers rappelle, dans la mythologie grecque, Phèdre et Hippolyte, Pélée et Astydamie, Phinée et Idée; dans la littérature persane, Sijavusch et Sudabe), comme plus d'une fois aussi le fait lui-même a dû se rencontrer dans la vie réelle. Mais il y a un trait qui est particulier au récit historique de la *Genèse* et qui lui donne son individualité : c'est le trait du manteau laissé par Joseph entre les mains de la femme de Putiphar et qui permet à celle-ci de rendre plus vraisemblable son accusation. Or ce trait distinctif et caractéristique, il n'en est pas trace dans le conte égyptien.

Revenons à notre étude. Le problème ici, c'est d'expliquer la ressemblance si frappante qui existe entre ce conte égyptien, vieux de plus de trois mille ans, inconnu jusqu'à ces derniers temps, et certains des contes qui de l'Inde ont rayonné dans toute l'Asie et de là en Europe. Sans doute nous connaissions déjà un curieux conte égyptien, qui a de nombreux pendants dans la littérature populaire actuelle de l'Europe et de l'Asie, le conte du roi Rhampsinite et des fils de son architecte, rapporté par Hérodote [2]. Mais, dans ce cas, on pourrait, *à la rigueur,* admettre une dérivation du récit d'Hérodote. Ici la chose est différente, et l'on comprendra que nous ayons été amené, dans notre introduction, à nous poser, à propos du roman des *Deux Frères,* la question des rapports qui ont pu exister, dans les temps antiques, entre l'Egypte et l'Inde [3].

---

1. G. Ebers, *Ægypten und die Bücher Mose's,* 1868, p. 315.

2. Hérodote, livre II, 121.

3. Un autre conte égyptien, le conte du *Prince prédestiné,* presque aussi vieux que le conte des *Deux Frères* (Maspero, p. 33 seq.), présente aussi des points de ressemblance avec des contes actuels Ainsi, dans le conte égyptien, le roi de Syrie fait construire à sa fille une maison dont les soixante-dix fenêtres sont éloignées du sol de soixante-dix coudées, et il dit aux princes des environs que celui qui atteindra la fenêtre de sa fille l'aura pour femme ; de même, dans un conte russe, un conte polonais, un conte finnois, les prétendants à la main d'une princesse doivent faire sauter leur cheval jusqu'au troisième étage du château royal. (Voir notre tome II, p. 96.)

I

JEAN DE L'OURS

Il était une fois un bûcheron et une bûcheronne. Un jour que celle-ci allait porter la soupe à son mari, elle se trouva retenue par une branche au milieu du bois. Pendant qu'elle cherchait à se dégager, un ours se jeta sur elle et l'emporta dans son antre. Quelque temps après, la femme, qui était enceinte, accoucha d'un fils moitié ours et moitié homme : on l'appela Jean de l'Ours.

L'ours prit soin de la mère et de l'enfant : il leur apportait tous les jours à manger ; il allait chercher pour eux des pommes et d'autres fruits sauvages et tout ce qu'il pouvait trouver qui fût à leur convenance.

Quand l'enfant eut quatre ans, sa mère lui dit d'essayer de lever la pierre qui fermait la caverne où l'ours les tenait enfermés, mais l'enfant n'était pas encore assez fort. Lorsqu'il eut sept ans, sa mère lui dit : « L'ours n'est pas ton père. Tâche de lever la pierre pour que nous puissions nous enfuir. — Je la lèverai, » répondit l'enfant. Le lendemain matin, pendant que l'ours était parti, il leva en effet la pierre et s'enfuit avec sa mère. Ils arrivèrent à minuit chez le bûcheron ; la mère frappa à la porte. « Ouvre, » cria-t-elle, « c'est moi, ta femme. » Le mari se releva et vint ouvrir : il fut dans une grande surprise de revoir sa femme qu'il croyait morte. Elle lui dit : « Il m'est arrivé une terrible aventure : j'ai été enlevée par un ours. Voici l'enfant que je portais alors. »

On envoya le petit garçon à l'école ; il était très méchant et d'une force extraordinaire : un jour, il donna à l'un de ses cama-

rades un tel coup de poing que tous les écoliers furent lancés à
l'autre bout du banc. Le maître d'école lui ayant fait des reproches, Jean le jeta par la fenêtre. Après cet exploit, il fut renvoyé
de l'école, et son père lui dit : « Il est temps d'aller faire ton
tour d'apprentissage. »

Jean, qui avait alors quinze ans, entra chez un forgeron, mais
il faisait de mauvaise besogne : au bout de trois jours, il demanda son compte et se rendit chez un autre forgeron. Il y était
depuis trois semaines et commençait à se faire au métier, quand
l'idée lui vint de partir. Il entra chez un troisième forgeron ; il y
devint très habile, et son maître faisait grand cas de lui.

Un jour, Jean de l'Ours demanda au forgeron du fer pour se
forger une canne. « Prends ce qu'il te faut, » lui dit son maître. Jean prit tout le fer qui se trouvait dans la boutique et se
fit une canne qui pesait cinq cents livres. « Il me faudrait encore
du fer, » dit-il, « pour mettre un anneau à ma canne. — Prends
tout ce que tu en trouveras dans la maison, » lui dit son maître ;
mais il n'y en avait plus.

Jean de l'Ours dit alors adieu au forgeron et partit avec sa
canne. Sur son chemin il rencontra Jean de la Meule qui jouait
au palet avec une meule de moulin. « Oh ! oh ! » dit Jean de
l'Ours, « tu es plus fort que moi. Veux-tu venir avec moi ? —
Volontiers, » répondit Jean de la Meule. Un peu plus loin, ils
virent un autre jeune homme qui soutenait une montagne ; il se
nommait Appuie-Montagne. « Que fais-tu là ? » lui demanda
Jean de l'Ours. — « Je soutiens cette montagne : sans moi elle
s'écroulerait. — Voyons, » dit Jean de l'Ours, « ôte-toi un
peu. » L'autre ne se fut pas plus tôt retiré, que la montagne
s'écroula. « Tu es plus fort que moi, » lui dit Jean de l'Ours.
« Veux-tu venir avec moi ? — Je le veux bien. » Arrivés dans un
bois, ils rencontrèrent encore un jeune homme qui tordait un
chêne pour lier ses fagots : on l'appelait Tord-Chêne. « Camarade, » lui dit Jean de l'Ours, « veux-tu venir avec moi ? —
Volontiers, » répondit Tord-Chêne.

Après avoir marché deux jours et deux nuits à travers le bois,
les quatre compagnons aperçurent un beau château ; ils y
entrèrent, et, ayant trouvé dans une des salles une table
magnifiquement servie, ils s'y assirent et mangèrent de bon
appétit. Ils tirèrent ensuite au sort à qui resterait au château,

tandis que les autres iraient à la chasse : celui-là devait sonner une cloche pour donner à ses compagnons le signal du dîner.

Jean de la Meule resta le premier pour garder le logis. Il allait tremper la soupe, quand tout à coup il vit entrer un géant. « Que fais-tu ici, drôle ? » lui dit le géant. En même temps, il terrassa Jean de la Meule et partit. Jean de la Meule, tout meurtri, n'eut pas la force de sonner la cloche.

Cependant ses compagnons, trouvant le temps long, revinrent au château. « Qu'est-il donc arrivé ? » demandèrent-ils à Jean de la Meule. — « J'ai été un peu malade ; je crois que c'est la fumée de la cuisine qui m'a incommodé. — N'est-ce que cela ? » dit Jean de l'Ours, « le mal n'est pas grand. »

Le lendemain, ce fut Appuie-Montagne qui resta au château. Au moment où il allait sonner la cloche, le géant parut une seconde fois. « Que fais-tu ici, drôle ? » dit-il à Appuie-Montagne, et en même temps il le renversa par terre. Les autres, n'entendant pas le signal du dîner, se décidèrent à revenir. Arrivés au château, ils demandèrent à Appuie-Montagne pourquoi la soupe n'était pas prête. « C'est que la cuisine me rend malade », répondit-il. — « N'est-ce que cela ? » dit Jean de l'Ours, « le mal n'est pas grand. »

Tord-Chêne resta le jour suivant au château. Le géant arriva comme il allait tremper la soupe. « Que fais-tu ici, drôle ? » dit-il à Tord-Chêne, et, l'ayant terrassé, il s'en alla. Jean de l'Ours, étant revenu avec ses compagnons, dit à Tord-Chêne : « Pourquoi n'as-tu pas sonné ? — C'est, » répondit l'autre, « parce que la fumée m'a fait mal. — N'est-ce que cela ? » dit Jean de l'Ours, « demain ce sera mon tour. »

Le jour suivant, au moment où Jean de l'Ours allait sonner, le géant arriva. « Que fais-tu ici, drôle ? » dit-il au jeune homme, et il allait se jeter sur lui, mais Jean de l'Ours ne lui en laissa pas le temps ; il empoigna sa canne et fendit en deux le géant. Quand ses camarades rentrèrent au château, il leur reprocha de lui avoir caché leur aventure. « Je devrais vous faire mourir, » dit-il, « mais je vous pardonne. »

Jean de l'Ours se mit ensuite à visiter le château. Comme il frappait le plancher avec sa canne, le plancher sonna le creux : il voulut savoir pourquoi, et découvrit un grand trou. Ses compagnons accoururent. On fit descendre d'abord Jean de la Meule.

à l'aide d'une corde ; il tenait à la main une clochette. « Quand
je sonnerai, » dit-il, « vous me remonterez. » Pendant qu'on le
descendait, il entendit au dessous de lui des hurlements épouvantables ; arrivé à moitié chemin, il cria qu'on le fît remonter,
qu'il allait mourir. Appuie-Montagne descendit ensuite ; effrayé,
lui aussi, des hurlements qu'il entendait, il sonna bientôt pour
qu'on le remontât. Tord-Chêne fit de même.

Jean de l'Ours alors descendit avec sa canne. Il arriva en bas
sans avoir rien entendu et vit venir à lui une fée. « Tu n'as donc
pas peur du géant ? » lui dit-elle. — « Je l'ai tué, » répondit
Jean de l'Ours. — « Tu as bien fait, » dit la fée. « Maintenant
tu vois ce château : il y a des diables dans deux chambres, onze
dans la première et douze dans la seconde ; dans une autre
chambre tu trouveras trois belles princesses qui sont sœurs. »
Jean de l'Ours entra dans le château, qui était bien plus beau que
celui d'en haut : il y avait de magnifiques jardins, des arbres
chargés de fruits dorés, des prairies émaillées de mille fleurs
brillantes.

Arrivé à l'une des chambres, Jean de l'Ours frappa deux ou
trois fois avec sa canne sur la grille qui la fermait, et la fit voler
en mille pièces ; puis il donna un coup de canne à chacun des
petits diables et les tua tous. La grille de l'autre chambre était
plus solide ; Jean finit pourtant par la briser et tua onze diables.
Le douzième lui demandait grâce et le priait de le laisser aller.
« Tu mourras comme les autres, » lui dit Jean de l'Ours, et il
le tua.

Il entra ensuite dans la chambre des princesses. La plus jeune,
qui était aussi la plus belle, lui fit présent d'une petite boule
ornée de perles, de diamants et d'émeraudes. Jean de l'Ours
revint avec elle à l'endroit où il était descendu, donna le signal et
fit remonter la princesse, que Jean de la Meule se hâta de
prendre pour lui. Jean de l'Ours alla chercher la seconde princesse, qui lui donna aussi une petite boule ornée de perles,
d'émeraudes et de diamants. On la remonta comme la première,
et Appuie-Montagne se l'adjugea. Jean de l'Ours retourna près
de la troisième princesse ; il en reçut le même cadeau, et la fit
remonter comme ses sœurs : Tord-Chêne la prit pour lui. Jean
de l'Ours voulut alors remonter lui-même ; mais ses compagnons
coupèrent la corde : il retomba et se cassa la jambe. Heureuse-

ment il avait un pot d'onguent que lui avait donné la fée ; il s'en frotta le genou, et il n'y parut plus.

Il était à se demander ce qu'il avait à faire, quand la fée se présenta encore à lui et lui dit : « Si tu veux sortir d'ici, prends ce sentier qui conduit au château d'en haut ; mais ne regarde pas la petite lumière qui sera derrière toi : autrement la lumière s'éteindrait, et tu ne verrais plus ton chemin. »

Jean de l'Ours suivit le conseil de la fée. Parvenu en haut, il vit ses camarades qui faisaient leurs paquets pour partir avec les princesses. « Hors d'ici, coquins ! » cria-t-il, « ou je vous tue. C'est moi qui ai vaincu le géant, je suis le maître ici. » Et il les chassa. Les princesses auraient voulu l'emmener chez le roi leur père, mais il refusa. « Peut-être un jour, » leur dit-il, « passerai-je dans votre pays : alors je viendrai vous voir. » Il mit les trois boules dans sa poche et laissa partir les princesses, qui, une fois de retour chez leur père, ne pensèrent plus à lui.

Jean de l'Ours se remit à voyager et arriva dans le pays du roi, père des trois princesses. Il entra comme compagnon chez un forgeron ; comme il était très habile, la forge fut bientôt en grand renom.

Le roi fit un jour appeler le forgeron et lui dit : « Il faut me faire trois petites boules dont voici le modèle. Je fournirai tout et je te donnerai un million pour ta peine ; mais si dans tel temps les boules ne sont pas prêtes, tu mourras. » Le forgeron raconta la chose à Jean de l'Ours, qui lui répondit qu'il en faisait son affaire.

Cependant le terme approchait, et Jean de l'Ours n'avait pas encore travaillé ; il était à table avec son maître. « Les boules ne seront pas prêtes, » disait le forgeron. — « Maître, allez encore tirer un broc. » Pendant que le forgeron était à la cave, Jean de l'Ours frappa sur l'enclume, puis tira de sa poche les boules que lui avaient données les princesses : la besogne était faite.

Le forgeron courut porter les boules au roi. « Sont-elles bien comme vous les vouliez ? » lui dit-il. — « Elles sont plus belles encore, » répondit le roi. Il fit compter au forgeron le million promis, et alla montrer les boules à ses filles. Celles-ci se dirent l'une à l'autre : « Ce sont les boules que nous avons données au jeune homme qui nous a délivrées. » Elles en avertirent leur père, qui envoya aussitôt de ses gardes pour aller chercher Jean de l'Ours ; mais il ne voulut pas se déranger. Le roi envoya d'autres gardes, et lui fit dire que, s'il ne venait pas, il le ferait mourir. Alors Jean de l'Ours se décida.

Le roi le salua, et, après force compliments, force remerciements, il lui dit de choisir pour femme celle de ses trois filles qui lui plairait le plus. Jean de l'Ours prit la plus jeune, qui était aussi la plus belle. On fit les noces trois mois durant. Quant aux compagnons de Jean de l'Ours, ils furent brûlés dans un cent de fagots.

REMARQUES

Comparer notre n° 52, la *Canne de cinq cents livres*, et ses deux variantes.

L'élément principal de *Jean de l'Ours*, — la défaite d'un monstre, la descente dans le monde inférieur et la délivrance de princesses qui y sont retenues, — se retrouve dans une foule de contes européens. Il en est beaucoup moins, ou, pour mieux dire, assez peu, où figure l'introduction caractéristique de *Jean de l'Ours*, et moins encore qui aient, en même temps que cette introduction, la dernière partie de notre conte, l'histoire des bijoux. Nous étudierons successivement ces trois parties de *Jean de l'Ours*.

*
* *

L'introduction de notre conte est presque identique à celle d'un conte du Tyrol italien de même titre, *Giuan dall'Urs* (Schneller, p. 189). L'enlèvement de la femme par l'ours, les efforts de l'enfant pour soulever la pierre qui ferme l'entrée de la grotte (pour soulever la « montagne », dit le conte tyrolien), ses méfaits à l'école, tout s'y retrouve. — Dans un conte wende de la Lusace (Haupt et Schmaler, II, p. 169), une femme qui, par sa négligence, a laissé plusieurs fois ses vaches s'échapper, n'ose plus rentrer à la maison à cause des menaces de son mari. Elle rencontre un ours, et elle est bien effrayée ; mais l'ours devient un homme et lui dit de venir demeurer avec lui pour lui faire la cuisine. La femme le suit dans son antre, et, quelque temps après, elle met au monde un fils. Quand celui-ci a sept ans, il parvient à soulever la pierre qui ferme la caverne, et sa mère lui dit : « Nous allons retrouver ton père. » — Dans un conte catalan (*Rondallayre*, 1re série, p. 11), réunissant les trois parties de *Jean de l'Ours*, le héros, qui porte le même nom, *Joan de l'Os*, est le fils de l'ours et de la femme que celui-ci a enlevée. Joan est, comme Jean, « moitié ours. » — Pierre l'Ours, dans un conte hanovrien (Colshorn, n° 5) très complet et mieux conservé pour la dernière partie que le conte catalan, est aussi le fils de l'ours. De même, le *Giovanni dell'Orso* d'un conte italien du Mantouan (Visentini, n° 32), qui n'a pas la dernière partie. — Un conte picard, *Jean de l'Ours* (*Mélusine*, 1877, col. 110, seq.), qui n'a pas non plus cette dernière partie, ressemble beaucoup à notre conte pour l'introduction [1].

Dans un conte allemand (Prœhle, II, n° 29), l'étrangeté de ce thème a été adoucie : Jean l'Ours, fils d'un forgeron, a été emporté tout petit par une ourse dans son antre, où la mère de l'enfant l'a suivie, et il est allaité par l'ourse, qui fait ménage avec la femme. — Il en est à peu près de même dans un conte croate (*Archiv für slawische Philologie*, V, p. 31), qui ne donne point de nom au héros, fils d'un cordonnier. — Dans un conte de la Flandre française (Ch. Deulin, II, p. 1), Jean l'Ourson a été également allaité par une ourse. (Ces trois derniers contes ont les trois parties du conte lorrain). — Dans un conte suisse de la collection Grimm (n° 166), l'altération du thème primitif est beaucoup plus grande : Jean, à l'âge de deux ans, est enlevé avec sa mère par des brigands, qui les retiennent dans leur caverne. — Un conte souabe (Birlinger, p. 350), comme un conte de la Haute-Bretagne (Sébillot, *Littérature orale*, p. 81), a conservé seulement le nom de *Jean l'Ours*, sans expliquer quelle est l'origine de ce nom. Ce conte souabe offre une curieuse combinaison de notre thème avec le thème de l'*Homme fort* (voir notre n° 46), dont il a été parlé tout à l'heure dans une note.

Au conte allemand de Prœhle et au conte flamand, dans lesquels le héros devient si fort parce qu'il a été allaité par une ourse, se rattache un groupe de contes de cette même famille. Dans un conte du Tyrol italien (Schneller, n° 39), le héros, fils adoptif de gens sans enfants, est allaité par une ânesse et en garde le nom de *Fillomusso* (le Fils de l'ânesse). Dans un conte portugais (Coelho, n° 22), il l'est par une jument ; de même, dans un conte recueilli en Slavonie (*Archiv für slawische Philologie*, V, p. 29), où Grujo est surnommé le Fils de la jument [2]. — Ailleurs, c'est par sa mère qu'il a été allaité, mais pendant de longues années. Ainsi, dans un conte du « pays saxon » de Transylvanie (Haltrich, n° 17), Jean est allaité par sa mère, d'abord pendant sept ans, puis, après qu'un charme jeté sur elle l'a métamorphosée en vache, pendant sept ans encore. Dans un conte lithuanien (Schleicher, p. 128), le héros n'est sevré par sa mère qu'à douze ans ; dans un conte tchèque de Bohême (Waldau, p. 346), il ne l'est qu'à dix-huit ans. Dans un conte serbe (*Archiv für slawische Philologie*, V, p. 27), il a été allaité par sa mère pendant trois périodes successives de sept ans, jusqu'à ce qu'il

1. Comparer encore, pour cette introduction, divers contes où le héros est aussi le fils d'un ours : un conte basque, l'*Ourson* (*Mélusine*, 1877, col. 160); un conte allemand du grand-duché d'Oldenbourg, *Jean l'Ours* (Strackerjan, II, p. 326); un conte serbe (Vouk, n° 1). Tous ces contes, pour la suite des aventures, appartiennent plus ou moins au thème de l'*Homme fort*, que nous aurons plus loin à étudier (voir nos n°s 46, *Bénédicité*, et 69, le *Laboureur et son Valet*); du reste, plusieurs épisodes de ce thème se sont, ainsi que nous l'indiquerons tout à l'heure, infiltrés dans certains contes du genre de *Jean de l'Ours*. — Dans un conte russe dont nous ne connaissons que ce passage, cité par M. de Gubernatis dans sa *Zoological Mythology* (II, p. 117), le héros, *Ivanko Medviedko* (Jean, fils de l'Ours), qui est né d'un ours et d'une femme enlevé par celui-ci, est homme de la tête à la ceinture, et de la ceinture aux pieds il est ours.

2. Dans l'introduction d'un conte slave de cette famille, recueilli en Herzégovine (Krauss, n° 139), le héros, étant déjà grand, est nourri au moyen d'une nappe merveilleuse, qu'une vache lui donne et qui se couvre de mets au commandement. Cette forme particulière, qui se retrouve dans une autre famille de contes (comparer notre n° 23, le *Poirier d'or*), s'est substituée ici au thème de l'allaitement, que nous examinons.

fût en état, non seulement de déraciner un grand chêne, mais de le replanter les racines en l'air. — Dans un conte de la Bretagne non bretonnante (Sébillot, II, n° 26), Petite Baguette reste à ne rien faire jusqu'à l'âge de quatorze ans ; après quoi il montre en diverses occasions sa force, avant de s'en aller par le monde avec sa « baguette » de fer de sept cents livres [1].

Jean à la Barre de fer, dans un conte allemand du Schleswig (Müllenhoff, n° 16), est fort comme un géant ; mais il n'est pas dit d'où lui est venue sa force, pas plus que dans un conte suisse (Sutermeister, n° 21), dont toute la première partie, comme celle du conte souabe ci-dessus mentionné, n'est autre que le conte de l'*Homme fort*, auquel nous venons de renvoyer.

Mentionnons à part l'introduction d'un conte slave de Bosnie (Mijatowics, p. 123), toujours de la famille de notre conte lorrain. Grain-de-Poivre est né après la mort de ses deux frères, ses parents ayant désiré un fils, fût-il aussi petit qu'un grain de poivre. Il devient d'une force extraordinaire, et manie comme une plume une énorme massue.

Enfin, dans un conte sicilien (Pitrè, n° 83), Peppi est un homme tout ordinaire ; mais il a l'adresse de faire croire à un *drau* (sorte d'ogre) qu'il est très fort. (Toute cette première partie n'est autre que le thème de notre n° 25, *le Cordonnier et les Voleurs.* Viennent ensuite la rencontre avec trois personnages extraordinaires, dont l'un répond exactement à notre Appuie-Montagne, les aventures dans la maison isolée et le reste).

Les moindres détails, pour ainsi dire, de l'introduction de notre conte lorrain, se retrouvent, tantôt dans l'un, tantôt dans l'autre des contes étrangers que nous avons mentionnés. Ainsi le conte du Tyrol italien, le premier cité (Schneller, p. 189), nous donne le pendant des méfaits de Jean de l'Ours à l'école : Giuan dall' Urs bat ses camarades qui lui donnent des sobriquets ; un jour, il va même jusqu'à jeter le maître d'école et le curé du haut en bas de l'escalier. On le met en prison ; quand il est las d'y être, il soulève la porte, va trouver le juge et lui dit de lui donner une épée, sinon il le tuera. Le juge effrayé lui donne une épée ; alors Giuan dit adieu à sa mère et s'en va courir le monde. — Dans le conte croate, le jeune garçon tue son maître d'école en croyant lui appliquer un petit soufflet. — Dans le conte catalan, Joan de l'Os étend raide par terre d'un seul coup de poing un de ses camarades qui lui a cherché noise. — Dans le conte allemand de la collection Prœhle, Jean l'Ours empoigne un jour deux de ses camarades, chacun d'une main, et les cogne si fort l'un contre l'autre, qu'il les tue. — Voir aussi le conte flamand et le conte picard.

Le héros de plusieurs des contes ci-dessus mentionnés apprend le métier de forgeron, comme notre Jean de l'Ours. Dans le second conte cité du Tyrol italien, Filomusso demande à son maître la permission de se forger une canne et y emploie tout le fer qui se trouve dans l'atelier. — Dans le conte picard, Jean de l'Ours se fait donner pour salaire tout le fer qu'il a cassé en

---

1. Pour ces divers contes où le héros a été allaité par sa mère pendant des années, comparer, dans les remarques de notre n° 46, l'introduction de plusieurs contes, se rapportant au thème de l'*Homme fort*, déjà mentionné.

frappant trop fort sur l'enclume, et s'en fait une canne. — Dans le conte alle-mand de la collection Prœhle, Jean l'Ours, dont le père est forgeron, se fait une canne de deux quintaux; le Pierre l'Ours du conte hanovrien s'en fait une de trois quintaux; le Mikes du conte tchèque, fils, lui aussi, d'un forgeron, une de sept. — Dans d'autres contes déjà cités (conte suisse de la collection Grimm, conte lithuanien, conte flamand), le héros demande, le plus souvent à son père, qu'on lui forge une canne de fer.

Dans tous les contes que nous avons jusqu'à présent rapprochés de notre conte lorrain, le héros, quand il s'en va courir le monde, s'associe à des personnages extraordinaires [1]. Celui qui se rencontre le plus fréquemment, c'est notre « Tord-Chêne », ou un personnage analogue. Ainsi nous trouvons Tord-Chêne lui-même dans les contes picard et flamand; Tord-Sapins (*Tannendreher*), dans le conte suisse de la collection Grimm; Tord-Arbres (*Baumdreher*), dans le conte hanovrien et dans le conte transylvain. Ailleurs, ce personnage n'a pas de nom, mais il est dit de lui qu'il arrache des arbres entiers (conte allemand de la collection Prœhle, conte du Tyrol italien, n° 39, conte wende), des pins (contes catalan et portugais). — Nous ne connaissons, dans les contes étrangers, que le conte sicilien n° 83 de la collection Pitrè, déjà mentionné, où figure un personnage qui corres-ponde exactement à notre Appuie-Montagne. Ce personnage se trouve en France, dans le conte de la Bretagne non bretonnante, cité plus haut, où il s'appelle « Range-Montagne » et « avec son dos range les montagnes et les soutient ». Un autre conte de la Haute-Bretagne, toujours de la même famille, mais dont l'introduction est absolument différente de celle de *Jean de l'Ours*, a un « Appuie-Montagne » [2]. — Le Jean de la Meule du conte lor-rain, qui joue au palet avec une meule de moulin, ne s'est pas présenté à nous dans les contes étrangers de notre connaissance. Il figure, avec le nom de Petit-Palet, dans le premier conte de la Haute-Bretagne, mentionné plus haut (Sébillot, II, n° 26).

Nous reviendrons, à la fin de ces remarques, sur ce thème des personnages merveilleux.

L'épisode du château de la forêt se trouve dans tous les contes indiqués ci-dessus; mais presque toujours c'est un nain, — un nain à grande barbe assez souvent, — qui bat les compagnons du héros. Dans le conte allemand de la

1. Il faut excepter le conte du Schleswig, où les compagnons de Jean à la Barre de fer sont un cas-seur de pierres, un scieur de planches et un fendeur de bois (altération évidente du thème primitif, où se trouve, par exemple, un personnage qui, à coups de poing, brise des rochers); il faut excepter aussi le conte suisse de la collection Sutermeister, où les compagnons du héros sont un chasseur et un pêcheur; le premier conte du Tyrol italien (Schneller, p. 189) où Ginan dall' Urs rencontre et emmène avec lui un cordier et un boulanger, appelé Bouche de Four; le conte du Mantouan, où les deux compagnons de Giovanni dell' Orso n'ont rien de caractéristique, et le conte souabe, où les compagnons de Jean l'Ours sont un cordonnier et un tailleur qu'il a rencontrés sur la route et mis dans sa poche.

2. Voir Sébillot, I, n° 6. — L'introduction de ce conte, qui a été raconté à M. Sébillot par un matelot, a pris, en passant par la bouche des marins, une couleur toute particulière; mais les deux personnages extraordinaires que rencontre le « capitaine Pierre » sont deux des trois personnages du conte lorrain, Appuie-Montagne et Tord-Chêne.

collection Prœhle, dans le conte suisse de la collection Sutermeister, dans le conte sicilien de la collection Pitrè, c'est une vieille femme, une sorcière ; dans le conte portugais, un diable. Nous ne rencontrons le géant du conte lorrain que dans un conte sicilien (Gonzenbach, nº 59) et dans un conte italien du Napolitain (*Jahrbuch für romanische und englische Literatur*, VIII, p. 241), appartenant tous les deux à un autre groupe de contes de cette famille.

Dans ce second groupe, l'introduction de *Jean de l'Ours* fait défaut ; il s'agit simplement de compagnons qui voyagent ensemble : dans un conte du Tyrol allemand (Zingerle, II, p. 403) et dans un conte alsacien (*Alsatia*, année 1852, p. 77), trois déserteurs ; dans un conte flamand (Wolf, *Deutsche Mærchen und Sagen*, nº 21), un caporal, un tambour et un sergent ; dans un conte russe (Ralston, p. 144-146), quatre « héros » ; dans un conte italien de Pise (Comparetti, nº 40), un boulanger et deux individus non désignés. — Ce dernier conte nous fournit un petit détail à rapprocher du conte lorrain : les deux compagnons du boulanger, après avoir été battus dans la maison isolée par un mystérieux petit bossu, disent qu'ils n'ont pu préparer le dîner parce que le charbon leur a fait mal. C'est tout à fait, on le voit, le passage où les compagnons de Jean de l'Ours disent que la fumée ou la cuisine les a rendus malades. — Le conte sicilien nº 80 de la collection Pitrè se rattache à ce groupe, malgré l'altération de son introduction.

Dans beaucoup de contes de ce groupe, les compagnons vont à la recherche de princesses disparues, ces mêmes princesses que le héros trouvera dans le monde souterrain où il se fait descendre. Ces compagnons sont, dans un conte allemand de la principauté de Waldeck (Curtze, nº 23), trois soldats ; dans un autre conte allemand de la région de Paderborn (Grimm, nº 91), trois jeunes chasseurs ; dans un conte sicilien (Gonzenbach, nº 59), un vieux soldat et trois princes ; dans le conte italien du Napolitain, cité un peu plus haut, trois frères. — C'est, nous l'avons dit, uniquement dans ces deux derniers contes (sicilien et napolitain) que nous avons retrouvé le géant du conte lorrain : tous les contes de ce groupe que nous venons de mentionner, à l'exception du conte russe, ont le vieux nain. — Dans un conte italien du Mantouan (Visentini, nº 18), où les compagnons sont trois frères, c'est à un monstre (*bestiaccia*) qu'ils ont affaire.

Cette dernière forme d'introduction, — plusieurs compagnons à la recherche de princesses disparues, — se trouve combinée, dans le conte de la Flandre française cité plus haut, avec l'introduction de *Jean de l'Ours*. Dans ce conte de la collection Deulin, le roi fait publier qu'il donnera une de ses deux filles en mariage à celui qui les délivrera de captivité. Jean l'Ourson demande qu'on lui forge une canne grosse comme le bras, puis il se met en campagne. Il rencontre d'abord sa mère nourrice l'ourse, qui le guide, puis Tord-Chêne qu'il prend avec lui. Ils arrivent dans un château. Suit l'aventure de Tord-Chêne, puis de Jean l'Ourson avec un petit vieux qui rosse Tord-Chêne, mais qui est battu comme plâtre par Jean. Descendu dans le monde inférieur, Jean tue le petit vieux, dont une vieille femme était en train de panser les plaies. Cette vieille femme indique à Jean où sont les princesses et, comme la fée de notre conte, lui donne de la graisse qui guérit toutes les blessures, etc. —

Dans le conte allemand du Schleswig, qui se rattache également au premier groupe de contes, Jean à la Barre de fer apprend, lui aussi, que les trois filles du roi ont disparu et que l'une d'elles est promise en mariage à celui qui les ramènera. — Le conte souabe présente la même combinaison, mais avec une curieuse modification. Le paysan au service duquel est entré Jean l'Ours, effrayé de la force de celui-ci, lui dit, pour se débarrasser de lui, d'aller chercher les trois plus belles femmes du monde, pour que lui, le paysan, qui est veuf, en choisisse une. Viennent ensuite la rencontre d'un cordonnier et d'un tailleur, l'épisode de la maison isolée et la descente dans le monde inférieur, où se trouvent les trois plus belles femmes du monde [1].

Mentionnons encore certains contes où les compagnons sont également à la recherche des princesses, mais où manque l'épisode de la maison isolée : un conte autrichien (Vernaleken, n° 54); deux contes siciliens (Gonzenbach, nos 58 et 62); un conte irlandais (Kennedy, I, p. 43); un conte lithuanien (Leskien, n° 16); un conte russe (Gubernatis, *Florilegio*, p. 72). Dans le conte russe, le héros, Svetozor, est le plus jeune de trois frères, qui tous sont devenus hommes faits en quelques heures. Pour faire l'épreuve de sa force, Svetozor va chez le forgeron et lui commande une massue de fer qui pèse douze *puds* (480 livres); il la jette en l'air et la reçoit sur la paume de sa main; la massue se brise. Il s'en fait faire une autre de vingt puds (800 livres), qui se brise sur son genou. Enfin, on lui en forge une troisième, de trente puds (1,200 livres); il la lance en l'air et la reçoit sur son front; elle plie, mais ne rompt pas. (Nous retrouvons ici, comme on voit, un des éléments de *Jean de l'Ours*). Svetozor fait redresser sa massue et l'emporte, quand il s'en va, avec ses frères, pour délivrer les trois filles du tzar que trois magiciens ont transportées dans leurs châteaux de cuivre, d'argent et d'or. — Dans un conte des Tsiganes de la Bukovine (Miklosisch, n° 4), les trois frères se sont mis en route pour aller chercher leur mère, qui a été enlevée par un dragon.

Un conte finlandais, résumé par M. Kœhler (*Jahrbuch für romanische und englische Literatur*, VII, p. 26), paraît, au premier abord, n'avoir pas non plus l'épisode de la maison isolée; mais, en réalité, il a conservé quelque chose d'analogue : Le palefrenier Gylpho, un jour qu'il est à couper du bois dans la forêt, se rend maître du génie Pellerwoinen, en lui prenant les mains dans la fente d'un tronc d'arbre. (Dans le conte allemand de la collection Prœhle, Jean l'Ours, dans la maison isolée, fait de même avec la vieille; dans le conte lithuanien de la collection Schleicher, Martin, après avoir terrassé le nain, lui emprisonne la barbe dans la fente d'un gros tronc d'arbre). Gylpho ne délivre Pellerwoinen qu'après que celui-ci lui a promis de lui dire où se trouvent trois princesses disparues. Le génie lui montre dans des rochers un trou profond dans lequel il le descend. Suit la délivrance des trois princesses. Mais trois « hommes blancs » s'étaient glissés sur les pas de Gylpho, jusqu'au trou. Quand Pellerwoinen a fait remonter les princesses et qu'il veut faire remonter

---

1. Dans un conte valaque (Schott, n° 10), figurent aussi la rencontre par le héros de personnages extraordinaires, l'épisode de la maison isolée et la descente dans le puits. Les aventures du héros dans le monde inférieur sont différentes et se rapprochent principalement d'un des thèmes de notre n° 5, *les Fils du Pêcheur* (le thème de la princesse exposée à un dragon et délivrée par le héros), thème qui, du reste, s'est, dans certains contes, joint épisodiquement au thème dont nous traitons ici.

aussi Gylpho, ils accourent, coupent la corde, chassent Pellerwoinen et s'emparent des princesses. (Ces trois « hommes blancs », qui interviennent brusquement dans le récit, sont, comme on voit, un souvenir altéré des compagnons du héros, traîtres à son égard.)

Nous arrivons enfin à une dernière forme d'introduction. Dans un conte grec moderne de l'île de Syra (Hahn, nº 70), un roi a un pommier qui, tous les ans, donne trois pommes d'or; mais à peine sont-elles mûres, qu'elles disparaissent. L'aîné des trois fils du roi s'offre à veiller auprès de l'arbre. Au milieu de la nuit, un nuage s'abaisse; quelque chose comme une main s'étend vers l'arbre et une pomme d'or disparaît. Même chose arrive quand le second prince veille. Mais le plus jeune tire une flèche dans le nuage; du sang coule, et la pomme reste sur l'arbre. Le lendemain, les trois princes suivent les traces du sang et arrivent sur une haute montagne, auprès d'une pierre au milieu de laquelle est scellé un anneau de fer. Le plus jeune prince est seul assez fort pour soulever la pierre et seul assez courageux pour descendre dans le monde inférieur, où il tue le dragon qui a volé les pommes d'or; il délivre ainsi trois princesses. — On peut encore citer un conte sicilien (Gonzenbach, nº 64), où le voleur des fruits du jardin d'un roi est un géant, qui, lui aussi, retient captives dans le monde inférieur trois belles jeunes filles; un conte du Tyrol italien (Schneller, p. 190), où un enchanteur cueille chaque nuit des noix d'or sur le noyer d'un roi (comparer un conte italien des environs de Sorrente, publié dans le *Giambattista Basile*, 1883, p. 31); un conte grec moderne de Smyrne (E. Legrand, p. 191), où c'est un nègre qui vient couper des citrouilles, dans lesquelles réside la force de trois princes; un conte albanais (A. Dozon, nº 5), où une lamie (sorte d'ogresse) sort chaque jour d'un puits pour aller prendre une pomme d'or sur le pommier d'un roi. — Dans un conte de la Basse-Bretagne (Luzel, 5e rapport, p. 10), c'est un aigle qui vient chaque nuit voler une poire d'or dans le jardin d'un roi; dans un conte toscan (A. de Gubernatis, *Zoological Mythology*, II, p. 187), un dragon à trois têtes qui s'abat chaque nuit sur le pommier à pommes d'or du roi de Portugal; dans un conte catalan (*Rondallayre*, I, p. 94), un gros oiseau noir qui vient prendre les poires d'un certain jardin; dans un conte russe (Ralston, p. 73), un monstre qui ravage le parc d'un roi; dans un conte hongrois (Gaal, p. 77), un dragon qui enlève chaque nuit un pan de muraille d'une citadelle toute de lard (*sic*), construite par un roi. Comparer encore un conte vénitien (Widter et Wolf, nº 4), et un conte wende de la Lusace (Veckenstedt, p. 244).

*
* *

Il serait trop long d'examiner ici toutes les différences de détails que présente, dans les nombreux contes énumérés ci-dessus, le récit des aventures du héros dans le monde inférieur. Nous ferons seulement quelques remarques. Dans le dernier groupe dont nous avons parlé, — à une exception près, celle du conte catalan, — le monstre que le héros doit combattre dans le monde inférieur est celui qu'il a déjà blessé sur la terre, le voleur des fruits. En le tuant, il délivre d'un coup les trois princesses, qui n'ont pas d'autre geôlier. C'est là la forme la plus ordinaire des contes de ce groupe. Pourtant, dans certains, le monstre ne garde qu'une des trois princesses ; les deux sœurs de celle-ci sont gardées par deux autres monstres. Ainsi, dans le conte toscan, le prince, étant descendu dans le monde inférieur, arrive dans une belle prairie où s'élèvent trois châteaux, le premier de bronze, le second d'argent, le troisième d'or. Le dragon à trois têtes, qui a volé les pommes d'or, est le maître du château de bronze ; celui d'argent appartient à un dragon à cinq têtes ; celui d'or, à un dragon à sept têtes. Même chose à peu près dans le conte hongrois, où les trois châteaux sont de cuivre, d'argent et d'or. — Les trois châteaux (ici d'acier, d'argent et d'or) se retrouvent dans le conte breton ; mais l'aigle que le prince a blessé est seul pour garder les trois princesses. Il s'envole d'un château à l'autre, et le jeune homme le tue dans le troisième château [1].

Dans les contes qui ont l'épisode de la maison isolée, le personnage malfaisant que le héros châtie n'est pas, en général, celui qui garde les princesses dans le monde inférieur. Nous ne connaissons guère, comme exceptions, que le conte suisse de la collection Grimm, le conte bosniaque et le conte sicilien nº 83 de la collection Pitrè. Tantôt les princesses, presque toujours au nombre de trois, sont gardées par un dragon à sept têtes (conte du Tyrol allemand), à douze têtes (conte du « pays saxon » de Transylvanie), ou par trois dragons à trois, six et neuf têtes (conte lithuanien) ; tantôt par deux dragons et deux lions (conte tchèque, où il n'y a que deux princesses), par un ours, un lion et un dragon (conte allemand de la collection Prœhle) ; tantôt encore par trois géants (contes allemands du Schleswig et de la principauté de Waldeck), par un magicien (conte italien de Pise), par trois vieux magiciens (conte du Tyrol italien), etc., etc. — Dans le conte portugais, la première princesse est gardée par un serpent, la seconde par une couleuvre, la troisième par le grand diable. En dehors d'un conte breton déjà mentionné (Sébillot, *Littérature orale*, p. 81), où il est question d'une chambre remplie de diablotins, c'est le seul rapprochement que nous trouvions à faire avec les diables du conte lorrain [2].

Plusieurs des contes de cette famille ont un trait qui n'existe pas dans le conte lorrain. Quand le héros arrive auprès des princesses, en l'absence des monstres qui les gardent, elles lui font boire d'une certaine eau qui le rend capable de manier une lourde épée pendue au mur, et c'est avec cette épée qu'il tue les monstres. Voir, par exemple, le conte wende, le conte allemand de Waldeck, le conte grec de l'île de Syra, le conte hongrois. — Notre conte lorrain, ainsi que tous les contes du type spécial de *Jean de l'Ours*, représentant le jeune homme comme étant d'une force extraordinaire, il était inutile de lui donner une autre arme que sa canne de fer. Pourtant, dans le conte lithuanien et dans le conte du Schleswig, ce n'est pas avec sa canne de fer que le héros tue les dragons ou les géants, et nous retrouvons l'épée et l'eau qui donne la force.

Un autre détail, qui se rencontre dans un bon nombre des contes jusqu'ici mentionnés, manque dans le conte lorrain. Après avoir fait remonter les princesses par ses compagnons, le jeune homme, se méfiant de ces derniers, attache

---

1. Les trois mêmes châteaux ou à peu près (verre, argent et or) figurent encore dans le conte du Tyrol italien, nº 39, cité plus haut. — Rappelons aussi le conte russe de *Svetozor*.

2. Dans deux variantes lorraines que nous donnerons plus loin (nº 52), les princesses sont gardées par des monstres : bête à sept têtes, serpent, etc.

à la corde (ou, dans certaines versions, met dans le panier suspendu à la corde) une grosse pierre, qui se brise en retombant quand les traîtres coupent la corde. Voir, par exemple, le conte alsacien, le conte westphalien (Grimm, n° 91), le conte hanovrien, le conte du « pays saxon » de Transylvanie, un des contes russes (Ralston, p. 73), un des contes du Tyrol italien (Schneller, p. 190), un des contes siciliens (Gonzenbach, n° 59), le conte portugais. — Dans plusieurs contes, c'est sa canne de fer que le héros attache à la corde. Il en est ainsi dans le conte de la Flandre française, dans le conte suisse de la collection Grimm, dans le conte tchèque, dans le conte hongrois (ici c'est une massue). — Dans le conte allemand de la principauté de Waldeck, le héros met dans le panier la tête d'un des géants qu'il a tués.

Quant à la manière dont le jeune homme sort du monde inférieur, il est, dans la plupart des contes, emporté par un oiseau-géant. Nous aurons à étudier cette forme dans les remarques de deux de nos variantes de Montiers (n° 52), qui ont ce passage. — Ailleurs, le héros revient sur la terre par le moyen d'un objet magique que lui ont donné les princesses (baguette, dans le conte italien de la collection Comparetti; pomme dans le conte sicilien n° 80 de Pitrè; noix, dans le conte grec de la collection E. Legrand). Dans le conte suisse de Grimm, il trouve au doigt du nain qu'il a tué un anneau (comparer le conte italien de Sorrente); il le met à son propre doigt, et, quand il le tourne, il voit paraître des esprits qui, sur son commandement, le transportent hors du monde inférieur; dans le conte westphalien (Grimm, n° 91), une flûte, qu'il décroche du mur, fait paraître, quand il en joue, une multitude de nains, qui lui rendent le même service (comparer le sifflet dans le conte sicilien n° 59 de la collection Gonzenbach, cité plus haut). Dans le conte wende de la collection Veckenstedt, un « bon génie » apparaît au jeune homme et lui offre de le tirer du monde inférieur. — Ce n'est que dans trois des contes mentionnés ci-dessus que nous trouvons quelque chose d'analogue à notre conte, où une fée indique à Jean de l'Ours un sentier qui conduit au château d'en haut. Dans l'un des deux contes catalans (Roudallayre, I, p. 96), une vieille, que le héros se trouve avoir délivrée d'un enchantement et qui est devenue une belle dame, lui fait connaître également une issue; dans le conte souabe, c'est la sorcière à laquelle Jean l'Ours a déjà eu affaire dans la maison isolée, qui lui indique cette issue, mais seulement après que Jean l'Ours l'a de nouveau rudement battue; dans une variante hessoise résumée par Guillaume Grimm dans les remarques de son n° 91 (t. III, p. 165), c'est le nain de la maison isolée, mais qui le fait bénévolement.

*
* *

Dans un petit nombre de contes de cette famille, le héros, au lieu de descendre dans le monde inférieur, s'élève dans ce qu'on peut appeler le monde supérieur, et c'est là qu'il trouve les princesses. Citons d'abord un conte grec moderne, recueilli en Epire (Hahn, n° 26). La fille d'un roi est enlevée par un drakos (sorte d'ogre), qui l'emporte sur une haute montagne. Le plus jeune des trois frères de la princesse se met en route pour la délivrer. Un serpent, auquel il a rendu service, le transporte sur la montagne. Il trouve moyen de faire périr le drakos, puis il fait descendre avec une corde sa sœur d'abord, puis trois princesses, prisonnières, elles aussi, du drakos. Quand il est au moment de descendre lui-même, ses deux frères, qui attendaient au pied de la montagne, coupent la corde. Le prince, resté seul dans le château du drakos, voit trois objets merveilleux : un lévrier de velours, poursuivant un lièvre également de velours; une aiguière d'or, qui verse d'elle-même de l'eau dans un bassin d'or; une poule d'or avec ses poussins. Il voit ensuite trois chevaux ailés, l'un blanc, l'autre rouge, le troisième vert; il les met en liberté, et les chevaux, par reconnaissance, le transportent dans la plaine, où chacun lui donne un crin de sa queue, en lui disant de le brûler quand il aura besoin de ses services. Le jeune prince se couvre la tête d'un bonnet de boyau de mouton, pour avoir l'air d'un teigneux [1], et entre comme valet chez un orfèvre, dans la ville du roi son père. Cependant l'aîné des princes voulait épouser l'aînée des trois princesses. Celle-ci déclare qu'auparavant il faut lui donner un lévrier de velours poursuivant un lièvre de velours, comme elle en avait un chez le drakos. Le roi fait publier que celui qui pourra fabriquer ce jouet sera bien récompensé. Le prétendu valet de l'orfèvre dit à son maître qu'il se charge de la chose; il fait venir le cheval vert en brûlant le crin que celui-ci lui a donné et lui ordonne de lui aller chercher dans le château du drakos les objets demandés; puis il les donne à l'orfèvre, qui les porte au roi. Le jour du mariage, à une sorte de tournoi, le jeune homme paraît, tout vêtu de vert, sur le cheval vert; il se montre si adroit qu'on veut le retenir pour savoir qui il est, mais il s'échappe. Le cheval rouge lui procure ensuite, pour la seconde princesse, l'aiguière d'or et le bassin d'or, et le prince se signale également au tournoi, où il se montre en équipement rouge, sur le cheval rouge. Enfin le cheval blanc va lui chercher la poule d'or pour la plus jeune princesse; mais, cette fois, au tournoi, le jeune homme lance son javelot à la tête du fiancé, le frère du roi, qui tombe mort. On l'arrête; il se fait reconnaître et épouse la princesse. — Comparer un conte serbe, très voisin (Vouk, n° 2), où ne figurent pas les objets merveilleux, mais seulement la triple apparition du héros sur le cheval noir, le cheval blanc et le cheval gris du dragon. — Dans un conte russe (Dietrich, n° 5), une tzarine a été enlevée par un ouragan. Ses trois fils se mettent à sa recherche. Le plus jeune parvient, au moyen de crampons, au sommet de la Montagne d'or. Il arrive successivement devant trois tentes, dans chacune desquelles est une princesse gardée par un dragon. Il tue les dragons et trouve enfin sa mère, qui lui donne le moyen de faire périr le génie par lequel elle a été enlevée. Il fait descendre sa mère et les princesses au moyen d'une toile qu'il attache à un arbre. Ses frères lui arrachent la toile des mains, et il ne sait plus comment descendre. Machinalement il fait passer d'une main à l'autre un bâton qu'il a trouvé chez le génie : aussitôt un homme paraît et le transporte dans sa ville. Ce conte russe a une dernière partie correspondant à celle du conte lorrain.

Cette forme particulière de notre thème a été versifiée en Espagne au siècle dernier : on la trouvera dans le *Romancero general* (n° 1263 de l'édition Rivadeneyra, Madrid, 1856) : Un roi de Syrie, qui a trois filles, les enferme

1. Voir, pour ce détail et pour le trait des trois tournois, notre n° 12, *le Prince et son Cheval*, ainsi que les remarques de ce conte.

dans une tour enchantée, sans porte ni fenêtre, et fait publier que celui qui pourra pénétrer dans la tour obtiendra la main d'une de ses filles. Trois frères tentent l'entreprise. Le plus jeune, au moyen de clous, qu'il enfonce et retire successivement, grimpe jusqu'au haut de la tour et fait descendre les princesses en les attachant à une corde. Quand elles sont toutes descendues, les frères du jeune homme lui arrachent la corde des mains. Avant de le quitter, les princesses lui avaient recommandé d'entrer dans une salle de la tour où étaient enfermés trois beaux chevaux, et de leur prendre à chacun un crin de la queue, qu'il conserverait précieusement pour le brûler en cas de danger. En outre, la plus jeune princesse lui avait fait présent d'un collier. Se voyant trahi par ses frères, le jeune homme entre dans l'écurie et saute sur le cheval de la troisième princesse : aussitôt, d'un bond, le cheval le transporte dans un désert. Le jeune homme échange ses habits contre ceux d'un berger et prend le nom de Juanillo. Cependant la plus jeune des princesses dessine le modèle d'un collier tel que celui qu'elle avait dans la tour et dit à son père qu'elle épousera celui qui lui en fera un semblable. Le roi s'adresse au plus savant des « alchimistes », lui disant que, si dans deux mois le collier n'est pas prêt, il lui fera couper la tête. Justement Juanillo est entré au service de l'alchimiste ; il se charge du travail. La princesse reconnaît le collier qu'on lui apporte et déclare, au grand mécontentement du roi, qu'elle épousera Juanillo. Le conte se poursuit en passant dans le thème de notre n° 12, *le Prince et son Cheval*.

*
* *

La dernière partie de notre conte, — la commande, faite par le roi, de bijoux semblables à ceux que les princesses avaient dans le monde inférieur, — ne se trouve pas, à beaucoup près, dans tous les contes de cette famille. Nous avons indiqué, chemin faisant, plusieurs contes où elle existe : nous citerons ici quelques formes caractéristiques de ce thème.

Une des plus remarquables est celle du conte allemand n° 29 de la collection Prœhle. Quand Jean l'Ours est arrivé auprès des trois princesses, dans le monde inférieur, la chambre de la première était éclairée par une étoile ; celle de la seconde, par une lune ; celle de la troisième, par un soleil. Jean l'Ours reçoit de l'aînée des princesses une boule d'argent ; de la seconde, une boule d'or ; de la plus jeune, une boule de diamant. Une fois sorti du monde inférieur, après la trahison des douze géants, ses compagnons, Jean l'Ours entre en qualité d'ouvrier chez un forgeron, dans la ville des princesses, et bientôt les gens viennent en foule pour le voir travailler. Un soir, il s'avise de prendre un cor de chasse qu'il a rapporté du monde inférieur et d'en jouer. Aussitôt paraissent une multitude de nains, qui lui demandent ses ordres. Il leur dit que les princesses sont malades depuis qu'elles n'ont plus leur étoile, leur lune et leur soleil, et qu'il faut aller chercher d'abord l'étoile et la suspendre devant la fenêtre de l'aînée des princesses. Il commande ensuite aux nains de suspendre la lune et le soleil devant la fenêtre des deux autres princesses, et toutes les trois guérissent. Pour se débarrasser des géants, les princesses avaient promis que chacune en choisirait un pour mari, s'ils leur apportaient des boules aussi précieuses que celles qu'elles avaient dans le monde inférieur. Les géants vont trouver Jean l'Ours, qui fait semblant de fabriquer les boules, et leur remet celles qu'il a reçues des princesses. Celles-ci reconnaissent ainsi que leur libérateur est arrivé.

Dans le conte allemand du Schleswig (Müllenhoff, n° 16), les princesses n'épouseront leurs trois soi-disant libérateurs que lorsqu'elles auront un soleil d'or, une étoile d'or et une lune d'or, comme ceux qu'elles avaient dans le monde inférieur. Cela vient aux oreilles de Jean à la Barre de fer, qui va trouver un orfèvre et lui dit qu'il se charge de l'affaire. — Dans le conte flamand de la collection Deulin, les objets que les princesses Boule d'Or et Boule d'Argent ont donnés à leur libérateur sont une boule d'or portant gravée la figure du soleil, et une boule d'argent avec la figure de l'étoile du matin. — Dans le conte wende de la collection Veckenstedt (p. 244), les objets sont des anneaux : sur le premier est le soleil ; sur le second, le soleil et la lune ; sur le troisième, le soleil, la lune et les étoiles. — Dans le conte hanovrien de la collection Colshorn (n° 5), ce sont aussi des anneaux, mais sur lesquels sont gravés certains caractères.

Le conte grec de l'île de Syra (Hahn, n° 70) présente une petite différence. La princesse ayant successivement demandé, avant de consentir à se marier, trois robes sur lesquelles seraient figurés la terre avec ses fleurs, le ciel avec ses étoiles, la mer avec ses poissons, le héros, qui est entré comme compagnon chez un tailleur, tire ces robes d'une noix, d'une amande et d'une noisette que la princesse lui avait données dans le monde souterrain. (Comparer, dans la collection E. Legrand, p. 191, un autre conte grec mentionné plus haut.) — Dans le conte sicilien n° 80 de la collection Pitrè, les couronnes que le roi demande pour ses filles sont procurées au jeune homme par des objets magiques qu'il a reçus des princesses. (Comparer le conte de Sorrente.)

Enfin un conte russe (Ralston, p. 73) et un conte hongrois (Gaal, p. 77), également mentionnés ci-dessus, ont ici une forme toute particulière. Quand le héros du conte russe est au moment de faire remonter les princesses, celles-ci changent en œufs leurs trois châteaux, de cuivre, d'argent et d'or, et elles donnent ces œufs au prince. Arrivées à la cour du roi, après la trahison des frères de leur libérateur, elles déclarent qu'elles ne se marieront que si elles ont des habits pareils à ceux qu'elles portaient dans l'« autre monde ». Le jeune prince, qui est entré comme ouvrier chez un tailleur, souhaite que ses trois œufs redeviennent des palais, et y prend les robes des princesses, qu'il leur envoie par son maître Il fait la même chose chez un cordonnier, etc. — Le conte hongrois est à peu près identique. — Dans le conte de l'Herzégovine, n° 139 de la collection Krauss, les châteaux sont transformés également, mais en pommes d'or. (Comparer le conte bohême.)

*
* *

En Orient, nous allons trouver, pour ainsi dire aux quatre coins de l'Asie, les différentes parties dont se compose *Jean de l'Ours*.

Dans le Dardistan, contrée située au nord de Cachemire, dans la vallée du Haut-Indus, on raconte l'histoire d'une petite fille qu'un ours emporte dans son antre ; toutes les fois qu'il sort, il roule une grosse pierre devant l'entrée de la caverne. Quand l'enfant est devenue grande, il la prend pour femme. Elle meurt en couches (Leitner. *The Languages and Races of Dardistan*, III, p. 12).

Un conte syriaque, recueilli dans la région du nord de la Mésopotamie, va déjà se rapprocher davantage de l'introduction de notre *Jean de l'Ours* (E. Prym et A. Socin, II, p. 258)[1] : Une femme, poursuivant dans la montagne un bœuf échappé, est prise par un ours, qui l'emporte dans sa caverne et en fait sa femme. Elle finit par s'enfuir et rentre dans la maison de son mari. Elle y accouche d'un fils moitié ours et moitié homme. Quand l'enfant est devenu grand, personne n'est plus fort que lui. Le conte finit brusquement.

Avec un conte avare[2], nous aurons, non seulement l'introduction, mais la plus grande partie des aventures de *Jean de l'Ours* (Schiefner, nº 2) : La fille d'un roi est enlevée par un ours, qui en fait sa femme. Elle met au monde un fils. L'enfant, qui a des oreilles d'ours, grandit d'une façon merveilleuse et devient d'une force extraordinaire. Un jour que l'ours est sorti, il se fait raconter par sa mère toute son histoire. L'ours survenant, il le précipite dans un ravin, où l'ours se tue; puis il dit à sa mère de retourner dans son pays et s'en va d'un autre côté. — Il entre bientôt au service d'un roi qui, effrayé de sa force, cherche à se débarrasser de lui en le chargeant d'entreprises fort périlleuses[3]. Après s'être tiré de tous ces dangers, il s'en va droit devant lui et rencontre un homme qui porte sur ses bras deux platanes arrachés avec leurs racines. « Qui es-tu, ami, homme de force ? » lui dit Oreille-d'Ours. — « Quelle force puis-je avoir ? » répond l'autre. « Un homme fort, c'est, à ce qu'on dit, Oreille-d'Ours, qui a traîné la Kart (un certain être malfaisant) devant le roi. » Oreille-d'Ours se fait connaître, et l'autre se met en route avec lui. Ils rencontrent, assis au milieu du chemin, un homme qui fait tourner un moulin sur ses genoux. Après avoir échangé avec Oreille-d'Ours à peu près les mêmes paroles que le premier, cet homme se joint aussi à lui. — Les trois amis s'arrêtent dans un endroit convenable pour une halte, et vivent de leur chasse. Les deux compagnons d'Oreille-d'Ours sont successivement, pendant qu'ils apprêtent le repas, garrottés par un nain à longue barbe, qui arrive chevauchant sur un lièvre boiteux et qui mange toute la viande[4]. Mais Oreille-d'Ours empoigne le nain et lui emprisonne la barbe dans la fente d'un platane. Le nain finit par s'échapper, traînant le platane après lui; les compagnons suivent ses traces et parviennent à une ouverture, sur le bord de laquelle le platane a été jeté. Oreille-d'Ours s'y fait descendre. Il trouve dans un palais une princesse que le nain retient prisonnière, et tue ce dernier. — Ensuite, il est trahi par ses compagnons, qui enlèvent la princesse et le laissent dans le monde inférieur. Vient alors l'épisode d'une fille de roi

---

1. Les contes syriaques, publiés par MM. Prym et Socin en 1881, ont été recueillis de la bouche d'un chrétien jacobite, originaire du Tûr 'Abdîn, région montagneuse située au nord de la Mésopotamie, dans le district de Mardin, et habitée par des Kurdes et des Jacobites.

2. Les Avares, peuplade d'origine mongole, de même race que les tribus de ce nom exterminées par Charlemagne, habitent le versant septentrional du Caucase. M. Ant. Schiefner a publié, en 1873, d'après des manuscrits, plusieurs contes en langue avare, auxquels il a joint une traduction allemande et des remarques fort intéressantes, dues à M. Reinhold Kœhler.

3. Toute cette partie du conte avare se rapporte au thème de l'*Homme fort* (voir nos nºs 46 et 69), que nous avons déjà vu se combiner avec des contes de la famille de *Jean de l'Ours*. Nous aurons occasion d'y revenir.

4. Dans le conte valaque (Schott, nº 10), cité plus haut en note, le nain à grande barbe arrive chevauchant « sur une moitié de lièvre ».

délivrée par Oreille-d'Ours d'un dragon à neuf têtes, à qui l'on était forcé de donner chaque année une jeune fille [1]. Oreille-d'Ours est ramené sur la terre par un aigle reconnaissant, dont il a sauvé les petits, menacés par un serpent. Il arrive dans sa demeure, où il trouve ses deux compagnons qui se disputent la princesse ; il les jette tous les deux par terre d'un revers de main, reconduit la jeune fille dans le royaume du père de celle-ci et l'épouse.

Il faut encore citer un conte kalmouk, faisant partie du livre de contes intitulé *Siddhi-Kür* (« le Mort doué du *siddhi*, » c'est-à-dire d'une vertu magique), ouvrage dont M. Théodore Benfey a montré l'origine indienne, et qui est imité du livre sanscrit la *Vetâlapantchavinçati* (« les Vingt-cinq Histoires d'un *vetâla* », sorte de démon qui entre dans le corps des morts). Voici le résumé de ce conte kalmouk (nᵒ 3 de la traduction B. Jülg) : Le héros, Massang, a un corps d'homme et une tête de bœuf. Arrivant dans une forêt, il y trouve au pied d'un arbre un homme tout noir, qui est né de la forêt ; il le prend pour compagnon. Plus loin, dans une prairie, il rencontre un homme vert, qui est né du gazon, et, plus loin encore, près d'un monticule de cristal, un homme blanc, né du cristal : il emmène aussi ces deux derniers avec lui. Les quatre compagnons s'établissent dans une maison isolée ; chaque jour trois d'entre eux vont à la chasse, le quatrième garde le logis. Un jour l'homme noir, en préparant le repas, voit arriver une petite vieille qui lui demande à goûter de son beurre et de sa viande ; il y consent, mais à peine a-t-elle mangé un morceau, que le beurre et la viande disparaissent, et la vieille aussi [2]. L'homme noir, bien ennuyé, s'avise d'un expédient : il imprime sur le sol, tout autour de la maison, des traces de pieds de chevaux, et dit à ses compagnons, à leur retour, qu'une grande troupe d'hommes est venue, et qu'ils l'ont battu et lui ont volé son beurre et sa viande. Les jours suivants, la même aventure arrive à l'homme vert, puis à l'homme blanc. C'est alors le tour de Massang de rester seul ; mais il se méfie de la vieille, combat contre elle et la met en sang. Quand ses compagnons sont de retour, il leur fait des reproches et leur enjoint de se mettre avec lui à la poursuite de la vieille. En suivant les traces du sang, ils arrivent à une crevasse de rochers et aperçoivent au fond d'un grand trou le cadavre de la vieille et d'immenses trésors. Massang se fait descendre dans le gouffre au moyen d'une corde, puis fait remonter tous les trésors par ses compagnons. Mais ceux-ci l'abandonnent dans ce trou. Massang croit alors qu'il ne lui reste plus qu'à mourir. Cependant, en cherchant quelque chose à manger, il trouve trois noyaux de cerise. Il les plante en disant : « Si je suis vraiment Massang, qu'à mon réveil ces trois noyaux soient devenus de grands arbres. » Il s'étend par terre, en se servant comme d'oreiller du cadavre de la vieille, et s'endort. Plusieurs années s'écoulent : il dort toujours. Quand il se réveille, les cerisiers sont devenus grands, et il peut, en y grimpant, sortir du trou. Il retrouve

---

1. Cet épisode, se rattachant à un thème que nous aurons à étudier dans les remarques de notre nᵒ 5, *les Fils du Pêcheur*, se trouve intercalé également dans des contes européens de la famille de *Jean de l'Ours* (dans le conte grec moderne nᵒ 70 de la collection Hahn et le conte russe de *Svetozor*).

2. On se rappelle que, dans plusieurs des contes européens cités plus haut et recueillis en Allemagne, en Suisse, en Sicile, et aussi en Russie (Ralston, p. 144-146), c'est une vieille sorcière qui bat les compagnons du héros.

ses compagnons, auxquels il fait grâce ; puis, continuant sa route, il monte
dans le ciel, où, avec son arc de fer, il défend les dieux contre les attaques des
mauvais génies.

Un conte appartenant à cette famille a été recueilli dans l'Asie centrale,
chez des peuplades qui habitent au pied du plateau du Pamir, dans les vallées
des affluents de l'Oxus. Ce conte *shighni* a été publié dans le *Journal of the
Asiatic Society of Bengal* (t. XLVI, 1877, part. I, n° 2) : Le fils d'un
vizir s'est mis en route pour aller chercher un faucon blanc, qui lui fera
obtenir la main de la fille du roi. Il rencontre un cavalier nommé Ala-aspa ;
il se joint à lui. Les deux compagnons entrent dans un château inhabité
qu'ils trouvent au milieu d'un désert. Le lendemain matin, Ala-aspa dit au fils
du vizir de rester à la maison, tandis que lui ira à la chasse. Le jeune homme
prépare le dîner ; après avoir mangé sa part, il met de côté celle d'Ala-aspa.
Tout à coup la porte s'ouvre : un petit bout d'homme, haut d'un empan,
arrive près du foyer ; il s'arrache un poil de la moustache, en lie les pieds et les
mains du fils du vizir et le jette par terre ; après quoi il mange ce qui était préparé [1]. Pendant ce temps, le jeune homme a réussi à se dégager ; il poursuit le nain et le voit disparaître dans une sorte de puits. Au retour d'Ala-aspa,
le fils du vizir, entendant la porte grincer, se précipite sabre en main ; en
voyant son compagnon, il lui raconte ce qui s'est passé. Le lendemain , c'est
Ala-aspa qui reste à la maison ; à peine le nain ouvre-t-il la porte, qu'Ala-aspa
lui tranche la tête d'un coup de sabre ; mais voilà la tête qui rejoint les
épaules, et le nain qui s'enfuit. Ala-aspa ne peut l'atteindre. — Il dit au fils du
vizir qu'il faut tresser une corde pour pouvoir descendre dans le puits. La
corde étant prête, c'est le fils du vizir qui tente le premier l'aventure. A
peine commence-t-il à descendre, qu'il se met à crier : « Je brûle. » Ala-aspa
le fait remonter et se fait descendre à son tour en ordonnant à son camarade
de ne tenir aucun compte de ses cris. En effet, il a beau crier : « Je brûle, » le
fils du vizir n'en continue pas moins à lâcher la corde, et enfin Ala-aspa
touche terre. Il rencontre successivement plusieurs troupeaux, qu'on lui dit
appartenir au nain, et arrive à une ville. Un homme qui est assis à la porte
lui donne le moyen de tuer le nain, dont la vie est cachée dans deux pierres
placées auprès de lui. Le nain étant mort, Ala-aspa met la main sur ses quarante clefs : dans la dernière chambre, il trouve une belle jeune fille, qui avait
été enlevée par le nain à l'âge de sept ans. Le lendemain, il ramasse toutes les
richesses du nain et les fait remonter par le fils du vizir ; il lui fait remonter en
dernier lieu la princesse. Au lieu de s'attacher ensuite lui-même à la corde, il
met à sa place une brebis noire. Le fils du vizir, qui veut s'emparer de la princesse, coupe la corde, et la brebis est broyée en tombant. Il regrette ensuite
ce qu'il a fait et jette la corde à Ala-aspa, qu'il fait remonter. Ala-aspa lui pardonne, lui cède ses droits sur les trésors et sur la jeune fille, et va même lui
chercher le faucon blanc.

---

1. Dans le conte avare que nous avons donné il y a un instant, le nain s'arrache également un poil
de la barbe pour lier les compagnons d'Oreille-d'Ours.

Dans l'Inde, chez les tribus Dzo du Bengale, on a trouvé un conte dont notre thème forme la dernière partie [1]. Voici cette dernière partie (*Progressive colloquial Exercises in the Lushai Dialect of the Dzo or Kuki Language with vocabularies and popular tales*, by Capt. T. H. Lewin. Calcutta, 1874, p. 85) : Deux jeunes gens, Hpohtir et Hrangchal, ont délivré une jeune femme, nommée Kungori, des griffes d'un homme-tigre. L'homme-tigre est à peine tué, que Kungori est enlevée par un certain Kuavang, qui l'emmène dans son village, où l'on arrive par un grand trou ; mais la femme a eu la précaution de marquer le chemin au moyen d'un fil qu'elle a laissé se dérouler derrière e^{lle} de sorte que Hpohtir et Hrangchal peuvent suivre les traces du ravisseur ; écartent un rocher qui ferme le trou et arrivent au village de Kuavang. Hpohtir se fait rendre la femme ; mais, tandis qu'ils sont en route pour sortir du monde inférieur, la femme s'aperçoit qu'elle a oublié son peigne ; Hrangchal n'osant aller le chercher, Hpohtir y va lui-même. Pendant ce temps, son compagnon s'empare de la femme, l'emmène hors du monde inférieur et ferme l'entrée avec une grosse pierre. La jeune femme, de retour chez ses parents avec Hrangchal, est forcée d'épouser ce dernier, qui se donne pour son libérateur. De son côté, Hpohtir est obligé de rester dans le village de Kuavang et d'épouser la fille de celui-ci. Près de la maison, il sème une graine d'une plante appelée *koy*, et la plante grandit chaque jour davantage, si bien qu'un beau matin, profitant de l'absence de sa femme, Hpohtir grimpe à la plante comme à une échelle et sort du monde inférieur. Il arrive chez le père de Kungori, la jeune femme qu'il a délivrée de l'homme-tigre, coupe d'un coup de son *dao* (sorte de couteau) la tête de Hrangchal, et, après avoir raconté de quelle perfidie il a été la victime, il épouse Kungori.

Comme on voit, ce conte indien se rattache au groupe de contes étudiés plus haut, où le héros se met à la recherche d'une ou plusieurs princesses enlevées, et l'épisode de la maison isolée fait défaut. On remarquera que le moyen employé par Hpohtir pour sortir du monde inférieur est tout à fait celui que prend Massang, le héros du conte kalmouk du *Siddhi-Kür*.

Nous nous contenterons ici de renvoyer à un fragment d'une sorte de légende héroïque, recueillie chez les Tartares de la Sibérie méridionale, et que nous résumerons dans les remarques de notre n° 52, la *Canne de cinq cents livres*.

Nous allons rencontrer, toujours en Orient, dans deux contes syriaques, une autre forme de notre thème, celle que présentent les contes européens appartenant, pour leur introduction, au dernier groupe.

Le premier de ces contes syriaques (E. Prym et A. Socin, n° 46) est très simple. Comme dans le groupe que nous venons d'indiquer, c'est afin de poursuivre un monstre, — ici un géant, — qui vole chaque nuit les fruits d'un certain arbre dans le jardin d'un roi, que le plus jeune des trois fils de ce roi se fait descendre par ses frères dans une citerne. Il y voit le géant blessé, qui repose sa tête sur les genoux d'une belle jeune fille. Après avoir tué le géant,

---

1. Nous aurons à étudier la première partie de ce conte dans les remarques de notre n° 12, *le Prince et son Cheval*.

il trouve encore deux autres jeunes filles. Il en épouse une, et donne les deux autres à ses frères.

Le second conte syriaque (*ibid.*, nº 39) est beaucoup plus complet, et il a même tout un passage de *Jean de l'Ours*, — l'épisode des bijoux, — qui ne s'était pas encore présenté à nous en Orient [1]. Ici, il ne s'agit pas des trois fils d'un roi, mais de ses deux fils et de son frère, et le géant dérobe non point des fruits, mais des oies. Le plus jeune prince, qui seul a pu veiller sans céder au sommeil, a blessé d'un coup de feu (*sic*) le géant. Le lendemain, on suit la trace du sang et on arrive à une citerne. Le frère du roi, puis l'aîné des princes veulent se faire descendre dans le gouffre; mais ils n'y sont pas plus tôt jusqu'à moitié du corps, qu'ils crient : « J'étouffe. Remontez-moi. » Le plus jeune prince, lui, parvient jusqu'au fond de la citerne, sur laquelle s'ouvrent trois cavernes. Il trouve dans chacune un géant endormi et une belle jeune fille, qui lui donne le moyen de tuer le géant. La seconde est plus belle que la première, et la troisième est la plus belle de toutes. Il se dit dans son cœur : « Celle-ci est pour moi. » La jeune fille jouait avec une poule d'or et des poussins d'argent qui picoraient des perles; elle portait un vêtement qui avait été coupé sans ciseaux et cousu sans aiguille; enfin elle avait une pantoufle d'or, qui ne touchait pas la terre quand elle marchait. Au moment où il va faire remonter cette jeune fille, elle lui dit de remonter le premier; autrement ses compagnons s'empareront d'elle et la laisseront dans la citerne; mais il ne veut pas la croire. Alors elle lui donne trois anneaux : s'il tourne le chaton du premier, aussitôt paraîtra la poule d'or; s'il tourne celui du second, le vêtement merveilleux; s'il tourne celui du troisième, la pantoufle. Elle lui donne de plus un certain oiseau : quand ses compagnons couperont la corde, le jeune homme s'enfoncera jusqu'au fond de la terre; là, il verra trois chevaux; il leur arrachera à chacun un crin de la queue et le mettra dans sa poche; ensuite l'oiseau le transportera à la surface de la terre. Tout arrive comme la jeune fille l'avait dit, trahison des compagnons du prince, et le reste. — Une fois sorti du monde inférieur, le prince se couvre la tête d'une vessie (comparer notre nº 12, *le Prince et son cheval*), afin d'avoir l'air chauve et de ne pas être reconnu, et il se rend dans la ville de son père. A l'occasion du mariage du frère du roi avec l'une des jeunes filles, on avait organisé un grand tournoi. Le prince tire de sa poche un des crins : aussitôt paraît un superbe cheval noir. Le prince endosse un beau vêtement, saute sur son cheval et se mêle aux cavaliers, qui se demandent qui peut bien être ce chauve. Il reparaît ensuite sur un cheval blanc, puis sur un cheval brun. Cette fois il enlève au marié son bonnet et s'enfuit, sans qu'on puisse l'atteindre. Il entre alors au service d'un orfèvre [2]. — Le mariage du frère du prince avec les deux

---

1. On trouvera dans un conte indien du Bengale, résumé dans les remarques de notre nº 19, *le Petit Bossu*, un épisode qui n'est pas sans ressemblance avec cet épisode des bijoux.

2. Ce conte syriaque offre, pour l'ensemble, une grande ressemblance avec un conte grec moderne, analysé plus haut (Hahn, nº 26). — Dans plusieurs des contes de ce type, cités dans ces remarques, le prince paraît également à cheval, sous divers costumes. Voir, entre autres, les contes grecs modernes, p. 195 de la collection Em. Legrand et nº 70 de la collection Hahn; le conte de la Vénétie nº 4 de la collection Widter et Wolf; le conte portugais nº 22 de la collection Coelho. Dans les trois derniers, il y a un tournoi ou une course de chevaux. — Dans le conte portugais, le héros s'est couvert la tête d'une vessie; dans le second conte grec, d'un bonnet en boyau de mouton.

autres princesses devait avoir lieu ensuite; mais la fiancée du prince, qui avait vu les trois chevaux, savait que le prince était de retour; elle dit qu'avant de se marier, elle veut avoir une poule d'or et des poussins d'argent, qui picorent des perles. Le roi ordonne à l'orfèvre de lui fabriquer ces objets, sinon il lui fera couper la tête. Tandis que l'orfèvre est à se lamenter, le « chauve » lui dit qu'il se charge de la besogne. Il tourne le chaton de la première bague, et aussitôt paraissent la poule et les poussins. Même chose arrive pour le vêtement (le prince s'est engagé chez le tailleur de la ville), et enfin pour la pantoufle. Alors la princesse déclare qu'elle ne veut épouser que celui qui a fait la pantoufle, et, comme le roi lui dit : « Mais c'est le chauve! » elle répond : « Non, c'est ton fils. » Le prince raconte toute l'histoire, et il épouse la belle jeune fille.

Enfin, la littérature indienne nous offre, dans la grande collection sanscrite de Somadeva, de Cachemire, la *Kathâ-Sarit-Ságara* (« l'Océan des Histoires »), qui date du XIIe siècle de notre ère, quelques traits des contes que nous étudions. Dans deux récits de cette collection (t. I, p. 110-113, et t. II, p. 175 de la traduction allemande de Brockhaus), le héros donne la chasse à un sanglier énorme, qui se réfugie dans une caverne. Le héros l'y poursuit et se trouve dans un autre monde, où il rencontre une belle jeune fille. Dans le premier récit, la jeune fille a pour père un *râkshasa* (mauvais génie), qui n'est vulnérable que dans la paume de sa main droite. C'est lui qui était changé en sanglier. Sa fille apprend à Chandasena comment il pourra le tuer [1]. — Dans le second récit, la jeune fille est une princesse retenue captive par un démon. Elle dit à Saktideva que le démon vient justement de mourir d'une flèche qu'un hardi archer lui a lancée. Saktideva lui apprend qu'il est cet archer et l'épouse.

*
* *

C'est le moment de revenir sur un des éléments de notre conte, ces personnages d'une force extraordinaire, Tord-Chêne, Jean de la Meule, Appuie-Montagne, qui deviennent les compagnons de Jean de l'Ours. Cet élément appartient évidemment à un autre thème; car la force de ces personnages ne sert absolument à rien dans le récit, et il semblerait même, à en juger par les aventures du château de la forêt, qu'elle ait disparu après qu'ils se sont associés à Jean de l'Ours. Au contraire, dans le thème auquel ils se rattachent véritablement, les personnages doués de dons merveilleux, force, finesse d'ouïe, rapidité à la course, etc., qui se mettent à la suite du héros, aident celui-ci à mener à bonne fin des entreprises à première vue impossibles, imposées à quiconque veut épouser une certaine princesse. (Voir, par exemple, le conte allemand no 71 de la collection Grimm.) M. Théodore Benfey, dans la revue l'*Ausland* (1858, nos 41-45), a traité à fond de ce thème et de son origine. — Le seul personnage qui, en général, passe de ce thème dans celui de *Jean de l'Ours*, est l'homme fort, le *Bon-Dos* du no 28 du *Pentamerone* napolitain,

---

1. Dans un conte russe, déjà mentionné (Ralston, p. 144-146), c'est également grâce aux avis des filles de la *Baba Yaga* (sorte de sorcière ou d'être malfaisant) que le héros réussit à tuer celle-ci. — Comparer le conte italien de Sorrente.

qui peut porter une montagne; le *Forte-Échine* du *Chevalier Fortuné* de
Mme d'Aulnoy, qui correspond à notre Tord-Chêne; comme aussi le *Bondos*
d'un conte arabe traduit au siècle dernier par Chavis et Cazotte, véritable
parodie des contes de ce type, et le *Tranche-Mont* du même conte, qui se
retrouve, sous le nom de *Brise-Montagne*, dans le conte picard de *Jean de
l'Ours*, mentionné ci-dessus. — Dans le conte catalan de *Joan de l'Os*, à côté
des hommes forts, Arrache-Pins et autres, il se trouve encore un autre
personnage appartenant au thème que nous venons d'indiquer : un homme à
l'ouïe si fine qu'il entend ce qui se passe à l'autre bout du monde, sans que ce
don merveilleux soit plus utile, dans la suite des aventures, que la force de
ses camarades.

Une forme orientale de ce thème des personnages extraordinaires présente
un détail caractéristique qui fait lien avec le thème de *Jean de l'Ours*. Nous la
rencontrons dans un conte indien, qui a été recueilli en 1875 chez les Kamaoniens, tribus montagnardes habitant au pied de l'Himalaya, et publié en russe
par M. Minaef (n° 33)[1] : Un prince s'est mis en route pour aller demander la
main de la princesse Hirâ, une princesse qui, toutes les fois qu'elle rit, fait
tomber des rubis de ses lèvres et, quand elle pleure, des perles de ses yeux, et
que, par avarice, son père ne veut pas marier. Chemin faisant, le prince
aperçoit un berger qui fait paître des chèvres; il en a deux mille dans son
manteau. Ce berger arrache un arbre dont les branches touchent au ciel
et dont les racines descendent aux enfers. « Frère, » lui dit le prince, « que
tu es fort ! — Mahâradjâ, » dit l'autre, « l'homme qui est fort, c'est celui
qui va pour épouser la princesse Hirâ. — J'y vais, » dit le prince. Et le berger
se joint à lui. Ils rencontrent ensuite successivement et emmènent avec eux
quatre personnages extraordinaires, entre autres un habile tireur à l'arc, un
menuisier qui bâtit en une nuit un palais avec vingt-deux galeries et vingt-deux
portes, et un homme n'ayant qu'une jambe et qui, en une minute, rapporte
des nouvelles des quatre coins du monde. A chacun le prince dit : « Que tu es
fort ! » et chacun lui répond : « L'homme qui est fort, c'est celui qui va pour
épouser la princesse Hirâ. » Arrivé chez la princesse Hirâ, le prince n'a point
de peine à obtenir sa main, et il n'est plus question des personnages qu'il avait
amenés avec lui. Il y a là certainement une altération. — Le dialogue entre le
prince et les hommes qu'il rencontre relie tout à fait le conte indien aux
contes européens du type de *Jean de l'Ours*. Déjà, en Orient, le conte avare
de ce dernier type présentait un passage analogue. En Europe aussi, nous
retrouvons le même trait dans un conte allemand (Prœhle, II, n° 29). Jean
l'Ours rencontre un homme qui arrache des arbres comme en se jouant. « Tu
es bien fort, » lui dit-il. — « Pas aussi fort que Jean l'Ours, » répond l'autre
sans le connaître. D'autres hommes d'une force extraordinaire, que Jean
l'Ours rencontre ensuite, lui font une semblable réponse. Plusieurs des contes
mentionnés dans ces remarques, le conte hanovrien de *Pierre l'Ours*
(Colshorn, n° 5), le conte bosniaque de *Grain de Poivre* (Mijatowics, p. 123),
le conte portugais (Coelho, n° 22), ont le même épisode.

---

1. Nous devons la traduction sommaire de ce conte et des autres contes kamaoniens que nous aurons
occasion de citer, à l'obligeance d'un savant bien connu , le R. P. Martinov, S. J.

Dans un autre conte indien, recueilli dans le Pandjab (*Indian Antiquary*, août 1881, p. 228; — Steel et Temple, nᵒ 5), une forme particulière du thème des personnages extraordinaires se combine avec l'épisode de la maison isolée : Le prince Cœur-de-Lion, jeune homme aussi courageux que fort, est né d'une manière merveilleuse, neuf mois après qu'un fakir a fait manger de certains grains d'orge à la reine, qui jusqu'alors n'avait point d'enfants. Un jour, il veut voyager et se met en route, emmenant avec lui trois compagnons, un rémouleur, un forgeron et un menuisier. (La suite du récit montre que ces trois compagnons du prince sont des personnages aussi extraordinaires pour leur habileté que le menuisier et le tireur à l'arc du conte kamaonien qui précède.) Ils arrivent dans une ville complètement déserte, et entrent dans un palais également abandonné. Le rémouleur dit au prince qu'il se rappelle avoir entendu dire qu'un démon ne laisse personne s'établir dans cette ville : il vaudrait donc mieux aller plus loin. Mais le prince dit qu'il faut d'abord dîner, et que le rémouleur restera au palais pour préparer le repas, tandis que les autres feront un tour dans la ville. Quand le dîner va être prêt, arrive un petit personnage, armé de pied en cap, avec sabre et lance, et monté sur une souris brillamment caparaçonnée [1]. « Donne-moi mon dîner, » dit-il au rémouleur, « ou je te pends à l'arbre le plus voisin. — Bah ! » dit le rémouleur; « approche un peu, et je t'écrase entre deux doigts. » Aussitôt le nain se change en un terrible géant, qui pend, en effet, le rémouleur; mais, la branche ayant cassé, celui-ci en est quitte pour la peur. Quand ses camarades reviennent, il leur dit qu'il a eu un accès de fièvre. Même aventure arrive au forgeron, puis au menuisier. Quant au prince, il tue le démon d'un coup d'épée. Puis il écrit à tous les gens de la ville de revenir, et leur donne le rémouleur pour roi. Avant de continuer son voyage, il plante une tige d'orge et dit au rémouleur que, si elle vient à languir, ce sera signe qu'il lui est arrivé malheur à lui, le prince : alors il faudra venir à son secours [2]. Le prince se remet en route en compagnie du forgeron et du menuisier, et parvient dans une seconde ville abandonnée où il leur arrive à peu près même chose que dans la précédente. Le prince établit le forgeron roi du pays et plante, là encore, une tige d'orge avant son départ; ce qu'il fait aussi avant de quitter une troisième ville, où il a marié le menuisier avec une princesse. Lui-même, après diverses aventures, épouse une belle princesse qui était gardée par un génie. Mais sa femme se laisse prendre aux paroles perfides d'une vieille, et elle révèle innocemment à celle-ci que la vie du prince est attachée à une certaine épée : si cette épée est brisée, il mourra. La vieille dérobe l'épée et la met dans un brasier ardent; le prince meurt. Aussitôt les tiges d'orge se flétrissent chez les trois anciens compagnons du prince, qui se mettent sans tarder à sa recherche. Ils trouvent le corps du prince et, près de lui, l'épée brisée. Le forgeron en ramasse les débris et reforge l'épée; le rémouleur lui rend son premier éclat, et le prince recouvre la vie. Alors c'est au tour du menuisier de se rendre utile au prince en lui ramenant sa femme,

---

1. Comparer le passage correspondant du conte avare et du conte valaque, où le nain chevauche sur un lièvre.

2. Voir, pour ce détail, les remarques de notre nᵒ 5, *les Fils du Pêcheur*.

qui a été enlevée par la vieille. Il y parvient au moyen d'un palanquin qu'il construit et qui vole dans les airs.

On voit comme, dans ce conte indien, tout est logique et s'enchaîne bien : les compagnons du prince sont des personnages extraordinaires, mais par leur habileté, non par leur force, ce qui explique leur mésaventure avec le démon; et leurs dons merveilleux, loin d'être inutiles, servent à amener le dénouement.

Un autre conte oriental, qui offre, pour la marche générale du récit, beau-coup d'analogie avec ce conte indien, se rapproche davantage, sur certains points, des contes du type de *Jean de l'Ours :* c'est par leurs qualités physiques et non par leur habileté que les compagnons du héros sont extraordinaires; de plus, si l'épisode de la maison isolée fait défaut, nous trouvons la déli-vrance de trois jeunes filles, prisonnières de monstres. Voici ce conte, recueilli chez un peuple de l'extrême Orient, les Kariaines, qui habitent dans l'Indo-Chine, au milieu des montagnes du Pégu et de la Birmanie (*Journal of the Asiatic Society of Bengal*, t. XXXIV (1865), seconde partie, p. 225) : Par suite d'une malédiction du soleil contre sa mère, Ta-ywa est né aussi petit qu'une jujube. Il mange énormément et devient très fort. S'étant fabriqué un arc, il va à la fontaine où les enfants du soleil viennent à l'eau, les menace et leur ordonne d'aller dire à leur père de le faire plus grand. Le soleil envoie contre lui divers animaux, fait déborder les eaux, lance des rayons brûlants pour le faire périr. Peine inutile. Alors il le fait très grand. Les gens deviennent envieux de sa force et cherchent à se débarrasser de lui (comme dans le conte avare et dans les contes européens du type de l'*Homme fort*, déjà plus d'une fois mentionné). Voyant qu'on ne l'aime pas, il quitte le pays. Sur son chemin il rencontre *Longues-Jambes* « qui a dans ses cheveux un cotonnier dont l'ombre couvre six pays. » Ta-ywa lui raconte pourquoi il s'est mis à voyager. L'autre lui dit qu'il s'est trouvé dans le même cas : « Parce que mes jambes étaient longues, on ne m'aimait pas. » Et il se joint à Ta-ywa. Mêmes scènes avec d'autres personnages extraordinaires, *Longs-Bras, Larges-Oreilles*, etc. Mais il ne reste, en définitive, avec Ta-ywa que Longs-Bras et Longues-Jambes. Après avoir vaincu un personnage nommé Shie-oo, les trois compagnons arrivent dans une maison vide. « La place où Ta-ywa s'assit était au dessus de la tête d'une belle jeune fille qui était cachée dans une fente du plancher : elle se mit à le pincer. » Croyant que c'était un insecte qui l'avait mordu, Ta-ywa souleva le plancher et découvrit la jeune fille. Celle-ci leur dit : « Ah! mes chers amis, comment êtes-vous venus ici? Le grand aigle a mangé mon père et ma mère, mes frères et mes sœurs. Mes parents ont eu pitié de moi et m'ont cachée. Comment êtes-vous venus ici? Le grand aigle va vous dévorer. » Ils lui disent de ne rien craindre, et Ta-ywa parvient à tuer l'aigle. Puis il plante deux herbes à haute tige et laisse dans la maison de l'aigle Longues-Jambes en lui disant : « Si les plantes se flétrissent, mets-toi vite à ma recherche. » Ta-ywa et Longs-Bras reprennent leur route et arrivent à une autre maison vide où ils trouvent dans une jarre une jeune fille et où Ta-ywa tue des tigres, maîtres de la maison. Il plante encore des herbes, et, laissant derrière lui Longs-Bras avec les recommandations qu'il a faites à Longues-Jambes, il se remet en chemin et arrive dans une troisième maison où se cache encore une jeune fille. Cette fois, ce sont trois gros serpents qu'il doit combattre. Il en tue deux, mais le troisième l'avale. Aussitôt les plantes se flétrissent : Longues-Jambes et Longs-Bras accourent à son aide, tuent le serpent et rendent la vie à Ta-ywa.

Nous avons fait remarquer que, dans la combinaison du thème des personnages extraordinaires avec le thème qui est proprement celui de *Jean de l'Ours*, la plus grande partie des aventures constituant le premier thème disparaît. Nous allons voir, dans un conte écossais (Campbell, nº 16), unique, croyons-nous, en son genre, cette même combinaison se faire de la façon la plus ingénieuse, sans occasionner l'élimination d'aucun élément important de l'un ni de l'autre thème. — Le héros, fils d'une pauvre veuve, part avec trois seigneurs pour aller délivrer les trois filles d'un roi que trois géants ont emportées dans le monde inférieur. Il s'adjoint sur la route trois personnages extraordinaires : un « buveur », capable de boire toute une rivière ; un « mangeur », dont la faim ne peut être assouvie ; un « écouteur », qui entend l'herbe pousser. Ce dernier, grâce à sa finesse d'ouïe, découvre où sont les princesses ; le fils de la veuve et les trois personnages extraordinaires se font descendre par les seigneurs dans le monde inférieur. Le premier des géants leur dit qu'ils n'auront pas les princesses avant d'avoir trouvé un homme capable de boire autant d'eau que lui. Le buveur tient si bien tête au géant, que celui-ci crève. Il en est de même du second géant, quand il veut se mesurer avec le mangeur. Le troisième géant donne les princesses, mais à condition que le fils de la veuve restera à son service pendant un an et un jour. On fait remonter les filles du roi, dont les seigneurs s'emparent. Le fils de la veuve sort du monde inférieur sur un aigle que le géant lui a donné. Suit son entrée comme compagnon chez un forgeron, et la commande, faite par les seigneurs, de trois couronnes pareilles à celles que les princesses portaient chez les géants. Le fils de la veuve appelle l'aigle au moyen d'un sifflet que celui-ci lui a donné, et l'envoie chercher ces couronnes dans le monde inférieur.

II

LE MILITAIRE AVISÉ

Il était une fois un militaire qui revenait du service. Passant un jour devant un château, il frappa pour demander à boire, car il avait grand' soif. Un lion vint lui ouvrir : dans ce temps-là les lions faisaient l'office de domestiques. Le maître et la maîtresse du château étaient sortis. Le militaire pria le lion de lui donner un verre d'eau. « Militaire », répondit le lion, « je ne te donnerai pas de l'eau ; tu boiras du vin avec moi. » L'autre ne se le fit pas dire deux fois. Ils burent ensemble quelques bouteilles, puis le lion dit au militaire : « Militaire, veux-tu jouer avec moi une partie de piquet ? je sais que les militaires jouent à ce jeu quand ils n'ont rien à faire. — Lion, très volontiers. »

Ils jouèrent sept ou huit parties. Le lion, qui perdait toujours, était furieux. Il laissa tomber à dessein une carte et demanda au militaire de la lui ramasser ; mais celui-ci, voyant bien que le lion n'attendait que le moment où il se baisserait pour se jeter sur lui, ne bougea pas et lui dit : « Je ne suis pas ton domestique, tu peux la ramasser toi-même. Cependant, comme je m'aperçois que tu es un peu en colère, nous allons jouer à un autre jeu. Apporte-moi une poulie, une corde et une planche. » Le lion alla chercher tout ce qu'il demandait ; le militaire fit une balançoire et y monta le premier. A peine s'était-il balancé quelques instants, que le lion lui cria : « Descends, militaire, descends donc, c'est mon tour. — Pas encore, lion, » dit l'autre, « tu as le temps d'y être. » Enfin le militaire se décida à descendre ; il aida le lion à monter sur la balançoire et lui dit : « Lion, comme tu ne connais pas ce jeu, je crains que tu ne tombes et que tu ne te casses les reins. Je vais t'attacher par les pattes. » Il l'attacha en effet, et, du premier coup, il le lança au plafond. « Ah! militaire, militaire, descends-moi, » criait le lion, « j'en ai assez. — Je te descendrai quand je repasserai par ici, » répondit le militaire, et il sortit du château.

Le lion poussait des cris affreux qu'on entendait de trois lieues. Les maîtres du château, qui étaient au bois, se hâtèrent de revenir. Après avoir cherché partout, ils finirent par découvrir le lion suspendu en l'air sur la balançoire. « Eh! lion, » lui dirent-ils, « que fais-tu là? — Ah! ne m'en parlez pas! c'est un méchant petit crapaud de militaire qui m'a mis où vous voyez. — Si nous te descendons, que lui feras-tu? — Je courrai après lui, et si je l'attrape, je le tue et je le mange. »

Cependant le militaire continuait à marcher; il rencontra un loup qui fendait du bois. « Loup », lui dit-il, « ce n'est pas ainsi qu'on s'y prend. Donne-moi ton merlin, et puis mets ta patte dans la fente pour servir de coin. » Le loup n'eut pas plutôt mis sa patte dans la fente, que le militaire retira le merlin, et la patte se trouva prise. « Militaire, militaire, dégage-moi donc la patte. — C'est bon, » dit l'autre, « ce sera pour quand je repasserai par ici. »

Le lion, qui était à la poursuite du militaire, accourut aux hurlements du loup. « Qu'as-tu donc, loup? » lui dit-il. — « Ah! ne m'en parle pas! c'est un méchant petit crapaud de militaire qui m'a pris la patte dans cette fente. — Si je te délivre, que lui feras-tu? — Je courrai avec toi après lui; nous le tuerons et nous le mangerons. » Le lion dégagea la patte du loup et ils coururent ensemble après le militaire.

Mais celui-ci avait déjà gagné du terrain; il avait fait rencontre d'un renard qui était au pied d'un arbre, le nez en l'air. « Eh! renard, » lui dit-il, « que regardes-tu là-haut? — Je regarde ces cerises de bois. — Si tu veux », dit le militaire, « je vais t'aider à monter sur l'arbre. » En disant ces mots, il prit un bâton bien aiguisé, l'enfonça dans le corps du renard, puis l'ayant élevé à six pieds de terre, il ficha le bâton sur l'arbre et laissa le renard embroché. « Ah! militaire, militaire, descends-moi donc, » criait le renard. — « Quand je repasserai, » dit le militaire. « Les cerises auront le temps de mûrir d'ici-là. »

Le renard poussait des cris lamentables, qui attirèrent de son côté le lion et le loup. « Que fais-tu là, renard? » lui dirent-ils. — « Ah! ne m'en parlez pas! c'est un méchant petit crapaud de militaire qui m'a joué ce tour. — Si nous te délivrons, que lui feras-tu ? — Je courrai avec vous après lui ; nous le tuerons et nous le mangerons. »

Le militaire, ayant continué sa route, rencontra une jeune fille. « Mademoiselle, » lui dit-il, « il y a derrière nous trois bêtes féroces qui vont nous dévorer : voulez-vous suivre mon conseil ? faisons une balançoire. » La jeune fille y consentit, et le jeu était en train quand le lion, qui était en avance sur ses compagnons, arriva. « Quoi ? » dit-il, « encore le même jeu ! sauvons-nous. » Ensuite le militaire se mit à fendre du bois. Le loup, étant survenu, s'écria : « C'est donc toujours la même chose ! » Et il détala. Ainsi fit le renard.

Le militaire ramena la jeune fille chez ses parents, qui furent bien joyeux d'apprendre qu'elle avait échappé à un si grand péril. Ils firent mille remerciements au militaire et lui donnèrent leur fille en mariage.

REMARQUES

Il a été recueilli dans la Basse-Normandie un conte analogue (J. Fleury, p. 193) : Un rémouleur, qui va être mangé par un loup, demande à celui-ci la permission de s'amuser à faire tourner encore une fois son « émoulette. » Le loup y consent, et, trouvant le jeu très joli, veut jouer lui aussi. Le rémouleur fait en sorte que le loup ait la patte prise, puis il se sauve. Un autre loup délivre son camarade, et les voilà tous les deux à courir après le rémouleur. Sur leur chemin, ils rencontrent un lièvre auquel le rémouleur a mis de petits boulets aux oreilles, en lui faisant croire qu'ainsi il courra plus vite ; et ensuite un renard, auquel ce même rémouleur a enfoncé, sous le même prétexte, un « ragot » dans le derrière. Ils les débarrassent, l'un de ses boulets, l'autre de son ragot, et tous se lancent sur les traces du rémouleur. Ils l'aperçoivent enfin ; mais alors le rémouleur montre l'émoulette au loup, puis les boulets au lièvre et le ragot au renard, et successivement chacun des trois s'enfuit.

Un conte croate (Krauss, nᵒ 20) est du même genre : Un jeune paysan, dont le comte son maître voudrait se débarrasser, doit passer la nuit dans une chambre où se trouve un ours affamé. Il y entre en jouant de la guimbarde. L'ours demande aussitôt à apprendre cet instrument ; mais le jeune homme lui dit qu'il a les griffes trop longues, et, sous prétexte de les lui couper, il lui emprisonne la patte dans la fente d'un morceau de bois. Le lendemain, le comte ordonne au jeune homme de prendre une voiture et de se rendre dans un autre de ses châteaux ; puis il lance l'ours à sa poursuite. Chemin faisant, le jeune homme joue de mauvais tours d'abord à un renard qu'il suspend à un arbre sous prétexte de le guérir de la colique, et ensuite à un lièvre, auquel il disloque les jambes pour le rendre, dit-il, encore plus agile. Le renard et le lièvre, délivrés par l'ours, se joignent à lui, et ils arrivent non loin du jeune homme, à un moment où celui-ci est descendu de voiture et entré dans un taillis. L'ours s'imagine le voir fendre un morceau de bois ; le renard, préparer une corde, et le lièvre, aiguiser un bâton. Et tous les trois décampent au plus vite. (On se rappelle que, dans le conte lorrain, le militaire fait route avec une jeune fille, qu'il épouse ensuite ; dans le conte croate, le jeune homme a pris avec lui dans sa voiture la fille du seigneur, à l'insu de celui-ci, et il l'épouse également.)

Un conte allemand de la région de Worms (Grimm, n° 8) présente une forme écourtée de ce thème : Un joueur de violon, passant dans une forêt, se met à jouer de son instrument pour voir s'il lui viendra un compagnon. Arrive un loup, qui demande à apprendre le violon : le musicien lui dit de mettre les pattes dans la fente d'un vieil arbre, et, quand les pattes se trouvent prises, il le laisse là. Il traite un renard et un lièvre à peu près de la même façon. Cependant le loup, à force de se débattre, est parvenu à se dégager ; il délivre le renard et le lièvre, et tous les trois se mettent à la poursuite du musicien. Mais les sons du violon ont attiré près de celui-ci un bûcheron armé de sa hache, et les animaux n'osent pas l'attaquer.

Le dénouement du *Militaire avisé*, qui manque dans le conte allemand que nous venons d'analyser, a beaucoup d'analogie avec celui d'un autre conte, allemand aussi, et recueilli dans la Hesse (Grimm, n° 114). Voici ce passage : Un tailleur a serré dans un étau les pattes d'un ours qui veut apprendre le violon. L'ours, délivré par des ennemis du tailleur, se met à sa poursuite ; alors le tailleur, qui se trouve en ce moment en voiture, sort brusquement les jambes par la portière, et, les écartant et resserrant comme les branches d'un étau : « Veux-tu rentrer là-dedans ? » crie-t-il à l'ours. Celui-ci s'enfuit épouvanté.

On peut encore comparer, dans les contes allemands de la collection Wolf, la fin du conte page 408 ; le conte souabe n° 59 de la collection Meier, et une partie d'un autre conte allemand (Prœhle, II, n° 28).

III

LE ROI D'ANGLETERRE & SON FILLEUL

Il était une fois un roi d'Angleterre qui aimait la chasse à la folie. Trouvant qu'il n'y avait pas assez de gibier dans son pays, il passa en France où le gibier ne manquait pas.

Un jour qu'il était en chasse, il vit un bel oiseau d'une espèce qu'il ne connaissait pas; il s'approcha tout doucement pour le prendre, mais au moment où il mettait la main dessus, l'oiseau s'envola, et, sautant d'arbre en arbre, il alla se percher dans le jardin d'une hôtellerie. Le roi entra dans l'hôtellerie pour l'y poursuivre, mais il perdit sa peine : l'oiseau lui échappa encore et disparut.

Après toute une journée passée à battre les bois et la plaine, le roi arriva le soir dans un hameau, où il dut passer la nuit. Il alla frapper à la porte de la cabane d'un pauvre homme, qui l'accueillit de son mieux, et lui dit que sa femme venait d'accoucher d'un petit garçon; mais ils n'avaient point de parrain, parce qu'ils étaient pauvres. Le roi, à leur prière, voulut bien être parrain de l'enfant, auquel il donna le nom d'Eugène. Avant de prendre congé, il tira de son portefeuille un écrit cacheté qu'il remit aux parents, en leur disant de le donner à leur fils quand celui-ci aurait dix-sept ans accomplis.

Lorsque l'enfant eut six ans, il dit à son père : « Mon père, vous me parlez souvent de ma marraine; pourquoi ne me parlez-vous pas de mon parrain? — Mon enfant, » répondit le père, « ton parrain est un grand seigneur : c'est le roi d'Angleterre. Il m'a laissé un écrit cacheté que je dois te remettre quand tu auras dix-sept ans accomplis. »

Cependant le jeune garçon allait à l'école : une somme d'argent avait été déposée pour lui chez le maître d'école sans qu'on sût d'où elle venait.

Enfin arriva le jour où Eugène eut ses dix-sept ans. Il se leva de bon matin et dit à son père : « Il faut que j'aille trouver mon parrain. » Le père lui donna un cheval et trente-six liards, et le jeune homme lui dit adieu ; mais, avant de se mettre en route, il alla voir sa marraine, qui était un peu sorcière. « Mon ami, » lui dit-elle, « si tu rencontres un tortu ou un bossu, il faudra rebrousser chemin. »

Le jeune homme lui promit de suivre son avis et partit. A quelque distance du hameau, il rencontra un tortu et tourna bride. Le jour suivant, il rencontra un bossu et revint encore sur ses pas. « Demain, » pensait-il, « je serai peut-être plus heureux. » Mais le lendemain encore, un autre bossu se trouva sur son chemin : c'était un de ses camarades d'école, nommé Adolphe. « Cette fois, » se dit Eugène, » je ne m'en retournerai plus. »

« Où vas-tu ? » lui demanda le bossu. — « Je m'en vais voir mon parrain, le roi d'Angleterre. — Veux-tu que j'aille avec toi ? — Je le veux bien. »

Ils firent route ensemble, et, le soir venu, ils entrèrent dans une auberge. Eugène dit au garçon d'écurie qu'il partirait à quatre heures du matin ; mais le bossu alla ensuite donner l'ordre de tenir le cheval prêt pour trois heures, et, trois heures sonnant, il prit le cheval et s'enfuit.

Eugène fut fort étonné de ne plus trouver son cheval. « Où donc est mon cheval ? » demanda-t-il au garçon d'écurie. — « Votre compagnon, » répondit le garçon, « est venu de votre part dire de le tenir prêt pour trois heures. Il y a une heure qu'il est parti. »

Eugène se mit aussitôt à la poursuite du bossu, et il le rejoignit dans une forêt auprès d'une croix. Le bossu s'arrêta et dit à Eugène en le menaçant : « Si tu tiens à la vie, jure devant cette croix de ne dire à personne que tu es le filleul du roi, si ce n'est trois jours après ta mort. » Eugène le jura, puis ils continuèrent leur voyage et arrivèrent au palais du roi d'Angleterre.

Le roi, croyant que le bossu était son filleul, le reçut à bras ouverts. Il accueillit aussi très bien son compagnon. « Quel est ce jeune homme ? » demanda-t-il au bossu. — « Mon parrain, c'est un camarade d'école que j'ai amené avec moi. — Tu as bien fait, » dit le roi. Puis il ajouta : « Mon enfant, je ne pourrai pas tenir ma promesse. Tu sais que je me suis engagé autrefois à te donner ma fille, quand tu serais en âge de te marier; mais elle m'a été enlevée. Depuis onze ans que je la fais chercher par terre et par mer, je n'ai pu encore parvenir à la retrouver. »

Les deux jeunes gens furent logés au palais. Tous les seigneurs et toutes les dames de la cour aimaient Eugène, qu'ils ne connaissaient que sous le nom d'Adolphe : c'était un jeune homme bien fait et plein d'esprit; mais tout le monde détestait le bossu. Le roi seul, qui le croyait toujours son filleul, avait de l'affection pour lui, mais il témoignait aussi beaucoup d'amitié à son compagnon, ce dont le bossu était jaloux.

Un jour, celui-ci vint trouver le roi et lui dit : « Mon parrain, Adolphe s'est vanté d'aller prendre la mule du géant. » Le roi fit venir Adolphe : « Eugène m'a dit que tu t'es vanté d'aller prendre la mule du géant. — Moi, sire? comment m'en serais-je vanté? je ne saurais seulement où la trouver, cette mule. — N'importe! si tu ne me l'amènes pas, tu seras brûlé dans un cent de fagots. »

Adolphe prit quelques provisions et partit bien triste. Après avoir marché quelque temps, il rencontra une vieille qui lui demanda un peu de son pain. « Prenez tout si vous voulez, » dit Adolphe; « je ne saurais manger. — Tu es triste, mon ami, » dit la vieille; « je sais ce qui te cause ton chagrin : il faut que tu ailles prendre la mule du géant. Eh bien! le géant demeure de l'autre côté de la mer; il a un merle dont le chant se fait entendre d'un rivage à l'autre. Dès que tu entendras le merle chanter, tu passeras l'eau, mais pas avant. Une fois en présence du géant, parle-lui hardiment. »

Le jeune homme fut bientôt arrivé au bord de la mer, mais le merle ne chantait pas. Il attendit que l'oiseau eût chanté, et il passa la mer. Le géant ne tarda pas à paraître devant lui et lui dit : « Que viens-tu faire ici, ombre de mes moustaches, poussière de mes mains? — Je viens chercher ta mule. — Qu'en veux-tu faire? — Que t'importe? donne-la-moi. — Eh bien! je te la donne, mais à la condition que tu me la rendras un jour. » Adolphe prit la mule, qui faisait cent lieues d'un pas, et retourna au palais.

Le roi fut très content de le revoir et lui promit de ne plus lui faire de peine. Mais bientôt le bossu, qui avait entendu parler du merle du géant, vint dire au roi : « Mon parrain, Adolphe s'est vanté d'aller chercher le merle du géant qui chante si bien et qu'on entend de si loin. » Le roi fit venir Adolphe : « Eugène m'a dit que tu t'es vanté d'aller chercher le merle du géant. — Moi, sire ? je ne m'en suis point vanté, et comment ferais-je pour le prendre ? — N'importe ! si tu ne me le rapportes pas, tu sera brûlé dans un cent de fagots. »

Adolphe se rendit de nouveau sur le bord de la mer. Dès qu'il entendit le merle chanter, il passa l'eau et s'empara de l'oiseau. « Que viens-tu faire ici, » lui dit le géant, « ombre de mes moustaches, poussière de mes mains ? — Je suis venu prendre ton merle. — Qu'en veux-tu faire ? — Que t'importe ? laisse-le-moi. — Eh bien ! je te le donne, mais à la condition que tu me le rendras un jour. » Quand Adolphe fut de retour au palais du roi, toutes les dames de la cour furent ravies d'entendre le merle chanter, et le roi promit au jeune homme de ne plus le tourmenter.

Quelque temps après, le bossu dit au roi : « Le géant a un falot qui éclaire tout le pays à cent lieues à la ronde ; Adolphe s'est vanté de prendre ce falot et de l'apporter ici. » Le roi fit venir Adolphe : « Eugène m'a dit que tu t'es vanté d'aller prendre le falot du géant. — Moi, sire ? comment le pourrais-je faire ? — N'importe ! si tu ne me rapportes pas ce falot, tu seras brûlé dans un cent de fagots. »

Adolphe s'éloigna et fut bientôt sur le bord de la mer. Le merle n'était plus là pour l'avertir du moment où il pourrait passer l'eau ; il tenta pourtant l'aventure, et, étant parvenu sur l'autre bord, il alla droit au géant. « Que viens-tu faire ici, » lui dit le géant, « ombre de mes moustaches, poussière de mes mains ? — Je viens prendre ton falot. — Qu'en veux-tu faire ? — Que t'importe ? donne-le-moi. — Eh bien ! je te le donne, mais à la condition que tu me le rendras un jour. » Le jeune homme remercia le géant et s'en retourna. Quand il fut arrivé à quelque distance du palais du roi, il attendit la nuit, et alors il s'avança en tenant haut le falot, dont tout le pays fut éclairé. Le roi, rempli de joie, promit encore une fois à Adolphe de ne plus lui faire de peine.

Un bon bout de temps se passa sans qu'Adolphe eût à subir de nouveaux ennuis ; enfin le bossu dit au roi : « Adolphe s'est vanté de savoir où est votre fille et de pouvoir vous la rendre. »

Le roi fit venir Adolphe : « Eugène m'a dit que tu t'es vanté de savoir où est ma fille et de pouvoir me la rendre. — — Ah! sire, vous l'avez fait chercher partout, par terre et par mer, sans avoir pu la retrouver. Comment voulez-vous que moi, pauvre étranger, je puisse en venir à bout? — N'importe! si tu ne me la ramènes pas, tu seras brûlé dans un cent de fagots. »

Adolphe s'en alla bien chagrin. La vieille qu'il avait déjà rencontrée se trouva encore sur son chemin ; elle lui dit : « Le roi veut que tu lui ramènes sa fille. Retourne chez le géant. » Adolphe passa donc encore la mer, et, arrivé chez le géant, il lui demanda s'il savait où était la fille du roi. « Oui, je le sais, » répondit le géant ; « elle est dans le château de la reine aux pieds d'argent ; mais pour la délivrer il y a beaucoup à faire. Il faut d'abord que tu ailles redemander au roi ma mule, mon merle et mon falot. Ensuite tu feras construire un vaisseau long de trois cents toises, large d'autant et haut de cent cinquante toises ; il faut qu'il y ait dans ce vaisseau une chambre, et dans la chambre un métier de tisserand. Mais, sur toutes choses, il ne doit entrer dans ce bâtiment ni fer, ni acier : le roi fera comme il pourra. »

Adolphe alla rapporter au roi les paroles du géant. On fit aussitôt venir des ouvriers, et on leur commanda de construire un vaisseau long de trois cents toises, large d'autant et haut de cent cinquante toises ; dans ce vaisseau, il devait y avoir une chambre, et dans la chambre un métier de tisserand, le tout sans fer ni acier. En quarante-huit heures, le bâtiment fut terminé ; mais le bossu avait donné de l'argent à un ouvrier pour qu'il y mît une broche de fer.

Adolphe amena le bâtiment au géant. « Il est entré du fer dans ton bâtiment, » dit le géant. — « Non, » répondit Adolphe, « il n'y en a pas. — Il y a du fer en cet endroit, » dit le géant. « Ramène au roi le vaisseau ; qu'il fasse venir un ouvrier avec un marteau et un ciseau, et l'on verra si je dis vrai. » Dès que l'ouvrier eut appuyé son ciseau à l'endroit indiqué, et qu'il eut donné dessus un coup de marteau, le ciseau se cassa. On retira la broche de fer, et le géant, quand Adolphe fut de retour avec le vaisseau, ne trouva plus rien à redire.

« Maintenant, » dit-il, « il faut qu'il y ait dans ce vaisseau trois cents miches de pain, trois cents livres de viande, trois cents sacs de millet, trois cents livres de lin, et de plus qu'il s'y

trouve trois cents filles vierges. » Le roi fit chercher dans la ville
de Londres et dans les environs les trois cents filles demandées ;
quand on les eut trouvées, on les embarqua dans le vaisseau, on
y mit aussi le pain, la viande et le reste, et Adolphe retourna
chez le géant. Celui-ci donna un coup d'épaule, et le navire fut
porté à plus de deux cents lieues en mer. Adolphe était au gou-
vernail ; sous le pont, les trois cents filles filaient et le géant
tissait.

Tout à coup on aperçut au loin une grosse montagne toute
noire. « Ah ! » dit Adolphe, « nous allons arriver ! — Non, »
dit le géant. « C'est le royaume des poissons. Pour qu'ils te laissent
passer, tu diras que tu es un prince de France qui voyage. »

« Que viens-tu faire ici ? » demandèrent les poissons au jeune
homme. — « Je suis un prince de France qui voyage. — Prince
ou non, tu ne passeras pas. » Alors Adolphe leur jeta des miettes
de pain ; tous les poissons y coururent à la fois et le laissèrent
passer. Il n'était pas encore bien loin quand le roi des poissons dit
à son peuple : « Nous avons été bien malhonnêtes de n'avoir pas
remercié ce prince qui nous a secourus dans notre détresse. Courez
après lui et faites-le retourner. » Les poissons ayant ramené le
jeune homme, le roi lui dit : « Tenez, voici une de mes arêtes.
Quand vous aurez besoin d'aide, vous me retrouverez, moi et
mon royaume. »

« Eh bien ! » demanda le géant, « que t'a donné le roi des
poissons ? — Il m'a donné une de ses arêtes : mais que ferai-je
de cette arête ? — Mets-la dans ta poche : tu auras occasion de
t'en servir. »

On aperçut bientôt une autre montagne plus noire encore que
la première. « N'allons-nous pas aborder ? » demanda le jeune
homme. — « Non, » répondit le géant. « C'est le royaume des
fourmis. »

Les fourmis avaient le sac au dos et faisaient l'exercice ;
elles crièrent à Adolphe : « Que viens-tu faire ici ? — Je suis
un prince de France qui voyage. — Prince ou non, tu ne passeras pas. » Adolphe leur jeta du millet : les fourmis se mirent
à manger le grain et laissèrent passer le jeune homme. « Nous
avons été bien malhonnêtes, » dit alors le roi des fourmis, « de
n'avoir pas remercié ce prince. Courez le rappeler. » Quand
Adolphe fut revenu près de lui, le roi des fourmis lui dit :

« Prince, nous étions depuis sept ans dans la détresse; vous nous en avez tirés pour quelque temps. Tenez, voici une de mes pattes : quand vous aurez besoin d'aide, vous me retrouverez, moi et mon royaume. »

« Que t'a donné le roi des fourmis ? » demanda le géant. — « Il m'a donné une de ses pattes; mais que ferai-je d'une patte de fourmi ? — Mets-la dans ta poche : tu auras occasion de t'en servir. »

Quelque temps après, parut au loin une montagne plus grosse et plus noire encore que les deux premières. « Allons-nous enfin arriver ? » demanda Adolphe. — « Non, » dit le géant. « C'est le royaume des rats. »

« Que viens-tu faire ici ? » crièrent les rats. — « Je suis un prince de France qui voyage. — Prince ou non, tu ne passeras pas. » Adolphe leur jeta du pain, et les rats le laissèrent passer. « Nous avons été bien malhonnêtes, » dit le roi des rats, « de n'avoir pas remercié ce prince. Courez le rappeler. » Et le jeune homme étant retourné sur ses pas : « Nous vous remercions beaucoup, » lui dit le roi, « de nous avoir secourus dans notre misère. Tenez, voici un poil de ma moustache : quand vous aurez besoin d'aide, vous me retrouverez, moi et mon royaume. »

« Eh bien ! » demanda le géant, « que t'a donné le roi des rats ? — Il m'a donné un poil de sa moustache ; que ferai-je de cela ? — Mets-le dans ta poche : tu auras occasion de t'en servir. »

Le vaisseau continua sa route et arriva en vue d'une autre grosse montagne. « N'est-ce point là que nous devons nous arrêter ? » demanda le jeune homme. — « Non, » dit le géant. « C'est le royaume des corbeaux. »

« Que viens-tu faire ici ? » dirent les corbeaux. — « Je suis un prince de France qui voyage. — Prince ou non, tu ne passeras pas. » Adolphe leur jeta de la viande, et les corbeaux le laissèrent passer. « Nous avons été bien malhonnêtes, » dit le roi des corbeaux, « de n'avoir pas remercié ce bon prince. Courez après lui et faites-le retourner. » Le jeune homme fut donc ramené devant le roi, qui lui dit : « Vous nous avez rendu un grand service, et nous vous en remercions. Tenez, voici une de mes plumes : quand vous aurez besoin d'aide, vous me retrouverez, moi et mon royaume. »

« Que t'a donné le roi des corbeaux ? » demanda le géant. —

« Il m'a donné une de ses plumes; mais que ferai-je de cette plume? — Mets-la dans ta poche : tu auras occasion de t'en servir. »

Au bout de quelque temps, Adolphe aperçut une montagne qui était encore plus grosse et plus noire que toutes les autres. « Cette fois, » dit-il, « nous allons arriver. — Non, » dit le géant. « C'est le royaume des géants. »

« Que viens-tu faire ici ? » crièrent les géants. — « Je suis un prince de France qui voyage. — Prince ou non, tu ne passeras pas. » Adolphe leur jeta de grosses boules de pain; les géants, les ayant ramassées, se mirent à manger et le laissèrent passer. « Nous avons été bien malhonnêtes, » dit le roi des géants, « de n'avoir pas remercié ce prince. Courez le rappeler. » Et, le jeune homme de retour, le roi lui dit : « Nous vous remercions de nous avoir secourus; nous étions sur le point de nous dévorer les uns les autres. Tenez, voici un poil de ma barbe : quand vous aurez besoin d'aide, vous me retrouverez, moi et mon royaume. — Avec ceux-ci, » se dit Adolphe, « je gagnerai plus qu'avec les autres, car ils sont grands et forts. »

« Eh bien ! » demanda le géant, « que t'a donné le roi des géants? — Il m'a donné un poil de sa barbe; qu'en ferai-je ? — Mets-le dans ta poche : tu auras occasion de t'en servir. »

« Maintenant, » continua le géant, « le premier pays que nous découvrirons sera celui de la reine aux pieds d'argent. Tu iras droit au château; la porte en est gardée par la princesse, fille du roi d'Angleterre, changée en lionne qui jette du feu par les yeux, par les naseaux et par la gueule. Il y a trente-six chambres dans le château : tu entreras d'abord dans la chambre de gauche, puis dans celle de droite, et ainsi de suite. »

Arrivé dans le pays de la reine aux pieds d'argent, Adolphe se rendit au château. Quand il en passa le seuil, la lionne, loin de lui faire du mal, se mit à lui lécher les mains : elle pressentait qu'il serait son libérateur. Le jeune homme alla d'une chambre à l'autre suivant les recommandations du géant, et entra enfin dans la dernière chambre, où se trouvait la reine aux pieds d'argent.

« Que viens-tu faire ici? » lui dit la vieille reine. — « Je viens chercher la princesse. — Tu mériterais d'être changé toi aussi en bête, en punition de ton audace. Sache que pour délivrer la princesse il y a beaucoup à faire. Et d'abord je veux trois cents livres de lin, filées par trois cents filles vierges. » Adolphe lui apporta les trois cents livres de lin et lui présenta les trois cents filles qui les avaient filées. « C'est bien, » dit la reine. « Maintenant tu vois cette grosse montagne : il faut l'aplanir et faire à la place un beau jardin, orné de fleurs et planté d'arbres qui portent des fruits déjà gros ; et tout cela en quarante-huit heures. »

Adolphe alla demander conseil au géant. Celui-ci appela le royaume des géants, le royaume des fourmis, le royaume des rats et le royaume des corbeaux. En quatre ou cinq tours de main les géants eurent aplani la montagne, dont ils jetèrent les débris dans la mer. Puis les fourmis et les rats se mirent à fouiller et à préparer la terre ; les corbeaux allèrent chercher au loin dans les jardins les fleurs et les arbres, et tout fut terminé avant le temps fixé par la reine. Adolphe alla dire à la vieille de venir voir le jardin ; elle ne put rien trouver à reprendre, cependant elle grondait entre ses dents. « Ce n'est pas tout, » dit-elle au jeune homme, « il me faut de l'eau qui ressuscite et de l'eau qui fait mourir. »

Adolphe eut encore recours au géant, mais cette fois le géant ne put rien lui conseiller : il n'en savait pas si long que la vieille reine. « Les corbeaux, » dit-il, « nous apprendront peut-être quelque chose. » On battit la générale parmi les corbeaux ; ils se rassemblèrent, mais aucun d'eux ne put donner de réponse. On s'aperçut alors qu'il manquait à l'appel deux vieux soldats, La Chique et La Ramée : on les fit venir. La Ramée, qui était ivre, déclara qu'il ne savait pas où était l'eau, mais que peu lui importait. On le mit en prison. La Chique arriva ensuite, plus ivre encore ; on lui demanda où se trouvait l'eau ; il répondit qu'il le savait bien, mais qu'il fallait d'abord tirer de prison son camarade. Adolphe le fit délivrer ; puis il donna cinquante francs à La Chique pour boire à sa santé, et La Chique le conduisit dans un souterrain : à l'une des extrémités coulait l'eau qui ressuscite, à l'autre l'eau qui fait mourir. La Chique recommanda que l'on mît des factionnaires à l'entrée du souterrain, parce que la vieille reine devait envoyer des colombes pour briser les fioles dans lesquelles on prendrait l'eau. Les colombes arrivèrent en effet, mais les corbeaux, qui étaient plus forts qu'elles, les empêchèrent d'approcher. Le géant dit alors au jeune homme : « Tu présenteras d'abord à la reine l'eau qui ressuscite, et tu lui diras de rendre à la princesse sa première forme ; cela fait, tu jetteras au visage de la vieille l'eau qui fait mourir, et elle mourra. »

Quand Adolphe fut de retour, la vieille reine lui dit : « M'as-tu rapporté l'eau qui ressuscite et l'eau qui fait mourir ? — Oui, » répondit Adolphe. « Voici l'eau qui ressuscite. — C'est bien. Maintenaint, où est l'eau qui fait mourir ? — Rendez d'abord à la princesse sa première forme, et je vous donnerai l'eau qui fait mourir. »

La reine fit ce qu'il demandait, et la lionne redevint une belle jeune fille, parée de perles et de diamants, qui se jeta au cou d'Adolphe en le remerciant de l'avoir délivrée. « A présent, » dit la vieille reine, « donne-moi l'eau qui fait mourir. » Adolphe la lui jeta au visage et elle tomba morte. Ensuite le jeune homme reprit avec la princesse le chemin du royaume d'Angleterre et dépêcha au roi un courrier pour lui annoncer leur arrivée.

La joie fut grande au palais. Toutes les dames de la cour vinrent au devant de la princesse pour la complimenter : elle les embrassa l'une après l'autre. Le bossu, qui se trouvait là, s'étant aussi approché pour l'embrasser : « Retire-toi, » lui dit-elle. « Que tu es laid ! »

Le soir, pendant le souper, le roi dit à la princesse : « Ma fille, je t'ai promise en mariage à mon filleul : je pense que tu ne voudras pas me faire manquer à ma parole. — Mon père, » répondit la princesse, « laissez-moi encore huit jours pour faire mes dévotions. » Le roi y consentit.

Au bout des huit jours, la princesse dit au roi qu'elle avait laissé tomber dans la mer un anneau qui lui venait de la reine aux pieds d'argent, et qu'avant tout elle voulait le ravoir. Le bossu, jaloux de la préférence que la princesse montrait pour Adolphe, alla dire au roi : « Mon parrain, Adolphe s'est vanté de pouvoir retirer de la mer l'anneau de la princesse. » Le roi fit aussitôt appeler Adolphe : « Eugène m'a dit que tu t'es vanté de pouvoir retirer de la mer l'anneau de la princesse. — Non, sire, je ne m'en suis pas vanté ; d'ailleurs, je ne le saurais faire. — N'importe ! si tu ne me rapportes pas cet anneau, tu seras brûlé dans un cent de fagots. »

Adolphe s'éloigna bien triste et se rendit chez le géant, auquel il conta sa peine. « Je m'étais dit que je ne ferais plus rien pour toi, » dit le géant. « Pourtant je ne veux pas te laisser dans l'embarras. Je vais appeler les poissons. » On battit la générale parmi les poissons; ils arrivèrent en foule, mais aucun d'eux ne savait où était l'anneau. On s'aperçut alors qu'il manquait à l'appel deux vieux soldats, La Chique et La Ramée; on les fit venir. La Ramée, qui était ivre, déclara qu'il ne savait où était l'anneau, mais que peu lui importait; on le mit en prison. La Chique arriva ensuite, encore plus ivre; il dit qu'il avait la bague dans son sac, mais qu'il fallait d'abord tirer La Ramée de prison. Quand son camarade fut en liberté, La Chique remit la bague au jeune homme. Adolphe lui donna cent francs pour boire à sa santé et courut porter la bague au roi.

« Je pense, ma fille, » dit alors le roi, « que tu dois être contente; tu te marieras demain. — Je ne suis pas encore décidée, » répondit la princesse; « je voudrais auparavant que l'on transportât ici le château de la reine aux pieds d'argent. » On fit aussitôt préparer les fondations, et le bossu, de plus en plus jaloux d'Adolphe, alla dire au roi : « Mon parrain, Adolphe a dit qu'il savait le moyen de transporter ici le château de la reine aux pieds d'argent sans aucune égratignure, pas même une égratignure d'épingle. » Le roi fit appeler Adolphe : « Eugène m'a dit que tu t'es vanté de pouvoir transporter ici le château de la reine aux pieds d'argent sans aucune égratignure, pas même une égratignure d'épingle. — Non, sire, je ne m'en suis pas vanté. D'ailleurs, comment le pourrais-je faire? — N'importe! si tu ne le fais pas, tu seras brûlé dans un cent de fagots. »

Adolphe, bien désolé, alla de nouveau trouver le géant, qui lui dit : « Demande d'abord au roi de te faire construire un grand vaisseau. » Le vaisseau construit, Adolphe s'y embarqua avec le géant. Celui-ci appela le royaume des fourmis, le royaume des rats et le royaume des géants. Les fourmis et les rats détachèrent le château de ses fondations; quatre géants le soulevèrent et l'allèrent porter sur le navire; puis on appela le royaume des poissons pour soutenir le navire.

Tout le monde à la cour du roi d'Angleterre fut enchanté de voir Adolphe de retour, et le château fut posé sur les fondations préparées vis-à-vis du palais du roi. Le roi dit alors à sa fille : « Maintenant j'espère que tu vas épouser Eugène. — Mon père, » répondit la princesse, « accordez-moi quelque temps encore; je ne suis pas décidée. »

Comme la princesse ne cachait pas au bossu qu'elle ne pouvait le souffrir, la jalousie de celui-ci contre Adolphe ne faisait que croître. Un jour, il dit au jeune homme : « Allons faire ensemble une partie de chasse dans le bois des Cerfs. — Volontiers, » répondit Adolphe. Quand le bossu fut dans la forêt avec Adolphe, il lui tira un coup de fusil par derrière et l'étendit mort sur la place ; puis il creusa un trou et l'y enterra.

Le roi, ne voyant pas revenir Adolphe, demanda au bossu ce qu'il était devenu. « Je n'en sais rien, » dit le bossu. « Il sera parti pour courir le monde ; il se lassait sans doute d'être bien ici. » La princesse était au désespoir, mais elle n'en montra rien à son père et lui demanda la permission d'aller chasser dans le bois des Cerfs. Le roi, de crainte d'accident, voulait la faire accompagner par quarante piqueurs à cheval, mais elle le pria de l'y laisser aller seule.

En arrivant dans la forêt, elle aperçut des corbeaux qui voltigeaient autour d'un trou ; elle s'approcha, et, reconnaissant le pauvre Adolphe que les corbeaux avaient déjà à moitié dévoré, elle se mit à pleurer et à gémir. Enfin elle s'avisa qu'elle avait sur elle un flacon de l'eau qui ressuscite ; elle en frotta le cadavre, et le jeune homme se releva plein de vie et de santé.

Or c'était le troisième jour après sa mort.

La princesse revint au château avec Adolphe ; elle le cacha dans une de ses chambres, et alla trouver le roi. « Mon père, » lui dit-elle, « seriez-vous bien aise de voir Adolphe ? — Ma fille, » répondit le roi, « que me dis-tu là ? Adolphe est parti pour aller au bout du monde : il ne peut être sitôt de retour. — Eh bien ! » reprit la princesse, « faites fermer toutes les portes du palais, mettez-y des factionnaires, et suivez-moi. »

Le roi étant entré dans l'appartement de la princesse, celle-ci fit paraître devant lui le jeune homme qui lui dit : « Sire, Adolphe n'est pas mon nom ; je suis Eugène, votre filleul. » Puis, tirant de son sein la lettre que le roi avait remise à ses parents, il la présenta au roi en lui disant : « Reconnaissez-vous cet écrit ? » Quand le roi eut appris ce qui s'était passé, il fit brûler le bossu dans un cent de fagots, et Eugène épousa la princesse.

Moi, j'étais de faction à la porte de la princesse ; je m'y suis ennuyé, et je suis parti.

REMARQUES

Nous tenons ce conte d'un jeune homme de Montiers , qui l'a entendu raconter au régiment.

*
* *

Pour sa partie principale , notre *Roi d'Angleterre et son Filleul* se rattache au thème que l'on peut appeler le thème de *la Jeune Fille aux cheveux d'or et de l'Eau de la mort et de la vie*. Nous traiterons en détail de ce thème dans les remarques de notre n° 73 , *la Belle aux cheveux d'or*. Nous y renvoyons donc le lecteur, nous bornant à examiner ici les contes qui , dans diverses collections , se rapprochent plus particulièrement du présent conte.

Il convient de citer d'abord un conte grec moderne, recueilli en Épire par M. de Hahn (n° 37) : Un roi est obligé, pendant la grossesse de sa femme , de s'éloigner de son royaume. Il recommande à la reine, si elle met au monde un fils, de le lui envoyer quand il aura seize ans accomplis , mais de se garder de prendre pour conducteur un homme sans barbe. (Dans les contes grecs et dans les contes serbes , les hommes sans barbe sont représentés comme étant artificieux et méchants.) Lorsque le moment est venu d'envoyer le jeune garçon à son père, la reine, s'étant rendue sur la place du marché pour louer un cheval et son conducteur, ne peut trouver d'autre conducteur qu'un homme sans barbe. Le lendemain et le surlendemain , elle n'est pas plus heureuse. Elle se décide alors , sur les instances de son fils , à le laisser partir avec un homme sans barbe. Pendant le voyage , le jeune garçon , pressé par une soif ardente , se fait descendre dans une citerne par son compagnon. Celui-ci lui déclare alors qu'il l'abandonnera dans cette citerne, si le prince ne s'engage par serment à lui céder son titre et ses droits, et à ne point révéler le secret jusqu'à ce qu'il soit mort et ressuscité des morts. Le pacte est conclu, et l'imposteur, qui s'est revêtu des habits du prince, est accueilli par le roi comme son fils. Pour se débarrasser du prince, il le fait jeter en proie à un dragon aveugle, auquel il fallait de temps en temps une victime ; mais le jeune homme, instruit par un vieux cheval, son confident, rend la vue au dragon, qui , par reconnaissance , lui apprend le langage des animaux en l'avalant et le rendant quelques instants après à la lumière. Ensuite, quand il est obligé d'aller à la recherche de la jeune fille aux cheveux d'or, que l'homme sans barbe veut épouser, le prince, toujours d'après les conseils du vieux cheval, se montre secourable, d'abord envers des fourmis qui ne peuvent traverser un ruisseau , puis envers des abeilles dont un ours dévore le miel, enfin envers de jeunes corbeaux qui vont être déchirés par un serpent. Grâce à l'aide de ses obligés, le prince vient à bout des tâches qui lui sont imposées : les fourmis trient pour lui un tas énorme de blé , de millet et d'autres graines confondues ensemble ; les abeilles lui font reconnaître la jeune fille aux cheveux d'or au milieu d'un grand nombre de femmes voilées ; enfin les corbeaux lui apportent une fiole d'eau de la vie. La jeune fille, amenée à la cour du roi, fait fort mauvais visage à l'homme sans barbe, qui , pour se venger, tue le prince à la chasse. Elle exige que le cadavre lui soit apporté , et lui rend la vie au moyen de l'eau merveilleuse. Le prince alors, dégagé de son serment, puisqu'il est ressuscité des morts, démasque l'imposteur et le fait périr.

Un autre conte grec moderne, recueilli dans le Péloponnèse (E. Legrand, p. 57), offre une grande ressemblance avec le conte épirote : nous y retrouvons notamment le serment prêté par le jeune homme à l'homme sans barbe qui, là aussi, tient la place du bossu du conte français. Au lieu du cheval (qui figure dans presque tous les contes du type de *la Belle aux cheveux d'or* ; voir les remarques de notre n° 73), c'est une fée qui aide le héros de ses conseils. Quand le jeune homme est envoyé à la recherche de « la plus belle fille du monde », la fée, comme le géant de notre conte, lui dit de demander au roi telle quantité de provisions (viande, blé et miel), qu'il donnera en route aux lions, aux fourmis et aux abeilles qu'il rencontrera. Ici, comme dans le conte français, ces divers animaux ont un roi : le roi des lions donne au jeune homme un poil de sa crinière ; le roi des fourmis et celui des abeilles, chacun une de leurs ailes.

Un conte albanais (A. Dozon, n° 12) a une introduction plus voisine encore de celle du conte français. Un roi est hébergé chez un Valaque, possesseur de nombreux troupeaux. Cette nuit-là même, la femme du Valaque accouche d'un garçon. Le roi engage le père à faire apprendre plusieurs langues à son fils, et, lui remettant une croix, il lui dit : « Quand ton fils aura quinze ans, donne-lui cette croix et dis-lui d'aller me trouver dans telle ville. » Le jour où le jeune garçon atteint ses quinze ans, le père lui remet la croix, et le jeune garçon lit ces mots, écrits dessus : « Je suis le roi ton parrain ; viens me trouver dans telle ville. » Ce conte, où figure également un traître, a aussi le serment : « Si je meurs et que je ressuscite, alors seulement je te dénoncerai. »

Un conte serbe du même type (Jagitch, n° 1) a une introduction très voisine de celle du conte grec de la collection Hahn ; mais il y manque le serment, comme dans tous les contes qu'il nous reste à citer. Dans ce conte serbe, nous rencontrons encore les « princes » des aigles, des fourmis, des pies. — Comparer également un autre conte serbe (Jagitch, n° 1 *a*) et un conte bulgare (*Archiv für slawische Philologie*, V, p. 79).

Citons aussi un conte breton, donné par M. F.-M. Luzel, dans son cinquième rapport sur une mission en Basse-Bretagne, déjà mentionné par nous. Dans ce conte, intitulé *la Princesse de Tronkolaine*, un roi, qui a bien voulu être le parrain du vingt-sixième enfant d'un charbonnier, dit à celui-ci de lui envoyer l'enfant à Paris quand il aura dix-huit ans. Le moment arrivé, le jeune Louis se met en route sur un vieux cheval. Comme il passe auprès d'une fontaine, un prétendu camarade d'école lui dit de mettre pied à terre pour boire, et, Louis l'ayant fait malgré l'avis que lui avait donné une bonne vieille, l'autre le jette dans la fontaine, lui enlève le signe de reconnaissance que Louis devait montrer au roi, et s'enfuit sur le vieux cheval. Louis l'ayant rattrapé, ils entrent ensemble chez le roi, qui fait bon accueil à son prétendu filleul et admet Louis dans le château comme valet d'écurie. Bientôt, à l'instigation du faux filleul, Louis est envoyé en des expéditions très périlleuses. Il doit notamment amener au roi la princesse de Tronkolaine. — Cette partie du conte breton présente une grande ressemblance avec notre conte. Nous y retrouvons le bâtiment chargé de provisions dont le jeune homme régale les fourmis, les éperviers et les lions par les royaumes desquels il passe ; les tâches imposées par la princesse : démêler un gros tas de grains mélangés, abattre une allée de grands arbres, aplanir une montagne, — tâches dans lesquelles le jeune homme est aidé par les animaux ses obligés. (Dans d'autres versions du conte breton, il faut apporter le palais de la princesse devant celui du roi et aller chercher de l'eau de la mort et de l'eau de la vie.) Arrivée chez le roi, la princesse de Tronkolaine dit de jeter dans un four le faux filleul, comme étant un démon, et, la chose faite, elle épouse Louis.

Nous renverrons encore à un autre conte breton, résumé dans les remarques de notre n° 73, *la Belle aux cheveux d'or*.

Dans un conte italien de Pise (Comparetti, n° 5), nous relevons un trait particulier de notre conte : Un prince se met en route pour aller voir son oncle le roi de Portugal, qu'il ne connaît pas. En chemin, un jeune homme se joint à lui et se fait raconter l'objet de son voyage. Quand ils se trouvent dans un endroit isolé, ce jeune homme met au prince un pistolet sur la gorge, et le force à consentir à ce qu'il prenne son titre et sa place : le prince passera pour son page. Arrivé à la cour, l'imposteur ne tarde pas à faire charger le page d'entreprises dangereuses, entre autres de retrouver Granadoro, la reine, qui a disparu [1]. Grâce aux conseils d'une cavale, le page réussit dans ces diverses entreprises. Pour aller à la recherche de la reine, il se fait donner un vaisseau, sur lequel il s'embarque avec la cavale. Pendant la traversée, il recueille dans son vaisseau un poisson, une hirondelle et un papillon, et ensuite ces animaux lui viennent en aide quand, avant de revenir avec lui, Granadoro lui demande successivement de lui apporter son anneau qu'elle a jeté au fond de la mer, de lui procurer une fiole d'une eau qui jaillit au sommet d'une montagne inaccessible, et enfin de la reconnaître entre ses deux sœurs, tout à fait semblables à elle. De retour à la cour du roi son mari, Granadoro ressuscite au moyen de l'eau le page que le prétendu neveu du roi a tué, et elle démasque l'imposteur.

Voir enfin un second conte albanais (G. Meyer, n° 13).

*
* *

Le passage où, à l'instigation du bossu, « Adolphe » reçoit l'ordre d'aller dérober au géant sa mule, son merle et son falot, est emprunté à un thème que nous indiquerons en quelques mots : Plusieurs frères se sont trouvés ensemble chez un ogre, un géant ou autre être de ce genre, et ils y ont vu certains objets merveilleux. Ayant pu s'échapper, ils entrent au service d'un roi, qui donne sa faveur au plus jeune. Les aînés, jaloux, ont alors l'idée de faire ordonner par le roi à leur frère d'aller dérober les objets du géant, puis d'amener le géant lui-même. Ici, à la différence de notre conte français, c'est par ruse que le héros réussit dans ces diverses entreprises. M. Reinhold Kœhler a étudié ce thème à propos d'un conte des Avares du Caucase (Schiefner, n° 3). Nous donnerons ici l'analyse rapide de ce conte avare, comme spécimen orien-

---

1. Ce trait correspond au passage de notre conte où Adolphe doit retrouver la fille du roi, qui est on ne sait où — Dans un conte portugais (Coelho, n° 19), dont nous donnerons le résumé à l'occasion de notre n° 73, *la Belle aux cheveux d'or*, c'est la fille du roi qu'il s'agit de retrouver, comme dans le conte français.

tal de ce type de conte : Trois frères se sont égarés dans la forêt. Les deux
aînés disent au plus jeune, nommé Tchilbik, de monter sur un arbre pour voir
s'il n'apercevrait pas la fumée d'une cheminée. Tchilbik voit une colonne de
fumée s'élever du milieu de la forêt. Les trois frères marchent dans cette
direction et arrivent à une maison où ils se trouvent en face d'une *Kart*
(ogresse) et de ses trois filles. La Kart leur donne à manger ; ensuite elle fait
coucher ses filles dans un lit, et les frères dans un autre. Pendant la nuit,
Tchilbik met les filles de la Kart à sa place et à celle de ses frères, et la Kart
tue ses filles, croyant tuer les trois jeunes gens [1]. Quand Tchilbik revient à la
maison, le roi du pays, qui entend parler de ses aventures, lui dit : « On raconte
que la Kart a une couverture de lit qui peut couvrir cent hommes ; va la
dérober. » (Il y a là une altération : dans les contes européens, mieux
conservés, c'est, comme nous l'avons dit, à l'instigation de ses méchants frères
que le héros reçoit l'ordre d'aller dérober les objets merveilleux.) Il faut ensuite
que Tchilbik aille voler la chaudière de la Kart, où l'on peut préparer à
manger pour cent hommes ; puis sa chèvre aux cornes d'or. Enfin le roi lui dit
que, s'il amène la Kart elle-même, il lui donnera sa fille en mariage et
l'associera à son pouvoir [2].

Dans certains contes européens de ce type, nous trouvons des objets merveilleux analogues à ce « falot » du géant, qui éclaire à cent lieues à la ronde.
Ainsi, dans un conte breton (Luzel, *Contes bretons*, n° 1), Allanic doit aller
prendre au géant Goulaffre une « demi-lune », qui éclaire à plusieurs lieues à la
ronde ; dans un conte basque (Webster, p. 86), altéré sur divers points, le
héros doit s'emparer de la « lune » d'un ogre, qui éclaire à sept lieues ; dans
un conte écossais (Campbell, n° 17) et un conte irlandais (Kennedy, II, p. 3),
où les trois frères sont remplacés par trois sœurs, la plus jeune reçoit l'ordre
d'aller chercher le « glaive de lumière du géant ». Dans deux contes suédois
(Cavallius, n° 3, B et C), l'un des objets merveilleux qu'il faut enlever à une
sorcière ou à un géant, est une lampe d'or qui éclaire comme la pleine lune.

Un conte sicilien (Gonzenbach, n° 30) met en relief de la façon la plus
nette la combinaison du thème que nous venons d'indiquer avec le thème de
la *Belle aux cheveux d'or*, duquel dérive, pour l'ensemble, notre conte français.
Dans ce conte sicilien, les frères de Ciccu, envieux de la faveur dont il jouit
auprès du roi, disent à celui-ci que Ciccu est en état d'aller prendre le sabre de
l'ogre, qui répand une lueur merveilleuse, et ensuite *l'ogre lui-même*. Ce
dernier trait est, nous l'avons vu, tout à fait caractéristique du thème en
question. Le récit passe ensuite dans le thème de la *Belle aux cheveux d'or*, qui
s'appelle ici la « Belle du monde entier », et que Ciccu doit aller chercher pour
le roi. — Du reste, un conte des Tsiganes de la Bukovine (Miklosisch, n° 9),
un conte tchèque de Bohême (Waldau, p. 368), un conte lithuanien

---

1. Inutile de faire remarquer que cette partie du conte avare correspond au *Petit Poucet* de Perrault.
Dans plusieurs contes européens du type de *Tchilbik*, ce sont les coiffures que le héros échange,
comme dans Perrault.

2. Ce même conte se retrouve chez les Kabyles (Rivière, p. 224). Bien qu'il soit, en général, assez
altéré, il est, sur un point important, un peu mieux conservé que le conte avare. Après s'être échappé
de chez l'ogresse, les sept frères rentrent chez leur père. Un jour, l'un d'eux dit à celui-ci : « O mon
père, il y a chez l'ogresse un tapis qui s'étend seul. Amor (l'un des frères, le héros du conte) nous
le rapportera. »

(Chodzko, p. 249), et un conte croate (Krauss, n° 80), après avoir donné les aventures, résumées ci-dessus, du héros et de ses frères chez une ogresse ou une sorcière, ont une seconde partie qui se rattache au thème de *la Belle aux cheveux d'or*.

*
* *

Nous reviendrons, pour terminer, sur quelques traits du conte français. Nous retrouvons en Orient le « roi des fourmis » qui, par reconnaissance, promet au héros son secours et celui de ses sujets. Dans un conte indien de Calcutta (miss Stokes, n° 22), un prince ayant donné à des fourmis des gâteaux qu'il avait emportés comme provisions de route, le *radjah* des fourmis lui dit : « Vous avez été bon pour nous. Si jamais vous êtes dans la peine, pensez à moi, et nous arriverons. » — Pour le passage où le roi des poissons donne au jeune homme une de ses arêtes, le roi des corbeaux, une de ses plumes, etc., comparer un conte oriental des *Mille et un Jours*, cité par M. Benfey (*Pantschatantra*, I, p. 203) : Un serpent reconnaissant donne au héros trois de ses écailles, en lui disant de les brûler si jamais il est menacé d'un danger : alors le serpent accourra à son secours. — Dans un conte arabe des *Mille et une Nuits* (*Histoire de Zobéide*), Zobéide a sauvé la vie à une fée transformée en serpent ailé ; la fée lui donne un paquet de ses cheveux, dont il suffit de brûler deux brins pour la faire venir immédiatement, fût-elle au delà du Caucase.

Dans notre conte, on rassemble les corbeaux pour savoir où se trouve l'eau qui ressuscite et l'eau qui fait mourir, et un seul d'entre eux, l'un des deux qui ne s'étaient pas présentés d'abord, peut donner des renseignements à cet égard. Dans deux contes grecs modernes d'Épire (Hahn, n°s 15 et 25), on rassemble aussi tous les oiseaux pour leur demander où est une certaine ville, et le seul qui le sache est précisément celui qui n'est pas venu à l'assemblée. Il en est de même dans un conte suédois (Cavallius, p. 186), dans un conte hongrois (Gaal-Stier, n° 13), et dans d'autres contes européens. Un troisième conte grec moderne d'Epire (Hahn, n° 65, variante 2), offre sur un point une ressemblance presque complète avec le conte français : ce qu'on demande aux corneilles rassemblées, c'est d'aller chercher de l'eau de la vie. — En Orient, le trait de l'oiseau arrivé en retard et qui seul peut donner le renseignement demandé, se rencontre dans un conte arabe des *Mille et une Nuits* (*Histoire de Djanschah*), et dans un conte des Avares du Caucase (Schiefner, n° 4) ; ce dernier conte a même, en commun avec deux des contes grecs modernes que nous venons de mentionner (Hahn, n° 25 et n° 65, var. 2), un petit détail assez curieux : dans le conte avare comme dans les contes épirotes, l'oiseau en question est boiteux. — Dans la mythologie grecque (*Apollodori Bibliotheca*, I, 9, 12), Mélampus ayant rassemblé les oiseaux et leur ayant demandé un remède pour Iphiclus, le fils de son maître, il n'y a qu'un vautour qui puisse le lui indiquer ; mais il n'est pas dit que ce vautour fût le seul qui n'eût pas d'abord répondu à l'appel. Aussi l'absence de ce trait caractéristique nous fait-elle hésiter à rapprocher de nos contes modernes l'histoire de Mélampus.

Quant au passage de notre conte où un poisson, qui est arrivé en retard à l'assemblée, rapporte l'anneau de la princesse, nous pouvons en rapprocher un conte serbe, du type de la *Belle aux cheveux d'or* (Jagitch, n° 53). Là, les clefs que la princesse avait jetées dans la mer sont rapportées par une vieille grenouille qui, de tous les « animaux marins », convoqués par leur roi, est arrivée la dernière. — Dans un conte de la Haute-Bretagne (Sébillot, III, p. 147), c'est un vieux marsouin en retard qui rapporte les clefs. Comparer le conte tchèque mentionné plus haut (Waldau, p. 368), un conte danois (Grundvig, II, p. 15), un conte de la Basse-Bretagne (Luzel, 4ᵉ rapport, *la Princesse de Tréménézaour*).

*
* *

Un dernier mot sur un détail, tout de forme, de notre conte. Dans un conte de la Haute-Bretagne (Sébillot, II, p. 193), nous retrouvons, dans la bouche d'un ogre, les expressions du géant : « Poussière de mes mains, ombre de mes moustaches. »

IV

TAPALAPAUTAU

Il était une fois un homme qui avait autant d'enfants qu'il y a de trous dans un tamis. Un beau jour, il s'en alla faire un tour dans le pays pour chercher à gagner sa vie et celle de sa famille. Il rencontra sur son chemin le bon Dieu qui lui dit : « Où vas-tu, mon brave homme ? — Je m'en vais par ces pays chercher à gagner ma vie et celle de ma femme et de mes enfants. — Tiens, » dit le bon Dieu, « voici une serviette. Tu n'auras qu'à lui dire : *Serviette, fais ton devoir*, et tu verras ce qui arrivera. » Le pauvre homme prit la serviette en remerciant le bon Dieu, et voulut en faire aussitôt l'expérience. Après l'avoir étendue par terre, il dit : « Serviette, fais-ton devoir, » et la serviette se couvrit d'excellents mets de toute sorte. Tout joyeux, il la replia et reprit le chemin de son village.

Comme il se faisait tard, il entra dans une auberge pour y passer la nuit, et dit à l'aubergiste : « Vous voyez cette serviette, gardez-vous de lui dire : *Serviette, fais ton devoir*. — Soyez tranquille, mon brave homme. » Il était à peine couché, que l'aubergiste dit à la serviette : « Serviette, fais ton devoir. » Il fut grandement étonné en la voyant se couvrir de pain, de vin, de viandes et de tout ce qu'il fallait pour faire un bon repas, dont il se régala avec tous les gens de sa maison. Le lendemain, il garda la bienheureuse serviette et en donna une autre au pauvre homme, qui partit sans se douter du tour qu'on lui avait joué.

Arrivé chez lui, il dit en entrant : « Ma femme, nous ne manquerons plus de rien à présent. — Oh ! » répondit-elle, « mon mari, vous nous chantez toujours la même chanson, et nos affaires n'en vont pas mieux. » Cependant l'homme avait tiré

la serviette de sa poche. « Serviette, » dit-il, « fais ton devoir. »
Mais rien ne parut. Il répéta les mêmes paroles jusqu'à vingt
fois, toujours sans succès, si bien qu'il dut se remettre en route
pour gagner son pain.

Il rencontra encore le bon Dieu. « Où vas-tu, mon brave
homme? — Je m'en vais par ces pays chercher à gagner ma vie
et celle de ma femme et de mes enfants. — Qu'as-tu fait de ta
serviette? » L'homme raconta ce qui lui était arrivé. « Que tu es
simple, mon pauvre homme! » lui dit le bon Dieu. « Tiens,
voici un âne. Tu n'auras qu'à lui dire : *Fais-moi des écus*, et
aussitôt il t'en fera. »

L'homme emmena l'âne, et, à la tombée de la nuit, il entra
dans l'auberge où il avait déjà logé. Il dit aux gens de la maison :
« N'allez pas dire à mon âne : *Fais-moi des écus*. — Ne craignez
rien, » lui répondirent-ils. Dès qu'il fut couché, l'aubergiste dit
à l'âne : « Fais-moi des écus; » et les écus tombèrent à foison.
L'aubergiste avait un âne qui ressemblait à s'y méprendre à l'âne
aux écus d'or : le lendemain, il donna sa bête à l'homme, et
garda l'autre.

De retour chez lui, le pauvre homme dit à sa femme : « C'est
maintenant que nous aurons des écus autant que nous en vou-
drons! » La femme ne le croyait guère. « Allons, » dit l'homme
à son âne, « fais-moi des écus. » L'âne ne fit rien. On lui
donna des coups de bâton, mais il n'en fit pas davantage.

Voilà notre homme encore sur les chemins. Il rencontra le
bon Dieu pour la troisième fois. « Où vas-tu, mon brave
homme? — L'âne ne m'a point fait d'écus. — Que tu es simple,
mon pauvre homme! Tiens, voici un bâton ; quand tu lui diras :
Tapalapautau, il se mettra à battre les gens ; si tu veux le rappeler, tu lui diras : *Alapautau*. » L'homme prit le bâton et entra
encore dans la même auberge. Il dit aux gens de l'auberge :
« Vous ne direz pas à mon bâton : *Tapalapautau*. — Non, non,
dormez en paix. »

Quand les gens virent qu'il était couché, ils s'empressèrent de
dire au bâton : « Tapalapautau. » Aussitôt le bâton se mit à les
corriger d'importance et à leur casser bras et jambes. « Hé!
l'homme! » criaient-ils, « rappelez votre bâton ; nous vous ren-
drons votre serviette et votre âne. » L'homme dit alors : « Alapautau, » et le bâton s'arrêta. On lui rendit bien vite sa serviette

et son âne ; il s'en retourna chez lui et vécut heureux avec sa femme et ses enfants.

Moi, je suis revenu et je n'ai rien eu.

REMARQUES

Comparer nos n°s 39, *Jean de la Noix*, et 56, *le Pois de Rome* : les remarques de ces deux variantes complètent les rapprochements que nous allons faire ici.

*
* *

· Dans un conte valaque (Schott, n° 20), c'est, comme dans notre conte, le bon Dieu qui donne à un pauvre paysan un âne aux écus d'or ; puis, après que des aubergistes le lui ont volé, une table qui se couvre de mets au commandement, et enfin un gourdin qui rosse les gens. — Dans un conte toscan (Gubernatis, *Novelline di Santo Stefano*, n° 21), celui qui donne les objets merveilleux (table, brebis et bâton) est un vieillard, qui n'est autre que Jésus [1]. — Dans un conte hongrois (Erdelyi-Stier, n° 12), les objets sont donnés par un vieux mendiant envers lequel le héros a été charitable, et qui se révèle à lui comme étant « celui qui récompense le bien ».

Partout ailleurs, le donateur des objets, celui que rencontre le pauvre homme, est un autre personnage que le bon Dieu. — Dans des contes siciliens (Gonzenbach, n° 52 ; Pitrè, n° 29), c'est, sous la figure d'une belle femme, la Fortune, le Destin du héros ; — dans un conte espagnol (Caballero, I, p. 46), c'est un follet ; — dans un conte autrichien (Vernaleken, n° 11), une statue ; — dans un conte picard (Carnoy, p. 308), un magicien ; — dans un conte lithuanien (Leskien, n° 30), un vieux nain ; — dans un autre conte lithuanien (Schleicher, p. 105), un vieillard ; — dans un conte islandais (Arnason, trad. anglaise, p. 563), le pasteur de la paroisse ; — dans un conte vénitien (Bernoni, I, n° 9), un *signor* ; — dans un conte toscan (Nerucci, n° 34), une *signora* ; — dans un autre conte toscan (*ibid.*, n° 43), un fermier, dont le héros, qui est ici un jeune garçon, est le neveu.

Dans tout un groupe de contes de cette famille, c'est de maîtres au service desquels il est entré, que le héros reçoit les objets merveilleux : dans un conte du Tyrol italien (Schneller, n° 15), de trois fées ; — dans un conte des Abruzzes (Finamore, n° 37), de fées aussi ; — dans un conte catalan (*Rondallayre*, III, p. 31), du diable ; — dans un conte portugais (Coelho, n° 24), d'un roi ; — dans un conte italien de la province d'Ancône (Comparetti, n° 12), d'un homme, non autrement désigné ; — dans un conte irlandais (Kennedy, II, p. 25), d'une vieille femme.

Dans un conte tchèque de Bohême (Waldau, p. 41), il s'agit de trois frères dont chacun reçoit successivement d'un vieillard, leur maître, au bout d'une année de service, un des objets merveilleux. (Comparer le conte toscan de la collection Gubernatis, cité plus haut.) — Dans un conte hessois (Grimm, n° 36),

---

1. Ici ce sont trois frères qui reçoivent chacun successivement un des objets merveilleux.

il y a aussi trois frères , mais c'est d'un maître différent que chacun reçoit un des objets. (Comparer le conte portugais nº 49 de la collection Braga, où les objets sont donnés à trois frères par trois personnages qu'ils rencontrent.)

Un conte russe (Gubernatis, *Zoological Mythology*, II , p. 262) est tout particulier : un vieux bonhomme s'en va trouver « la cigogne », et la prie d'être pour lui comme son enfant (allusion à la piété filiale attribuée aux cigognes). La cigogne lui donne successivement les objets merveilleux. — Dans un autre conte russe (Goldschmidt, p. 61), la cigogne est remplacée par une grue, reconnaissante envers un paysan, qui lui a rendu la liberté après l'avoir prise au filet.

Un second conte russe et d'autres contes qui s'en rapprochent beaucoup sont bien curieux aussi. Dans le conte russe (Dietrich, nº 8), un homme va trouver le Vent du sud , pour se plaindre de ce que celui-ci lui a enlevé sa farine. Il en reçoit une corbeille merveilleuse, etc. — Dans un conte norwégien (Asbjœrnsen, traduction allemande, I , nº 7), c'est le Vent du nord qui donne les objets merveilleux , et, là aussi, pour remplacer la farine qu'on lui réclame. — Dans un conte de la Haute-Bretagne (Sébillot, III , nº 24), les objets sont donnés par le Vent du nord-ouest, qui a enlevé tout le lin d'un bonhomme (comparer un conte de la Basse-Bretagne, publié par M. Luzel, dans *Mélusine*, 1877, col. 129, et un conte toscan de la collection Comparetti, nº 7). — Enfin, dans un conte esthonien (H. Jannsen, nº 7), au lieu du Vent figure la Gelée, qui a détruit les semailles d'un pauvre diable, et chez qui celui-ci va se lamenter.

Dans une dernière catégorie de contes de cette famille, les objets merveilleux arrivent au pauvre homme par voie d'échange contre sa vache ou son cochon, par exemple. Dans un conte irlandais, de la collection Crofton Croker (traduit dans le *Magasin pittoresque*, t. XI, p. 133), dans un conte souabe (Meier, nº 22), peut-être dérivé directement du livre irlandais, dans un conte du Tyrol allemand (Zingerle, II, p. 56), et dans un conte autrichien (Vernaleken, nº 17), c'est avec un nain que se fait l'échange ; — dans deux contes du Tyrol allemand (Zingerle, II, p. 84 et 185), avec un personnage inconnu ou avec un roi ; — dans un conte allemand du duché d'Oldenbourg (Strackerjan, II, p. 312), avec le diable.

*
* *

Dans bon nombre de ces contes, nous retrouvons exactement les objets merveilleux du conte lorrain. Dans d'autres , il y a quelques différences. Ainsi, au lieu de l'âne, un mulet (conte bas-breton), un cheval (conte vénitien), un coq (conte du duché d'Oldenbourg), qui font de l'or ; — une poule qui fait des ducats (premier conte tyrolien) ; — une poule aux œufs d'or (conte irlandais, collection Kennedy) ; — un bélier (conte tchèque), une brebis (conte lithuanien, collection Schleicher), un bouc (conte lithuanien, collection Leskien ; conte norwégien), une chèvre (conte autrichien), dont les poils ruissellent de pièces d'or, quand on leur dit de se secouer ; — un tamis d'où il tombe de l'argent comme de la farine (conte portugais de la collection Coelho).

Dans le premier conte portugais, dans le conte tyrolien (Zingerle, II, p. 185), dans le conte hessois et dans les deux contes lithuaniens, la serviette

est remplacée par une petite table ; dans le conte sicilien de la collection Gonzenbach, par une baguette magique.

Le gourdin se retrouve partout, excepté dans le conte picard, où il est très
bizarrement remplacé par une chèvre, qui bat l'aubergiste, et dans le conte
autrichien nᵒ 11 de la collection Vernaleken, où le troisième objet merveilleux est un chapeau d'où sort un régiment, quand on le frappe avec une
baguette. Ce détail relie ce conte aux contes du genre de nos nᵒˢ 42, *Les trois
Frères*, et 31, *l'Homme de fer*.

Un petit groupe, parmi les contes indiqués ci-dessus, n'a que deux objets
merveilleux. Dans le conte irlandais de la collection Crofton Croker, ce sont
deux bouteilles : de la première, il sort, au commandement, deux petits
génies fort jolis, apportant toute sorte de mets; de la seconde, deux génies
affreux qui bâtonnent tout le monde (comparer le conte souabe et le premier
des contes tyroliens). — Dans les contes russes que nous font connaître M. de
Gubernatis et M. Goldschmidt, des sacs remplacent les bouteilles. — Dans le
conte russe de la collection Dietrich, les deux objets sont une corbeille, qui
donne toute une sorte de mets, et un tonneau, auquel on dit : « Cinq hors du
tonneau ! » — Enfin, dans le conte toscan de la collection Nerucci, il y a deux
boîtes : de la première, sortent deux serviteurs, qui apportent tout ce que l'on
souhaite; de la seconde, deux personnages armés de bâtons. (Comparer le
conte italien de la collection Comparetti et le conte esthonien, où, au lieu des
boîtes, figurent deux havresacs.)

*
* *

Quant à la perte des objets merveilleux, elle a lieu, dans les contes ci-dessus mentionnés, de diverses façons. La forme la plus ordinaire est celle du
conte lorrain : ils sont volés par un hôtelier qui leur substitue d'autres objets
en apparence semblables. Ailleurs, ils sortent des mains de leurs possesseurs
par une vente ou un échange imprudents (contes toscans, conte islandais,
conte esthonien). — Dans le conte russe de la collection Dietrich, la femme
du bonhomme veut absolument, par sotte vanité, inviter un certain seigneur
à manger des bonnes choses fournies par la corbeille merveilleuse, et le seigneur envoie ensuite ses gens enlever la corbeille et lui en substituer une autre.
(Le conte autrichien a quelque chose du même genre. Comparer le conte
hongrois.)

Si nous tenons à indiquer ici ces diverses formes, c'est que nous les retrouverons toutes en Orient.

On a vu que, dans notre conte, le bonhomme recommande à l'aubergiste de ne pas dire telle ou telle chose aux objets merveilleux. Il en est de
même dans le conte du Tyrol italien, dans le conte vénitien, dans le conte
tchèque et dans un conte napolitain du XVIIᵉ siècle, dont nous allons parler.
(Comparer le conte portugais de la collection Braga.) — Dans les autres
contes où figure l'auberge, le pauvre diable a fait imprudemment l'essai des
objets devant l'hôtelier, ou bien celui-ci l'a épié.

*
* *

Au XVIIe siècle, le Napolitain Basile insérait dans son *Pentamerone* (no 1),
un conte où le héros reçoit d'un ogre, chez qui il a servi, un âne qui fait des
pierres précieuses, et ensuite, après que l'âne a été volé par un hôtelier, une
serviette et un gourdin merveilleux.

*
* *

En Orient, nous avons d'abord à citer un conte syriaque (Prim et Socin,
no 81, p. 343) : Un renard, que sa femme a mis à la porte de sa maison,
reçoit d'un personnage mystérieux, qui tout à coup s'est dressé devant lui du
fond d'une source, une assiette qui se remplit de mets au commandement;
mais il lui est défendu de la montrer à sa femme. Il a l'imprudence de se servir, en présence de celle-ci, de l'assiette merveilleuse, et sa femme l'oblige à
inviter à dîner le roi des renards. Ce dernier, quand il voit quelle est la vertu
de l'assiette, envoie de ses gens qui s'en emparent [1]. Le renard retourne à
la fontaine, et l'homme lui donne un âne qui fait des pièces d'or. Même
imprudence de la part du renard. Un jour, sa femme veut absolument monter
sur l'âne pour aller au bain. La maîtresse du bain substitue à l'âne aux pièces
d'or un âne ordinaire, tout semblable en apparence. Force est au renard de
retourner une troisième fois à la fontaine. Cette fois l'homme lui donne une
gibecière d'où sortent, quand le renard le leur ordonne, deux géants, qui tuent
la femme du renard, pour la punir, le roi des renards et la maîtresse du bain,
pour leur reprendre l'assiette et l'âne. [2]

Il a été recueilli, dans le sud de l'Inde, dans le Deccan, un conte de cette
même famille (miss Frere, p. 166) : Un brahmane très pauvre a marié sa fille
à un chacal, lequel n'est autre qu'un prince qui a pris cette forme. Un jour, il
va trouver son gendre, et lui demande de le secourir dans sa misère. Il en
reçoit un melon que, sur le conseil du chacal, il plante dans son jardin. Le
lendemain et les jours suivants, à la place où il a planté le melon, il trouve
des centaines de melons mûrs. Sa femme les vend tous successivement à sa
voisine, sans savoir qu'ils sont remplis de pierres précieuses. Quand enfin elle
s'en aperçoit et qu'elle réclame, l'autre fait semblant de ne pas comprendre et
la met à la porte. Le brahmane retourne chez le chacal; celui-ci lui fait présent
d'une jarre, toujours remplie d'excellents mets. Mais le brahmane a l'imprudence d'inviter à dîner chez lui un riche voisin, qui l'a flatté pour savoir son
secret. Une fois informé des vertus de la jarre, le voisin va en parler au roi.
Celui-ci vient, à son tour, dîner chez le brahmane, et ensuite envoie de ses
gardes s'emparer de la jarre merveilleuse. Nouveau voyage du brahmane, qui
cette fois, rapporte une seconde jarre d'où il sort, quand on en soulève le couvercle, une corde qui lie les gens et un gourdin qui les roue de coups. Grâce
au gourdin, le brahmane rentre en possession de ce qui lui a été volé.

1. Comparer le conte russe cité plus haut.
2. Comparer le groupe de contes européens, ci-dessus indiqué, où des génies armés de bâtons
sortent, au commandement, d'un sac, d'un tonneau ou d'une bouteille. — En Orient, nous retrouvons aussi les génies bienfaisants des contes européens. Ainsi, dans un conte des *Mille et une Nuits*
(Histoire de Djaudar), figure un bissac « où habite un serviteur (c'est-à-dire un génie) qui donne tous
les mets que l'on désire ».

Si, du sud de l'Inde, nous passons tout au nord, nous trouvons au pied de
l'Himalaya, chez les Kamaoniens, un conte analogue (Minaef, n° 12). Voici
la traduction de ce conte : Il était une fois un petit vantard. Un jour, il dit à
sa mère : « Ma mère, cuis-moi du pain, et j'irai voyager. » Le voilà parti.
Arrivé sur le bord d'un étang, il s'assit, tira quatre pains de son sac et les mit
aux quatre coins de l'étang ; et il dit : « J'en mangerai un, puis un autre, puis
un troisième, et, si l'envie m'en prend, je mangerai tous les quatre *gendres*. » [1]
Or, dans l'étang, il y avait quatre serpents, un à chacun des quatre coins. En
entendant le petit vantard, ils eurent peur et se dirent : « Oh ! il nous mangera, bien sûr ! » Alors l'un d'eux dit au petit vantard : « Petit frère, ne nous
mange pas : je te donnerai un lit qui vole de lui-même. » Le second lui dit :
« Petit frère, ne nous mange pas : je te donnerai des chiffons qui sèment
d'eux-mêmes. » Le troisième lui offrit « une coupe qui bout d'elle-même », et
le quatrième « une cuiller qui puise d'elle-même ». Le premier serpent
ajouta : « Mon lit a cette propriété, qu'il te portera partout où tu voudras
être. » Le second : « Mes chiffons ont cette propriété que, si tu leur dis : Semez
des roupies, ils t'en donneront un tas. » Le troisième : « Ma coupe te préparera
la nourriture que tu désireras, sans feu et sans eau. » Enfin le quatrième :
« Ma cuiller mettra devant toi tout ce que tu voudras. » Le petit vantard con-
templa ces objets et en fut tout réjoui. Survint la nuit ; comme il était trop
tard pour retourner à la maison, il entra chez une vieille femme. Celle-ci,
pendant qu'il dormait, prit ses objets et leur en substitua d'autres qui n'étaient
bons à rien. Le lendemain, le petit vantard arriva tout joyeux à la maison,
en criant : « Petite mère, apporte un seau pour mesurer mon argent. » Il
commanda aux chiffons de semer ; mais il n'en sortit que des poux. Il se mit
à réfléchir : « C'est étrange ! Comment cela a-t-il pu arriver ? » Bref, il s'en
retourna à l'étang et dit comme la première fois : « Je vous mangerai tous les
quatre. » Les serpents, eux aussi, se mirent à réfléchir : « C'est étrange !
Nous lui avons donné tant d'objets merveilleux, et il vient toujours nous
tourmenter ! » Finalement ils lui dirent : « Petit frère, là où tu as passé la
nuit, la vieille femme a changé tes objets. Nous allons te donner un gourdin
qui bat et une corde qui lie. Prends-les ; va chez cette vieille et dis : Corde,
gourdin, reprenez mes objets à la vieille ! Ils reprendront tous tes objets et
battront d'importance la vieille pour ta consolation. » Le petit vantard retrouva
ainsi son bien.

Un autre conte indien, venant probablement de Bénarès (miss M. Stokes,
n° 7), ressemble beaucoup au conte kamaonien ; il ne présente guère que les
différences suivantes. Les quatre serpents sont remplacés par cinq fées ; la première fois que Sachuli leur fait peur, elles lui donnent un pot qui procure tous
les mets qu'on lui demande ; la seconde fois, une boîte qui procure tous les
habits qu'on désire. Ces deux objets sont successivement volés par un cuisinier, dans la boutique duquel Sachuli a eu l'imprudence d'en faire l'expérience, et qui leur substitue des objets ordinaires. Alors les fées donnent à
Sachuli une corde et un bâton magiques.

Ces deux contes nous offrent déjà un détail qui n'existait pas dans le conte

---

[1] Ce terme est considéré comme injurieux chez les Kamaoniens.

indien du Deccan : la substitution à l'objet merveilleux d'un objet ordinaire en apparence identique. Dans le conte du Deccan, en effet, c'est par la force que le roi s'empare de la jarre merveilleuse du brahmane. Un quatrième conte indien, recueilli dans le Bengale (Lal Behari Day, nᵒ 3), va se rapprocher encore davantage de nos contes européens ; nous y trouverons même le fripon d'aubergiste : Un pauvre brahmane, ayant femme et enfants, est très dévot à la déesse Durga, l'épouse du dieu Siva. Un jour qu'il est dans une forêt à se lamenter sur sa misère, le dieu Siva et son épouse viennent justement se promener dans cette forêt. La déesse appelle le brahmane et lui fait présent d'un objet merveilleux, qu'elle a demandé pour lui à Siva : c'est un pot de terre qu'il suffit de retourner pour en voir tomber sans fin une pluie des meilleurs *mudki* (sorte de beignets sucrés). Le brahmane remercie la déesse et s'empresse de reprendre le chemin de la maison. Il est encore loin de chez lui quand il a l'idée de faire l'essai du pot de terre : il le retourne, et aussitôt en sort une quantité de beignets, les plus beaux que le brahmane ait jamais vus. Vers midi, ayant faim, il s'apprête à manger ses mudki ; mais, comme il n'a pas fait ses ablutions ni dit ses prières, il s'arrête dans une auberge près de laquelle se trouve un étang. Il confie le pot de terre à l'aubergiste, en lui recommandant à plusieurs reprises d'en avoir grand soin, et s'en va se baigner dans l'étang. Pendant ce temps, l'aubergiste, qui avait été fort étonné de voir le brahmane attacher tant de prix à un simple pot de terre, se met à examiner ce pot : comme il le retourne, il en tombe une pluie de beignets. L'aubergiste s'empare du pot magique et lui substitue un autre pot d'apparence semblable. Ayant fini ses dévotions, le brahmane reprend son pot et se remet en route. Arrivé chez lui, il appelle sa femme et ses enfants et leur annonce les merveilles qu'ils vont voir. Naturellement ils ne voient rien du tout. Le brahmane court chez l'aubergiste et lui réclame son pot ; l'autre feint de s'indigner et met le pauvre homme à la porte. — Le brahmane retourne à la forêt dans l'espoir de rencontrer encore la déesse Durga. Il la rencontre en effet, et elle lui donne un second pot de terre. Le brahmane en fait vite l'essai ; il le retourne, et il en sort une vingtaine de démons d'une taille gigantesque et d'un aspect terrible, qui se mettent à battre le brahmane. Heureusement celui-ci a la présence d'esprit de remettre le pot dans sa position première et de le couvrir, et aussitôt les démons disparaissent. Le brahmane retourne chez l'aubergiste et lui fait les mêmes recommandations que la première fois. L'aubergiste s'empresse de retourner le pot de terre, et il est roué de coups, lui et sa famille. Il supplie le brahmane d'arrêter les démons. L'autre se fait rendre son premier pot de terre et fait ensuite disparaître les démons [1]. Le brahmane s'établit alors marchand de mudki et devient très riche.

Ce conte indien a une seconde partie : les enfants du brahmane ayant un jour pénétré dans la chambre où leur père enfermait le pot aux beignets, se disputent à qui s'en servira le premier ; dans la mêlée, le pot tombe par terre et se brise. Durga prend encore pitié du brahmane et lui donne un troisième pot d'où sort à flots du *sandesa* délicieux (sorte de laitage sucré). Le brahmane se met à vendre de ce sandesa et gagne beaucoup d'argent. Le *zemindar*

---

1. Comparer le conte syriaque et les contes européens qui en ont été rapprochés.

du village, qui marie sa fille, prie le brahmane d'apporter son pot dans la maison où a lieu la fête. Le brahmane obéit, non sans résistance. Alors le zemindar s'empare du pot merveilleux. Mais, à l'aide du pot aux démons, le brahmane se remet en possession de son bien. — Cette seconde partie correspond, pour la fin, au conte indien du Deccan.

Dans d'autres contes orientaux, qui ne se rapportent pas au même thème que le nôtre, nous trouvons des objets merveilleux analogues : ainsi, dans le livre kalmouk intitulé *Siddhi-Kür*, livre dont l'origine est certainement indienne, une coupe d'or qu'il suffit de retourner pour avoir ce que l'on souhaite, et un bâton qui, au commandement de son possesseur, s'en va tuer les gens et reprendre ce qu'ils ont volé ; dans une légende bouddhique, rédigée dans la langue sacrée du bouddhisme, le pali, une tasse, qui a des propriétés identiques à la coupe du conte kalmouk, et une hache qui exécute tous les ordres qu'on lui donne et notamment s'en va couper la tête à ceux qu'on lui désigne. Nous renvoyons, pour plus de rapprochements, aux remarques de notre nº 42, *les trois Frères*. Nous ajouterons seulement ici que, dans un conte recueilli chez les Tartares de la Sibérie méridionale (Radloff, IV, p. 365-366), il est question d'une « nappe merveilleuse » qui, « si on l'étend au nom de Dieu, se couvre de toutes sortes de mets », et une « cruche merveilleuse », d'où coulent sans fin du thé, du sucre, du miel et du vin.

Au sujet de l'âne aux écus d'or, qui ne s'est présenté à nous en Orient que dans le conte syriaque, on peut voir l'Introduction au *Pantchatantra* de M. Théodore Benfey (I, p. 379). D'après le savant orientaliste, il se trouve dans un livre bouddhique thibétain, le *Djangloun*, un éléphant aussi extraordinaire (« *ein goldkackender und goldharnender Elephant* »). Dans un conte indien du Bengale (Lal Behari Day, nº 6), le fumier d'une certaine vache est aussi de l'or.

*
* *

Notre conte se retrouve, pour l'idée, en Afrique, chez les nègres du pays d'Akwapim, pays qui fait partie du royaume des Achantis. Ces nègres racontent, au sujet d'un personnage nommé Anansé (l'Araignée), l'histoire suivante (*Petermann's Mittheilungen aus J. Perthes geographischer Anstalt*, 1856, p. 467) : Au temps d'une grande famine, Anansé s'en fut au bois et trouva un grand pot. « Ah ! » dit-il, « voilà que j'ai un pot ! » Le pot lui dit : « Je ne m'appelle pas pot, mais *Hô hore* (lève ! comme on dit de la pâte qui fermente). » Et, sur le commandement d'Anansé, il se remplit de nourriture. Anansé l'emporte chez lui et le cache dans sa chambre. Ses enfants, étonnés de voir qu'il ne mange plus avec eux, entrent dans la chambre pendant son absence, trouvent le pot et lui parlent à peu près comme avait fait leur père. Après avoir bien mangé, ils brisent le pot en mille pièces. Anansé, de retour, est bien désolé et s'en retourne au bois, où il voit une cravache pendue à un arbre. « Voilà une cravache ! » s'écrie-t-il. — « On ne m'appelle pas cravache : on m'appelle *Abridiabradu* (fouaille !). — Voyons ! » dit Anansé, « fouaille un peu ! » Mais, au lieu de lui donner à manger, comme il s'y attendait, la cravache lui donne force coups. Il l'emporte chez lui, la pend dans sa chambre et sort en laissant à dessein la porte ouverte. Ses enfants s'empressent d'entrer pour voir. Il

leur arrive avec la cravache ce qui est arrivé à leur père. Quand la cravache
cesse de les battre, ils la coupent en morceaux et dispersent ces morceaux dans
tout le monde. « Voilà comment il y a beaucoup de cravaches dans le monde ;
auparavant il n'y en avait qu'une. »

*
* *

Un détail pour finir. Dans le conte hongrois n° 4 de la collection Gaal-
Stier, il est parlé, exactement dans les mêmes termes que dans *Tapalapautau*,
d'un pauvre homme « qui avait autant d'enfants qu'il y a de trous dans un
tamis ». Cette bizarre expression se trouve également dans un conte du « pays
saxon » de Transylvanie (Haltrich, n° 21) et dans un conte de la Haute-Bretagne (Sébillot, *Littérature orale*, p. 213).

V

LES FILS DU PÊCHEUR

Il était une fois un pêcheur. Un jour qu'il était à pêcher, il prit un gros poisson. « Pêcheur, pêcheur, » lui dit le poisson, « laisse-moi aller, et tu en prendras beaucoup d'autres. » Le pêcheur le rejeta dans l'eau et prit en effet beaucoup de poissons. De retour chez lui, il dit à sa femme : « J'ai pris un gros poisson qui m'a dit : Pêcheur, pêcheur, laisse-moi aller et tu en prendras beaucoup d'autres. — Et tu ne l'as pas rapporté ? » dit la femme, « j'aurais bien voulu le manger. »

Le lendemain, le pêcheur prit encore le gros poisson. « Pêcheur, pêcheur, laisse-moi aller, et tu en prendras beaucoup d'autres. » Le pêcheur le rejeta dans l'eau, et, sa pêche faite, revint à la maison. Sa femme lui dit : « Si tu ne rapportes pas demain ce poisson, j'irai avec toi, et je le prendrai. »

Le pêcheur retourna pêcher le jour suivant, et, pour la troisième fois, prit le gros poisson. « Pêcheur, pêcheur, laisse-moi aller, et tu en prendras beaucoup d'autres. — Non, » dit le pêcheur, « ma femme veut te manger. — Eh bien ! » dit le poisson, « s'il faut que vous me mangiez, mettez de mes arêtes sous votre chienne, mettez-en sous votre jument, mettez-en dans le jardin derrière votre maison ; enfin, emplissez trois fioles de mon sang. Quand les fils que vous aurez seront grands, vous leur donnerez à chacun une de ces fioles, et, s'il arrive malheur à l'un d'eux, le sang bouillonnera aussitôt. »

Le pêcheur fit ce que le poisson lui avait dit, et, après un temps, sa femme accoucha de trois fils, la jument mit bas trois poulains et la chienne trois petits chiens. A l'endroit du jardin où l'on avait mis des arêtes du poisson, il se trouva trois belles lances.

Quand les fils du pêcheur furent grands, ils quittèrent la maison pour voir du pays, et, à une croisée de chemin, ils se séparèrent. De temps en temps, chacun regardait si le sang bouillonnait dans sa fiole.

L'aîné arriva dans un village où tout le monde était en deuil ; il demanda pourquoi. On lui dit que tous les ans on devait livrer une jeune fille à une bête à sept têtes, et que le sort venait de tomber sur une princesse.

Aussitôt le jeune homme se rendit dans le bois où l'on avait conduit la princesse ; elle était à genoux et priait Dieu. « Que faites-vous là ? » lui demanda le jeune homme. — « Hélas ! » dit-elle, « c'est moi que le sort a désignée pour être dévorée par la bête à sept têtes. Eloignez-vous bien vite d'ici. — Non, » dit le jeune homme, « j'attendrai la bête. » Et il fit monter la princesse en croupe sur son cheval.

La bête ne tarda pas à paraître. Après un long combat, le jeune homme, aidé de son chien, abattit les sept têtes de la bête à coups de lance. La princesse lui fit mille remerciements, et l'invita à venir avec elle chez le roi son père, mais il refusa. Elle lui donna son mouchoir, marqué à son nom ; le jeune homme y enveloppa les sept langues de la bête, puis il dit adieu à la princesse, qui reprit toute seule le chemin du château de son père.

Comme elle était encore dans le bois, elle rencontra trois charbonniers à qui elle raconta son aventure. Les charbonniers la menacèrent de la tuer à coups de hache si elle ne les conduisait à l'endroit où se trouvait le corps de la bête. La princesse les y conduisit. Ils prirent les sept têtes, puis ils partirent avec la princesse, après lui avoir fait jurer de dire au roi que c'étaient eux qui avaient tué la bête. Ils arrivèrent ensemble à Paris, au Louvre, et la princesse dit à son père que c'étaient les trois charbonniers qui l'avaient délivrée. Le roi, transporté de joie, déclara qu'il donnerait sa fille à l'un d'eux ; mais la princesse refusa de se marier avant un an et un jour : elle était triste et malade.

Un an et un jour se passèrent. On commençait déjà les réjouissances des noces, quand arriva dans la ville l'aîné des fils du pêcheur, qui se logea dans une hôtellerie. Une vieille femme lui dit : « Il y a aujourd'hui un an et un jour, tout le monde était

dans la tristesse, et maintenant tout le monde est dans la joie :
trois charbonniers ont délivré la princesse qui allait être dévorée
par une bête à sept têtes, et le roi va la marier à l'un d'eux. »

Le jeune homme dit alors à son chien : « Va me chercher ce
qu'il y a de meilleur chez le roi. » Le chien lui apporta deux
bons plats. Les cuisiniers du roi se plaignirent à leur maître, et
celui-ci envoya de ses gardes pour voir où allait le chien. Le jeune
homme les tua tous à coups de lance, à l'exception d'un seul
qu'il laissa en vie pour rapporter la nouvelle. Puis il dit au chien
d'aller lui chercher les meilleurs gâteaux du roi. Le roi envoya
d'autres gardes que le jeune homme tua comme les premiers.
« Il faut que j'y aille moi-même, » dit le roi. Il vint donc dans
son carrosse, y fit monter le jeune homme et le ramena avec lui
au château, où il l'invita à prendre part au festin.

Au dessert, le roi dit : « Que chacun raconte son histoire.
Commençons par les trois charbonniers. » Ceux-ci racontèrent
qu'ils avaient délivré la princesse, quand elle allait être dévorée
par la bête à sept têtes. « Voici, » dirent-ils, « les sept têtes que
nous avons coupées. — Sire, » dit alors le jeune homme,
« voyez si les sept langues y sont. » On ne les trouva pas.
« Lequel croira-t-on plutôt, » continua-t-il, « de celui qui a les
langues ou de celui qui a les têtes ? — Celui qui a les langues, »
répondit le roi. Le jeune homme les montra aussitôt. La princesse reconnut le mouchoir où son nom était brodé, et fut si
contente qu'elle ne sentit plus son mal. « Mon père, » dit-elle,
« c'est ce jeune homme qui m'a délivrée. » Aussitôt le roi commanda qu'on dressât une potence et y fit pendre les trois charbonniers. Puis on célébra les noces du fils du pêcheur et de la
princesse.

Le soir, après le repas, quand le jeune homme fut dans sa
chambre avec sa femme, il aperçut par la fenêtre un château
tout en feu. « Qu'est-ce donc que ce château ? » demanda-t-il.
— « Chaque nuit, » répondit la princesse, « je vois ce château
en feu, sans pouvoir m'expliquer la chose. » Dès qu'elle fut
endormie, le jeune homme se releva, et sortit avec son cheval
et son chien pour voir ce que c'était.

Il arriva dans une belle prairie, au milieu de laquelle s'élevait
le château, et rencontra une vieille fée qui lui dit : « Mon ami,
voudriez-vous descendre de cheval pour m'aider à charger cette

botte d'herbe sur mon dos? — Volontiers, » répondit le jeune homme. Mais sitôt qu'il eut mis pied à terre, elle lui donna un coup de baguette, et le changea en une touffe d'herbe, lui, son cheval et son chien.

Cependant ses frères, ayant vu le sang bouillonner dans leurs fioles, voulurent savoir ce qu'était devenu leur aîné. Le second frère se mit en route. Arrivé dans la ville, il vint à passer près du château du roi. En ce moment, la princesse était sur la porte pour voir si son mari ne revenait pas. Elle crut que c'était lui, car les trois frères se ressemblaient à s'y méprendre. « Ah! » s'écriat-elle, » vous voilà donc enfin, mon mari, vous avez bien tardé. — Excusez-moi, » répondit le jeune homme, « j'avais donné un ordre, on ne l'a pas exécuté, et j'ai dû faire la chose moi-même. » On se mit à table, puis la princesse alla dans sa chambre avec le jeune homme. Celui-ci, ayant regardé par la fenêtre, vit, comme son frère, le château en feu. « Qu'est-ce que ce château? » dit-il. — « Mais, mon mari, vous me l'avez déjà demandé. — C'est que je ne m'en souviens plus. — Je vous ai dit que ce château est en feu toutes les nuits et que je ne puis m'expliquer la chose. » Le jeune homme prit son cheval et son chien et partit. Arrivé dans la prairie, il rencontra la vieille fée, qui lui dit : « Mon ami, voudriez-vous descendre de cheval pour m'aider à charger cette botte d'herbe sur mon dos? » Le jeune homme descendit, et aussitôt, d'un coup de baguette, la fée le changea en une touffe d'herbe, lui, son cheval et son chien.

Le plus jeune des trois frères, ayant vu de nouveau le sang bouillonner dans sa fiole, fut bientôt lui-même dans la ville, et la princesse, le voyant passer, le prit lui aussi pour son mari. Il la questionna, comme ses frères, au sujet du château en feu, et la princesse lui répondit : « Je vous ai déjà dit plusieurs fois que ce château brûle ainsi toutes les nuits et que je n'en sais pas davantage. » Le jeune homme sortit avec son cheval et son chien, et arriva dans la prairie, près du château. « Mon ami, » lui dit la fée, « voudriez-vous descendre de cheval pour m'aider à charger cette botte d'herbe sur mon dos? — Non, » dit le jeune homme, « je ne descendrai pas. C'est toi qui as fait périr mes deux frères ; si tu ne leur rends pas la vie, je te tue. » En parlant ainsi, il la saisit par les cheveux, sans mettre pied à terre. La vieille demanda grâce ; elle prit sa baguette, en frappa les touffes d'herbe, et, à mesure qu'elle les touchait, tous ceux qu'elle avait changés reprenaient leur première forme. Quand elle eut fini, le plus jeune des trois frères tira son sabre et coupa la vieille en mille morceaux, puis il retourna avec ses frères au château. La princesse ne savait lequel des trois était son mari. « C'est moi, » lui dit l'aîné.

Ses frères épousèrent les deux sœurs de la princesse, et l'on fit de grands festins pendant six mois.

VARIANTE

LA BÊTE A SEPT TÊTES

Il était une fois un pêcheur. Un jour qu'il pêchait, il prit un gros poisson. « Si tu veux me laisser aller, » lui dit le poisson, « je t'amènerai beaucoup de petits poissons. » Le pêcheur le rejeta dans l'eau et prit en effet beaucoup de petits poissons. Quand il en eut assez, il revint à la maison, et raconta à sa femme ce qui lui était arrivé. « Tu aurais dû rapporter ce poisson, » lui dit-elle, « puisqu'il est si gros et qu'il sait si bien parler : il faut essayer de le reprendre. »

Le pêcheur ne s'en souciait guère, mais sa femme le pressa tant, qu'il retourna à la rivière ; il jeta le filet et ramena encore le gros poisson, qui lui dit : « Puisque tu veux absolument m'avoir, je vais te dire ce que tu dois faire. Quand tu m'auras tué, tu donneras trois gouttes de mon sang à ta femme, trois gouttes à ta jument, et trois à ta petite chienne ; tu en mettras trois dans un verre, et tu garderas mes ouïes. »

Le pêcheur fit ce que lui avait dit le poisson : il donna trois gouttes de sang à sa femme, trois à sa jument et trois à sa petite chienne ; il en mit trois dans un verre et garda les ouïes. Après un temps, sa femme accoucha de trois beaux garçons ; le même jour, la jument mit bas trois beaux poulains, et la chienne trois beaux petits chiens ; à l'endroit où étaient les ouïes du poisson, il se trouva trois belles lances. Le sang qui était dans le verre devait bouillonner s'il arrivait quelque malheur aux enfants.

Quand les fils du pêcheur furent devenus de grands et forts cavaliers, l'aîné monta un jour sur son cheval, prit sa lance, siffla son chien et quitta la maison de son père. Il arriva devant un beau château tout brillant d'or et d'argent. « A qui appartient ce beau château ? » demanda-t-il aux gens du pays. — « N'y entrez pas, » lui répondit-on, « c'est la demeure d'une vieille sorcière qui a sept têtes. Aucun de ceux qui y sont entrés n'en est sorti ; elle les a tous changés en crapauds. — Moi je n'ai pas peur, » dit le cavalier, « j'y entrerai. » Il entra donc dans le château et salua la sorcière : « Bonjour, ma bonne dame. » Elle lui répondit en branlant ses sept têtes : « Que viens-tu faire ici, pauvre ver de terre ? » En disant ces mots, elle lui donna un coup de baguette, et aussitôt il fut changé en crapaud, comme les autres.

Au même instant, ses frères, qui étaient restés à la maison, virent le sang bouillonner dans le verre. « Il est arrivé malheur à notre frère, » dit le second, « je veux savoir ce qu'il est devenu. » Il se mit en route avec son cheval, son chien et sa lance, et arriva devant le château. « N'avez-vous pas vu passer un cavalier avec un chien et une lance ? » demanda-t-il à une femme qui se trouvait là ; « voilà trois jours qu'il est parti ; il faut qu'il lui soit arrivé malheur. — Il a sans doute été puni de sa curiosité, » lui répondit-elle ; « il sera entré dans le château de la bête à sept têtes, et il aura été changé en crapaud. — Je n'ai pas peur de la bête à sept têtes, » dit le jeune homme, « je lui abattrai ses sept têtes avec ma lance. » Il entra dans le château et vit dans l'écurie un cheval, dans la cuisine un chien et une lance. « Mon frère est ici, » pensa-t-il. Il salua la sorcière : « Bonjour, ma bonne dame. — Que viens-tu faire ici, pauvre ver de terre ? » Et, sans lui laisser le temps de brandir sa lance, elle lui donna un coup de baguette et le changea en crapaud.

Le sang recommença à bouillonner dans le verre. Ce que voyant, le plus jeune des fils du pêcheur partit à la recherche de ses deux frères. Comme il traversait une grande rivière, la rivière lui dit : « Vous passez, mais vous ne repasserez pas. — C'est un mauvais présage, » pensa le jeune homme, « mais n'importe. » Et il poursuivit sa route. « N'avez-vous pas vu passer deux cavaliers ? » demandait-il aux gens qu'il rencontrait. — « Nous en avons vu un, » lui répondait-on, « qui cherchait son frère. »

En approchant du château, il entendit parler de la sorcière ; il accosta un charbonnier qui revenait du bois, et lui dit : « De bons vieillards m'ont parlé de la bête à sept têtes ; ils disent qu'elle change en crapauds tous ceux qui entrent dans son château. — Oh ! » répondit le charbonnier, « je ne crains rien, j'irai avec vous ; à nous deux nous en viendrons bien à bout. »

Ils entrèrent ensemble dans le château, et le jeune homme vit les chevaux, les chiens et les lances de ses frères. Dès qu'il aperçut la sorcière, il se mit à crier : « Vieille sorcière, rends-moi mes frères, ou je te coupe toutes tes têtes. — Que viens-tu faire ici, pauvre ver de terre ? » dit-elle ; mais au moment où elle levait sa baguette, le jeune homme lui abattit une de ses sept têtes d'un coup de lance. « Vieille sorcière, où sont mes frères ? » En disant ces mots, il lui abattit encore une tête. Chaque fois qu'elle levait sa baguette, le jeune homme et le charbonnier lui coupaient une tête. A la cinquième, la sorcière se mit à crier : « Attendez, attendez, je vais vous rendre vos frères. » Elle prit sa baguette, la frotta de graisse et en frappa plusieurs fois la porte de la cave. Aussitôt tous les crapauds qui s'y trouvaient reprirent leur première forme. La sorcière croyait qu'on lui ferait grâce, mais le charbonnier lui dit : « Il y a assez longtemps que tu fais du mal aux gens. » Et il lui coupa ses deux dernières têtes.

Or il était dit que celui qui aurait tué la bête à sept têtes aurait le château et épouserait la fille du roi ; comme preuve, il devait montrer les sept langues. Le fils du pêcheur prit les langues et les enveloppa dans un mouchoir de soie. Le charbonnier, qui avait aussi coupé plusieurs têtes à la bête, n'avait pas songé à prendre les langues. Il se ravisa et tua le jeune homme pour s'en emparer, puis il alla les montrer au roi et épousa la princesse.

REMARQUES

Comparer nos nos 37, *la Reine des Poissons*, et 55, *Léopold*. — On pourra aussi consulter les remarques de M. R. Kœhler sur le conte sicilien no 40 de la collection Gonzenbach, et sur le no 4 de la collection de contes écossais de Campbell (dans la revue *Orient und Occident*, t. II, p. 118), ainsi que celles de M. Leskien sur les contes lithuaniens nos 10 et 11 de sa collection.

*
* *

Les trois parties dont se compose notre conte des *Fils du Pêcheur*, — naissance merveilleuse des enfants ; exploits de l'aîné contre le dragon et délivrance de la princesse ; enfin rencontre de la sorcière et ce qui s'ensuit, — ne se trouvent pas toujours réunies dans les contes de cette famille ; souvent l'une d'elles fait défaut. Nous les rencontrons toutes les trois dans un conte de la Haute-Bretagne (Sébillot, I, n° 18), dans un conte grec moderne d'Épire (Hahn, n° 22), dans un autre conte grec (E. Legrand, p. 161), un conte sicilien (Gonzenbach, n° 40), un conte italien des Abruzzes (Finamore, n° 22), un conte toscan (Comparetti, n° 32), un autre conte toscan (Nerucci, n° 8), un conte du Tyrol italien (Schneller, n° 28, variante), un conte basque (Webster, p. 87), un conte espagnol (Caballero, II, p. 11), un conte catalan (*Rondallayre*, I, p. 25), un conte portugais (Braga, n° 48), un conte danois (Grundtvig, I, p. 277), un conte suédois (Cavallius, p. 348), deux contes allemands (Kuhn et Schwarz, p. 337 ; Prœhle, I, n° 5), dont le second surtout est très altéré, un conte lithuanien (Leskien, n° 10), un conte de la Petite-Russie (Leskien, p. 544).

Deux contes allemands (Grimm, n° 60, et Colshorn, n° 47) n'ont pas la première partie. — Beaucoup d'autres n'ont pas la seconde (le combat contre le dragon) ; nous mentionnerons : un conte de la Basse-Bretagne (Luzel, *Contes bretons*, p. 63), un conte flamand (Wolf, *Deutsche Mærchen und Sagen*, n° 27), des contes allemands (Grimm, n° 85 ; Simrock, n° 63), un conte autrichien (Vernaleken, n° 35), un conte du Tyrol italien (Schneller, n° 28), un conte italien du Mantouan (Visentini, n° 19), un conte sicilien (Gonzenbach, n° 39), un conte portugais (Consiglieri-Pedroso, n° 25), un conte serbe (Vouk, n° 29), un conte bosniaque (Leskien, p. 543), un conte écossais (Campbell, n° 4). — La troisième partie manque dans quelques-uns : ainsi, dans un conte du Tyrol allemand (Zingerle, I, n° 25) et un conte portugais (Coelho, n° 52). — Un conte souabe (Meier, n° 58), un conte roumain (*Roumanian Fairy Tales*, p. 48), n'ont que le combat contre le dragon et les aventures qui s'y rattachent.

Nous étudierons séparément chacune de ces trois parties.

*
* *

Pour l'introduction, la plupart des contes que nous venons de mentionner se rapprochent beaucoup du conte lorrain, souvent même dans de petits détails : ainsi, dans plusieurs de ces contes, le poisson merveilleux, pour se faire rejeter dans l'eau, promet au pêcheur, comme dans notre conte, de lui faire prendre beaucoup d'autres poissons. (Voir le conte grec moderne de la collection E. Legrand, les deux contes toscans, le conte italien du Mantouan, le premier des deux contes du Tyrol italien, le conte portugais n° 25 de la collection Consiglieri-Pedroso, le conte suédois.)

Presque toujours, le poisson dit au pêcheur de le couper en un certain nombre de morceaux : il en donnera à sa femme, à sa chienne, à sa jument, et enterrera le reste à tel endroit. Cette forme, qui se retrouve d'une manière équivalente dans notre variante *la Bête à sept têtes*, est plus nette que celle des *Fils du Pêcheur*.

C'est seulement dans une partie des contes indiqués ci-dessus que les enfants, les chiens et les poulains sont au nombre de trois. Il en est ainsi dans le conte des Abruzzes, dans les deux contes toscans, dans le conte du Mantouan, dans le second conte du Tyrol italien, dans le conte du Tyrol allemand, dans le conte allemand de la collection Simrock, dans le conte flamand, dans le conte écossais, dans le conte portugais nᵒ 25 de la collection Consiglieri Pedroso, et enfin dans le conte catalan et dans le conte de la Haute-Bretagne (dans lesquels il n'y a ni chiens ni poulains). — Partout ailleurs les enfants, chiens, etc., ne sont que deux.

Dans notre conte lorrain, comme dans sa variante, le pêcheur voit tout à coup « trois belles lances » à l'endroit où il a mis les ouïes du poisson, ou ses arêtes. Dans le conte allemand de la collection Simrock, ce sont trois épées qui paraissent à la place où a été enterrée la queue du poisson ; dans le conte flamand, trois fleurs, dont les racines sont trois épées ; dans le conte suédois et le conte danois, deux épées (il n'y a que deux enfants) ; dans le conte serbe et le conte sicilien nᵒ 39 de la collection Gonzenbach, deux épées d'or. Le conte espagnol, les trois contes portugais, le conte des Abruzzes et le conte toscan de la collection Nerucci sont encore plus voisins sur ce point de nos *Fils du Pêcheur*, car nous y trouvons exactement les lances, et même, dans le conte toscan, les « trois belles lances ».

Deux des contes mentionnés au commencement de ces remarques ont une forme particulière d'introduction, très voisine, d'ailleurs, de l'introduction ordinaire. Ainsi, dans le conte écossais, une espèce de sirène promet à un pêcheur qu'il aura des enfants, s'il s'engage à lui livrer son premier fils. Quand il s'y est engagé, elle lui donne douze grains, en lui disant d'en faire manger trois à sa femme, trois à sa chienne, trois à sa jument, et de planter les trois derniers derrière sa maison. (De ces trois derniers grains naissent trois arbres, qui se flétriront s'il arrive malheur aux enfants.) — Dans le conte bosniaque, un homme sans enfants reçoit d'un pèlerin une pomme : il faut qu'après l'avoir pelée, il donne la pelure à sa chienne et à sa jument, qu'il partage la pomme avec sa femme et qu'il plante les deux pépins. (De ces pépins naissent deux pommiers, dont les deux enfants se font des lances : nous voici revenus, par un détour, aux lances du conte lorrain.)

Dans le conte de la Petite-Russie, une jeune fille, pressée d'une soif ardente en revenant des champs, voit sur le chemin deux empreintes de pieds, remplies d'eau ; elle boit de cette eau. Or « c'étaient des empreintes de pas divins ». Quelque temps après, elle donne le jour à deux enfants, et le conte se poursuit à peu près comme les contes précédents.

Un conte de la même famille que tous ces contes, recueilli au XVIIᵉ siècle par Basile, présente encore une autre forme d'introduction. Dans ce conte napolitain (*Pentamerone*, nᵒ 9), un ermite conseille à un roi sans enfants de prendre le cœur d'un *dragon de mer*, de le faire cuire par une fille vierge et de le donner à manger à la reine. Le roi suit ce conseil, et, quelques jours après, la reine, et aussi la jeune fille qui a respiré la vapeur de ce mets merveilleux, mettent au monde chacune un fils. Les deux enfants, qui se ressemblent à s'y méprendre, ont à peu près les mêmes aventures que nos « fils du pêcheur » [1]. — M. Leskien cite (p. 546) plusieurs contes russes dont l'introduction est analogue; mais il nous avertit, sans préciser davantage, que tous ces contes n'appartiennent pas, pour la suite du récit, à la famille de contes étudiée ici. Dans ces contes russes, une reine doit manger d'un certain poisson ponr devenir mère; la servante qui a goûté de ce poisson, et la chienne qui a mangé les entrailles, ou la jument qui a bu de l'eau dans laquelle on a lavé le poisson, mettent au monde chacune un petit garçon (sic), semblable à celui dont accouche la reine. (Voir, dans le *Florilegio* de M. de Gubernatis, un conte russe, du type des *Fils du Pêcheur*, qui a une introduction de ce genre.) — Dans un conte italien, faisant partie d'une autre famille que nos *Fils du Pêcheur*, et cité par M. R. Kœhler (*Weimarer Beitræge*, 1865, p. 196), une reine qui a mangé une certaine pomme, donnée par une vieille femme, et la femme de chambre qui a mangé les pelures, ont chacune un fils.

En Orient, un livre mongol, l'*Histoire d'Ardji Bordji Khan* (traduite en allemand par B. Jülg, Inspruck, 1868), nous fournit un trait à rapprocher de cette dernière forme d'introduction. Dans ce conte mongol (p. 73 seq.), venu de l'Inde, ainsi que le montrent les noms des personnages, la femme du roi Gandharva, qui n'a point d'enfants, prépare, d'après l'avis d'un ermite, une certaine bouillie. Quand elle en a mangé, elle devient grosse et met au monde un fils, Vikramatidya. Une servante a mangé ce qui restait au fond du plat : elle donne, elle aussi, le jour à un fils qui, sous le nom de Schalou, deviendra le fidèle compagnon de Vikramatidya.

M. Th. Benfey (*Gættingische Gelehrte Anzeigen*, 1858, p. 1511) nous apprend que ce trait se trouve dans un conte indien faisant partie d'un livre sanscrit. — Dans un roman hindoustani, les *Aventures de Kâmrûp*, analysé par M. Garcin de Tassy (Discours d'ouverture du cours d'hindoustani, 1861, p. 13), nous remarquons le passage suivant : Le roi d'Aoudh n'a point d'enfants. Il se présente un jour devant lui un fakir qui lui donne un fruit de *srî* « prospérité », en lui recommandant de le faire manger à la reine. Celle-ci mange en effet ce fruit et ne tarde pas à se sentir enceinte; bien plus, six autres dames, femmes des principaux officiers du roi, qui avaient goûté du même fruit, se trouvent enceintes en même temps et accouchent le même jour que la reine [2].

Dans un conte arabe des *Mille et une Nuits* (*Histoire de Seif Almoulouk et de la Fille du Roi des Génies*), le « prophète Salomon » dit à un roi et à son

---

1. Un second conte du *Pentamerone* (n° 7) doit également être rapproché de notre conte pour l'ensemble; mais il n'a pas l'introduction.

2. Dans deux autres contes indiens, l'un du Bengale, l'autre du Kamaon, figure aussi un fakir, qui donne ou indique à un roi un certain fruit dont il devra faire manger à ses sept femmes, pour que chacune ait un fils. (Voir les remarques de notre n° 12, *le Prince et son Cheval*.) — Comparer, plus bas, p. 72 et p. 80, l'introduction de contes indiens du Pandjab et du Bengale. — Dans un conte indien du Deccan (miss Frere, n° 22), une femme s'en va trouver Mahadeo (le Créateur) pour lui demander de lui accorder un enfant. Mahadeo lui donne un fruit, une mangue, qu'elle partage avec deux autres femmes qui avaient fait route avec elle. De retour à la maison, elle a un fils, et les deux autres, chacune une fille.

vizir, qui n'ont point d'enfants, de tuer deux serpents qu'ils rencontreront
à tel endroit, d'en faire apprêter la chair et de la donner à manger à leurs
femmes. (On peut rapprocher de ces serpents le « dragon de mer » du
Pentamerone et le poisson des contes populaires actuels.)

Mentionnons enfin une dernière forme d'introduction. Dans un conte
suédois, *Wattuman et Wattusin* (Cavallius, p. 95), et dans un conte allemand
(Grimm, III, p. 103), les deux héros, dont les aventures sont à peu près celles
de nos « fils du pêcheur », sont les fils, l'un d'une princesse, l'autre de sa
suivante, qui toutes deux sont devenues mères en même temps, après avoir
bu de l'eau d'une fontaine merveilleuse, laquelle a tout à coup jailli dans
une tour où elles étaient enfermées. (Comparer le conte de la Petite-Russie.)

*
* *

Dans presque tous les contes de cette famille, il est question d'objets qui
annoncent les malheurs dont les héros peuvent être frappés. Dans nos deux
versions lorraines, c'est le sang du poisson merveilleux qui, en pareil cas,
bouillonne dans le vase où on l'a mis; trait qui s'explique facilement, quand
on se rappelle que les jeunes gens sont de véritables incarnations du poisson.
Il en est à peu près de même dans l'un des deux contes du Tyrol italien cités
plus haut (Schneller, n⁰ 28) : là, le sang du poisson, mis dans un verre, se
sépare en trois parties, qui remuent constamment : si l'une de ces parties
s'arrête, ce sera signe de malheur.

Dans un conte toscan de la collection Comparetti, on suspend la grande
arête du poisson à une poutre de la maison du pêcheur : s'il arrive un malheur
à quelqu'un des trois enfants, il en dégouttera du sang. — Le conte catalan
présente à la fois le trait de l'arête ensanglantée et celui du sang qui bouillonne.

Ailleurs, l'idée première s'est obscurcie : ainsi, dans le conte serbe, l'un des
deux jeunes gens, au moment de se mettre en route, donne à son frère une
fiole remplie d'eau et lui dit que, si cette eau se trouble, c'est qu'il sera mort. —
Deux contes suédois ont un passage analogue : dans le premier (Cavallius,
p. 351), l'un des jumeaux, en quittant son frère, lui laisse une cuve pleine de
lait : si le lait devient rouge, ce sera signe que le jeune homme est en grand
danger ; dans l'autre (*ibid.*, p. 81), au lieu du lait, c'est l'eau d'une certaine
source qui doit devenir rouge et trouble.

Au XVII⁰ siècle, ce trait figure dans le conte italien du *Pentamerone*, déjà cité.
Avant de quitter son frère, le jeune Canneloro prend un poignard, le lance
contre terre, et il jaillit une belle source, dont les eaux se troubleront, s'il est
en danger, et qui tarira, s'il meurt. Puis il enfonce profondément dans la terre
ce même poignard, et aussitôt il pousse un arbrisseau qui, s'il se flétrit ou s'il
meurt, donnera les mêmes indices. — Plus anciennement, au XV⁰ siècle (d'après
les *Mélanges tirés d'une grande bibliothèque*, t. E, p. 82), un roman français,
l'*Histoire d'Olivier de Castille et d'Artus d'Algarbe, son loyal compagnon*, présente
un trait identique. Olivier, forcé de quitter le pays, fait remettre à son ami
une fiole remplie d'eau claire, qui deviendra noire, s'il a « aucune mauvaise
adventure ». — Enfin, au XIV⁰ siècle *avant notre ère*, dans ce conte égyptien
des *Deux Frères*, que nous avons étudié au commencement de ce volume,

nous rencontrons encore un passage absolument du même genre : une cruche de bière bouillonne et une cruche de vin se trouble entre les mains d'Anoupou, quand il est arrivé malheur à son frère Bitiou.

Dans plusieurs des contes cités plus haut (conte allemand n° 85 de la collection Grimm, contes grecs modernes, conte du Tyrol allemand, conte écossais, conte des Abruzzes), ce sont des lis d'or, des œillets, des cyprès ou d'autres arbres, nés du sang du poisson merveilleux, qui doivent se flétrir s'il arrive malheur aux jeunes gens unis à eux par la communauté d'origine.

Ailleurs, dans le conte danois et dans les contes allemands de la Hesse, du Hanovre et de la Souabe, c'est un couteau ou une épée qui se rouille. Le conte danois, où les couteaux des deux frères, ainsi que leurs épées, proviennent d'une transformation de la tête du poisson, enterrée par l'ordre de celui-ci, nous donne l'explication de ce trait.

Sans nous arrêter sur divers contes où la relation d'origine entre les jeunes gens et l'objet qui doit faire connaître leur sort a complètement disparu, nous noterons que le trait qui nous occupe s'est introduit dans certain récit légendaire de la vie de sainte Elisabeth de Hongrie. Le duc Louis, en partant pour la croisade, aurait remis à sainte Elisabeth, sa femme, une bague dont la pierre avait la propriété de se briser lorsqu'il arriverait malheur à la personne qui l'avait donnée. Dans les documents historiques relatifs à la sainte, il est effectivement question d'un anneau (voir le livre de M. de Montalembert). A son départ, le duc Louis dit à sainte Elisabeth que, s'il lui envoie son anneau, cela voudra dire qu'il lui sera arrivé malheur. Voilà un fait bien simple; mais l'imagination populaire n'a pas manqué de rattacher, à cette mention d'un anneau, un trait merveilleux qui lui était familier. Dans la légende, en effet, nous retrouvons l'anneau constellé du vieux roman de *Flores et Blanchefleur*, cet anneau dont la pierre doit se ternir si la vie ou la liberté de Blanchefleur sont en péril.

Le même trait, sous une autre de ses formes, s'est glissé aussi dans une légende berrichonne, se rapportant à un saint du pays, saint Honoré de Buzançais (fin du XIII⁰ siècle). Partant en voyage, le saint dit à sa mère que, par le moyen d'un laurier qui a été planté le jour de sa naissance, elle aura à chaque instant de ses nouvelles : le laurier languira, si lui-même est malade, et se desséchera, s'il est mort. Le saint ayant été assassiné, le laurier se dessèche à l'instant même [1].

En Orient, ce trait se présente sous deux formes différentes.

Dans un conte arabe des *Mille et une Nuits* (*Histoire de deux Sœurs jalouses de leur cadette*), deux princes, au moment d'entreprendre un voyage, donnent à leur sœur, l'un un couteau dont la lame doit se tacher de sang s'il n'est plus en vie; l'autre, un chapelet dont les grains, dans le même cas, cesseront de rouler entre les doigts.

Dans un conte kalmouk du *Siddhi-Kür* (n° 1), plusieurs compagnons, avant de se séparer, plantent chacun un « arbre de vie », qui doit se dessécher, s'il

<hr/>

1. *Vies des saints*, par Mgr Paul Guérin (7⁰ édition, Bar-le-Duc, 1872), au 9 janvier.

arrive malheur à celui qui l'a planté. Le héros d'un conte des Kariaines de la Birmanie, résumé vers la fin des remarques de notre n° 1, *Jean de l'Ours* (p. 26), plante, lui aussi, deux herbes à haute tige, et dit à un de ses camarades de se mettre à sa recherche si ces herbes se flétrissent.

La relation d'origine entre les plantes et celui dont elles doivent indiquer le sort, apparaît très nette dans un conte indien du Pandjab, voisin de ce conte kariaine et analysé également dans les remarques de notre n° 1 (p. 25) : Le Prince Cœur-de-Lion est né d'une manière merveilleuse, neuf mois après qu'un fakir a fait manger de certains *grains d'orge* à la reine, qui jusqu'alors n'avait point d'enfants. Dans le cours de ses aventures, le jeune homme plante une *tige d'orge* et dit que, si elle vient à languir, c'est qu'il lui sera arrivé malheur à lui-même : alors il faudra venir à son secours[1]. — Un autre conte indien, qui a été recueilli dans le Bengale et dont nous donnerons le résumé dans les remarques de notre n° 19, *le Petit Bossu*, présente le même trait, mais d'une manière analogue au conte kalmouk et au conte kariaine : Un prince, en quittant sa mère, lui donne une certaine plante : si cette plante se flétrit, c'est qu'il sera arrivé quelque malheur au prince; si elle meurt, ce sera signe que lui aussi sera mort.

On peut encore comparer un chant populaire de l'Inde, cité par Guillaume Grimm (III, p. 145). — Dans un conte persan (*Touti Nameh*, traduit en allemand par C.-J.-L. Iken. Stuttgard, 1822, p. 32), une femme donne un bouquet à son mari qui part pour un long voyage : tout le temps que le bouquet se conservera frais, c'est qu'elle lui sera restée fidèle.

Enfin, d'après M. de Charencey (*Annales de philosophie chrétienne*, juillet 1881, p. 942), dans une légende *quiché*, recueillie au Mexique, chez les Toltèques occidentaux, les héros plantent au milieu de la maison de leur aïeule un roseau qui doit se dessécher s'ils viennent à périr.

*
* *

Nous avons énuméré, au début de ces remarques, plusieurs contes de cette famille qui n'ont pas la seconde partie de notre conte lorrain, le combat contre le dragon. Dans certains de ces contes (conte sicilien, conte autrichien), le jeune homme épouse la princesse à la suite d'un tournoi ou d'une joute où il s'est distingué; ailleurs (conte serbe, conte flamand), la princesse s'est éprise de lui en le voyant passer.

L'épisode du dragon n'est, du reste, pas toujours lié au type de conte que nous étudions ici; il se rencontre dans des contes dont le cadre général est différent : ainsi, dans des contes appartenant à la famille de notre n° 1, *Jean de l'Ours* (conte grec moderne n° 70 de la collection Hahn; conte slave de Bosnie, p. 123 de la collection Mijatovicz; conte valaque n° 10 de la collection Schott); ainsi encore, et plus complètement, dans des contes appartenant à un thème que nous aurons occasion d'examiner rapidement dans les remarques de notre n° 37, *la Reine des Poissons*.

---

[1] Comparer plus haut, p. 68, le conte écossais de la collection Campbell.

En Orient, nous avons, pour cet épisode du dragon, divers rapprochements à faire. Dans un conte persan du *Touti Nameh*, recueil dont l'origine est indienne, un roi (t. II, p. 291 de la traduction G. Rosen) a promis sa fille à celui qui tuerait un certain dragon. Le héros Férîd le tue et épouse la princesse. La ressemblance, sans doute, est éloignée, car ici la princesse n'est pas délivrée du dragon; mais ce qui est remarquable, — et ce qui nous confirme dans notre conviction que toutes les combinaisons de thèmes que nous relevons dans les contes européens existent en Orient et se retrouveront un jour dans des contes venant directement ou indirectement de l'Inde, — c'est que l'introduction de ce conte persan correspond presque exactement à l'introduction toute particulière d'un conte allemand de la famille des *Fils du Pêcheur*, le nº 60 de la collection Grimm, mentionné plus haut, qui a, lui aussi, l'épisode du dragon. Montrons-le rapidement.

Dans l'introduction du conte persan, un « ermite » a acheté un oiseau qui, chaque jour, lui donne une émeraude. Pendant qu'il est en voyage, sa femme s'éprend d'un changeur. Celui-ci ayant appris d'un sage que quiconque mangera la tête de cet oiseau merveilleux, deviendra roi ou tout au moins vizir, dit à la femme de le lui faire rôtir. Pendant qu'elle y est occupée, elle donne à son enfant, le petit Férîd, pour apaiser ses pleurs, la tête de l'oiseau, dont elle ignore la valeur. Le changeur, furieux, va trouver encore son ami le sage, qui lui conseille de manger la tête de l'enfant. Mais la servante qui garde Férîd a vent de la chose et s'enfuit avec l'enfant [1]. — Dans l'introduction du conte allemand, un pauvre homme vend à son frère, riche orfèvre, un oiseau au plumage d'or, qu'il a tué. L'orfèvre lui donne une bonne somme, car il sait que, si l'on mange le cœur et le foie de l'oiseau, on trouvera chaque matin une pièce d'or sous son oreiller. Pendant que l'oiseau est en train de rôtir, les deux fils du pauvre homme, tout jeunes encore, entrent dans la cuisine, et, voyant le cœur et le foie tombés dans la lèche-frite, ils les mangent : à partir de ce jour, ils trouvent chaque matin une pièce d'or à leur réveil. L'orfèvre, pour se venger, décide son frère à chasser de chez lui les deux enfants [2]. — Un conte indien, recueilli dans le pays de Cachemire (Steel et Temple, p. 138), et où se rencontre le combat contre un monstre, a encore une introduction de même genre que celle du conte persan et du conte allemand. Deux frères, fils de roi, fuient la maison de leur père, où une belle-mère les maltraite. S'étant arrêtés sous un arbre pour se reposer, ils entendent

---

1. Cette introduction se retrouve dans plusieurs contes orientaux où ne figure pas l'épisode du dragon : dans un livre thibétain, provenant de l'Inde (*Mélanges asiatiques*, publiés par l'Académie des Sciences de Saint-Pétersbourg, t. VII, p. 676), dans un conte des Tartares de la Sibérie méridionale (Radloff, t. IV, p. 477), dans un conte arabe recueilli à Mardin, au nord de la Mésopotamie (*Zeitschrift der Deutschen Morgenländischen Gesellschaft*, 1882, p. 238), dans un conte de l'île de Bornéo (L. de Backer, l'*Archipel indien*, 1874, p. 203). — Comparer encore une légende birmane (Bastian, *Die Vœlker des œstlichen Asiens*, t. I, p. 27) et un conte du Cambodge (*ibid.*, t. IV, p. 128 seq).

2. Dans plusieurs contes européens, les deux traits du conte persan et du conte allemand se trouvent réunis : l'un des frères mange la tête de l'oiseau et devient roi; l'autre mange le cœur, et chaque matin il trouve de l'or sous son oreiller. Voir, par exemple, un conte de la Haute-Bretagne (Sébillot, I, p. 97), un conte hessois (Grimm, III, p. 102), un conte serbe (Vouk, nº 26), un conte grec moderne (Hahn, nº 36), un conte tchèque de Bohème (Waldau, p. 91), un conte italien de Rome (Busk, p. 146), etc. — Il en est de même dans le conte arabe de Mardin, mentionné dans la note précédente.

deux oiseaux, un étourneau et un perroquet, se disputer au sujet de leurs mérites respectifs : « Celui qui me mangera, dit l'étourneau, deviendra premier ministre. — Celui qui me mangera, dit le perroquet, deviendra roi. » Les deux jeunes garçons prennent leur arc et tuent les deux oiseaux. L'aîné mange le perroquet, le cadet mange l'étourneau [1]. Dans la suite, le cadet arrive dans un pays dont le roi avait promis sa fille en mariage à celui qui tuerait un certain *râkshasa* (sorte d'ogre) : il fallait, en effet, livrer chaque jour à ce râkshasa une victime humaine. Le jeune homme tue le monstre, et ensuite, épuisé par le combat, il s'étend par terre et s'endort. Pendant son sommeil, un balayeur vient, comme il en avait l'ordre tous les jours, enlever les débris du festin du râkshasa. Il s'empare de la tête du râkshasa et se donne pour le vainqueur. Plus tard, la fraude est découverte. — On voit que ce conte indien nous offre un trait qui n'existait pas dans le conte persan : le trait de l'imposteur qui se fait passer pour le vainqueur du monstre.

Un épisode d'un conte des Avares du Caucase, dont nous avons résumé tout l'ensemble dans les remarques de notre n° 1, *Jean de l'Ours* (p. 18), nous offre, au moins indiqué, ce trait de la princesse délivrée du dragon, qui manque dans le conte persan et le conte indien. Oreille-d'Ours, se trouvant dans une grande ville du « monde inférieur », demande de l'eau à une vieille femme. Celle-ci lui répond qu'elle ne peut lui en donner : un dragon à neuf têtes se tient auprès de la source; chaque année, on lui livre une jeune fille, et, ce jour-là seulement, il laisse puiser de l'eau. Oreille-d'Ours prend deux cruches et se rend à la fontaine, où il les remplit; le dragon le laisse faire. Il y retourne, toujours sans être inquiété par le dragon. Le bruit s'en répand, et le roi du « monde inférieur » promet à Oreille-d'Ours de lui donner ce qu'il voudra, s'il tue le dragon. Oreille-d'Ours se fait deux oreillères de feutre qu'il met sur ses oreilles et s'en va avec ses cruches à la fontaine. Le dragon lui demande comment il a le front de venir une troisième fois. Oreille-d'Ours lui répond en lui reprochant de priver la ville de l'eau que Dieu a faite pour tous et de dévorer des jeunes filles. Alors le dragon se lève, et, jetant ses griffes sur Oreille-d'Ours, lui arrache ses oreillères de feutre; mais Oreille-d'Ours brandit une épée de diamant qu'il avait conquise dans une aventure, et d'un coup il abat les neuf têtes du dragon. Il coupe les dix-huit oreilles et les porte au roi. Celui-ci lui offre en mariage sa fille qui devait, cette année-là même, être livrée au dragon; mais Oreille-d'Ours demande pour toute récompense que le roi lui donne le moyen de revenir sur la terre [2].

Dans un conte arabe des *Mille et une Nuits* (t. XI, p. 177 de la trad. allemande dite de Breslau), dont nous donnerons l'analyse complète dans les

---

1. Comparer l'introduction d'un autre conte indien, un conte *manipuri* (*Indian Antiquary*, 1875; p. 260). — Dans le conte sibérien et dans le conte de l'île de Bornéo, indiqués plus haut, il y a également deux enfants, mais un seul oiseau : dans le conte sibérien, celui qui mange la tête de l'oiseau devient roi, et celui qui mange le cœur devient vizir.

2. Ce qu'il y a de caractéristique dans cet épisode du conte avare se retrouve dans un conte grec moderne (Hahn, n° 70), où l'histoire de la jeune fille délivrée du dragon est, comme dans le conte avare, intercalée dans un conte de la famille de notre n° 1, *Jean de l'Ours*. Dans ce conte grec de l'île de Syra, la ville où arrive le héros dans le monde inférieur n'a qu'une seule fontaine, et dans cette fontaine est un serpent à douze têtes, auquel il faut livrer, chaque semaine, une victime humaine;

remarques de notre n° 19, *le Petit Bossu*, le plus jeune fils du sultan d'Yémen arrive dans une ville où tout le monde est plongé dans la douleur. Il apprend que, chaque année, on est obligé de livrer à un monstre une belle jeune fille; cette année le sort est tombé sur la fille du sultan. Le prince se rend à l'endroit où le monstre doit saisir sa victime; après un terrible combat, il le tue et laisse la princesse s'en retourner seule chez son père. Le sultan, pour connaître le libérateur de sa fille, ordonne à tous les hommes de la ville de comparaître devant elle; mais elle n'en reconnaît aucun pour celui qui l'a sauvée du monstre. Alors on apprend qu'il y a encore dans telle maison un étranger; on le fait venir, et la princesse, remplie de joie, le salue comme son libérateur. — Comparer un autre conte des *Mille et une Nuits*, où la même idée se présente sous une forme moins bien conservée (*ibid.*, t. X, p. 107).

On a recueilli dans l'Afghanistan, à Candahar, une légende musulmane que nous croyons devoir rapporter ici. En voici les principaux traits (*Orient und Occident*, t. II, p. 753) : Au temps des païens, le roi de Candahar s'était vu forcé de promettre à un dragon de lui livrer tous les jours une jeune fille. Chaque matin, on envoyait donc au dragon une jeune fille montée sur un chameau. Dès que le chameau arrivait à une certaine distance de l'antre du monstre, celui-ci aspirait l'air avec une telle force que sa proie se trouvait entraînée dans sa gueule. Un jour que le sort était tombé sur la plus belle jeune fille de Candahar, il se trouva qu'Ali, « le glaive de la foi », passait dans le pays. Il voit la victime éplorée; ayant appris d'elle la cause de ses larmes, il se met à sa place sur le chameau, et, quand, attiré par le souffle du dragon, il est au moment d'entrer dans sa gueule béante, il tranche la tête du monstre d'un coup de son irrésistible épée.

Nous citerons encore deux autres légendes orientales, l'une japonaise, l'autre chinoise. C'est M. F. Liebrecht qui nous fait connaître la première (*Zur Volkskunde*. Heilbronn, 1879, p. 70). Le héros de cette légende, Sosano-no-Nikkoto, arrive un jour dans une maison où tout le monde est en pleurs. Il demande la cause de ce chagrin. Un vieillard lui répond qu'il avait huit filles; un terrible dragon à huit têtes lui en a mangé sept en sept ans : il ne lui en reste plus qu'une, et cette dernière est au moment de se rendre sur le bord de la mer pour être dévorée à son tour. Sosano dit qu'il combattra le dragon. Il prend huit pots remplis de *saki* (sorte d'eau-de-vie de riz) et les dispose sur le rivage, mettant la jeune fille derrière. Quant à lui, il se cache derrière un rocher. Le dragon sort de la mer et plonge chacune de ses huit têtes dans un pot de saki : bientôt il est enivré. Alors Sosano accourt et lui coupe ses huit têtes. Dans la queue du dragon il trouve une longue épée, qui, dit la légende, est celle que porte aujourd'hui encore le mikado. Sosano épouse la jeune fille. On les honore comme les « dieux » de tous les gens mariés. Leur temple est à Oyashiro.

après quoi, il laisse puiser de l'eau. La vieille femme chez qui loge le héros lui ayant appris la chose, il lui demande une cruche et se rend à la fontaine. Ce jour là, précisément, c'était la fille du roi qui allait être dévorée par le serpent. Le héros tue le monstre; le roi lui ayant offert la main de la princesse, il le remercie et lui demande seulement de le faire ramener sur la terre. (Voir, pour ce dernier épisode, les remarques de notre n° 52, *La Canne de cinq cents livres*.) — Comparer deux contes, également grecs, du type des *Fils du Pêcheur* (Hahn, n° 22; Legrand, p. 161).

La légende chinoise n'est pas sans quelque analogie avec les récits précédents (*The Folk-lore of China*, by N. B. Dennys, Hong-Kong, 1876, p. 110) : Les montagnes de la province de Yueh-Min étaient hantées jadis par un énorme serpent qui, un jour, signifia aux habitants du pays, par l'intermédiaire de personnes versées dans la divination, qu'il avait envie de dévorer une jeune fille de douze à treize ans. On lui en livra jusqu'à neuf, qu'on avait prises parmi les filles des criminels et des esclaves, une chaque année. Alors, comme on ne pouvait trouver de nouvelle victime, la fille d'un magistrat chargé d'enfants se présenta, demandant seulement qu'on lui donnât une bonne épée et un chien. Elle avait aussi préparé plusieurs mesures de riz bouilli mêlé de miel, qu'elle plaça à l'entrée de l'antre du serpent. Pendant que celui-ci mangeait le riz, Ki (c'était le nom de la jeune fille) lança sur lui son chien qui le saisit avec sa gueule, tandis qu'elle le frappait par derrière. Bref, elle tua le monstre, et le prince de Yueh, apprenant ce haut fait, l'épousa.

Un conte indien, qui se trouve dans un manuscrit en langue *hala canara* et qui a été analysé par le célèbre indianiste Wilson, offre plusieurs traits de notre conte *les Fils du Pêcheur* (*Asiatic Journal. New Series*, t. XXIV, 1837, p. 196) : Deux princes, Somasekhara et Chitrasekhara, ont fait toute sorte d'avanies à Ikrama, roi de Lilavati, pour forcer celui-ci à accorder à l'un d'eux la main de sa fille Rupavati. Le roi consent enfin à donner la princesse, mais à la condition que le prétendant tuera certain lion des plus terribles. Les princes tuent le monstre et emportent une partie de la queue comme trophée. Le blanchisseur du palais ayant trouvé le corps du lion, lui coupe la tête et va la présenter au roi en réclamant pour prix de son prétendu exploit la main de la princesse. Le mariage est au moment d'être célébré quand les princes se font connaître, et le blanchisseur est mis à mort. La princesse épouse le prince cadet, Chitrasekhara. Quelque temps après, l'aîné se met en campagne pour aller délivrer une princesse prisonnière d'un géant. En partant, il donne à son frère une fleur qui se fanera s'il lui arrive malheur. — Les aventures qui suivent n'ont plus de rapport avec notre conte; mais cette première partie du conte indien, dont les héros sont, là aussi, des frères, ne nous en a pas moins offert, réunis d'une manière qui évidemment n'est pas fortuite, deux des principaux traits de notre thème : l'épisode du monstre tué et de l'imposteur démasqué, et la particularité de l'objet qui annonce le malheur de celui qui l'a donné.

Ces deux traits se retrouvent dans un autre conte indien, avec un élément important qui manquait dans le conte « hala canara » : la jeune fille, ou même simplement la victime humaine livrée à un monstre. Voici ce conte indien, recueilli dans le Bengale (Lal Behari Day, nº 4) : Un brahmane, par suite de circonstances qu'il serait trop long de rapporter, se trouve avoir deux femmes, dont la seconde est une *râkshasi* (ogresse) qui a pris la forme d'une belle princesse. Chacune de ses femmes lui donne un fils : celui de la râkshasi se nomme Sahasra Dal; l'autre, Champa Dal. Les deux enfants s'aiment tendrement. La première femme du brahmane, ayant eu la preuve que l'autre femme est une râkshasi et s'attendant à être dévorée, elle, son mari et son fils, donne à ce dernier un peu de son propre lait dans un petit vase d'or et lui dit : « Si tu vois ce lait devenir rougeâtre, c'est que ton père aura été tué ; s'il devient tout à fait rouge, c'est que j'aurai été tuée moi-même. Alors monte à cheval et enfuis-toi au plus vite pour ne pas être dévoré toi aussi. » Le jeune garçon ayant vu le lait devenir d'abord un peu rouge, puis tout à fait rouge, saute sur son cheval. Son frère Sahasra Dal apprend de lui ce qui s'est passé et s'enfuit avec lui [1]. Comme la râkshasi les poursuit, Sahasra Dal lui tranche la tête d'un coup de sabre. Les deux frères arrivent à un village où ils reçoivent l'hospitalité dans une famille qui est plongée dans la douleur. Il apprennent qu'il y a dans le pays une râkshasi avec laquelle le roi est convenu, pour empêcher un plus grand mal, de lui livrer chaque soir, dans un certain temple, une victime humaine. C'est le tour de cette famille d'en fournir une. Les deux frères déclarent qu'ils iront se livrer eux-mêmes à la râkshasi. Ils se rendent au temple avec leurs chevaux et s'y enferment. Après divers incidents, Sahasra Dal coupe la tête de la râkshasi. Il met cette tête près de lui dans le temple et s'endort. Des bûcherons, venant à passer par là, voient le corps de la râkshasi, et, comme le roi avait promis la main de sa fille et une partie de son royaume à celui qui tuerait la râkshasi, ils prennent chacun un membre du cadavre et se présentent devant le roi. Mais celui-ci fait une enquête, et l'on trouve dans le temple les deux jeunes gens ainsi que la tête de la râkshasi. Le roi donne sa fille et la moitié de son royaume à Sahasra Dal. — Suivent les aventures de Champa Dal, dont il sera dit un mot dans les remarques de notre n° 15, *les Dons des trois Animaux*.

L'épisode de la princesse exposée à la « bête à sept têtes » peut être rapproché du mythe si connu de Persée et Andromède (*Apollodori Bibliotheca*, II, 4, 3). Ce mythe de Persée, l'un des rares mythes de l'antiquité classique qui offrent des ressemblances avec nos contes populaires actuels, fournit encore, ce nous semble, un autre rapprochement intéressant avec les contes du genre de nos *Fils du Pêcheur*, et surtout avec le conte suédois de *Wattuman et Wattusin* mentionné plus haut. Rappelons les principaux traits de ce mythe de Persée : Acrisius, roi d'Argos, à qui il a été prédit qu'il serait tué par le fils de sa fille Danaé, enferme celle-ci sous terre dans une chambre toute en airain. Jupiter, métamorphosé en pluie d'or, pénètre par le toit dans le souterrain et rend la jeune fille mère. (Dans le conte suédois, la princesse et sa suivante, enfermées dans une tour, deviennent mères après avoir bu de l'eau d'une source qui jaillit tout à coup dans la tour.) Quand elle a donné le jour à Persée, Acrisius la fait mettre avec son enfant dans un coffre que l'on jette à la mer. Après diverses aventures qui sont assez dans le genre des contes populaires (Persée, par exemple, a un bonnet, χυνῆ, qui le rend invisible), Persée, devenu grand, arrive en Ethiopie, où règne Céphée. Il trouve la fille de celui-ci, Andromède, exposée en pâture à un monstre marin, en vertu d'un oracle. Il la délivre et l'épouse.

---

1. Ici encore nous retrouvons, mais introduit d'une autre façon dans le récit, l'objet qui doit faire connaître le sort de celui de qui on le tient. Dans un conte suédois, cité plus haut, nous avons déjà vu ce trait du lait qui devient rouge ; mais le vase de lait avait été donné par un frère à son frère. Le conte indien est ici beaucoup plus naturel.

Ainsi que l'a fait remarquer Mgr Mislin dans son livre les *Saints Lieux* (t. I, p. 194 de l'éd. allemande), le mythe de Persée et Andromède s'est infiltré dans la légende de saint Georges, légende dans laquelle, du reste, aucun catholique ne prend à la lettre cet épisode de la princesse et du dragon, qui, d'après un critique allemand [1], apparaît seulement dans des versions assez récentes [2].

A propos du détail relatif aux langues de la bête à sept têtes, détail qui existe dans la plupart des contes du genre de nos *Fils du Pêcheur*, mentionnons un trait de la mythologie grecque. D'après Pausanias (I, 41, 4), le roi de Mégare avait promis sa fille en mariage à celui qui tuerait certain lion qui ravageait le pays. Alcathus, fils de Pélops, tua le monstre; après quoi, suivant le scholiaste d'Apollonius de Rhodes (sur I, 517), il lui coupa la langue et la mit dans sa gibecière. Aussi, des gens qui avaient été envoyés pour combattre le lion s'étant attribué son exploit, Alcathus n'eut pas de peine à les convaincre d'imposture.

*
* *

Dans la plupart des contes où figure le combat contre le dragon, l'individu qui se donne pour le libérateur de la princesse a assisté de loin au combat. Cette version est meilleure que la rencontre fortuite des trois charbonniers. — Dans le conte grec moderne de la collection E. Legrand et dans le conte basque, l'imposteur est un *charbonnier*, qui a trouvé les têtes du monstre.

L'épisode du chien, que le « fils du pêcheur » envoie prendre des plats dans la cuisine du roi, est mieux conservé dans certains contes étrangers, par exemple, dans le conte allemand n° 60 de la collection Grimm, et dans le conte suédois de *Wattuman et Wattusin*. Dans ces deux contes, le héros, revenu au bout de l'an et jour dans le pays de la princesse, parie contre son hôtelier que les animaux qui le suivent lui rapporteront des mets et du vin de la table du roi; la princesse reconnaît les animaux de son libérateur et leur fait donner ce qu'ils demandent.

*
* *

Au sujet de la dernière partie de notre conte, nous ferons remarquer que, dans la plupart des contes de cette famille, la sorcière change les jeunes gens en pierre, et non en touffes d'herbe, comme dans notre conte. — Dans certains contes (par exemple, dans le conte allemand n° 85 de la collection Grimm, dans le conte grec de la collection Hahn, dans le conte toscan de la collection Nerucci, etc.), c'est à la chasse qu'ils ont rencontré la sorcière. Dans d'autres, comme dans le conte lorrain, ils ont été attirés sur son domaine par un feu mystérieux, brillant dans le lointain (montagne en feu dans le conte serbe;

---

1. M. de Gutschmid, dans les comptes rendus de l'Académie de Leipzig (1861, p. 180).

2. Le conte portugais (Coelho, n° 52) mentionné ci-dessus met un « saint Georges » en scène dans un récit analogue à ceux que nous étudions ici. Après l'histoire du poisson merveilleux et de la bête à sept têtes, tuée par Georges, celui-ci dit à son frère, qui est venu le rejoindre, que, par suite d'un vœu, il ne peut se marier; il lui donne une des têtes de la bête en lui disant de se faire passer pour lui auprès du roi. Il fait ensuite « tant d'exploits pour la patrie », et il est si vertueux, qu'il est canonisé après sa mort.

grande lumière sur une montagne dans le conte sicilien n° 40 de la collection Gonzenbach ; maisonnette en feu dans le conte petit-russien ; *château* en feu, dans le conte flamand).

Un détail, commun à la plupart des contes présentant cette dernière partie, a disparu de notre conte. Le frère du jeune homme, qui passe la nuit dans la chambre de la princesse, laquelle le croit son mari, met dans le lit son sabre entre elle et lui. Ce trait se retrouve dans les *Mille et une Nuits* (*Hist. d'Aladdin*) et aussi dans le vieux poème allemand des *Nibelungen*, ainsi que dans son prototype scandinave, où Siegfried (ou Sigurd) met une épée nue entre lui et Brunehilde, qui doit devenir l'épouse du roi Gunther, pour lequel il l'a conquise.

*
* *

En Orient, on l'a vu, nous n'avons trouvé jusqu'à présent que certaines des parties qui composent notre conte. La dernière partie notamment (les aventures des frères et de la sorcière) ne s'est pas présentée à nous. Nous allons la rencontrer, avec presque tout l'ensemble du conte européen, dans un conte venu de l'Orient, de l'Inde évidemment, chez les Kabyles par le canal des Arabes. Dans ce conte kabyle (J. Rivière, p. 193), deux frères, Ali et Mohammed, nés du même père et de deux mères différentes, se ressemblent à s'y méprendre. Mohammed, au moment de quitter le pays, plante un figuier et dit à Ali que l'arbre perdra ses feuilles si lui, Mohammed, est sur le point de mourir, et se desséchera s'il est mort. Il prend son faucon, son lévrier et son cheval et se met en route. Arrivé auprès d'une ville, il tue un serpent qui empêchait une fontaine de donner de l'eau et sauve ainsi la vie de la fille du roi, en danger d'être dévorée par le monstre. Après quoi, il se déguise en mendiant ; mais la fille du roi s'est emparée d'une de ses sandales, et, en la lui faisant essayer, on le reconnaît pour le vainqueur du serpent. Mohammed épouse la princesse et devient roi. Un jour qu'il est à la chasse, il s'aventure, malgré les avertissements que lui avait donnés son beau-père, dans le domaine d'une ogresse. Celle-ci vient à sa rencontre. Elle lui dit d'empêcher son cheval, son lévrier et son faucon de lui faire du mal. « Ne crains rien, » dit le jeune homme. L'ogresse s'approche, attache les animaux avec des crins et les mange, ainsi que leur maître [1]. Aussitôt le figuier se dessèche. Ali se met à la recherche de son frère. Il rencontre la femme de ce dernier. « Je te salue, » dit-elle, « ô sidi ; nous croyions que tu étais mort. — Comment serais-je mort ? — Mon père t'avait dit : Chasse à tel et tel endroit, mais ne va pas là : c'est le domaine de l'ogresse. » Ali se dirige sans retard vers la demeure de l'ogresse. Quand cette dernière s'avance pour manger le cheval, celui-ci, qui a reçu ses instructions d'Ali, la frappe d'un coup de pied au front et la tue. Le faucon lui

---

1. Dans plusieurs des contes européens, c'est au moyen d'un *cheveu* que la sorcière enchaine les animaux du jeune homme, avant de changer celui-ci en pierre. Voir, par exemple, le conte suédois (Cavallius, p. 352), le conte danois (Grundtvig, p. 315), un conte serbe (Mijatowics, p. 256), deux contes portugais (Consiglieri-Pedroso, n° 11 ; Braga, n° 48), etc.— Comparer, dans les remarques de notre n° 1 de *Jean l'Ours* (p. 20), le passage du conte avare du Caucase et d'un conte de l'Asie centrale, où le nain s'arrache un poil de la barbe pour lier les compagnons du héros. (Dans le conte italien des Abruzzes, où la sorcière est remplacée par un magicien, c'est en jetant sur les gens un poil de sa barbe, que ce magicien les transforme en statues de marbre.)

crève les yeux, le lévrier lui ouvre le ventre et en tire Mohammed et ses animaux, tous inanimés. Alors Ali voit deux tarentules qui se battent et dont
l'une tue l'autre. Ali lui ayant fait des reproches : « Je lui rendrai la vie, » dit
la tarentule. En effet, au moyen du suc d'une certaine herbe, elle ressuscite sa
sœur. Ali, à son exemple, emploie de ce suc, et il rend la vie à Mohammed
et aux animaux [1].

On a recueilli dans l'Inde, dans le Bengale, un conte qui présente également la dernière partie des contes de cette famille (Lal Behari Day, n° 13) :
Un religieux mendiant promet à un roi de lui faire avoir deux fils, si celui-ci
consent à lui en donner un. Le roi s'y engage, et le mendiant fait manger à la
reine d'une certaine substance : au bout d'un temps, elle met au monde deux
fils. Quand les enfants ont seize ans, le mendiant vient en réclamer un. L'aîné
se dévoue, et, avant de partir, il plante un arbre, en disant à ses parents et à
son frère : « Cet arbre est ma vie : si vous le voyez dépérir, c'est que je serai
en danger ; s'il est mort, c'est que je serai mort aussi. » Sur son chemin, il
rencontre une chienne et ses deux petits chiens, dont l'un se joint au prince ;
de même, plus loin, un jeune faucon [2]. Le mendiant, arrivé chez lui avec le
jeune homme, défend à celui-ci d'aller du côté du nord ; autrement, il lui
arrivera malheur. Un jour que le prince poursuit un cerf, il s'égare du
côté du nord. Le cerf entre dans une maison ; le prince l'y suit, et, au lieu du
cerf, il y trouve une femme d'une merveilleuse beauté, qui lui propose de
jouer une partie de dés ; il perd successivement son faucon, son chien et sa
propre liberté. La femme, qui est une *râkshasi*, l'enferme dans une cave,
pour le manger plus tard [3]. Voyant l'arbre se flétrir, le frère du prince
se met en route. Il rencontre, lui aussi, la chienne avec son second petit
chien, lequel demande au jeune homme de le prendre avec lui, comme il a
pris son frère (les deux jeunes gens se ressemblent au point que l'on prend
l'un pour l'autre). Même chose de la part d'un jeune faucon. Le jeune homme
arrive chez le mendiant, et y apprend que son frère a dû tomber entre les
mains d'une râkshasi. Il poursuit également un cerf, qui l'amène chez la
râkshasi, et cette dernière lui propose aussi une partie de dés ; mais, cette
cette fois, elle perd, et le jeune homme gagne coup sur coup le chien et le
faucon de son frère et enfin son frère lui-même. La râkshasi, pour sauver sa

1. Dans un conte valaque, en partie de ce type (Schott, n° 10), et dans plusieurs autres contes européens, par exemple, dans des contes grecs modernes (t. II, p. 204 et 260, de la collection Hahn), un
serpent ayant été tué, un autre va chercher une certaine herbe au moyen de laquelle il lui rend la vie.
Cette herbe, qui a été ramassée avec soin, sert ensuite à ressusciter le héros. Voir encore le conte
allemand n° 16 de la collection Grimm, et comparer la fable antique de Polyidus et Glaucus (Apollo-
dore, III, 3, 1). — M. R. Kœhler a étudié à fond ce thème dans ses remarques sur les *Lais* de Marie
de France (édition K. Warake, 1885, pp. CIV-CVIII).

2. Dans le conte allemand n° 60 de la collection Grimm, cité plus haut, des animaux sauvages, épargnés par les deux frères, leur donnent chacun deux de leurs petits, qui se mettent à leur
suite. Comparer les contes allemands n° 58 de la collection Meier et p. 337 de la collection Kuhn et
Schwartz, le conte suédois de *Wattuman et Wattusin*, un conte du Tyrol allemand (Zingerle, II,
p. 260), un conte valaque Schott, (n° 10), etc.

3. Dans le conte napolitain n° 7 du *Pentamerone*, mentionné ci-dessus, le héros, fasciné par la beauté
d'une sorte de magicienne ou de sorcière, entre dans sa maison. Alors la magicienne crie : « Enchaînez
cet homme, mes cheveux ! » Et ses cheveux l'enchaînent, et il devient prisonnier de la magicienne.
(Comparer le conte kabyle et les contes européens où c'est au moyen d'un *crin*, d'un *cheveu*, que la sorcière enchaîne les animaux du héros.)

vie, révèle alors aux jeunes gens que le mendiant a de mauvais desseins contre l'aîné, et leur donne le moyen de le faire périr lui-même.

Ce conte indien renferme, on le voit, à l'exception de la seconde partie (le combat contre le dragon), presque tous les éléments que nous avons rencontrés dans les contes étudiés ci-dessus : naissance merveilleuse des deux enfants, leur ressemblance prodigieuse, leur séparation et le signe donné par celui qui part pour qu'on sache toujours ce qu'il devient, les animaux qui accompagnent le héros et qui le suivent chez l'être malfaisant où il risque de perdre la vie ; enfin, la dernière partie, fort ressemblante, malgré son individualité.

*
* *

On remarquera que, dans notre variante la *Bête à sept têtes*, deux personnages de la forme première se sont fondus en un seul : le dragon à sept têtes auquel on expose une princesse et la sorcière qui change en pierres ceux qui s'approchent d'elle.

La fin tragique du héros ne se trouve pas, à notre connaissance, ailleurs que dans cette variante lorraine.

VI

LE FOLLET

Il y a bien trois mille ans, notre voisin avait beaucoup de blé en grange. Tous les matins il trouvait une partie de ce blé battu, et des gerbes préparées sur l'aire pour le lendemain : il ne savait comment expliquer la chose.

Un soir, s'étant caché dans un coin de la grange, il vit entrer un petit homme qui se mit à battre le blé. Le laboureur se dit en lui-même : « Il faut que je lui donne un beau petit habit pour sa peine. » Car le petit homme était tout nu. Il alla dire à sa femme : « C'est un petit homme qui vient battre notre blé ; il faudra lui faire un petit habit. » Le lendemain, la femme prit toutes sortes de pièces d'étoffe, et en fit un petit habit, que le laboureur posa sur le tas de blé.

Le follet revint la nuit suivante, et, en battant le blé, il trouva l'habit. Dans sa joie il se mit à gambader à l'entour, en disant : « Qui bon maître sert, bon loyer en tire. » Ensuite il endossa l'habit, et se trouva bien beau. « Puisque me voilà payé de ma peine, battra maintenant le blé qui voudra ! » Cela dit, il partit et ne revint plus.

REMARQUES

Dans un conte hessois de la collection Grimm (n° 39), un pauvre cordonnier trouve cousus tous les matins les souliers qu'il a taillés la veille. Il s'aperçoit que ce sont deux petits hommes qui font l'ouvrage. Comme ils sont nus, sa femme leur fait de petits habits. Ils les revêtent tout joyeux en disant qu'ils sont maintenant trop beaux pour faire le métier de cordonnier ; puis ils disparaissent pour toujours. — Comparer un conte de la Basse-Saxe (Schambach et Müller, p. 140), et aussi un conte de l'Oberland bernois, *le Tailleur d'Isenfluh* (*Karlsruher Zeitung*, n⁰ du 8 août 1873).

En Suède, histoire du même genre (*Magasin pittoresque*, 1865, p. 235), où le lutin tamise de la farine. En Espagne (Caballero, II, p. 81), il pétrit du pain. Là il est vêtu en moine, et, quand à la place de son vieux froc tout usé, il a endossé celui qu'on lui a fait, il se met à dire qu'avec son habit neuf, le moinillon ne veut plus pétrir ni être boulanger.

En Irlande (Kennedy, I, p. 126), un *pooka* (sorte de follet) vient toutes les nuits dans une maison, sous la forme d'un âne, laver la vaisselle, balayer le plancher, etc. L'un des domestiques s'étant hasardé à lui demander d'où il vient, le pooka répond qu'il a, pendant sa vie, servi dans cette même maison. Après sa mort, il a été condamné, en punition de sa paresse, à faire la besogne qu'il fait toutes les nuits. Quelque temps après, les domestiques, voulant lui témoigner leur reconnaissance, lui font demander par l'un d'eux en quoi ils pourraient lui être agréables. Le pooka leur répond qu'il serait fort aise d'avoir un habit bien chaud. L'habit est apporté, et, dès que le pooka en est revêtu, il s'enfuit en disant : « Maintenant ma pénitence est terminée. Elle devait durer jusqu'à ce qu'on eût trouvé que je méritais un salaire. » Et on ne le revit plus jamais.

Enfin, en Angleterre, on raconte beaucoup d'histoires de follets secourables (*brownies, pixies*), qui disparaissent dès qu'ils ont mis les habits à eux destinés. Parfois même, quand on veut se débarrasser d'eux, on n'a qu'à leur faire un semblable don. (Voir Halliwell, p. 190; — W. Henderson, *Notes on the Folklore of the northern counties of England and the Borders*. Nouvelle éd. Londres, 1879, p. 248; — Loys Brueyre, p. 241 seq.).

VII

LES DEUX SOLDATS DE 1689

Il était une fois deux soldats qui avaient bien soixante ans. Obligés de quitter le service, ils résolurent de retourner au pays. Chemin faisant, ils se disaient : « Qu'allons-nous faire pour gagner notre vie ? Nous sommes trop vieux pour apprendre un métier ; si nous demandons notre pain, on nous dira que nous sommes encore en état de travailler, et on ne nous donnera rien. — Tirons au sort, » dit l'un d'eux, « à qui se laissera crever les yeux, et nous mendierons ensemble. » L'autre trouva l'idée bonne.

Le sort tomba sur celui qui avait fait la proposition ; son camarade lui creva les yeux, et, l'un guidant l'autre, ils allèrent de porte en porte demander leur pain. On leur donnait beaucoup, mais l'aveugle n'en profitait guère : son compagnon gardait pour lui-même tout ce qu'il y avait de bon et ne lui donnait que les os et les croûtes de pain dur. « Hélas! » disait le malheureux, « n'est-ce pas assez d'être aveugle ? Faut-il encore être si maltraité ? — Si tu te plains encore, » répondait l'autre, « je te laisserai là. » Mais le pauvre aveugle ne pouvait s'empêcher de se plaindre. Enfin son compagnon l'abandonna dans un bois.

Après avoir erré de côté et d'autre, l'aveugle s'arrêta au pied d'un arbre. « Que vais-je devenir ? » se dit-il. « La nuit approche, les bêtes sauvages vont me dévorer ! » Il monta sur l'arbre pour se mettre en sûreté.

Vers onze heures ou minuit, quatre animaux arrivèrent en cet endroit : le renard, le sanglier, le loup et le chevreuil. « Je sais quelque chose, » dit le renard, « mais je ne le dis à personne. — Moi aussi, je sais quelque chose, » dit le loup. — « Et moi

aussi, » dit le chevreuil. — « Bah ! » dit le sanglier, « toi, avec
tes petites cornes, qu'est-ce que tu peux savoir ? — Eh ! » repartit le chevreuil, « dans ma petite cervelle et dans mes petites
cornes il y a beaucoup d'esprit. — Eh bien ! » dit le sanglier,
« que chacun dise ce qu'il sait. »

Le renard commença : « Il y a près d'ici une petite rivière dont
l'eau rend la vue aux aveugles. Plusieurs fois déjà, dans ma vie,
j'ai eu un œil crevé ; je me suis lavé avec cette eau, et j'ai été
guéri. — Cette rivière, je la connais, » dit le loup ; « j'en sais
même plus long que toi. La fille du roi est bien malade ; elle est
promise en mariage à celui qui pourra la guérir. Il suffirait de lui
donner de l'eau de cette rivière pour lui rendre la santé. » Le
chevreuil dit à son tour : « La ville de Lyon manque d'eau, et
l'on promet quinze mille francs à celui qui pourra lui en procurer. Or, en arrachant l'arbre de la liberté, on trouverait une
source et l'on aurait de l'eau en abondance. — Moi, » dit le sanglier, « je ne sais rien. » Là-dessus, les animaux se séparèrent.

« Ah ! » se dit l'aveugle, « si je pouvais seulement trouver
cette rivière ! » Il descendit de l'arbre et marcha à tâtons à travers
la campagne. Enfin il trouva la rivière. Il s'y lava les yeux, et il
commença à entrevoir ; il se les lava encore, et la vue lui revint
tout à fait.

Aussitôt il se rendit près du maire de Lyon et lui dit que, s'il
voulait avoir de l'eau, il n'avait qu'à faire arracher l'arbre de la
liberté. En effet, l'arbre ayant été arraché, on découvrit une
source, et la ville eut de l'eau autant qu'il lui en fallait. Le soldat
reçut les quinze mille francs promis et alla trouver le roi.
« Sire, » lui dit-il, « j'ai appris que votre fille est bien malade,
mais j'ai un moyen de la guérir. » Et il lui parla de l'eau de la
rivière. Le roi envoya sur-le-champ ses valets chercher de cette
eau ; on en fit boire à la princesse, on lui en fit prendre des bains,
et elle fut guérie.

Le roi dit au soldat : « Quoique tu sois déjà un peu vieux, tu
épouseras ma fille, ou bien, si tu le préfères, je te donnerai de
l'argent. » Le soldat aima mieux épouser la princesse : il savait
bien qu'avec la fille il aurait aussi l'argent. Le mariage se fit sans
tarder.

Un jour que le soldat se promenait dans le jardin, il vit un
homme tout déguenillé qui demandait l'aumône ; il reconnut

aussitôt son ancien camarade. « N'étiez-vous pas deux à mendier autrefois ? » lui dit-il en l'abordant. « Où est votre compagnon ? — Il est mort, » répondit le mendiant. — « Dites la vérité, vous n'aurez pas à vous en repentir. Qu'est-il devenu ? — Je l'ai abandonné. — Pourquoi ? — Il était toujours à se plaindre ; c'était pourtant lui qui avait les bons morceaux : quand nous avions du pain, je lui donnais la mie, parce qu'il n'avait plus de dents, et je mangeais les croûtes ; je lui donnais la viande et je gardais les os pour moi. — C'est un mensonge ; vous faisiez tout le contraire. Pourriez-vous reconnaître votre compagnon ? — Je ne sais. — Eh bien ! ce compagnon, c'est moi. — Mais n'êtes-vous pas le roi ? — Sans doute, mais je suis aussi ton ancien camarade. Entre, je te raconterai tout. »

Quand le mendiant eut appris ce qui était arrivé à l'aveugle, il lui dit : « Je voudrais bien avoir la même chance. Mène-moi donc à cet arbre-là ; les animaux y viendront peut-être encore. — Volontiers, » dit l'autre, « je veux te rendre le bien pour le mal. » Il conduisit le mendiant auprès de l'arbre, et le mendiant y monta.

Vers onze heures ou minuit, les quatre animaux se trouvèrent là réunis. Le renard dit aux autres : « On a entendu ce que nous disions l'autre nuit : la fille du roi est guérie et la ville de Lyon a de l'eau. Qui donc a révélé nos secrets ? — Ce n'est pas moi, » dit le loup. — « Ni moi, » dit le chevreuil. — « Je suis sûr que c'est le sanglier, » reprit le renard ; « il n'avait eu rien à dire, et il est allé rapporter ce que nous autres avions dit. — Ce n'est pas vrai, » répliqua le sanglier. — « Prends garde, » dit le renard, « nous allons nous mettre tous les trois contre toi. — Je n'ai pas peur de vous, » dit le sanglier en montrant les dents, « frottez-vous à moi. »

Tout à coup, en levant les yeux, ils aperçurent le mendiant sur l'arbre. « Oh ! oh ! » dirent-ils, « voilà un homme qui nous espionne. » Aussitôt ils se mirent à déraciner l'arbre, puis ils se jetèrent sur l'homme et le dévorèrent.

REMARQUES

On a remarqué la bizarrerie de ce titre : *les deux Soldats de* 1689. 1689 est mis probablement pour 1789 : le souvenir de l' « arbre de la liberté » se rapporte tout naturellement à l'époque de la Révolution.

La personne de qui nous tenons ce conte l'avait appris à Joinville, petite ville de Champagne, à quatre lieues de Montiers-sur-Saulx. On le raconte aussi à Montiers, mais d'une manière moins complète.

Dans cette variante, intitulée *Jacques et Pierre*, les animaux sont au nombre de trois, le lion, le renard et l'ours. Le renard seul a quelque chose à dire. Il raconte que la fille du roi Dagobert est aveugle de naissance : si on lui lavait les yeux avec l'eau d'une certaine fontaine, elle verrait. L'aveugle apprend aussi que les animaux se réunissent une fois tous les ans, à pareil jour, à la même heure et au même endroit. Jacques, le méchant camarade, instruit par Pierre de cette particularité, se rend à l'endroit indiqué, pour entendre la conversation des animaux. Le lion dit : « Je sais quelque chose. La princesse d'Angleterre a quatre millions cachés dans un pot. » Jacques se baisse pour mieux entendre. Au bruit qu'il fait, les animaux lèvent la tête; l'ours grimpe sur l'arbre, tire Jacques par le bras et le fait tomber par terre, où les animaux le dévorent.

———

Voir les remarques de M. Reinhold Kœhler sur un conte italien de Vénétie (Widter et Wolf, n° 1), de même famille que nos deux contes français.

Nous pouvons rapprocher de ces deux contes, outre le conte italien, des contes recueillis dans la Basse-Bretagne (Luzel, *Légendes*, p. 111, et *Veillées bretonnes*, p. 258); dans le pays basque (Cerquand, I, p. 51; J. Vinson, p. 17); en Allemagne (Prœhle, II, n° 1; Ey, p. 188); en Flandre (Wolf. *Deutsche Mærchen und Sagen*, n° 4); en Suisse (Sutermeister, n°s 43 et 47); dans le Tyrol allemand (Zingerle, I, n° 20); dans le Tyrol italien (Schneller, n°s 9. 10 et 11); en Toscane (Nerucci, n° 23); en Danemark (d'après M. Kœhler); en Norwège (Asbjœrnsen, II, p. 166); en Finlande (E. Beauvois, p. 139); en Russie (Goldschmidt, p. 61); chez les Wendes de la Lusace (Haupt et Schmaler, II, p. 181); chez les Tchèques de Bohême (Waldau, p. 271); chez les Hongrois (conte de la collection Mailath, traduit dans la *Semaine des Familles*, 1866-1867, p. 4); chez les Roumains de Transylvanie (dans la revue l'*Ausland*, 1857, p. 1028); chez les Tsiganes de la Bukovine (Miklosisch, n° 12); en Serbie (Vouk, n° 16, et Jagitch, n° 55); chez les Grecs de l'Épire (Hahn, n° 30), en Catalogne (*Rondallayre*, I, p. 68); en Portugal (Coelho, n° 20); en Irlande (d'après M. Kœhler).

*
* *

Dans plusieurs des contes de ce type, l'introduction est très caractéristique. Ainsi, dans le premier conte serbe, deux frères se disputent au sujet de cette question : La justice vaut-elle mieux que l'injustice ? et ils conviennent de s'en rapporter au jugement du premier qu'ils rencontreront. Ils rencontrent à plusieurs reprises le diable, qui a pris diverses formes et qui décide toujours en faveur de l'injustice. Le champion de la justice, qui perd ainsi son procès, perd, comme conséquence, tout ce qu'il possède, et finalement ses yeux : son frère les lui crève et l'abandonne.

Le conte italien de Vénétie, le conte grec, le second conte serbe, le conte russe, les contes wende, allemand de la collection Prœhle, finnois, portugais, catalan, le premier conte breton, ont une introduction analogue, parfois plus ou moins altérée. La question débattue est tantôt : « Celui qui fait le bien fait-il bien ? » (conte italien) ; tantôt : « Est-ce la loyauté ou la déloyauté qui l'emporte dans le monde ? » ou bien : « Est-ce la justice ou l'injustice qui gouverne le monde ? » (conte finnois, conte grec), etc. — Dans les contes italien, portugais, catalan, breton, le partisan du bien ne perd pas ses yeux, mais simplement sa fortune.

Dans le conte norwégien, Déloyal crève les yeux à son frère Loyal, parce que ce dernier lui reproche de l'avoir trompé. (C'est là, évidemment, un souvenir de l'introduction du premier groupe.)

Ailleurs l'introduction est différente. Dans les contes toscan, tsigane, roumain, russe, flamand, le méchant frère (ou compagnon) ne consent à donner du pain au héros qu'en échange des yeux de celui-ci [1].

Dans le second conte breton, le conte basque et le conte allemand de la collection Ey, nous retrouvons l'introduction de nos *Soldats de 1689* ; ainsi, dans le conte allemand, recueilli dans le Harz, deux compagnons s'en vont par le monde et gagnent leur pain en faisant des armes. L'un est bon et un peu simple ; l'autre est méchant et rusé. Un jour, ce dernier dit à l'autre que décidément le métier ne va pas ; il vaudrait mieux que l'un des deux se rendît aveugle : l'autre le conduirait, et ils recueilleraient beaucoup d'aumônes. Le simple et naïf compagnon se laisse crever les yeux. (Comparer l'introduction altérée d'un conte italien des Abruzzes, nº 14 de la collection Finamore, conte qui n'a pas la dernière partie du nôtre.)

Dans le conte tchèque, un voyageur est dépouillé et aveuglé par ses deux compagnons.

Enfin, dans une dernière catégorie (contes suisses, conte du Tyrol allemand, contes du Tyrol italien nᵒˢ 9 et 10), il n'est point parlé de bon ni de mauvais compagnon, mais simplement de deux frères ou de deux compagnons à l'un desquels il arrive, par l'effet du hasard, les aventures du héros de nos contes. En un mot, l'introduction a disparu.

*
* *

Dans nos deux contes français, ce sont des animaux qui, sans le savoir, révèlent au héros les secrets dont la connaissance fait sa fortune. Il en est de même dans le second conte breton (lion, sanglier, loup) ; dans le premier conte basque (singe, ours et loup) ; dans le conte allemand de la collection

---

1. Dans certains contes, tels qu'un conte allemand (Grimm, nº 107) et deux contes hongrois (Gaal, p. 175 ; Erdelyi-Stier, nº 10), l'introduction est telle de ce groupe ; mais la suite des aventures n'est plus la même. — Un conte croate (Krauss, I, nº 74), voisin de ces contes, se rapproche beaucoup plus qu'eux des contes du genre de nos *Deux Soldats*.

Prœhle (ours, lion, renard); dans le conte flamand (ours, renard, loup); dans le conte norwégien (ours, loup, renard, lièvre). Dans le conte allemand de la collection Ey, dans le conte hongrois et dans le second conte serbe, les animaux sont trois corbeaux. — Ailleurs, le héros surprend la conversation de diables (conte du Tyrol allemand, contes grec, portugais, tsigane, russe, finnois, premier conte breton), ou de sorcières (contes du Tyrol italien, contes italiens de la Vénétie et de la Toscane, contes tchèque, catalan, suisse n° 43), ou de *vilas*, sorte de génies ou de fées (premier conte serbe), ou d'esprits (conte wende), ou enfin de géants (conte suisse n° 47).

Quant aux secrets eux-mêmes, dans le plus grand nombre des contes cités plus haut, il y en a trois, et ils sont les mêmes que dans nos *Soldats de 1689* : moyen de recouvrer la vue, de guérir une princesse et de donner de l'eau à une ville. Voir les contes breton, flamand, du Tyrol italien n° 11, wende, tchèque, tsigane, le second conte serbe, et aussi les contes allemands des collections Ey et Prœhle (dans ces deux derniers, c'est un roi ou un homme riche qui est guéri et non une princesse). — Dans le conte norwégien, il y a, en plus, le moyen de faire produire des fruits aux arbres d'un jardin devenus stériles; dans le conte finnois, le moyen de ramener des élans dans le parc d'un roi. (Notons que, dans ce conte finnois, pour faire jaillir de l'eau dans la cour du château royal, il faut, comme dans nos *Soldats de 1689*, arracher un certain arbre.) — Dans les autres contes, il manque un ou deux des trois secrets ; mais dans tous figure la guérison de la princesse.

*
* *

Au XVIe siècle, notre conte se retrouve dans le chapitre 464 du recueil d'anecdotes publié en 1519 par le moine franciscain allemand Jean Pauli, sous le titre de *Schimpf und Ernst* (Plaisanteries et choses sérieuses), et qui a eu plus de trente éditions en Allemagne. Le récit de Pauli se rattache, pour l'introduction, au premier groupe de contes indiqué ci-dessus : Un maître soutient contre son serviteur que ce n'est pas la vérité et la justice, mais bien la fausseté et la déloyauté qui gouvernent ce bas monde. Trois personnages à qui la question est soumise décident en faveur du maître. Il a été convenu d'avance que, si le serviteur perd son procès, il perdra aussi ses yeux. Le maître les lui crève et l'abandonne dans un bois. Pendant la nuit, le serviteur entend des diables parler d'une certaine plante qui croît à cet endroit même et qui rend la vue aux aveugles. Il se guérit ainsi et guérit également une princesse aveugle, qu'il épouse. Son ancien maître, auquel il raconte ses aventures, veut aller chercher la plante, mais les diables le découvrent et lui crèvent les yeux.

L'introduction est du même genre, avec de fortes altérations, dans un récit analogue à nos contes et qui fait partie d'un recueil de fables et paraboles, écrites en Espagne, au plus tard dans les premières années du XIVe siècle, le *Libro de los Gatos* [1]. Nous ferons remarquer que là ce sont, comme dans nos *Soldats de 1689*, des animaux sauvages qui conversent ensemble.

---

1. Voir dans le *Jahrbuch für romanische und englische Literatur*, t. VI, p. 28, la traduction de ce conte. — M. H. Oesterley a montré, dans la revue la *Germania* (années 1864, p. 126, et 1871, p. 129).

*
* *

En Orient, nous citerons d'abord, comme pendant de tous ces récits, un conte arabe existant dans certains manuscrits des *Mille et une Nuits* (éd. du Panthéon littéraire, p. 717). Abou-Nyout (le Bienveillant), pressé par la soif, se fait descendre dans un puits par son compagnon de voyage Abou-Nyoutine (le Trompeur). Celui-ci coupe la corde et abandonne Abou-Nyout. Pendant la nuit, le malheureux, du fond de son puits, entend deux mauvais génies qui s'entretiennent du moyen de guérir certaine princesse et de découvrir certain trésor. Tiré du puits le matin par des voyageurs qui passent, Abou-Nyout met à profit ce qu'il vient d'apprendre et devient l'époux de la princesse. Quelque temps après, il rencontre son ancien compagnon, réduit à mendier. Il lui pardonne et lui raconte tout. Mais, la nuit, les génies reviennent au puits, se plaignent de ce que leurs secrets ont été découverts, et, de colère, comblent le puits, écrasant sous d'énormes pierres le méchant Abou-Nyoutine, qui y était descendu pour épier leur conversation.

Dans un conte kirghis de la Sibérie méridionale (Radloff, III, p. 343), la ressemblance avec nos contes européens s'accentue sur certains points. Le Bon et le Méchant voyagent de compagnie. Ce sont les provisions du Bon qu'ils mangent d'abord. Quand elles sont épuisées, le Méchant coupe successivement au Bon les deux oreilles et lui arrache l'un après l'autre les deux yeux, qu'il lui donne à manger. Finalement, il l'abandonne dans un bois. Arrivent trois animaux, un tigre, un renard et un loup. Le loup dit aux autres que dans la forêt il y a deux trembles qui rendent des yeux et des oreilles à qui n'en a plus. Le tigre parle d'un certain chien, dont les os ressuscitent les morts. Le renard connaît un endroit où il y a un morceau d'or gros comme la tête. Le Bon profite de ces indications, recouvre ses yeux et ses oreilles, achète le chien avec le morceau d'or qu'il a déterré, et, au moyen des os du chien, ressuscite un prince qui lui donne sa fille en mariage. Un jour il rencontre son compagnon qui, apprenant l'origine de sa fortune, lui dit de lui couper les oreilles, de lui crever les yeux et de le conduire dans la forêt. Quand il y est, les trois animaux le dévorent.

Voici maintenant un conte *sarikoli*, recueilli dans l'Asie centrale, chez des peuplades qui habitent les vallées à l'ouest du plateau du Pamir (*Journal of the Asiatic Society of Bengal*, vol. 45, part. I, n° 2, p. 180) : Deux hommes, l'un bon, l'autre méchant, s'en vont en voyage ensemble. Le bon ayant épuisé ses provisions, le méchant ne consent à lui donner du pain que s'il se crève d'abord un œil, puis l'autre ; alors il l'abandonne. Le bon, qui s'est réfugié dans une caverne, entend pendant la nuit la conversation d'un loup, d'un ours et d'un renard, qui se sont donné rendez-vous en cet endroit. Ils s'entre-tiennent de la fille du roi, qui est aveugle, et du moyen de la guérir. L'un d'eux parle d'un certain arbre et d'une fontaine, tout voisins de la caverne, par le moyen desquels un aveugle peut recouvrer la vue. Le bon se guérit lui-

que le *Libro de los Gatos* n'est qu'une traduction, souvent servile, des *Narrationes* composées dans le dernier tiers du XIIe siècle par le moine cistercien anglais Eudes de Sherrington (*Odo de Ciringtonia*). Mais, dans ce que M. Oesterley a publié des *Narrationes*, nous n'avons pas trouvé de conte de ce genre.

même et guérit ensuite la princesse, que le roi lui donne pour femme. — Dans la seconde partie de ce conte, qui est altérée, le méchant se rend à la caverne, sur les indications du bon ; les animaux l'entendent faire du bruit, et le loup le déchire.

Dans l'Inde, nous trouvons d'abord un conte du Bengale (*Indian Antiquary*, 1874, p. 9). Voici le résumé de ce conte : Le fils d'un roi et le fils d'un kotwal (officier de police), s'étant liés d'amitié, se mettent à voyager ensemble en pays étranger. Un jour, le fils du kotwal dit au fils du roi : « Vous faites toujours du bien aux autres ; quant à moi, je leur fais toujours du mal. » Le prince ne répond rien, et ils poursuivent leur route, jusqu'à ce qu'ils parviennent à un puits, où le prince, qui a grand'soif, se fait descendre par son compagnon. Celui-ci l'y abandonne. Pendant la nuit, arrivent auprès du puits deux *bhuts* (sortes de génies), qui se mettent à causer ensemble. L'un d'eux a pris possession d'une certaine fille de roi, et personne ne pourra le chasser, si l'on ne fait telle ou telle chose, qu'il indique, mais personne ne connaît ce secret. A son tour, le second bhut dit à l'autre qu'au pied d'un arbre voisin il y a cinq pots remplis d'or, sur lesquels il veille, et que personne ne pourra les lui enlever, si l'on ne recourt à tel ou tel moyen [1]. — Du fond de son puits, le prince a tout entendu, et, le matin, il s'en fait tirer par un homme qui passe. Précisément cet homme était envoyé par le roi, père de la princesse possédée par le bhut, pour annoncer partout qu'il donnerait à celui qui délivrerait sa fille la main de celle-ci et son royaume. Le prince, profitant des secrets qu'il a surpris, délivre la princesse, puis s'empare des pots d'or. Les bhuts s'aperçoivent alors que leur conversation a dû être entendue et ils se promettent de bien surveiller le puits à l'avenir. Quelques jours après, le fils du kotwal, ayant appris du prince ce qui s'est passé, va se cacher dans le puits ; les bhuts s'y trouvent et le mettent en pièces.

On remarquera combien le conte arabe résumé tout à l'heure est voisin de ce conte indien.

Deux des contes indiens qu'il nous reste à faire connaître ont été recueillis au pied de l'Himalaya, chez les Kamaoniens. Le premier (Minaef, nᵒ 42) peut se résumer ainsi : Il était une fois un pauvre brahmane qui vivait d'aumônes. Il arriva qu'un jour il alla mendier dans trois ou quatre villages sans rien recevoir. Dans le dernier de ces villages, il frappa chez l'ancien, qui n'était pas à la maison ; mais sa femme lui permit d'entrer. L'ancien, étant de retour, battit le brahmane à grands coups de souliers et le chassa. Le brahmane s'en alla et aperçut un petit feu allumé dans le cimetière. Il s'en approcha, et que vit-il ? un certain démon *piçac* qui entretenait le feu. Le brahmane s'assit auprès pour se chauffer. Le démon, en le regardant, se mit à rire d'abord, puis à pleurer, et le brahmane fit de même. Le démon ayant demandé au brahmane pourquoi il se réjouissait d'abord et pleurait ensuite, le brahmane lui adressa la même question. « Je me suis réjoui d'abord, » dit le démon *piçac*, « parce que j'étais seul et qu'il m'arrivait un compagnon ; puis je me suis mis à pleurer parce qu'il

---

1. Dans notre variante *Jacques et Pierre*, le lion raconte aux autres animaux que la princesse d'Angleterre a quatre millions cachés dans un pot. (Comparer aussi le passage du conte kirghis où il est question d'un morceau d'or enfoui, et les deux contes kamaoniens résumés ci-après.)

viendra aujourd'hui quatre *râkshasas* (sorte de mauvais génies, d'ogres) des quatre coins du monde, et qu'ils mangeront ou toi ou moi. — Est-ce qu'il n'y a pas moyen de rester en vie? » demanda le brahmane. — « Monte sur cet arbre-ci, » dit le démon. Et le brahmane monta sur l'arbre. Les quatre râkshasas arrivèrent; ils mangèrent le démon *piçac* et se mirent à causer. « Amis, racontez quelque chose. » Et le premier dit : « Frères, sous cet arbre il y a deux coupes pleines d'argent. Celui qui les déterrera aura de quoi manger toute sa vie. » Le second râkshasa dit : « Il y a sur cet arbre un oiseau : si on nourrit de sa fiente un vieillard de soixante-dix ans, il deviendra comme un enfant de dix ans. » Le troisième dit : « Il y a ici un trou, et dans ce trou une souris ayant au cou un précieux collier. Tous les matins, de bonne heure, cette souris sort pour regarder le soleil. Celui qui lui lancera une poignée d'argile aura le collier. » Le quatrième dit : « Si quelqu'un bâtit une maison sur telle montagne, celui-là trouvera dans sa maison des pierres d'or. » Après ces discours, les râkshasas s'en allèrent chacun de son côté. Le brahmane descendit de l'arbre ; il déterra d'abord l'argent et le mit en sûreté ; il ramassa de la fiente de l'oiseau, et, au lever du soleil, il ôta du cou de la souris le collier. — Or, il y avait dans la ville voisine un roi lépreux. Beaucoup de médecins le traitaient, sans qu'aucun remède pût le guérir. Le brahmane se présenta au palais. D'abord repoussé et battu par les domestiques, il parvint enfin à être introduit auprès du roi. « Moi seul, » dit-il, « et le roi, nous resterons dans le palais, et, dans six jours, le roi sera guéri. » Il le guérit en effet. Alors le roi lui dit : « Je te donnerai tout ce que tu demanderas. — Mahârâdjâ (grand roi), » dit le brahmane, « fais-moi cadeau de telle montagne. — Tu es fou ! » reprit le roi, « pourquoi demander une montagne ? demande autre chose. — Mahârâdjâ, si tu me donnes cette montagne, j'y bâtirai une petite cabane pour y vivre. » Le roi lui donna la montagne et, de plus, quelques pièces d'or. Le brahmane s'en retourna chez lui, puis il bâtit une maison sur la montagne et devint très riche. — Un jour, cet ancien du village qui avait battu le brahmane à coups de souliers, vint frapper à la porte de celui-ci et lui dit : « Donne-moi quelque chose à manger. » Le brahmane dit à sa femme : « Remplis de perles une assiette et donne-la-lui. » C'est ce que fit la femme; mais l'ancien ne prit pas l'assiette. La femme, rentrant à la maison, dit au brahmane : « Il ne prend pas l'assiette. — Tu y a mis trop peu de perles, » dit le brahmane. « Remplis-la jusqu'aux bords. » Il porta lui-même l'assiette à l'ancien ; mais celui-ci ne la prit toujours pas. « Que veux-tu ? » lui demanda le brahmane. — « Fais-moi aussi riche que toi, » dit l'autre. A quoi le brahmane répondit : « Frère, l'autre jour, quand tu m'as battu à coups de souliers, j'ai aperçu un petit feu dans le cimetière, je suis allé de ce côté, et il m'est arrivé telle et telle chose. » Et il lui raconta toute l'histoire. L'ancien se rendit lui aussi au cimetière, et il lui arriva la même chose qu'au brahmane. « Il n'y a donc pas moyen de rester en vie ? » demanda-t-il au démon *piçac*. Celui-ci lui dit de monter sur l'arbre. L'ancien le fit, et quatre râkshasas, venus des quatre coins du monde, se mirent à causer entre eux. « Amis, racontez quelque chose. — Que raconter ? » dit le premier râkshasa. « Je vous ai dit une fois déjà que sous cet arbre il y avait des richesses. Quelqu'un est venu et les a emportées. » Le second dit : « Que raconter, frères ? J'ai déjà dit qu'il y avait ici une souris ayant au cou un précieux collier. Un homme le lui a pris, et maintenant la souris pleure. — Que raconter ? » dit le troisième râkshasa, « j'ai déjà dit que sur cet arbre il y a un oiseau. » Ils regardèrent en l'air et aperçurent l'ancien. « Ah ! » crièrent-ils, « c'est toi qui nous as volés. » Et les quatre râkshasas saisirent l'ancien et le mangèrent.

Le second conte kamaonien (Minaef, n° 16), bien qu'altéré en certains endroits, a son importance, en tant qu'il nous présente une forme indienne très nette de l'introduction caractéristique du premier groupe de contes européens de cette famille. Voici ce conte kamaonien : Il était une fois le fils d'un riche et le fils d'un brahmane. Le premier dit : « Le péché est puissant. — Non, » répondit le fils du brahmane, « la loi est puissante. — Bon, » dit le premier, « consultons quatre hommes ; s'ils disent : Le péché est puissant, je te couperai les mains et les pieds ; et s'ils disent : La loi est puissante, tu me les couperas. » Ils se mirent donc en chemin et rencontrèrent une vache. Ils lui demandèrent : « Qu'est-ce qui est puissant des deux, la loi ou le péché ? — C'est le péché qui est puissant, » répondit la vache ; « il n'y a point de loi. La maison de mon maître est pleine de ma postérité, et voilà que mon maître m'a chassée dans la forêt malgré ma vieillesse. » Ils rencontrèrent un brahmane, et lui dirent : « Qu'est-ce qui est puissant des deux, le péché ou la loi ? — C'est le péché qui est puissant, » répondit le brahmane ; « autrement ma femme et mes enfants m'auraient-ils chassé, moi pauvre vieillard ? » Ensuite ils rencontrèrent un ours et lui firent la même question. « C'est le péché qui est puissant, » répondit le roi des forêts ; « je vis dans la forêt, et néanmoins les hommes me tourmentent. » Plus loin, un lion leur fit la même réponse : « Je vis dans la forêt, et les hommes cherchent à me tuer pour recevoir quelque récompense. » Alors le fils du riche dit : « Voilà quatre hommes [1] qui ont été interrogés. » Et il coupa au fils du brahmane les pieds et les mains, le jeta dans la forêt et s'en retourna chez lui [2]. — Douze ans après, c'était un jour de fête ; le fils du brahmane était assis sous un arbre. Il y vint une divinité, un ours, un tigre et un lion, qui peu à peu se mirent à causer entre eux. « On sent ici une odeur d'homme, » dirent-ils. « Oui, il y a ici, dans le trou, un homme. » Alors l'ours descendit dans le trou et dit : « Homme, pourquoi es-tu venu ici ? » Et ils se mirent à dire tous : « Il y a sur cet arbre un oiseau. Celui qui se frottera les mains et les pieds de sa fiente sera guéri. » Et l'un d'eux ajouta : « Sous cet arbre il y a deux pots remplis de pièces de monnaie. » Le fils du brahmane se frotta avec la fiente de l'oiseau, et il lui revint des mains et des pieds. Quelque temps après, le roi de cette ville mourut, et le peuple choisit le fils du brahmane pour régner à sa place, et ce dernier prit le trésor qui était sous l'arbre. — Ayant entendu raconter ces choses, le fils du riche vint chez le fils du brahmane et lui dit : « Coupe-moi les pieds et les mains. — Non, je ne le ferai pas, » répondit le fils du brahmane. L'autre insista, et le fils du brahmane lui coupa les pieds et les mains et le jeta dans

---

1. Cette expression s'explique par les idées des Hindous sur la métempsychose.

2. Pour cet épisode de la consultation des arbitres, qui se trouve dans une fable de La Fontaine (livre X, fable II), comparer un passage du *Pantchatantra*, extrait de l'édition en usage chez les populations du sud de l'Inde (Th. Benfey, *Pantschatantra*, t. 1, p. 115, seq.).

la forêt. Au même endroit se réunirent encore une divinité, un ours, un tigre et un lion, qui se dirent l'un à l'autre : « On sent ici une odeur d'homme. Et cet homme est dans le trou. » Ils y regardèrent et virent l'homme assis. Ils le retirèrent du trou et le mangèrent.

Si, de l'Inde septentrionale, nous passons à l'Inde du Sud, nous y trouvons un conte de ce même type, altéré aussi, mais ayant conservé, tout en le motivant d'une manière qui ne nous paraît point la manière primitive, un trait commun à presque tous les contes européens ci-dessus indiqués, ainsi qu'au conte sibérien et au conte des peuplades de la région du Pamir, le trait des *yeux crevés*. Voici ce conte indien (*Indian Antiquary*, octobre 1884, p. 285) : Un roi a un fils nommé Subuddhi ; son ministre en a un, nommé Durbuddhi. La devise favorite du prince est : « Charité seule triomphe ; » celle du fils du ministre est tout le contraire. Un jour que les deux jeunes gens sont à la chasse et que le prince blâme son ami de la maxime qu'il répète à tout propos, l'autre saute sur lui, lui arrache les yeux et l'abandonne. Le prince se traîne à tâtons jusqu'à un temple où le hasard le conduit et dans lequel il s'enferme. C'est le temple de la terrible déesse Kâlî. La déesse est justement sortie pour aller chercher des racines et des fruits ; trouvant, à son retour, les portes fermées, elle menace l'intrus de le faire périr. Le prince répond : « Je suis déjà aveugle et à moitié mort ; si tu me tues, tant mieux. Si, au contraire, tu as pitié de moi et me rends mes yeux, j'ouvrirai les portes. » Kâlî, bien qu'affamée, promet au prince d'exaucer sa prière, et aussitôt il recouvre la vue. — Plus tard, la déesse, qui a pris le prince en amitié, lui dit que, dans un pays voisin, la fille du roi est devenue aveugle à la suite d'une maladie ; le roi a promis son royaume et sa fille à celui qui guérirait celle-ci. Et la déesse ajoute : « Applique trois jours de suite sur les yeux de la jeune fille un peu des cendres sacrées de mon temple, et, le quatrième jour, elle verra. » Le prince suit ce conseil ; la princesse est guérie, et il l'épouse. — Dans la suite, le prince rencontre Durbuddhi, le fils du ministre, réduit à demander l'aumône. Il le comble de bienfaits. Durbuddhi, loin de lui être reconnaissant, cherche à le perdre ; mais, après divers incidents, il est providentiellement puni, et, là encore, la devise du prince est justifiée.

Enfin, chez les Kabyles (Rivière, p. 35), nous rencontrons encore une forme de notre thème où se trouve le trait des *yeux crevés*, et cette forme se rattache étroitement, par la façon dont ce trait est motivé, au conte sibérien, au conte des peuplades du Pamir et à tout un groupe de contes européens : Un homme de bien et un méchant voyagent ensemble. Le premier partage ses provisions avec son compagnon ; mais, quand elles sont épuisées, le méchant ne veut lui en donner des siennes que si l'homme de bien se laisse arracher d'abord un œil, puis l'autre ; après quoi il l'abandonne. Un oiseau vient à passer et dit à l'homme de bien de prendre une feuille d'un certain arbre et de l'appliquer sur ses yeux. Il le fait et recouvre la vue ; il guérit ensuite un roi qui était aveugle, et le roi lui donne sa fille en mariage. — Le conte kabyle se continue en passant dans un autre thème, et le méchant est puni, mais d'une autre manière que dans les contes analysés ci-dessus.

VIII

LE TAILLEUR & LE GÉANT

Un jour, un tailleur mangeait dans la rue une tartine de fromage blanc. Voyant des mouches contre un mur, il donna un grand coup de poing dessus et en tua douze. Aussitôt il courut chez un peintre et lui dit d'écrire sur son chapeau : J'EN TUE DOUZE D'UN COUP, puis il se mit en campagne.

Arrivé dans une forêt, il rencontra un géant. Le géant lui dit tout d'abord : « Que viens-tu faire ici, poussière de mes mains, ombre de mes moustaches ? » Mais quand il vit ce qui était écrit sur le chapeau du tailleur : *J'en tue douze d'un coup :* « Oh! oh! » se dit-il, « il ne faut pas se frotter à ce gaillard-là. » Et il lui demanda s'il voulait venir avec lui dans son château, où ils vivraient bien tranquilles ensemble.

Quand ils furent au château, ils se mirent à table, et le géant régala le tailleur. Après le repas, il lui dit : « Veux-tu jouer aux quilles avec moi ? nous nous amuserons bien. — Volontiers, » répondit le tailleur. Chaque quille pesait mille livres et la boule vingt mille. « Le jeu est-il trop loin ou trop près ? » demanda le géant. — « Mets-le comme tu voudras. » Le géant qui maniait la boule comme si elle n'eût rien pesé, joua le premier. Après avoir abattu quatre quilles, il dit au petit tailleur de jouer à son tour ; mais celui-ci, au lieu de prendre la boule, voyant qu'il ne pouvait même la soulever, se jeta par terre en se tordant, comme s'il avait la colique. « Si tu as mal, » lui dit le géant, « viens, je te rapporterai au logis sur mon dos. — C'est bon, » répondit le tailleur, « je marcherai bien. » Quant ils furent revenus au château, le géant lui fit boire un coup pour le remettre.

Il y avait en ce temps-là un sanglier et une licorne qui désolaient tout le pays ; le roi avait promis sa fille en mariage à celui qui les tuerait. Le géant se mit en route avec le petit tailleur pour aller combattre les deux bêtes. Le tailleur prit un tranchet bien aiguisé et se coucha par terre ; quand le sanglier passa, il lui enfonça le tranchet dans le ventre et se retira bien vite pour ne pas être écrasé par l'animal dans sa chute. « Porte cette bête au roi, » dit-il au géant, « tu es un grand paresseux, tu ne fais jamais rien. » Le géant chargea le sanglier sur ses épaules et le porta au roi. « C'est bien, » dit le roi, « je suis content, mais il y a encore une licorne à combattre. »

Les deux compagnons retournèrent dans la forêt, et bientôt ils virent la licorne. Le tailleur était auprès d'un arbre ; elle se mit à tourner tout autour, et le tailleur faisait de même ; enfin, comme elle s'élançait sur lui, sa corne s'enfonça dans l'arbre, et elle ne put l'en retirer. Le petit tailleur prit son tranchet et tua la licorne, puis il dit au géant : « Toi qui n'as rien fait, porte cette bête au roi. »

Lorsqu'ils se présentèrent devant le roi, celui-ci fut fort embarrassé, car le géant voulait aussi épouser la princesse. «. J'avais promis ma fille à un seul, » dit le roi, « mais vous êtes deux. Je vais faire venir ma fille : celui qui lui plaira le plus l'épousera. » Ils entrèrent ensemble dans la chambre de la princesse, qui préféra le petit tailleur : elle trouvait le géant trop grand et trop laid. Le géant, furieux contre le tailleur, jura qu'il le tuerait. L'autre avait pensé d'abord à se sauver, mais il se ravisa et vint, pendant la nuit, enfoncer d'un grand coup de masse la porte du géant. « Je vais t'en faire autant, » lui dit-il, « si tu ne me laisses pas épouser la princesse. » Le géant, effrayé, céda la place et s'enfuit.

Le tailleur épousa la princesse ; on fit un grand festin, et depuis on ne revit plus le géant.

REMARQUES

Comparer plusieurs contes allemands (Birlinger, I, p. 356 ; Meier, n° 37 ; Kuhn, *Märkische Sagen*, p. 289 ; Prœhle, I, n° 47 ; Grimm, n° 20) ; deux contes du Tyrol allemand (Zingerle, II, pp. 12 et 108) ; un conte du Vorarlberg (d'après M. Kœhler, remarques sur le n° 41 de la collection

Gonzenbach); deux contes suisses (Sutermeister, n°s 30 et 41); deux contes
du Tyrol italien (Schneller, n° 53 et 54); un conte sicilien (Gonzenbach,
n° 41); un conte recueilli chez les Espagnols du Chili (*Biblioteca de las
tradiciones populares españolas*, t. I, p. 121); un conte portugais (Braga,
n° 79); deux contes russes (Gubernatis, *Zoological Mythology*, I, pp. 203 et
335; Naaké, p. 22); un conte hongrois (Gaal-Stier, n° 11); un conte de la
Bukovine (d'après M. Kœhler); un conte grec moderne d'Epire (Hahn,
n° 23); enfin, un conte irlandais, qui a été inséré par le romancier irlandais
Lover dans sa nouvelle *le Cheval blanc des Peppers* (*Semaine des Familles*,
1861-1862 , p. 553).

*
* *

Tous ces contes, excepté le conte suisse n° 41 de la collection Sutermeister
et le conte du Tyrol italien n° 54 de la collection Schneller, ont une introduction analogue à celle du conte lorrain.

Les plus complets, pour l'ensemble, sont le conte hongrois, le conte de la
Marche de Brandebourg (collection Kuhn); le conte du Tyrol allemand, p. 12
de la collection Zingerle, et le conte du Tyrol italien n° 54 de la collection
Schneller. Voici, par exemple, les principaux traits du conte hongrois : Un
tailleur tue du plat de sa main des mouches qui s'étaient posées sur son assiette
de lait caillé. Il les compte : il y en a cent. Aussitôt il met en grosses lettres
sur un écriteau : « Je suis celui qui en a tué cent d'un coup, » et il s'attache
l'écriteau derrière le dos. Il arrive dans la capitale d'un royaume ; le roi, ayant
eu connaissance de l'inscription, fait venir le tailleur et lui demande de le
délivrer de douze ours qui désolent le pays. Le tailleur y parvient par ruse, en
enivrant les ours, qu'il tue alors tout à son aise. Le roi l'envoie ensuite combattre trois géants, lui promettant, s'il l'en débarrasse, la moitié de son
royaume et la main de sa fille. Le tailleur se rend chez les géants; il leur
donne, par diverses ruses, une haute idée de sa force, et les géants lui
demandent de rester avec eux et de devenir leur camarade. Pendant la nuit,
l'un d'eux entre tout doucement dans la chambre du tailleur qui a mis une
vessie pleine de sang dans le lit, et il s'imagine le tuer; après quoi, les
trois géants, dans leur joie, se mettent à boire : ils boivent si bien qu'ils
roulent par terre, et le tailleur n'a pas de peine à les tuer [1]. Le tailleur
accomplit encore un exploit : grâce à une heureuse chance, il met en
fuite une armée ennemie, contre laquelle son futur beau-père l'avait
envoyé à la tête de ses soldats. (Comme cet épisode se trouvera dans un conte
russe sous une forme plus primitive, nous ne ferons que l'indiquer ici.)
— Les mêmes épisodes se rencontrent dans les trois autres contes indiqués.

Dans le premier conte du Tyrol allemand, l'animal terrible contre lequel est
envoyé le héros, n'est pas un ours, mais un sanglier; de même dans le conte
espagnol. Dans le second conte du Tyrol italien, c'est un dragon. Dans le conte

---

1. Cet épisode des géants forme parfois un conte à part, par exemple dans notre n° 25, *le Cordonnier
et les Voleurs*. Voir les remarques de ce conte. — Le passage de notre conte où le petit tailleur feint
d'être malade pour ne pas montrer au géant qu'il ne peut manier sa boule, est évidemment une
altération; dans la forme primitive, le tailleur devait, par diverses ruses, persuader de plus en plus
le géant de sa force.

souabe, le tailleur doit d'abord tuer un sanglier, puis une licorne, comme dans le conte lorrain, et enfin trois géants. — Dans le second conte du Tyrol allemand, le héros est envoyé contre un ours, puis contre un ogre. — Dans le premier conte du Tyrol italien, dans le conte sicilien et le conte souabe de la collection Meier, il doit combattre un ou plusieurs géants ; dans le conte allemand de la collection Prœhle, une bande de voleurs.

Le conte grec se rapproche beaucoup, pour sa première partie, du conte lorrain. Le savetier Lazare, qui a tué d'un coup de poing quarante mouches sur son miel, fait graver sur une épée : « J'en ai tué quarante d'un coup », et il part en guerre. Pendant qn'il dort auprès d'une fontaine, un *drakos* (sorte d'ogre) vient pour puiser de l'eau et lit l'inscription. Il réveille Lazare et le prie de contracter avec lui et les siens amitié de frère. Ici, de même que dans notre conte, le héros n'est pas envoyé contre le drakos, qui tient la place du géant, mais le rencontre par hasard. Les aventures de Lazare chez les drakos correspondent à notre n° 25, *le Cordonnier et les Voleurs*.

Dans le conte suisse n° 41 de la collection Sutermeister, nous trouvons le seul exemple à nous connu, en dehors de notre conte, d'un récit dans lequel le géant est associé avec le tailleur pour une entreprise (ici tuer un autre géant) où la main d'une princesse est en jeu.

Les deux contes qui vont suivre nous fourniront tout à l'heure des rapprochements avec des contes orientaux ; voilà pourquoi nous les donnons en détail.

En Irlande, le « petit tisserand de la porte de Duleek » tue un jour d'un coup de poing cent mouches rassemblées sur sa soupe. Après cet exploit, il fait peindre sur une sorte de bouclier cette inscription : *Je suis l'homme qui en a tué cent d'un coup ;* puis se rend à Dublin. Le roi, ayant lu l'inscription, prend le héros à son service pour se débarrasser de certain dragon. Le petit tisserand se met en campagne. A la vue du dragon, il grimpe au plus vite sur un arbre. Le dragon s'établit au pied de cet arbre et ne tarde pas à s'endormir. Ce que voyant, le tisserand veut descendre de son arbre pour s'enfuir ; mais, on ne sait comment, il tombe à califourchon sur le dragon et le saisit par les oreilles. Le dragon, furieux, prend son vol et arrive à toute vitesse jusque dans la cour du palais du roi, où il se brise la tête contre le mur.

En Russie (Gubernatis, *loc. cit.*), le petit Thomas Berennikoff tue une armée de mouches et se vante ensuite d'avoir anéanti, à lui seul, toute une armée de cavalerie légère. Il fait la rencontre de deux vrais braves, Elie de Murom et Alexis Papowitch, qui, l'entendant raconter ses exploits, le reconnaissent immédiatement pour leur « frère aîné ». La valeur des trois compagnons ne tarde pas à être mise à l'épreuve. Elie et Alexis se comportent en véritables héros. Vient ensuite le tour du petit Thomas. Par une chance heureuse, il tue l'ennemi contre lequel il est envoyé, pendant que celui-ci a les yeux fermés. Il essaie ensuite de monter le cheval du « héros ». Ne pouvant en venir à bout, il attache le cheval à un chêne et grimpe sur l'arbre pour sauter de là en selle. Le cheval, sentant un homme sur son dos, fait un tel bond qu'il déracine l'arbre et le traîne après lui dans sa course, emportant Thomas jusqu'au cœur de l'armée chinoise. Dans cette charge furieuse, nombre de

Chinois sont renversés par l'arbre ou foulés aux pieds par le cheval ; le reste
s'enfuit. L'empereur de la Chine déclare qu'il ne veut plus faire la guerre contre
un héros de la force de Thomas, et le roi de Prusse, ennemi des Chinois,
donne à Thomas, en récompense de ses services, sa fille en mariage.

*
* *

Un conte de ce genre se retrouve, d'après Guillaume Grimm (III, p. 31),
dans un livre populaire danois et dans un livre populaire hollandais. Le héros
du premier, qui a tué quinze mouches d'un coup, est successivement vainqueur
d'un sanglier, d'une licorne et d'un ours. Le héros du second, qui « en a tué
sept d'un coup », devient gendre du roi après avoir été envoyé contre un
sanglier, puis contre trois géants, et avoir repoussé une invasion ennemie.

*
* *

Le conte n° 20 de la collection Grimm a été emprunté en partie à un vieux
livre allemand, publié en 1557 par Martinus Montanus de Strasbourg (Grimm,
III, p. 29).

Aux allusions faites à l'introduction de ce conte, d'après G. Grimm, par
Fischart (1575) et par Grimmelshausen (1669), on peut ajouter un passage
d'un sermon de Bosecker, publié à Munich en 1614, et où il est parlé du
tailleur « qui tuait sept mouches, — sept Turcs, je me trompe, — d'un coup. »
(Voir la revue Germania, 1872, 1ʳᵉ livraison, p. 92.)

*
* *

En Orient, nous citerons d'abord un conte des Avares du Caucase (Schiefner,
n° 11) : Il y avait dans le Daghestan un homme si poltron, que sa femme,
lasse de sa couardise, finit par le mettre à la porte. Le voilà donc parti, armé
d'un tronçon de sabre. Passant auprès d'un endroit où étaient amassées des
mouches, il jette dessus une pierre plate et en tue cinq cents. Alors il fait
graver sur son sabre : « Le héros Nasnaï Bahadur, qui en tue cinq cents d'un
coup. » Il continue son chemin et s'arrête dans une grande ville. Le roi,
informé de l'arrivée d'un tel héros, lui donne sa fille en mariage pour le retenir
auprès de lui. Peu de temps après, le roi dit à Nasnaï d'aller combattre un
dragon qui ravage ses troupeaux. En entendant parler de dragon, Nasnaï est
pris de coliques, et, la nuit venue, il s'enfuit pour mettre sa vie en sûreté.
Il arrive dans une forêt et grimpe sur un arbre pour y dormir. Le lendemain,
en se réveillant, il aperçoit le dragon au pied de l'arbre ; il perd connaissance
et tombe sur le dragon, qui est si épouvanté qu'il en meurt [1]. Nasnaï lui
coupe la tête et va la porter au roi. Ensuite le roi envoie son gendre contre trois
narts (sorte de géants ou d'ogres). Fort heureusement pour le « héros du
Daghestan », les trois narts, qui se sont arrêtés sous l'arbre où Nasnaï s'est
réfugié comme la première fois, se prennent de querelle et se tuent les uns les

---

1. Comparer le conte irlandais. — Dans un conte du Cambodge, un homme, apercevant un tigre,
se réfugie sur un arbre. La branche sur laquelle il s'est mis vient à rompre et il tombe à califourchon
juste sur le dos du tigre. Alors c'est le tour du tigre d'avoir peur. Il s'enfuit à toutes jambes, emportant à travers champs son cavalier malgré lui. Celui-ci, de son côté, tremble si fort de frayeur que,
sans le vouloir, il ne cesse d'éperonner sa monture. Et, dit le conte cambodgien, ils courent encore.
(Ad. Bastian, Die Völker des östlichen Asiens, t. IV, p. 122.)

autres [1]. Nasnaï rapporte triomphalement leurs têtes et leurs dépouilles. Enfin le roi lui dit que le « roi infidèle » lui a déclaré la guerre et qu'il s'avance avec une armée innombrable pour cerner la ville. Nasnaï est obligé de se mettre à la tête des troupes du roi. A la vue des ennemis, il se sent fort mal à l'aise. Il ôte ses bottes, ses armes, ses habits, pour être plus léger à se sauver. L'armée, qui a reçu du roi l'ordre de se régler en tout sur Nasnaï, fait comme lui. Justement il vient à passer un chien affamé qui saisit une des bottes de Nasnaï et s'enfuit dans la direction de l'armée ennemie. Nasnaï court après lui, toute l'armée le suit. A la vue de ces hommes nus comme vers, les ennemis se disent que ce sont des diables et prennent la fuite. Nasnaï ramasse un grand butin et revient en triomphateur.

La collection mongole du *Siddhi-Kür*, qui dérive de récits indiens, contient un conte de ce genre (nº 19) : Un pauvre tisserand d'une ville du nord de l'Inde se présente un jour devant le roi et lui demande sa fille en mariage. Le roi, pour plaisanter, dit à la princesse de l'épouser. Naturellement la princesse se récrie, et comme le roi lui demande quel homme elle veut donc épouser, elle répond : « Un homme qui sache faire des bottes avec de la soie. » On examine les bottes du tisserand, et, à la grande surprise de tout le monde, on en tire de la soie. Le roi se dit que ce n'est pas un homme ordinaire et le garde provisoirement dans le palais ; mais la reine n'est pas contente, et elle voudrait se débarrasser du prétendant. Elle lui demande de quelle façon il entend gagner la main de la princesse : par ses richesses ou par sa bravoure. L'autre répond : « Par ma bravoure. » Comme justement un prince ennemi marchait contre le roi, on envoie contre lui le tisserand. Celui-ci monte à cheval, mais, étant fort mauvais cavalier, il est emporté dans un bois. Il se raccroche aux branches d'un arbre ; l'arbre est déraciné, et, le cheval portant notre homme au milieu de l'armée ennemie, le tronc d'arbre fait grand carnage, et les ennemis s'enfuient épouvantés [2]. Le tisserand est ensuite envoyé contre un grand et terrible renard, avec ordre d'en rapporter la peau. Il parcourt le pays sans rien rencontrer. En revenant, il s'aperçoit qu'il a laissé son arc en route. Il retourne sur ses pas et retrouve l'arc avec le renard tué à côté : en voulant ronger la corde de l'arc, le renard a fait partir la flèche. Enfin le roi ordonne au tisserand de lui ramener les « sept démons des Mongols » avec leurs chevaux. Comme provisions de voyage, la princesse lui donne sept morceaux de pain noir et sept de pain blanc. Le tisserand commence par le pain noir. Comme il est à manger, arrivent les démons qui, le voyant s'enfuir, le laissent aller et mangent son pain blanc. Aussitôt ils tombent tous morts, car le pain blanc était empoisonné. Le tisserand rapporte au roi leurs armes et leurs chevaux, et il épouse la princesse.

---

1. Même chose dans le livre allemand du xviᵉ siècle utilisé par les frères Grimm, et dans le livre populaire hollandais. Mais, à la différence du conte avare, le héros joue un rôle actif dans l'affaire. Pendant que les trois géants dorment sous un arbre, il leur jette à chacun successivement des pierres du haut de cet arbre, de sorte que chaque géant croit que les autres l'ont frappé et devient furieux.

2. Cet épisode de l'arbre, que nous avons vu dans le conte russe, se rencontre sous une forme altérée dans le conte hongrois, dans les deux contes du Tyrol italien, dans un des contes du Tyrol allemand (Zingerle, II, p. 15) et dans le livre populaire hollandais. Le héros, emporté par son cheval vers l'ennemi, saisit sur son passage, pour se retenir, une croix plantée le long du chemin et la déracine. Quand les ennemis voient accourir cet homme à cheval, une croix dans ses bras, ils sont pris de terreur et s'enfuient.

Dans le Cambodge, on a recueilli, indépendamment du petit conte déjà cité, un conte qui doit être rapproché des précédents (E. Aymonier, p. 19). Voici le résumé qu'en donne M. Aymonier : « Jadis un homme du nom de Kong, voyageant avec ses deux femmes, traversait un pays infesté de tigres. Attaqué par l'un de ces animaux féroces, il se blottit dans le creux d'un arbre, à demi mort de peur, tandis que ses deux femmes, abandonnées à elles-mêmes, parviennent à tuer le tigre. Kong alors sort de sa cachette, et, armé d'un bâton, frappe le cadavre. Aux reproches de ses femmes, il répond avec hauteur que jamais tigre n'a été tué par une femme. Ils emportent la bête. Les gens du pays s'extasient sur cet exploit, dont Kong s'attribue tout le mérite. Il donne une représentation de la lutte, bondit, gesticule, simule les coups portés, au grand ébahissement de la foule, qui, à partir de ce jour, ne l'appelle plus que Kong le Brave. Sa renommée se répand jusqu'au roi, qui le nomme général et l'envoie à la guerre. Kong est saisi d'effroi, mais il ne peut éluder l'ordre royal, et il est tenu de soutenir sa réputation. Ses femmes l'encouragent et lui offrent de l'accompagner. Il part enfin, monté sur le cou d'un éléphant. Ses femmes sont assises sur le bât, derrière lui. L'armée qu'il commande l'escorte, disposée selon les règles de la guerre. Arrivé en vue de l'ennemi, il commence à trembler de tous ses membres. L'éléphant croit que son conducteur l'excite (les cornacs font marcher les éléphants en les frappant à petits coups plus ou moins précipités derrière l'oreille) et il se lance en avant. A la vue de ce général qui fond droit sur elle, l'armée ennemie est prise de panique et se disperse de tous côtés. Kong le Brave se gonfle, se pavane devant ses troupes. Toutefois les sceptiques se doutent de la vérité en apercevant sur l'éléphant des preuves manifestes de la frayeur de leur général. Le roi le comble de faveurs, puis il lui ordonne de s'emparer d'un crocodile monstrueux, la terreur des bateliers. Kong se croit cette fois perdu sans ressource. Il se rend, suivi de ses serviteurs, sur le bord du fleuve où l'attend une foule immense. Désespéré, il se précipite dans l'eau. Le crocodile surpris fait un bond et s'engage par le milieu du corps entre deux branches rapprochées l'une de l'autre, qui se dressaient près de la rive. Kong, revenu sur l'eau, voit la bête qui ne peut ni avancer ni reculer. Il crie, il appelle ; les gens accourent, et bientôt le pays est délivré du monstre. Ce haut fait ajoute encore à la réputation de Kong le Brave, et sa faveur auprès du roi augmente d'autant. »

Enfin, dans l'Inde, nous avons trouvé deux versions de ce conte. La première vient du Deccan (miss M. Frère, n° 16) : Un potier, un peu gris, prend, pendant un orage, un tigre pour son âne égaré. Il saute dessus, le bat et l'attache auprès de sa maison. De son côté, le tigre le prend pour un être terrible dont il a entendu prononcer le nom, et il n'ose faire de résistance. Voilà le potier, preneur de tigres, en grand renom dans toute la contrée. Le roi, dont le pays est envahi, lui donne son armée à conduire. Le potier, mauvais cavalier, se fait attacher par sa femme sur le cheval de guerre que le roi lui a envoyé. Le cheval, agacé de se sentir lié, prend le mors aux dents et emporte le potier dans le camp des ennemis, qui sont pris de panique et s'enfuient, laissant une lettre pour demander la paix.

La seconde version, beaucoup plus complète, a été recueillie dans le pays de Cachemire, de la bouche d'un mahométan (*Indian Antiquary*, octobre 1882,

p. 282 ; — Steel et Temple, p. 89). Le héros est un tisserand, nommé Fatteh-Khan, un petit bout d'homme fort ridicule et dont tout le monde se moque. Un jour qu'il est à tisser, sa navette s'en va tuer un moustique qui s'est posé sur sa main gauche. Emerveillé de son adresse, Fatteh-Khan déclare à ses voisins qu'il entend désormais qu'on le respecte; il bat sa femme qui le traite d'imbécile, et se met en campagne avec sa navette et une grosse miche de pain. Il arrive dans une ville où un éléphant terrible tue chaque jour plusieurs habitants. Fatteh-Khan dit au roi qu'il ira combattre la bête; mais à peine voit-il l'éléphant courir sur lui, qu'il jette derrière lui sa navette et sa miche de pain et s'enfuit à toutes jambes. Or, la femme du petit tisserand, pour se venger de sa brutalité, avait empoisonné le pain, et, afin de dissimuler le poison, y avait mêlé des aromates. L'éléphant, sentant les aromates, ramasse le pain avec sa trompe et l'avale, sans ralentir sa course. Le petit tisserand, se voyant près d'être atteint, essaie de faire un circuit et se trouve face à face avec l'éléphant; mais, juste à ce moment, le poison fait son effet, et l'éléphant tombe raide mort. Tout le monde est bien étonné de l'issue de cette aventure et de la force du petit tisserand, qui d'une chiquenaude renverse un éléphant [1]. — Le roi le nomme général en chef de son armée et bientôt l'envoie avec des troupes contre un tigre qui ravage le pays, lui promettant, s'il réussit dans cette expédition, la main de sa fille. A la vue du tigre, Fatteh-Khan décampe au plus vite et se réfugie sur un arbre, au pied duquel le tigre vient monter la garde. Fatteh-Khan reste sept jours et sept nuits sur son arbre; au bout de ce temps, il veut profiter, pour s'échapper, du moment où le tigre fait sa sieste. Mais, tandis qu'il descend, le tigre se réveille, et Fatteh-Khan n'a que le temps de se hisser sur une branche. Pendant qu'il exécute ce mouvement, son poignard sort de sa gaîne et va tomber juste dans la gueule du tigre, qui en meurt. Fatteh-Khan coupe la tête du monstre et va la présenter au roi; après quoi il épouse la princesse. — En dernier lieu, Fatteh-Khan reçoit l'ordre d'aller détruire l'armée d'un roi ennemi qui est venu établir son camp sous les murs de la ville. Cette fois, il se dit qu'il est perdu et qu'il faut gagner le large. La nuit venue, il se glisse à travers le camp ennemi, suivi de la princesse, sa femme, qui, d'après les instructions de Fatteh, porte sa vaisselle d'or. Ils ont déjà à moitié traversé le camp, lorsqu'un hanneton vient se jeter au nez de Fatteh-Khan. Celui-ci, épouvanté, rebrousse chemin, en criant à sa femme de courir. La princesse s'enfuit, elle aussi, laissant tomber par terre, avec un grand fracas, la vaisselle d'or. A ce bruit, les ennemis se croient attaqués, se lèvent à moitié endormis, au milieu de la nuit noire, et se jettent les uns sur les autres. Le matin, il n'en reste plus. Fatteh-Khan reçoit, en récompense de cette victoire, la moitié du royaume.

---

1. Comparer, pour cet épisode de l'éléphant empoisonné, la dernière partie du conte mongol résumé plus haut.

IX

L'OISEAU VERT

Il était une fois un jeune homme, fils de gens riches, qui aimait à se promener au bois. Un jour qu'il s'y promenait, il vit un bel oiseau vert ; il se mit à sa poursuite, mais l'oiseau sautait de branche en branche, et il attira ainsi le jeune homme bien avant dans la forêt. Le jeune homme réussit pourtant à l'attraper vers le soir, et, comme il avait grand'faim, il s'assit sous un arbre pour manger quelques provisions qu'il avait emportées ; puis il se remit en route, et marcha une partie de la nuit sans savoir où il allait. Enfin il aperçut une lumière, et, se dirigeant de ce côté, il arriva vers deux heures du matin près d'une maison ; or cette maison était la demeure d'un ogre.

Le jeune homme frappa à la porte ; une belle jeune fille vint lui ouvrir. « Je suis bien fatigué, » lui dit-il ; « voulez-vous me recevoir ? » La jeune fille répondit : « Mon père est un ogre ; il va rentrer. Toute la nuit il est dehors, et il se repose pendant le jour. — Peu m'importe, » dit le jeune garçon, « pourvu que je puisse dormir. » La jeune fille le laissa donc entrer.

Bientôt après, l'ogre revint. « Je sens la chair de chrétien, » dit-il en entrant. — « Mon père, c'est un jeune homme, un beau jeune homme, qui sait très bien travailler en tous métiers. — C'est bien, » dit l'ogre.

A huit heures du matin, l'ogre appela le jeune homme et lui dit : « Tu vas me démêler tous ces écheveaux de fil ; si tu n'as pas fini pour midi, je te mangerai. » Le pauvre garçon se mit à l'ouvrage, mais le fil était si emmêlé qu'il n'en pouvait venir à bout. Il commençait à se désespérer, quand il vit la fille de l'ogre entrer dans la chambre. « Eh bien ! » dit-elle, « que vous a commandé mon père? — Il m'a commandé de lui démêler son fil, et je ne puis y parvenir : quand je le démêle par un bout, il s'emmêle par l'autre. » La jeune fille donna un petit coup de baguette, et le fil se trouva démêlé. A midi, l'ogre arriva. « As-tu fini ta besogne? — Oui. — Demain il faudra me trier toutes ces plumes, et si tu n'as pas fini pour midi, je te mangerai. »

Il y avait là des plumes d'oiseaux de toutes couleurs ; le jeune homme essaya de les trier, mais il n'y pouvait réussir. Un peu avant midi, la fille de l'ogre entra. « Eh bien! que vous a commandé mon père? — Il m'a commandé de trier ces plumes, et je n'en puis venir à bout : quand j'en ai trié une partie, elles s'envolent et vont se mêler aux autres. » La jeune fille donna un petit coup de baguette, et voilà toutes les plumes triées. L'ogre étant arrivé, demanda au jeune homme : « As-tu fini ta besogne? — Oui. — C'est bien. »

Le lendemain, la fille de l'ogre vint encore trouver le jeune homme. « Eh bien! » dit-elle, « que vous a commandé mon père ? — Il ne m'a rien commandé. — Alors, c'est qu'il veut vous manger. » Et elle lui proposa de s'enfuir avec elle. Ils partirent donc ensemble.

Après qu'ils eurent couru quelque temps, la jeune fille dit au jeune homme : « Regardez derrière vous si vous voyez mon père. — Je vois là-bas un homme qui vient vite, vite comme le vent. — C'est mon père. » Aussitôt elle se changea en poirier, et changea le jeune homme en femme, qui abattait les poires avec un bâton. Quand l'ogre arriva près du poirier, il dit à la femme : « Vous n'avez pas vu passer un garçon et une fille ? — Non, je n'ai vu personne. »

L'ogre s'en retourna, et, quand il fut à la maison, il dit à sa femme : « Je n'ai rien vu qu'un poirier et une femme qui abattait les poires avec un bâton. — Eh bien! » répondit l'ogresse, « le poirier c'était elle, et la femme c'était lui. — J'y retourne, » dit l'ogre.

Cependant les deux jeunes gens s'étaient remis à courir. « Regardez derrière vous si vous voyez mon père. — Je vois là-bas un homme qui vient vite, vite comme le vent. — C'est mon père. » Aussitôt la jeune fille se changea en ermitage, et changea le jeune homme en ermite qui balayait les araignées dans la chapelle. L'ogre ne tarda pas à arriver. « N'avez-vous pas vu passer un garçon et une fille ? » dit-il à l'ermite. — Non, je n'ai vu personne. »

L'ogre, de retour chez lui, dit à sa femme : « Je n'ai rien vu qu'un ermitage et un ermite qui balayait les araignées dans la chapelle. — Eh bien ! » dit l'ogresse, « l'ermitage, c'était elle, et l'ermite, c'était lui. — Cette fois, » dit l'ogre, « je prendrai ce que je trouverai. » Et il se remit en marche.

La jeune fille dit au jeune homme : Regardez derrière vous si vous voyez mon père. — Je vois là-bas un homme qui vient vite, vite comme le vent. — C'est mon père. » Elle se changea en carpe, et changea le jeune homme en rivière. Lorsque l'ogre arriva, il voulut prendre la carpe, mais il fit le plongeon et se noya.

Le jeune homme emmena la jeune fille avec lui dans son pays et l'épousa.

REMARQUES

Ce conte est une forme écourtée d'un type de conte que nous étudierons à l'occasion de notre n° 32, *Chatte Blanche*. Nous nous bornerons ici à quelques remarques sur ce que l'*Oiseau vert* présente de particulier.

*
* *

Dans la plupart des contes de ce type que nous connaissons, les tâches imposées au jeune homme par l'être malfaisant, — ogre, sorcier, diable, etc., — chez lequel il se trouve, sont autres que les deux tâches de notre conte. Nous ne retrouvons exactement celles-ci que dans un conte français, d'ailleurs différent pour le reste, recueilli au XVIIe siècle par Mme d'Aulnoy, *Gracieuse et Percinet*.

En revanche, les transformations des deux jeunes gens sont presque identiques dans notre conte et dans plusieurs des contes que nous examinerons en détail dans les remarques de notre n° 32. Ainsi, dans un conte sicilien (Gonzenbach, n° 54), la jeune fille se change en jardin et change le jeune homme en jardinier; puis elle-même en église, et le jeune homme en sacristain; enfin, le jeune homme en rivière, et elle-même en petit poisson. Même chose, à peu près, dans d'autres contes siciliens (Gonzenbach, n° 55 et n° 14; Pitrè, n° 15). — Dans un conte westphalien (Grimm, n° 113), les transformations sont : buisson d'épines et rose, église et prédicateur, étang et poisson. — Dans un conte de la Bretagne non bretonnante (Sébillot, I, n° 31), la jeune fille change en jardin le cheval sur lequel elle s'enfuyait avec le jeune homme; elle se change elle-même en poirier et le jeune homme en jardinier; suivent les transformations en église, autel et prêtre, et enfin en rivière, bateau et bate-

lier. — Dans un conte portugais (Coelho, nᵒ 14), les chevaux sont métamorphosés en terre, les harnais en jardin, la jeune fille en laitue, le jeune
homme en jardinier ; viennent ensuite ermitage, autel, statue de sainte,
sacristain qui sonne la messe, et finalement mer, barque, batelier et tanche.

Il serait trop long de poursuivre minutieusement cette revue. Qu'il nous suffise
de constater, comme un détail curieux, que la plupart des contes dont il s'agit
ici ont la transformation des jeunes gens en église et prêtre ou sacristain. Il en
est ainsi, indépendamment des contes indiqués ci-dessus, dans un conte picard
(*Mélusine*, 1877, col. 446); dans des contes allemands (Müllenhoff, p. 395 ;
Prœhle, I, nᵒ 8); dans un conte du « pays saxon » de Transylvanie (Haltrich,
nᵒ 26); dans un conte du Tyrol italien (Schneller, nᵒ 27); dans un conte
milanais (Imbriani, *Novellaja Fiorentina*, p. 403); dans des contes toscans
(Comparetti, nᵒ 11 ; Gubernatis, *Novelline di Santo-Stefano*, nᵒˢ 5 et 6, et
Rivista di letteratura popolare, I, fascic. II, p. 84); dans un conte italien
des Abruzzes (Finamore, nᵒ 4); dans un conte hongrois (Gaal-Stier, nᵒ 3);
dans un conte croate (Krauss, I, nᵒ 48); dans un conte russe (Ralston,
p. 129); dans des contes catalans (*Rondallayre*, I, p. 89, II, p. 30); dans un
conte portugais (Consiglieri-Pedroso, nᵒ 4); dans un conte portugais du
Brésil (Roméro, nᵒ 11). — Un conte de la Basse-Bretagne (Luzel, *Contes
bretons*, p. 37), des contes allemands (Wolf, p. 292 ; Grimm, nᵒ 56), un
conte esthonien (Kreutzwald, nᵒ 14), un conte suédois (Cavallius, nᵒ 14 B),
et un conte islandais (Arnason, p. 380), n'ont pas cette transformation
particulière.

*
* *

Au XVIIᵉ siècle, Mᵐᵉ d'Aulnoy recueillait un conte de ce genre et le publiait,
après l'avoir fort arrangé, sous le titre de *l'Oranger et l'Abeille*. Là aussi un
jeune homme, un prince, arrive chez des ogres ; une princesse captive (ce n'est
pas la fille des ogres) s'éprend de lui, et ils s'enfuient ensemble en emportant
une baguette magique. L'ogre s'étant mis à leur poursuite, la princesse change
en étang le chameau sur lequel ils sont montés, le prince en bateau et elle-
même en vieille batelière ; puis, plus tard, elle transforme le chameau en
pilier, le prince en portrait et elle-même en nain (nous soupçonnons fort
Mᵐᵉ d'Aulnoy d'avoir retouché en ce point le récit original); enfin, quand
l'ogresse arrive en personne, la princesse change le chameau en caisse,
le prince en oranger et elle-même en abeille qui vole autour.

*
* *

Un conte kabyle (Rivière, p. 209) nous offre d'une manière très évidente,
malgré des altérations considérables, le thème dont *l'Oiseau vert* est, nous
l'avons dit, une forme écourtée : Un fils de roi arrive dans la maison d'une
ogresse, dont il veut épouser la fille. Cette dernière le cache, et, pendant la
nuit, ils s'enfuient ensemble. Quand l'ogresse s'aperçoit de leur départ, elle se
met à leur poursuite ; mais elle est arrêtée par divers obstacles.

Un poème héroïque recueilli chez les Tartares de la Sibérie méridionale
(Radloff, II, p. 202 seq.) offre, parmi les transformations qui y sont accumulées,

un point de comparaison avec l'*Oiseau vert* et les contes analogues. Le héros, Ai Tolysy, a enlevé une jeune fille; les trois frères de celle-ci se mettent à sa poursuite. Alors la jeune fille change le cheval d'Ai Tolysy en peuplier, Ai Tolysy et elle-même en deux corbeaux, et les trois frères passent sans se douter de rien. — Cette forme très simple peut être particulièrement rapprochée du conte suédois indiqué il y a un instant, et dans lequel les deux jeunes gens se changent successivement en deux rats, deux oiseaux et deux arbres (Comparer le conte islandais).

*
* *

L'introduction caractéristique de notre *Oiseau vert* figure, mieux rattachée au corps du récit, dans un conte allemand de la principauté de Waldeck (Curtze, nᵒ 8). Ici l'animal que poursuit le héros et qui l'entraîne jusque dans un monde inférieur, où se trouve le château d'un géant, n'est pas un oiseau, c'est un lièvre; mais, rapprochement bizarre, ce lièvre est *vert*, comme l'oiseau du conte lorrain. — Dans un conte sicilien (Gonzenbach, nᵒ 55), un oiseau est envoyé par une sorcière pour attirer le héros dans son château, où il se trouve subitement transporté, dès qu'il a fait feu sur l'oiseau. (Comparer le conte westphalien nᵒ 113 de la collection Grimm.)

X

RENÉ & SON SEIGNEUR

Il était une fois un homme appelé René, qui demeurait avec sa femme dans une pauvre cabane et n'avait pour tout bien qu'une vache. Cette vache étant morte, René voulut tirer quelque argent de la peau en l'allant vendre à la ville voisine. Après avoir dépouillé la vache, il jeta la peau sur ses épaules et se mit en route. Comme il n'avait pas détaché la tête de la bête, elle lui faisait une sorte de capuchon, au dessus duquel se dressaient deux grandes cornes.

Pour arriver à la ville, il y avait à traverser une forêt. Au moment où René passait, des voleurs, assis sur le bord du chemin, étaient en train de compter leur argent. Voyant de loin venir l'homme aux cornes, ils crurent que c'était le grand diable, et décampèrent au plus vite, laissant là tout leur argent : il y en avait un tas qui était bien haut de six pieds. René remplit de pièces d'or sa peau de vache et continua sa route. Arrivé à la ville, il acheta un âne et lui donna à manger du son dans lequel il avait jeté quelques louis d'or, puis il retourna chez lui. Il n'était guère rassuré en repassant par la forêt. « Ce matin, » pensait-il, « j'ai fait peur aux gens ; ce sera peut-être mon tour ce soir d'avoir peur. » Mais personne ne se montra, et il rentra à la nuit dans sa chaumière.

Le lendemain matin, on trouva des pièces d'or sur la litière de l'âne. La nouvelle s'en répandit dans tout le village et arriva aux oreilles du seigneur, qui vint aussitôt trouver René et lui dit : « On raconte que tu as un âne qui fait de l'or. — Monseigneur, c'est la vérité. — Combien veux-tu me le vendre ? — Deux mille écus, Monseigneur. — C'est bien cher. — Oh! Monseigneur, un âne qui vous donnera chaque jour un tas d'or! » Bref, le seigneur, qui était un peu timbré, lui compta deux mille écus et emmena l'âne. En rentrant chez lui, il fut querellé par sa femme à cause du sot marché qu'il avait fait. Le premier jour, l'âne donna encore quelque peu d'or, mais les jours suivants il n'y en eut plus.

Le seigneur, furieux, sortit pour aller faire des reproches à René. Celui-ci, l'ayant aperçu de loin, dit à sa femme : « Je gage que le seigneur vient pour me chercher noise au sujet de notre marché. Qu'allons-nous faire ? » En disant ces mots, il jeta les yeux sur la marmite qui était sur le feu et bouillait à gros bouillons. Il éteignit le feu en toute hâte, prit la marmite et la porta toute bouillante sur le toit de sa cabane ; puis il descendit et se mit à tailler la soupe. A ce moment arriva le seigneur. « Es-tu fou, » dit-il à René, « de tailler la soupe sans avoir mis le pot au feu ? — Monseigneur, » répondit René, « le pot est sur le toit. — Comment, sur le toit ? par le froid qu'il fait ! » (En effet, il gelait à pierre fendre). — « Monseigneur, » dit René, « j'ai un moyen de faire cuire ma soupe en un instant et sans feu. Voulez-vous voir ? — Volontiers. » Le seigneur suivit René et monta non sans peine avec lui sur le toit ; alors René donna au pot de grands coups de fouet et le découvrit ensuite. « Voyez, » dit-il au seigneur, « il bout à gros bouillons. Quand je veux faire cuire ma soupe, je n'ai qu'à mettre ce pot sur le toit et à lui donner des coups de fouet : il bout aussitôt. — Combien veux-tu me vendre ce pot ? » demanda le seigneur. — « Deux mille écus, Monseigneur. — C'est bien cher. — Oh! Monseigneur, vous qui usez pour mille ou douze cents écus de bois par an, songez quelle économie cela vous ferait. » Le seigneur donna les deux mille écus et retourna avec le pot au château, où il fut encore fort mal reçu par sa femme. « Attendez, madame, » dit le seigneur, « et vous verrez merveilles. » Il ordonna à quatre de ses valets de mettre le pot sur le toit et de le frapper à grands coups de fouet, ce qu'ils firent avec tant de conscience, que bientôt la chaleur les obligea d'ôter leur habit ; mais le pot ne bouillait toujours pas.

Le seigneur, encore plus furieux que la première fois, courut chez René qui, le voyant venir, remplit de sang une vessie et dit à sa femme : « Mets cette vessie sous ta ceinture : tout à l'heure je donnerai un coup de couteau dedans, et tu tomberas par terre comme si je t'avais tuée. Je sifflerai, et tu te relèveras aussitôt. » Quand le seigneur entra, il trouva René qui sautait et gambadait dans sa cabane. « Es-tu fou, René, » lui dit-il, « de danser ainsi ? — Monseigneur, » dit René, « ma femme va danser avec moi. — Nenni, vraiment, » répondit la femme. Alors René prit un grand couteau et lui en donna un coup. Elle tomba comme morte, et tout le sang qui était dans la vessie se répandit par terre. « Malheureux ! qu'as-tu fait ? » cria le seigneur ; « voilà ta femme tuée. Tu seras pendu. — Oh ! » dit René, « je ne serai pas pendu pour si peu. » Il donna un coup de sifflet, et à l'instant sa femme fut sur pied et dansa avec lui. « Voilà, » dit le seigneur, « un merveilleux sifflet ! Combien en veux-tu ? — Deux mille écus, Monseigneur. — Voilà deux mille écus. » Et le seigneur s'empressa d'aller montrer son emplette à sa femme, qui le querella encore plus aigrement qu'auparavant.

Un jour, le seigneur était avec sa femme au coin du feu et s'amusait à siffloter. « Que tu es ennuyeux ! » lui dit sa femme ; « finiras-tu bientôt ? » Le seigneur se leva, prit un couteau, et, le plus tranquillement du monde, le lui enfonça dans le corps ; la pauvre femme tomba raide sur le plancher. Alors il tira son sifflet de sa poche, mais il eut beau siffler, sa femme était morte et resta morte.

Aussitôt le seigneur fit mettre les chevaux à son carrosse, et, accompagné de deux laquais, se rendit en toute hâte chez René. Il s'empara de lui et le fit porter dans le carrosse, pieds et poings liés, pour aller le jeter dans un grand trou rempli d'eau. Mais, en chemin, le seigneur et ses gens étant descendus un moment, un pâtre vint à passer avec ses vaches ; il vit René qui était seul, garrotté dans le carrosse. « Que fais-tu là ? » lui demanda-t-il. — « Ah ! » répondit l'autre, « on m'emmène de force pour être curé, et je ne sais ni lire ni écrire. — Ma foi, » dit le pâtre, « cela ferait joliment mon affaire à moi qui sais lire et écrire couramment. — Mets-toi donc à ma place, » dit René. Le pâtre accepta la proposition ; il délivra René et se laissa mettre dans le carrosse, pieds et poings liés. Cela fait, René partit avec le troupeau. Quand le carrosse fut arrivé près du trou, les laquais prirent le pâtre et le jetèrent dans l'eau.

Quelque temps après, le seigneur, étant rentré au château,

vit arriver René conduisant ses vaches. « Pourriez-vous, Monseigneur, » dit René, « me recevoir pour la nuit avec mes bêtes ? — Comment ? » s'écria le seigneur, « te voilà revenu ! — Oui, Monseigneur. Je serais encore là-bas, si vous m'aviez fait jeter un peu plus loin ; mais à l'endroit où je suis tombé, j'ai trouvé un beau carrosse à six chevaux, et de l'or et de l'argent en quantité. »

Le seigneur demanda à René de le conduire à cet endroit avec ses deux laquais. Quand ils furent au bord du trou, René dit au seigneur : « Mettez-vous ici ; — et vous, » dit-il aux laquais, « mettez-vous là. » Puis il les poussa tous les trois dans le trou, où ils se noyèrent.

Après cette aventure, René se trouva le plus riche du village et en devint le seigneur.

REMARQUES

Comparer nos nᵒˢ 20, *Richedeau*, 49, *Blancpied*, et 71, le *Roi et ses fils*. Voir les remarques de M. Kœhler sur un conte écossais de ce genre dans la revue *Orient und Occident* (t. II, 1863, p. 486 seq.) et sur deux contes siciliens (Gonzenbach, nᵒˢ 70, 71).

*
* *

Ce thème se présente sous deux formes différentes, avec la même dernière partie (la ruse du héros qui fait jeter un autre dans l'eau à sa place).

Dans la première forme, celle à laquelle se rattache le conte lorrain que nous étudions en ce moment, le héros vend, comme on l'a vu, des objets qu'il fait passer pour merveilleux. — Dans la seconde forme, il ne vend rien à ses dupes, mais il leur joue d'autres tours : nous dirons un mot de cette forme dans les remarques de notre nᵒ 20, *Richedeau*. Quelquefois un ou deux éléments de la première forme viennent se combiner avec la seconde.

*
* *

Le conte étranger qui, pour le corps du récit, se rapproche peut-être le plus de notre conte, est un conte toscan (Gubernatis, *Novelline di Santo-Stefano*, nᵒ 30) : Un homme qui passe pour niais vend à ses deux frères une marmite qui, grâce à son adresse, paraît bouillir sans feu. Quand ses frères viennent pour se plaindre du marché qu'ils ont fait, il feint de tuer sa femme, qui a mis sous ses vêtements une vessie pleine de sang, et de la ressusciter au moyen d'un sifflet. Les frères achètent le sifflet et tuent leurs femmes. Vient alors l'épisode de la jument qui fait des écus, et le dénouement ordinaire, que nous étudierons à part. — Dans un conte sicilien (Gonzenbach, n° 71), le héros vend successivement à un seigneur un âne aux écus, une marmite qui bout sans feu, et un lapin qui fait les commissions ; dans un autre conte sicilien (Pitrè, n° 157), les objets sont les mêmes, excepté l'âne, qui est remplacé par le sifflet qui ressuscite (il en est ainsi dans un conte italien du Mantouan, n° 13 de la collection Visentini). Dans un troisième conte sicilien (Gonzenbach, n° 70), au lieu du sifflet, c'est une guitare. — Dans un conte lithuanien (Schleicher, p. 83), nous trouvons un cheval qui fait des ducats, un traîneau qui marche tout seul et un bâton qui ressuscite. — Dans un conte basque (Webster, p. 154; Vinson, p. 103), deux objets seulement : un lièvre qui fait les commissions et une flûte qui ressuscite; — dans un conte écossais (Campbell, n° 39, III), deux aussi : cheval qui fait de l'or et de l'argent, cor qui ressuscite; — dans un conte irlandais, cité par M. Kœhler (*loc. cit.*, p. 501), cheval également et corne à bouquin ; — dans un conte norwégien (Asbjœrnsen, *Tales of the Fjeld*, p. 94), corne à bouquin et marmite.

Tous ces contes n'ont pas, à proprement parler, d'introduction caractéristique qui précède le récit des mauvais tours joués par le héros. Dans ceux qui vont suivre, il en est autrement. Ainsi, dans un conte gascon de la collection Cénac-Moncaut (p. 173), un jeune homme un peu niais se laisse attraper par deux marchands auxquels il vend, pour moins que rien, les deux bœufs de sa mère. Pour se venger, il vend à son tour à ces mêmes marchands un loup couvert d'une peau de bélier, et le loup, mis dans la bergerie, étrangle les moutons. Furieux, les marchands arrivent chez le jeune homme, qui feint de tuer son chien et de lui rendre ensuite la vie au moyen de certaines paroles. Il vend le couteau et la formule magique aux marchands, qui tuent l'un son bœuf, l'autre son mulet. Suit le dénouement. — Dans un conte allemand (Müllenhoff, p. 458), l'introduction est presque la même. Un vieux bonhomme a été attrapé par trois frères ; il leur vend ensuite un loup en leur faisant croire que c'est un bouc qui n'a pas encore de cornes. Les objets prétendus merveilleux sont ici le cheval et le sifflet. — Un conte catalan (*Rondallayre*, III, p. 82) a également la vente du loup, mais elle n'est pas la revanche d'un mauvais tour qui aurait été précédemment joué au héros. Trois objets : lièvre qui fait les commissions, trompette qui ressuscite et marmite qui bout toute seule.

Dans un conte grec moderne (Hahn, n° 42), un pope a été attrapé par des « hommes sans barbe » qui, par leurs avis malicieux, lui ont fait mutiler son bœuf. Il leur vend ensuite un âne qui fait de l'or et un sifflet qui ressuscite.

Dans un conte de la Basse-Bretagne (Luzel, *Contes bretons*, p. 85), la vache d'un meunier a été tuée d'un coup de fusil par le seigneur du village. Le meunier écorche la bête et s'en va pour en vendre la peau à la ville voisine. Passant à travers un bois pendant la nuit, il grimpe sur un arbre pour attendre le jour. Arrivent des voleurs, qui s'arrêtent sous l'arbre pour partager leur argent. Le meunier jette au milieu d'eux la peau de vache. Les voleurs, en voyant ces grandes cornes et cette peau noire, croient que c'est le diable et s'enfuient, laissant là tout leur argent, que le meunier ramasse. — Cette introduction, qui est, on le voit, presque l'introduction du conte lorrain, reparaît presque identiquement dans un conte toscan (Nerucci, n° 21) et dans un conte bourguignon (Beauvois, p. 218), l'un et l'autre de cette famille [1]. L'épisode du prétendu diable aux grandes cornes se retrouve aussi, avec d'assez fortes altérations, dans un conte allemand de ce type (Müllenhoff, p. 461). — Enfin, un conte grec moderne de la Terre d'Otrante (E. Legrand, p. 177), qui se rattache à la seconde forme de notre thème, présente une introduction analogue. Le plus jeune de trois frères n'a pour héritage qu'une vache maigre; il la tue, l'écorche et étend la peau sur un poirier sauvage. La peau devient très sèche; alors il se l'attache autour du corps et s'en va frappant dessus, comme sur un tambour. Des voleurs, en train de se partager de l'argent, entendent le bruit; ils croient que ce sont les gendarmes et s'enfuient sans prendre le temps d'emporter leur butin.

Notons que le conte breton, dont nous venons de parler, a non seulement, comme tant d'autres, la marmite merveilleuse, mais aussi, comme notre conte, le fouet avec lequel on la fait bouillir. L'autre objet merveilleux (il n'y en a que deux) est un violon qui remplit le rôle du sifflet [2]. — Dans un conte de la Basse-Normandie, très altéré (Fleury, p. 180), il y a également un fouet, et, en outre, une corne qui ressuscite.

*
* *

La dernière partie de notre conte est altérée. Le « carrosse » remplace assez maladroitement le sac (ou parfois le coffre) où, dans les autres contes de cette famille, on enferme le héros [3]. De plus, nous avons dû laisser de côté un passage qui ne présentait aucun sens raisonnable. Après avoir dit que le seigneur avait fait mettre René dans un carrosse, pieds et poings liés, pour aller le jeter à l'eau, et que, chemin faisant, le seigneur et ses gens étaient descendus un moment, le conte de Montiers ajoutait que René, voyant passer un lièvre, sautait à pieds joints hors du carrosse. Venait ensuite, rattachée d'une manière incohérente, la rencontre du pâtre. — Un conte irlandais (*The Royal Hibernian Tales*, p. 61) nous a mis sur la voie de la forme primitive de cet épisode du lièvre. Dans ce conte irlandais, les deux voisins de Donald, à qui celui-ci a joué plusieurs tours pour se venger du mal qu'ils lui ont fait, le mettent dans un sac pour aller le jeter à la rivière. Chemin faisant, ils font lever un lièvre; ils déposent alors leur fardeau et courent après le lièvre. Pendant ce temps, passe un pâtre, que Donald trompe, comme cela a lieu dans tous les contes de ce genre. — Évidemment voilà la forme primitive du passage complètement défiguré de notre conte.

Dans bon nombre de contes de cette famille, le héros, enfermé dans son sac et laissé seul, crie, en entendant passer le berger : « Je ne veux pas épouser la princesse! » Et l'autre demande à se mettre à sa place. — Dans plusieurs, il crie : « Je ne veux pas être maire! » (conte allemand, Grimm, nº 61; conte lithuanien, Schleicher, p. 121; conte du « pays saxon » de Transylvanie,

---

1. Comparer notre nº 22, *Jeanne et Brimboriau*, et les remarques.
2. Dans un conte de la Haute-Bretagne (Sébillot, *Littérature orale*. p. 123;), c'est un soufflet avec lequel le héros dit qu'il ressuscite les gens, en leur soufflant sur la figure.
3. Voir cette forme bien conservée dans notre nº 20, *Richedeau*.

Haltrich, n° 60, etc.'). — Dans un conte catalan, il ne veut pas être roi (*Rondallayre*, III, p. 82) ; dans un conte bourguignon (Beauvois, p. 218) et dans un conte allemand (*Orient und Occident*, II, p. 494), évêque ; — dans un conte toscan (Gubernatis, *Novelline di Santo-Stefano*, n° 30), dans un conte bavarois (*Orient und Occ.*, II, p. 496), pape. — Ailleurs (conte irlandais des *Hibernian Tales*, cité plus haut ; conte danois, *Or. und Occ.*, II, p. 497 ; conte norwégien, *ibid.*), il dit qu'il va être emporté au ciel, mais qu'il ne veut pas encore y aller.

*
**

Un conte fort ressemblant a été fixé par écrit dès le XIᵉ et peut-être le Xᵉ siècle, sous forme de petit poëme en latin (Kœhler, *loc. cit.*, p. 488). Nous aurons à en rapprocher l'introduction de celle de notre n° 20, *Richedeau*. Dans ce vieux conte, les objets prétendus merveilleux sont une trompette qui ressuscite et une jument qui fait de l'or. Enfermé dans un tonneau et laissé seul sur le bord de la mer, pendant que ses anciennes dupes sont entrées au cabaret, le héros entend passer un porcher avec son troupeau. Il crie : « Je ne veux pas être fait prévôt. » Le porcher prend sa place, etc.

Au XVIᵉ siècle, Straparola recueillait un conte du même genre (n° 7 des contes extraits de Straparola et traduits en allemand par Valentin Schmidt). Nous y trouvons une chèvre qui fait les commissions et un sifflet qui ressuscite. Enfermé dans le sac, maître Scarpafico crie qu'il ne veut pas de la princesse ¹. — Vers la même époque paraissait, aussi en Italie, un petit livre dont nous reproduirons le titre, qui résume tout le sujet : « Histoire du paysan Campriano, lequel était fort pauvre et avait six filles à marier, et qui par adresse faisait faire des écus à son âne, et le vendit à des marchands pour cent écus, et puis leur vendit une marmite qui bouillait sans feu, un lapin qui portait des dépêches, et une trompette qui ressuscitait les morts, et finalement jeta ces marchands dans une rivière. Avec beaucoup d'autres choses plaisantes et belles. Composée par un Florentin » (*Orient und Occident*, III, p. 348).

Une autre version, qui se rapporte à la seconde forme du thème, indiquée plus haut, figure dans un livre imprimé en 1559, le *Nachtbüchlein* de Valentin Schumann (*Germania*, I, p. 359).

*
**

En Orient, nous pouvons citer un grand nombre de contes de ce genre, où se rencontrent pour ainsi dire les moindres détails des contes européens.

Nous résumerons d'abord un conte kirghis, publié par M. Radloff dans sa collection de chants et récits des tribus tartares de la Sibérie méridionale (t. III, p. 332): Eshigældi est dépouillé par des voleurs ; il ne lui reste plus que deux roubles et un cheval rogneux. Il lui fait faire de l'argent à peu près comme René, et le vend à trois frères. Quand ceux-ci viennent pour se plaindre, il leur vend un pot qui bout tout seul. Furieux d'avoir été deux fois trompés, les trois frères garrottent Eshigældi et le déposent sur le bord de la rivière pour l'y jeter. Pendant qu'ils sont allés chercher une perche pour le pousser dans l'eau,

---

1. Le conte flamand n° 11 de la collection Wolf, *Deutsche Mærchen und Sagen*, nous paraît dériver directement du livre de Straparola.

vient à passer un homme à cheval, très bien vêtu, qui demande à Eshigældi pourquoi il se lamente. L'autre lui répond qu'on veut le faire prince de la ville et que lui ne veut pas. L'homme se met à sa place et Eshigældi s'en va avec les beaux habits et le beau cheval. Une fois revenus, les trois frères jettent l'homme dans la rivière et sont ensuite bien étonnés de revoir Eshigældi, qui leur dit que c'est au fond de l'eau qu'il a trouvé ce beau cheval et qu'il y en a encore bien d'autres. Les trois frères se jettent à l'eau et se noient. (Dans les remarques de notre n° 20, *Richedeau*, nous donnerons le résumé d'un conte tartare d'une autre tribu, qui se rattache à la seconde forme de notre thème.)

Voici maintenant deux contes, qui ont été recueillis par M. Thorburn chez les Afghans mahométans qui forment la population du Bannu, province traversée par l'Indus et conquise en 1848 par l'Angleterre. Le premier est ainsi conçu (Thorburn, *Bannu, or our Afghan Frontier*, p. 184) : « Un jour, le bœuf d'un vieux bonhomme s'en étant allé sur le champ du voisin, celui-ci lui coupa la langue, et la pauvre bête mourut. Le fils du bonhomme écorcha le bœuf et emporta la peau ; mais, comme le soir vint avant qu'il eût regagné son village, il grimpa sur un arbre avec son fardeau pour y passer la nuit. Il y était à peine, qu'une bande de voleurs, revenant d'expédition, s'arrêta sous l'arbre pour partager le butin. « Puisse la foudre tomber sur celui qui détournera quelque chose ! » dit le chef d'une voix rude. En l'entendant, le jeune homme fut si effrayé qu'il lâcha sa peau de bœuf, qui tomba avec fracas à travers les branches et les feuilles sèches (on était en hiver). « Dieu nous punit de vouloir nous attraper les uns les autres ! » crièrent les voleurs, dont aucun n'avait fidèlement mis son butin dans la masse commune, et ils s'enfuirent à toutes jambes. Le lendemain matin, le jeune homme descendit de son arbre et ramassa tout l'argent des voleurs [1]. — Revenu dans son village, il dit qu'il avait échangé sa peau de bœuf dans un bazar voisin contre une valeur de cent roupies. Aussitôt les gens du village tuèrent tout leur bétail et en portèrent les peaux au marché ; mais on leur en offrit seulement quelques pièces de cuivre [2]. De retour chez eux, ils s'emparèrent du jeune homme, l'attachèrent à un poteau sur le bord de la rivière pour le noyer la nuit venue, et s'en allèrent à leurs affaires. Le jeune homme ne cessait de crier : « Je ne veux pas ! je ne veux pas ! » Vint à passer un montagnard, qui lui demanda ce qu'il faisait là. « Le roi veut me forcer à épouser sa fille, et moi je ne veux pas ; il m'a attaché à ce poteau pour m'y faire consentir, — Je serais bien content d'être à votre place, » dit le montagnard. — «Mettez-vous-y. » Il s'y mit, et, quand les villageois arrivèrent, ils jetèrent à l'eau le pauvre montagnard. Le lendemain matin, ils furent bien étonnés de voir le jeune homme arriver avec trois moutons. « D'où viens-tu ? » lui dirent-ils. — « Eh ! parbleu, de la rivière, et j'ai joliment froid ! » dit-il en tordant ses habits, qu'il avait

---

1. Comme on voit, c'est tout à fait l'introduction du conte de la Basse-Bretagne et du conte bourguignon, cités plus haut. — Cette même introduction forme tout le récit à elle seule dans un conte picard (Carnoy, p. 192). Ici, comme dans le conte afghan, le chef des voleurs dit : « Si je vous trompe, que le tonnerre m'écrase à l'instant ! » Kiot-Jean, en l'entendant, laisse tomber de peur sa peau de vache au milieu des voleurs.

2. Voir, pour ce passage, notre n° 20, *Richedeau*, et les remarques.

eu la précaution de mouiller. — « Mais est-ce que nous ne t'avons pas jeté à l'endroit le plus profond ? — Je n'en sais rien ; mais là où vous m'avez jeté, il y a de grands troupeaux de moutons ; j'en ai pris trois que voici, et j'y retournerai après déjeuner. » Là dessus, les villageois coururent se jeter à la rivière, et ils s'y noyèrent tous.

Le second conte afghan complète le premier. En voici l'analyse : Dans un village, il y avait deux frères, l'un très avisé, nommé Tagga-Khan, l'autre niais. Un jour, Tagga-Khan envoie son frère conduire une chèvre au marché. L'innocent rencontre successivement six fripons qui se sont échelonnés le long de la route ; chacun d'eux lui dit à son tour que c'est un chien qu'il conduit et non pas une chèvre ; sur quoi le pauvre garçon, ahuri, laisse là sa bête [1]. Tagga-Khan, ayant appris le tour joué à son frère, jure de le faire payer au centuple. Le lendemain, il se met en route pour le marché, monté sur un méchant âne qu'il a splendidement caparaçonné. Les six fripons, qui sont frères, se trouvent également sur son chemin, et lui demandent pourquoi il a si magnifiquement harnaché son âne. « Ce n'est pas un âne, » dit Tagga-Khan ; « c'est un *bouchaki*. — Qu'est-ce qu'un *bouchaki* ? — C'est un animal qui vit cent ans et qui fait de l'or, qu'on trouve chaque matin dans son fumier. » Tagga-Khan, s'étant arrangé pour ne pouvoir arriver le soir à la ville, est invité par les frères à passer la nuit chez eux, et, le lendemain matin, ceux-ci, qui l'observent en cachette, le voient ramasser sur le fumier de l'âne un morceau d'or qu'il y avait adroitement déposé. Ils se rendent quelques jours après chez Tagga-Khan et lui achètent son âne pour cinq cents roupies. Bientôt ils reviennent se plaindre du marché qu'ils ont fait. Mais Tagga-Khan a prévu la chose et il a donné ses instructions à sa femme. Celle-ci dit aux frères que son mari est sorti et qu'elle va l'envoyer chercher par son lapin gris. Et elle lâche le lapin en lui disant de ramener son maître. Une heure après, Tagga-Khan, qui avait emporté un autre lapin gris tout pareil au premier, revient avec l'animal sous le bras et répond aux questions des frères que le lapin est venu en effet l'appeler. Les six frères, émerveillés, achètent encore le lapin pour cinq cents roupies [2]. Quand ils reviennent pour chercher querelle à Tagga-Khan, celui-ci fait semblant d'être mécontent de sa femme et de la tuer ; puis, se radoucissant, il prend un certain bâton, en touche sa femme, et elle se relève. Les six frères achètent, toujours pour cinq cents roupies, le bâton magique Rentrés chez eux, ils ont une dispute avec leur mère et la tuent, comptant sur le bâton pour la ressusciter ; mais la bonne femme reste morte. Alors ils s'enfuient, l'un d'un côté, l'autre de l'autre, et on ne les revoit plus.

Dans l'Inde même, on a recueilli plusieurs contes de cette famille. Nous donnerons d'abord l'analyse d'un conte provenant du Bengale (*Indian*

---

1. Il est curieux de constater que cette première partie du conte afghan, qui parfois forme un conte à elle seule (voir le *Panchatantra* indien et les observations de M. Benfey, I, p. 355, et II, p. 238), se trouve aussi combinée avec notre thème dans le conte de Straparola.

2. Comparer plusieurs contes cités plus haut : le conte sicilien n° 71 de la collection Gonzenbach, le conte basque (Webster, p. 154), le conte catalan (*Rondallayre*, III, p. 182), et le petit livre italien du XVIᵉ siècle.

Antiquary, 1874, p. 11) : Un paysan a un oiseau apprivoisé ; quand il est à travailler aux champs, sa femme attache à l'oiseau une pipe et tout ce qu'il faut pour fumer, et l'oiseau va le porter à son maître. Un jour, six hommes qui passent par là voient ce manège de l'oiseau, et ils offrent au paysan de le lui acheter trois cents roupies. Le marché fait, ils attachent à l'oiseau trois cents autres roupies et lui disent de les porter à certain endroit. Mais l'oiseau, naturellement, s'en retourne avec sa charge à la maison du paysan. Celui-ci prend l'argent et fait avaler à sa vache une centaine de roupies. Cependant, les six hommes, s'apercevant que l'oiseau n'a pas fait la commission, vont trouver le paysan. En entrant chez lui, ils voient la vache en train de se débarrasser des roupies : voilà l'oiseau oublié, et les six hommes donnent au paysan cinq mille roupies pour avoir cette merveilleuse vache. Ils l'emmènent chez eux, mais la vache ne donne plus d'or du tout, et les six hommes la ramènent au paysan. Celui-ci les invite à dîner avant qu'on ne s'explique. Ils acceptent. Pendant le repas, le paysan prend un bâton, et, au moment où sa femme sort pour aller chercher encore à manger, il l'en frappe en disant : « Sois changée en jeune fille et apporte-nous un autre plat. » A leur grande surprise, les six hommes voient, au lieu de la femme, une jeune fille (en réalité la fille du paysan) apporter le second plat. Cette même scène se renouvelle plusieurs fois. Ils achètent le bâton cent cinquante roupies, et le paysan leur recommande de bien battre leurs femmes quand elles leur apporteront à manger : elles recouvreront ainsi leur première jeunesse et leur première beauté. Les six hommes suivent si bien cette recommandation, qu'ils les assomment toutes [1]. Furieux, ils courent à la maison du paysan et y mettent le feu. Le paysan ramasse une partie des cendres, en remplit plusieurs sacs, dont il charge un buffle, et il se met en route vers Rangpour. Chemin faisant, il rencontre des hommes qui conduisent à un banquier de cette ville des buffles chargés de sacs de roupies. Il se joint à eux, et, pendant qu'ils dorment, il leur prend deux sacs de roupies, met à la place deux sacs de cendres et s'enfuit. Il prie ensuite un des six hommes, qu'il rencontre, de porter les sacs à sa femme : auparavant il avait enduit de gomme le fond d'un des sacs, de sorte qu'il y était resté attachées quelques roupies, et l'homme peut ainsi voir quel en était le contenu. Il va aussitôt le dire à ses camarades, et les six hommes viennent demander au paysan comment il a eu cet argent ; il répond que c'est en vendant les cendres de sa maison. Aussitôt les autres brûlent leurs maisons et s'en vont au bazar mettre les cendres en vente. Ils n'y gagnent que des coups [2]. Plus furieux que jamais, ils se saisissent du paysan, et, après l'avoir mis dans un sac, pieds et poings liés, ils le jettent dans la rivière Ghoradhuba, qui coule près de là. Par bonheur pour le paysan, le sac, en s'en allant à la dérive, s'accroche à un pieu. Vient à passer un homme à cheval. Le paysan lui crie de vouloir bien le tirer du sac, lui promettant de lui couper de l'herbe pour son

---

1. Dans un conte bavarois, cité par M. Kœhler (*Orient und Occident*, II, p. 497), le héros, qui s'est entendu avec sa femme, bat celle-ci, qui ensuite se cache. Alors apparaît leur fille. Le héros dit que son bâton rajeunit les femmes. Les dupes achètent le bâton et assomment leurs femmes.

2. Comparer pour cet épisode, qui appartient à la seconde forme de notre thème, un conte islandais (Arnason, II, p. 581), où Sigurdr fait croire aux fils du roi qu'il a gagné beaucoup d'argent en vendant les cendres de la forge qu'ils lui ont méchamment brûlée.

cheval sans demander de salaire. L'homme le tire du sac, et le paysan lui propose d'aller promener son cheval ; l'autre le lui confie, et le paysan passe ainsi auprès des six hommes. Ceux-ci, fort étonnés de le revoir, lui demandent où il a trouvé ce cheval. Il leur répond que c'est dans la rivière Ghoradhuba et qu'il y en reste beaucoup d'autres plus beaux. Aussitôt ils veulent savoir ce qu'il faut faire pour les avoir. Le paysan leur dit d'apporter chacun un sac avec une bonne corde et de se mettre dedans. La chose faite, il en jette un dans l'eau. En entendant le bouillonnement de l'eau, les autres demandent ce que c'est : le paysan répond que c'est leur camarade qui prend un cheval. Alors tous demandent à être jetés vite dans l'eau. Le paysan leur donne satisfaction, et ensuite il vit tranquille et heureux.

On le voit, ce conte indien est tout à fait le pendant des contes européens de ce type. La fin seule n'est pas complète, mais nous en avons une forme sans lacune dans un épisode d'un autre conte également indien, qui a été recueilli chez les Sântâls et publié dans l'*Indian Antiquary* (1875, p. 258) : Gouya s'est associé à une bande de voleurs. Un jour, il se prend de querelle avec eux ; les voleurs le battent, le garrottent et le portent vers la rivière pour le noyer. Mais, en chemin, comme ils ont grand'faim, ils s'en vont chercher à manger et déposent Gouya au pied d'un arbre. Un pâtre qui passe par là, attiré par les cris de Gouya, lui demande qui il est et pourquoi il crie. Gouya répond : « Je suis un fils de roi, et on m'emporte malgré moi pour me faire épouser une fille de roi que je n'aime pas. — Laissez-moi me mettre à votre place, » dit le pâtre, « j'épouserai volontiers la princesse. » Il délivre Gouya et se laisse mettre à sa place, pieds et poings liés. Bientôt après reviennent les voleurs ; ils prennent le prétendu Gouya et, en dépit de ses protestations, ils le jettent dans la rivière. Pendant ce temps, Gouya s'est enfui, poussant devant lui les vaches du pâtre. Quelques jours après, les voleurs le rencontrent avec son troupeau et lui demandent d'où lui viennent ces vaches. Gouya leur dit qu'il les a prises dans la rivière où ils l'ont jeté ; s'ils le veulent, il les jettera dedans à leur tour, et ils trouveront autant de vaches qu'ils en pourront désirer. La proposition est acceptée avec empressement ; les voleurs sont garrottés et jetés par Gouya dans la rivière, où ils se noient.

Les principaux traits de cet épisode se présentent dans un troisième conte indien sous une forme non plus plaisante, mais merveilleuse, sottement merveilleuse, à vrai dire. On en jugera en lisant ce fragment d'un conte recueilli dans la même région que le précédent (*Indian Antiquary*, 1875, p. 11) : Un roi, voulant se débarrasser du héros du conte, nommé Toria, fait organiser une grande chasse ; Toria doit faire partie de la suite et porter la provision d'œufs et d'eau. Arrivés auprès d'une caverne, les gens du roi disent qu'il s'y est réfugié un lièvre, et ils forcent Toria à y pénétrer ; puis ils roulent à l'entrée de grosses pierres, amassent des broussailles devant et y mettent le feu pour étouffer Toria. Mais celui-ci casse ses œufs, et toutes les cendres sont dispersées (*sic*) ; ensuite il verse son eau sur la braise, et le feu s'éteint. Etant parvenu, non sans peine, à se glisser hors de la caverne, il voit, à son grand étonnement, que toutes les cendres sont devenues des vaches, et tout le bois à moitié brûlé, des buffles. Il rassemble toutes ces bêtes et les mène chez lui. Quand le roi les voit, il demande à Toria où il se les est procurées. Celui-ci lui dit qu'il les a trouvées dans la caverne où on l'a enfermé : il y en a encore bien d'autres ; mais, pour les avoir, il faut que le roi et ses gens entrent dans la caverne, qu'on en bouche l'entrée et qu'on allume du feu devant, comme on a fait pour lui. Le roi s'introduit aussitôt avec ses gens dans la caverne, après avoir dit à Toria de fermer l'entrée et d'allumer le feu. Toria ne se fait pas prier, et le roi et sa suite périssent étouffés.

Le dénouement ordinaire se trouve dans le Cambodge, avec quelques altérations. Nous donnerons le conte cambodgien en entier, le commencement, bien qu'il ne ressemble pas aux contes que nous avons cités, étant nécessaire pour l'intelligence du reste. Voici ce conte (E. Aymonier, p. 8) : « Un jeune homme aurait bien voulu manger un porc que sa mère élevait pour le vendre. Un jour, il prétend que les esprits célestes lui ont indiqué la place d'un trésor. Muni d'un panier, il se fait suivre par sa mère au fond de la forêt. Tout à coup il s'élance, applique son panier contre le sol, puis il recommande à sa mère d'appuyer ferme pendant qu'il va chercher une pelle et une pioche pour déterrer le trésor. Il court alors à la maison, tue le cochon et invite amis et voisins à faire ripaille. Sa mère, après l'avoir attendu longtemps, mourant de faim et à bout de forces, lâche le panier et regarde dedans. Furieuse de n'y rien trouver, elle retourne à la maison, se doutant du mauvais tour que lui a joué son fils, et elle arrive au milieu du festin. Alors, outrée de colère, elle charge son frère d'enfermer le jeune homme dans un sac et d'aller le jeter à la rivière. Quand il est sur le bord de l'eau, le menteur demande que par pitié on lui donne son traité sur l'art de mentir qu'il a laissé à la maison sur une poutre : au moins ce traité l'aidera à gagner sa vie là-bas dans le monde des trépassés. L'oncle consent à aller chercher le livre. Pendant qu'il est absent, par hasard passe un lépreux ; le menteur l'aperçoit et feint de se parler à lui-même : Il y a longtemps qu'il est entré en retraite dans ce sac pour se guérir de la lèpre ; il croit être guéri, mais il voudrait bien s'en assurer. Le lépreux dresse l'oreille et ouvre le sac sur l'invitation de l'autre, qui sort en disant : « Je suis bien guéri, ma foi ! » Le lépreux demande à le remplacer dans le sac, et le menteur l'y enferme en lui recommandant, s'il veut une guérison prompte et radicale, de ne pas répondre aux questions, dût-il être insulté et même frappé. A peine le menteur s'est-il esquivé que l'oncle revient, furieux de sa course inutile. Il tombe à grands coups de bâton sur le lépreux, qui s'efforce de tout supporter sans mot dire. Après l'avoir bien frappé, l'oncle jette le sac à l'eau. — Echappé de là, le menteur rencontre sur le bord de la rivière un autre garçon, habile comme lui à tromper. Ce dernier, après avoir plongé, revient à la surface de l'eau, montrant de la menue monnaie, faible partie, dit-il, de son gain au jeu effréné que l'on joue là-bas. Le menteur se déshabille, plonge à son tour et donne de la tête contre une souche. S'apercevant alors que l'autre jeune homme s'est moqué de lui, il revient en songeant au moyen de lui rendre la pareille. « En effet, » lui dit-il, « on joue là un jeu d'enfer. J'ai beaucoup gagné, mais on me renvoie à toi pour le paiement. Comme je me suis obstiné à exiger mon gain, j'ai reçu une rude taloche, avec injonction de me faire payer ici. » L'autre voit qu'il s'est adressé à plus fort que lui. Il donne moitié de ses sapèques, et les deux menteurs se lient d'amitié. »

Dans la *Zeitschrift für romanische Philologie* (t. II, p. 350), M. Kœhler nous apprend qu'un conte présentant une fin de ce genre a été recueilli à Madagascar et publié par M. W.-H.-I. Bleek dans le *Cape Monthly Magazine* (déc. 1871, p. 334). Il s'agit dans ce conte malgache des exploits de deux fripons, Ikotofetsy et Mahaka. Ikotofetsy est pris au moment où il commet un vol dans un village. On le coud dans une natte pour le jeter à l'eau. Pendant qu'il est laissé sans gardien, vient à passer une femme. Il fait si bien qu'il la décide à le délivrer ; puis il la met à sa place et s'enfuit. La femme est jetée à l'eau, et quelques jours après, Ikotofetsy reparaît dans le village, portant une quantité de bijoux qu'il a volés, et il dit aux gens qu'il les a trouvés au fond de l'eau. Alors les villageois lui demandent tous de les jeter à l'eau, ce qu'il s'empresse de faire.

Enfin, on a recueilli aux Antilles, de la bouche d'une mulâtresse, née à Antigoa et nourrice du fils d'un gouverneur de la Jamaïque, une histoire qui présente le même dénouement que les contes de cette famille (*Folklore Record*, III, p. 53) : Ananci [1] étant tombé entre les mains de ses ennemis, ceux-ci le mettent dans un sac pour aller le jeter à la mer. Pendant le trajet, Ananci ne cesse de chanter : « Je suis trop jeune pour épouser la fille du roi. » Comme il fait chaud et qu'Ananci est lourd, les hommes entrent dans une maison pour se rafraîchir, après avoir déposé le sac à la porte. Un berger, qui passe avec son troupeau, entend ce que chante Ananci ; il lui demande de le laisser prendre sa place ; mais, la chose faite, il a beau chanter : « Je suis assez âgé pour épouser la fille du roi ; » on le jette à la mer. Ensuite les hommes rencontrent Ananci conduisant le troupeau du berger, et il leur dit qu'il y a encore dans la mer beaucoup plus de moutons qu'il n'en a pris.

Nous aurions encore à résumer ici un conte kabyle appartenant à cette famille. Mais comme une partie de ce conte doit être particulièrement rapprochée de notre n° 20, *Richedeau*, nous n'en donnerons l'analyse que dans les remarques de ce n° 20.

---

1. Nous avons déjà rencontré cet *Ananci* ou *Anansé*, « l'Araignée », figurant comme personnage principal dans un conte recueilli chez les nègres du pays d'Akwapim, qui fait partie du royaume des Achantis. (Voir les remarques de notre n° 5, *Tapalapaulau*, p. 58.) — Le *Folklore Journal* (1883, I, p. 280) nous apprend que les nègres des Antilles appellent, dans leur jargon anglais, *Ananci Stories*, « Histoires d'Ananci », toute espèce de contes bleus, qu'Ananci y figure ou non.

XI

LA BOURSE, LE SIFFLET & LE CHAPEAU

Il était une fois trois frères, le sergent, le caporal et l'appointé [1], qui montaient la garde dans un bois. Un jour que c'était le tour de l'appointé, une vieille femme vint à passer près de lui et lui dit : « L'appointé, veux-tu que je me chauffe à ton feu ? — Non, car si mes frères s'éveillaient, ils te tueraient. — Laisse-moi me chauffer, et je te donnerai une petite bourse. — Que veux-tu que je fasse de ta bourse ? — Tu sauras, l'appointé, que cette bourse ne se vide jamais : quand on y met la main, on y trouve toujours cinq louis. — Alors, donne-la moi. »

Le lendemain, c'était le caporal qui montait la garde ; la même vieille s'approcha de lui. « Caporal, veux-tu que je me chauffe à ton feu ? — Non, car si mes frères s'éveillaient, ils te tueraient. — Laisse-moi me chauffer, et je te donnerai un petit sifflet. — Que veux-tu que je fasse de ton sifflet ? — Tu sauras, caporal, qu'avec mon sifflet on fait venir en un instant cinquante mille hommes d'infanterie et cinquante mille hommes de cavalerie. — Alors, donne-le moi. »

Le jour suivant, pendant que le sergent montait la garde, il vit aussi venir la vieille. « Sergent, veux-tu que je me chauffe à ton feu ? — Non, car si mes frères s'éveillaient, ils te tueraient. — Laisse-moi me chauffer, et je te donnerai un beau petit chapeau. — Que veux-tu que je fasse de ton chapeau ? — Tu sauras, sergent, qu'avec mon chapeau on se trouve transporté partout où l'on veut être. — Alors, donne-le moi. »

1. Avant la Révolution, on appelait *appointés* les soldats qui touchaient de plus grosses paies que les autres.

Un jour, l'appointé jouait aux cartes avec une princesse; celle-ci avait un miroir dans lequel elle voyait le jeu de l'appointé : elle lui gagna sa bourse. Il s'en retourna au bois bien triste, et il sifflait en marchant. La vieille se trouva sur son chemin. « Tu siffles, mon ami, » lui dit-elle; « mais tu n'as pas le cœur joyeux. — En effet, » répondit-il. — « Tu as perdu ta bourse. — Oui. — Eh bien ! va dire à ton frère de te prêter son sifflet; avec ce sifflet tu pourras peut-être ravoir ta bourse. »

« Mon frère, » dit l'appointé au caporal, « je crois que si j'avais ton sifflet, je pourrais ravoir ma bourse. — Et si tu perdais aussi mon sifflet ? — Ne crains rien. »

L'appointé prit le sifflet et retourna jouer aux cartes avec la princesse. Grâce à son miroir, elle gagna encore la partie, et l'appointé fut obligé de lui donner son sifflet. Il revint au bois en sifflotant. « Tu siffles, mon ami, » lui dit la vieille, « mais tu n'as pas le cœur joyeux. — En effet, » répondit-il. — « Tu as perdu ton sifflet. — Oui. — Eh bien! demande à ton frère de te prêter son chapeau; avec ce chapeau tu pourras peut-être ravoir ta bourse et ton sifflet. »

« Mon frère, » dit l'appointé au sergent, « je crois que si j'avais ton chapeau, je pourrais ravoir ma bourse et mon sifflet. — Et si tu perdais aussi mon chapeau ? — Ne crains rien. »

L'appointé s'en retourna jouer aux cartes avec la princesse, et elle lui gagna son chapeau. Il revint bien chagrin et trouva la vieille dans le bois. « Tu siffles, mon ami, » lui dit-elle, « mais tu n'as pas le cœur joyeux. — En effet, » répondit-il. — « Tu as encore perdu ton chapeau. — Oui. — Eh bien ! tiens, voici des pommes; tu les vendras un louis pièce : il n'y aura que la princesse qui pourra en acheter. »

L'appointé alla crier ses pommes devant le palais. La princesse envoya sa servante voir ce que c'était. « Ma princesse, » dit la servante, « c'est un homme qui vend des pommes. — Combien les vend-il ? — Un louis pièce. — C'est bien cher, mais n'importe. » Elle en acheta cinq, en donna deux à sa servante et mangea les trois autres : aussitôt il leur poussa des cornes, deux à la servante, et trois à la princesse. On fit venir un médecin des plus habiles pour couper les cornes; mais plus il coupait, plus les cornes grandissaient.

La vieille dit à l'appointé : « Tiens, voici deux bouteilles d'eau, l'une pour faire pousser les cornes, et l'autre pour les enlever. Va-t'en trouver la princesse. » L'appointé se rendit au palais et s'annonça comme un grand médecin. Il employa pour la servante l'eau qui faisait tomber les cornes ; mais, pour la princesse, il prit l'autre bouteille, et les cornes devinrent encore plus longues. « Ma princesse, » lui dit-il, « vous devez avoir quelque chose sur la conscience. — Rien, en vérité. — Vous voyez pourtant que les cornes de votre servante sont tombées, et que les vôtres grandissent. — Ah ! j'ai bien une méchante petite bourse... — Que voulez-vous faire d'une méchante petite bourse, ma princesse ? donnez-la moi. — Vous me la rendrez ? — Oui, ma princesse, certainement je vous la rendrai. » Elle lui donna la bourse, et il fit tomber une des trois cornes. « Ma princesse, vous devez avoir encore quelque chose sur la conscience. — Rien, en vérité... J'ai bien un méchant petit sifflet... — Que voulez-vous faire d'un méchant petit sifflet, ma princesse ? donnez-le moi. — Vous me le rendrez ? — Bien certainement. » Il fit tomber la seconde corne, mais il en restait encore une. « Vous devez encore avoir quelque chose sur la conscience. — Plus rien, en vérité... J'ai bien un méchant petit chapeau... — Que voulez-vous faire d'un méchant petit chapeau, ma princesse ? donnez-le moi. — Vous me le rendrez ? — Oui, oui, je vous le rendrai... Par la vertu de mon petit chapeau, que je sois avec mes frères. »

Aussitôt il disparut, laissant la princesse avec sa dernière corne. Quand je la vis l'autre jour, elle l'avait encore.

REMARQUES

Nous avons recueilli une variante de ce conte, provenant d'Ecurey, hameau situé à deux ou trois kilomètres de Montiers-sur-Saulx. Cette variante est, sur certains points, plus complète. En voici le résumé :

Trois militaires, qui reviennent de la guerre, entrent dans un beau château, au milieu d'une forêt. Ils y trouvent une table bien servie, avec trois couverts ; mais ils ne voient personne, sinon des mains, qui les servent. En se promenant dans le jardin, ils rencontrent un chat, qui donne au premier une bourse toujours remplie ; au second, une baguette qui fait paraître des soldats, autant qu'on en veut ; au troisième, un petit billet, par la vertu duquel on se transporte partout où l'on désire être. Celui qui a la bourse s'en va jouer aux cartes avec une princesse. Celle-ci, qui gagne toujours, exprime son étonnement de voir qu'il a toujours de l'argent. Il lui parle de la bourse. La princesse se lève pendant la nuit, va fouiller dans sa poche, lui prend sa bourse et en fait faire une autre d'apparence semblable, qu'elle met à la place de la bourse merveilleuse. Le militaire se fait prêter la baguette par son camarade ; mais il a l'imprudence de la remettre à la princesse qui demande à l'examiner, et il est obligé de s'enfuir. Il revient avec le billet qu'il a emprunté à son autre camarade, et il offre à la princesse de la transporter avec lui en un instant bien loin sur la mer. La princesse accepte, et ils sont transportés dans une île. Voyant un beau pommier, la princesse demande au militaire de lui cueillir des pommes. Pendant qu'il monte sur l'arbre, il laisse tomber son billet ; la princesse le ramasse et se souhaite chez elle. Le militaire, resté sur son arbre, mange des pommes, et voilà qu'il lui pousse des cornes, et plus il mange de pommes, plus il lui pousse de cornes. Il descend de l'arbre et s'en va plus loin. Il monte sur un poirier, et à peine a-t-il commencé à manger des poires, qu'il voit une corne tomber, puis une autre ; elles finissent par tomber toutes. — Il rencontre une fée qui lui conseille de s'habiller en fruitier et d'aller dans le pays de la princesse crier ses pommes à cinquante, deux cents et trois cents louis la pomme. Le militaire suit ce conseil ; la princesse fait acheter par sa servante un panier de pommes ; elle en mange, et aussitôt il lui vient des cornes et des cornes. Tous les médecins y perdent leur latin. Le militaire se présente au palais, déguisé en docteur ; il est bien reçu. Pendant deux ou trois mois, il donne des tisanes à la princesse, sans qu'il y ait d'amélioration. Enfin il lui dit : « Il faudrait aller vous confesser, et vos cornes s'en iraient. » La princesse répond d'abord qu'elle n'oserait pas traverser le village avec ses cornes ; puis elle dit qu'elle ira se confesser au curé, le lendemain, à six heures du matin. — Le lendemain, à six heures, le militaire s'affuble d'un surplis et se met dans le confessionnal. La princesse se confesse. « Vous devez avoir encore quelque chose sur la conscience, car le docteur m'a dit que toutes vos cornes tomberaient si vous disiez tout. — Je n'ai qu'une méchante bourse. — Donnez-la toujours. » La princesse la donne, et le prétendu curé lui fait manger deux poires « pour la remettre ». Aussitôt il tombe plusieurs cornes. Le militaire se fait ainsi donner la baguette et le billet, et chaque fois il fait manger deux poires à la princesse. Quand il est rentré en possession des trois objets, il crie : « Par la vertu de mon billet, que je sois transporté avec mes camarades ! » Il rend à chacun ce qui lui appartient, et ils se marient tous les trois avec des princesses.

Comparer nos nᵒˢ 42, *les trois Frères*, et 71, *le Roi et ses Fils*, et aussi, pour les objets merveilleux, notre nᵒ 59, *les trois Charpentiers*.

*
* *

Par rapport à l'introduction, où il est dit comment les objets merveilleux sont venus aux héros, les contes de cette famille peuvent se diviser en plusieurs groupes.

Le premier est celui auquel se rattache notre premier conte lorrain. Nous citerons d'abord un conte hessois (Grimm, III, p. 202) : Trois vieux soldats congédiés montent, l'un après l'autre, la garde dans une forêt qu'ils ont à traverser ; ils reçoivent successivement d'un vieux petit homme rouge un manteau qui fait avoir tout ce que l'on souhaite, une bourse qui ne se vide jamais, un cor qui fait venir tous les peuples du monde. (Dans un autre conte allemand, très voisin, de la collection Curtze, p. 34, les objets merveilleux sont un bâton qui procure à boire et à manger, une bourse inépuisable et une trompette au moyen de laquelle on fait venir autant de soldats qu'on en veut.) — Dans un troisième conte allemand (Prœhle, I, n° 27), c'est d'une vieille que quatre frères déserteurs reçoivent, comme dans le premier conte lorrain, les objets merveilleux (bourse, trompette, chapeau qui procure tout ce que l'on désire, et manteau qui transporte où l'on veut), et, toujours comme dans notre conte, la vieille demande à celui qui monte la garde de la laisser se chauffer à son feu. Dans un conte italien des Marches (Gubernatis, *Zoological Mythology*, p. 288), les objets merveilleux (bourse, sifflet qui fait venir toute une armée, et manteau qui rend invisible) sont également donnés par une vieille, une fée, à trois frères. — Un conte écossais (Campbell, n° 10) met en scène trois soldats, un sergent, un caporal et un simple soldat, comme notre conte. S'étant attardés en allant rejoindre leur régiment, ils entrent dans une maison déserte, où ils trouvent une table bien servie. (C'est, on le voit, l'introduction de notre variante.) Trois princesses enchantées, qu'ils parviennent plus tard à délivrer, font présent, la première au sergent d'une bourse magique ; la seconde au caporal d'une nappe qui se couvre de mets au commandement et transporte où l'on veut ; la troisième donne au soldat un sifflet merveilleux.

Dans un conte flamand de Condé-sur-Escaut (Deulin, I, p. 85), une princesse-serpent à tête de femme est délivrée par un petit soldat. Elle vient ensuite trois fois pour l'emmener avec elle ; il dort. Elle laisse alors auprès de lui un manteau et une bourse magiques [1]. — Il n'y a également qu'un soldat dans un conte roumain de Transylvanie, dont nous résumerons l'introduction dans les remarques de notre n° 42, *les trois Frères*.

Un second groupe comprend un certain nombre de contes. On peut citer d'abord un conte italien recueilli à Rome (Busk, p. 129), dans lequel un vieux bonhomme, très pauvre, laisse en héritage à ses trois fils un vieux chapeau, qui rend invisible, une vieille bourse, où il y a toujours un écu, et un cor qui procure ce que l'on désire, dîner, palais, armée, etc. (Comparer l'introduction presque identique d'un conte sicilien de la collection Pitrè, n° 28, où les objets dont héritent les trois frères sont une bourse, un manteau qui rend invisible et un cor qui fait venir des soldats.) — Dans un conte du Tyrol allemand (Zingerle, II, p. 142), où les objets sont absolument les mêmes et ont les mêmes propriétés que ceux du premier conte lorrain, le père

---

1. Comparer, pour cette introduction seulement, entre autres contes, les contes allemands, p. 16 de la collection Wolf, et n° 93 de la collection Grimm, ainsi que le conte écossais n° 44 de la collection Campbell.

qui les lègue à ses trois fils n'est pas représenté comme pauvre (comparer un autre conte tyrolien, *ibid*, p. 73).

Dans ces divers contes, il n'est pas dit comment les objets merveilleux étaient venus en la possession du père des jeunes gens. Un conte de la Haute-Bretagne (Sébillot, I, nº 5) explique qu'ils lui avaient été donnés par une fée de ses amies. — Dans un conte grec moderne (Hahn, variante du nº 9), le père les avait reçus d'un serpent reconnaissant, et son fils, qui les trouve après sa mort, n'en découvre que par hasard les propriétés.

Dans un conte sicilien (Gonzenbach, nº 30), un père, très pauvre, lègue à son fils aîné une vieille couverture, au cadet une vieille bourse et au plus jeune un cor. Trois fées, qui voient un jour les jeunes gens faisant la sieste devant leur cabane, sont frappées de leur beauté et se disent qu'elles vont leur faire des dons : la couverture transportera partout où l'on voudra ; la bourse fournira l'argent qu'on lui demandera ; si l'on souffle dans le cor, la mer se couvrira de vaisseaux. — Ailleurs, dans un autre conte sicilien (Pitrè, nº 26), ce sont les objets merveilleux eux-mêmes (bourse, serviette qui se couvre de mets au commandement et violon qui force les gens à danser) que les trois fées donnent, comme dans un songe, à Petru endormi — Dans un conte irlandais (Kennedy, II, p. 67), un jeune homme, qui a partagé ses petites provisions de voyage avec une pauvre vieille femme, voit en songe une belle dame qui lui donne une bourse magique ; une autre fois, il reçoit de la même manière un manteau qui transporte où l'on veut, et, une troisième fois, un cor de chasse qui appelle au service de son possesseur tous les soldats qui l'entendent.

Dans deux contes, un conte allemand (Wolf, p. 16) et un conte sicilien (Gonzenbach, nº 31), le héros trouve moyen d'enlever à des brigands les objets merveilleux.

Enfin, dans un conte catalan (*Rondallayre*, III, p. 58), l'aîné de deux frères trouve sur son chemin une bourse pleine d'argent (il n'est pas dit qu'elle soit merveilleuse). Le cadet rencontre des enfants qui se disputent au sujet d'une chaise qui transporte où l'on veut et d'une trompette qui fait venir autant de soldats qu'on en désire. Le jeune homme leur dit qu'il va faire le partage. Il se fait remettre la trompette, s'assied sur la chaise et se souhaite dans la ville du roi, père de la princesse qui lui dérobera les objets merveilleux. (Nous reviendrons plus bas sur cette forme particulière.)

*
* *

Dans plusieurs des contes ci-dessus mentionnés, — conte allemand de la collection Grimm, conte roumain de Transylvanie, conte italien de Rome, — le héros, comme dans les deux contes lorrains, va jouer aux cartes avec une princesse ; mais, dans aucun, la princesse ne gagne les objets merveilleux, comme cela a lieu dans notre premier conte ; elle les dérobe, comme dans notre variante. Ainsi, dans le conte roumain, Hærstældai, le soldat, se rend chez la fille du roi, qui aime beaucoup à jouer aux cartes et qui ruine tous ceux qui osent jouer avec elle : elle a promis sa main à celui qui la vaincrait au jeu. Quand la princesse voit qu'elle ne peut ruiner Hærstældai (celui-ci a une bourse qui ne se vide jamais), elle le grise et lui prend la bourse merveilleuse. Comme elle ne veut pas la lui rendre, il déclare la guerre au roi, et, au moyen d'un chapeau magique, d'où il sort, quand on le secoue, autant de soldats que l'on veut, il a bientôt à ses ordres une grande armée. A la vue de cette armée, le roi fait rendre la bourse. Hærstældai retourne jouer aux cartes avec la princesse, qui l'enivre encore et lui vole ses deux objets merveilleux.

Dans les contes italiens de Rome et des Marches, le héros, après que sa bourse lui a été volée, se fait prêter successivement par ses deux frères leurs objets merveilleux, comme dans les deux contes lorrains.

Dans le conte allemand, la princesse, après avoir grisé le soldat, substitue à sa bourse inépuisable une autre bourse en apparence semblable, comme dans notre variante.

Il serait trop long d'examiner les modifications de détail que cette partie du récit (le vol des objets merveilleux) présente dans les autres contes de cette famille dont nous avons étudié l'introduction.

*
* *

Quant à la dernière partie, notre variante présente une forme beaucoup mieux conservée que notre premier conte. Dans presque tous les contes de cette famille, c'est aussi après en avoir fait involontairement l'expérience sur lui-même, que le héros reconnaît la vertu des deux sortes de fruits. Nous ne connaissons que le conte tyrolien (Zingerle, II, p. 142), cité plus haut, où il en soit autrement. Là, un ermite, comme la vieille du conte lorrain, donne au héros des pommes qui ont la propriété de faire pousser des cornes, et une pommade qui a celle de les enlever.

Dans plusieurs contes (contes allemands des collections Grimm et Curtze, conte italien de Rome, conte irlandais), au lieu des cornes qui poussent, c'est le nez qui s'allonge démesurément quand on a mangé des pommes ou des figues merveilleuses. Dans le conte italien des Marches, il pousse une queue énorme; dans le conte écossais, une tête de cerf.

Tous les contes mentionnés ci-dessus n'ont pas cette dernière partie. Les contes allemands des collections Prœhle et Wolf, le conte sicilien nᵒ 26 de la collection Pitrè se rapprochent sur ce point de notre nᵒ 42, *les trois Frères*. Le conte sicilien nᵒ 30 de la collection Gonzenbach passe dans un cycle tout différent.

En revanche, un conte grec moderne (Hahn, nᵒ 44) n'a de commun avec nos contes lorrains que la dernière partie. Le héros, au moyen de figues qui font pousser des cornes, réussit à se faire épouser par une princesse. — Comparer un épisode d'un conte esthonien (Kreutzwald, nᵒ 23), où des pommes qui font allonger le nez et des noix qui le raccourcissent sont, pour le héros, l'occasion de gagner beaucoup d'argent.

*
* *

Au siècle dernier, on imprimait un conte de ce genre dans les *Aventures d'Abdallah, fils d'Hanif*, ouvrage soi-disant traduit de l'arabe d'après un

manuscrit envoyé de Batavia par un M. Sandisson, mais dont le véritable
auteur est l'abbé Bignon (Paris, 1713, 2 vol. in-12). C'est l'histoire du
Prince Tangut et de la princesse au pied de nez (t. I, p. 231), mise plus tard en
vers par Laharpe [1].

Citons encore le livre de Fortunatus, publié à Augsbourg en 1530.
Fortunatus, égaré dans un bois, a reçu de dame Fortuna une bourse qui ne se
vide jamais, et il a enlevé par ruse au sultan d'Alexandrie un chapeau qui
transporte où l'on veut. En mourant, il laisse à ses deux fils, Ampedo et
Andalosia, ces objets merveilleux. Andalosia se met à voyager avec la bourse,
et se la laisse dérober par Agrippine, fille du roi d'Angleterre, dont il s'est
épris. Il retourne dans son pays, prend à son frère le chapeau, et, s'étant
introduit dans le palais du roi d'Angleterre, il enlève la princesse et la
transporte par le moyen du chapeau dans une solitude d'Hibernie. Là se
trouvent des arbres chargés de belles pommes. La princesse en désirant
manger, Andalosia lui remet les objets merveilleux et grimpe sur l'arbre.
Cependant Agrippine dit en soupirant : « Ah ! si j'étais seulement dans mon
palais ! » Et aussitôt, par la vertu du chapeau, elle s'y trouve. Andalosia,
bien désolé, erre dans ce désert, et, pressé par la faim, il mange deux des
pommes qu'il a cueillies : aussitôt il lui pousse deux cornes. Un ermite entend
ses plaintes, et lui indique d'autres pommes qui le débarrassent de ses cornes.
Andalosia prend des deux sortes de fruits. Arrivé à Londres, il vend des
premières pommes à la princesse et se présente ensuite comme médecin pour
lui enlever les cornes qui lui ont poussé. Il trouve l'occasion de reprendre ses
objets merveilleux ; puis il transporte la princesse dans un couvent, où il la
laisse.

La littérature du moyen âge nous offre un récit analogue. Dans les *Gesta
Romanorum* (ch. CV de la traduction du XVIᵉ siècle intitulée le *Violier des
histoires romaines*), on voit un prince, nommé Jonathas, qui a reçu en legs
du roi son père trois précieux joyaux : « un anneau d'or, un fermail ou monile,
semblablement un drap précieux. » « L'anneau avait telle grâce que qui en son
doigt le portait, il était de tous aimé, si qu'il obtenait tout ce qu'il demandait.
Le fermail faisait à celui qui le portait sur son estomac obtenir tout ce que
son cœur pouvait souhaiter. Et le drap précieux était de telle et semblable
complection, qui rendait celui qui dessus se séait au lieu où il voulait être tout
soudainement. » Jonathas, qui est tombé dans les pièges d'une « jeune pucelle
moult belle », se laisse successivement dérober par elle ses trois objets
merveilleux, et finalement il se trouve seul, abandonné dans un désert, où il
s'était fait transporter ainsi que la traîtresse. Comme il a faim, il mange du
fruit d'un arbre qu'il rencontre sur son chemin, « et fut ledit Jonathas fait,
par la commenstion dudit fruit, adoncques ladre. » Plus loin, il mange du
fruit d'un autre arbre, et sa lèpre disparaît. Il arrive dans un pays où il guérit
un lépreux et acquiert la réputation de grand médecin. De retour dans sa ville
natale, il est appelé auprès de « son amoureuse » malade, qui ne le reconnaît
pas. Il lui dit : « Ma très chère dame, si vous voulez que je vous donne santé,
il faut premièrement que vous vous confessiez de tous les péchés qu'avez

commis, et que vous rendiez tout de l'autrui, s'il est ainsi que aucune chose vous en ayez ; tout autrement jamais ne serez guérie. » [1] Elle raconte alors comment elle a volé Jonathas, et dit au prétendu médecin où sont les trois joyaux. Quand Jonathas est rentré en possession de son bien, il donne à la fille du fruit qui rend lépreux et s'en retourne chez lui.

*
* *

En Orient, nous rencontrons d'abord un conte hindoustani, que M. Garcin de Tassy a traduit sur un manuscrit de la Bibliothèque nationale et publié dans la *Revue orientale et américaine* (année 1865, p. 149) : Un roi, à qui vient l'idée de voyager, confie son royaume à son premier ministre : si, dans un an, il n'est pas revenu, celui-ci doit remettre le gouvernement au second ministre et aller à la recherche de son maître. Le roi, s'étant mis en route, rencontre bientôt quatre voleurs qui, après s'être emparés de quatre objets de grand prix, se disputent pour savoir à qui d'entre eux chacun de ces objets doit appartenir. Le premier de ces objets est une épée qui a la propriété de trancher la tête à un ou plusieurs ennemis, à une grande distance ; le second, une tasse de porcelaine de Chine, qui se remplit, au commandement, des mets les plus exquis ; le troisième, un tapis qui fournit tout l'argent qu'on peut souhaiter ; enfin le quatrième, un trône qui vous transporte partout où vous désirez aller. Le roi, pris pour arbitre, conçoit le dessein d'enlever ces objets aux voleurs. Il les engage à plonger dans un étang voisin, en leur disant que l'objet le plus précieux appartiendra à celui d'entre eux qui restera le plus longtemps sous l'eau. Ils acceptent la proposition. Mais à peine ont-ils la tête dans l'eau que le roi prend l'épée, la tasse et le tapis, monte sur le trône et se souhaite dans une ville lointaine, où il est aussitôt transporté [2]. Là, il s'éprend d'une célèbre courtisane et lui prodigue l'or fourni par le tapis magique. La courtisane, étonnée de cette prodigalité, ordonne à une suivante d'épier le prince et apprend ainsi le secret du tapis. Elle fait si bien que le prince lui apporte ses objets merveilleux. Alors elle le presse d'aller voir le roi du pays pour faire avec lui une partie de chasse. Dès qu'il est parti, elle place les quatre objets en lieu sûr, puis elle met le feu à sa maison. Le prince aperçoit de loin la flamme et accourt. Il trouve la courtisane les cheveux épars et se roulant par terre. Il la console et lui demande ce que sont devenus les objets merveilleux. Elle répond qu'elle l'ignore. Bientôt le prince a dépensé tout ce qui lui restait d'argent, et la courtisane le fait mettre à la porte. Il est tellement fasciné qu'il ne peut quitter le seuil de la maison de cette femme. — Cependant, une année s'étant écoulée, le grand vizir se met en route. Il arrive

---

1. Comparer la fin de nos deux contes lorrains, et aussi le conte irlandais, le conte hessois (Grimm, III, p. 202) et le conte du Tyrol allemand (Zingerle, II, p. 142).

2. On se rappelle que cet épisode figurait déjà dans le conte catalan cité plus haut. — Sans parler de bon nombre de contes européens, n'appartenant pas à cette famille, il se retrouve dans un conte kalmouk et dans un conte arabe d'Egypte que nous donnerons tout à l'heure, et aussi dans un conte arabe des *Mille et une Nuits* (Histoire de Mazen de Khorassan, éd. du Panthéon littéraire, p. 741), dans un conte persan du *Bahar-Danush* (*ibid.*, p. xxiij), dans un conte chinois du recueil des *Avadanas*, traduit par M. Stanislas Julien (n° 74), dans un conte populaire du Bengale (miss Stokes, n° 22), et enfin dans un conte indien de la collection de Somadeva (trad. Brockhaus, t. I, p. 19).

auprès d'un puits dont l'eau noire bouillonne avec bruit : un chacal s'étant approché pour boire, quelques gouttes de l'eau tombent sur sa tête, et il est métamorphosé en singe. Le vizir comprend la vertu de cette eau merveilleuse, et en remplit une outre. Il finit par trouver le prince, lui donne de l'or et lui dit d'aller chez la courtisane en l'emmenant, lui vizir, comme son serviteur. Au moment de l'ablution, le vizir jette sur la tête de la courtisane un peu de l'eau merveilleuse, et aussitôt elle est changée en singe. Ses femmes supplient le vizir de lui rendre sa première forme. Il répond qu'il lui faut pour cela une tasse chinoise, une épée, un trône et un tapis. On lui apporte les objets du prince. Alors lui et son maître mettent le tapis, l'épée et la tasse sur le trône, s'y placent eux-mêmes, et, en une heure, ils sont de retour dans leur pays.

Dans ce conte hindoustani, on a pu remarquer comme un trait particulier la métamorphose en animal. Ce trait, nous le retrouvons dans un conte romain de la collection Busk (p. 146) : Un jeune homme, qui a mangé le cœur d'un oiseau merveilleux, trouve chaque matin sous sa tête une boîte de sequins [1]. En voyageant, il arrive dans une ville où il demande l'hospitalité dans une maison où habitent une femme et sa fille. La jeune fille, qui est très belle, lui a bientôt fait raconter son histoire et révéler le secret de sa richesse. Elle lui donne alors, au souper, du vin où elle a mis de l'émétique, et, quand il a rejeté le cœur de l'oiseau, elle s'en empare et met le jeune homme à la porte. Des fées, prenant pitié de son chagrin, lui donnent successivement divers objets merveilleux, qu'il se laisse dérober par la jeune fille. En dernier lieu, celle-ci l'abandonne sur le haut d'une montagne où un anneau magique, qu'elle lui vole encore, les a transportés tous les deux. Le jeune homme, mourant de faim, mange d'une sorte de salade qui croît sur cette montagne. Aussitôt il est changé en âne. Au pied de la montagne, il trouve une autre herbe qui lui rend sa forme naturelle. Il prend de l'une et de l'autre herbe et va crier sa « belle salade » sous les fenêtres de la jeune fille. Celle-ci en achète, en mange, et la voilà changée en ânesse. Quand elle a restitué les objets merveilleux, le jeune homme, par le moyen de son autre herbe, lui rend sa première forme.

Ce conte italien, dont on peut rapprocher un conte de la Haute-Bretagne (Sébillot, I, n° 14), un conte tchèque de Bohême (Waldau, p. 91) et des contes allemands (Prœhle, II, n° 18; Grimm, n° 122), présente de grands rapports avec un conte kalmouk de la collection du *Siddhi-Kûr*, laquelle est, nous l'avons dit, d'origine indienne. Dans ce conte kalmouk (2ᵉ récit), deux jeunes gens, un fils de khan et son ami, doivent être livrés en proie à deux grenouilles monstrueuses, sortes de dragons, qui exigent chaque année une victime. Ils surprennent une conversation des deux grenouilles qui, sans le vouloir, leur révèlent la manière de les tuer et leur apprennent que ceux qui les auront mangées cracheront (*sic*) à volonté de l'or et des pierres précieuses. Ils tuent les deux grenouilles et les mangent [2]. Ensuite ils se mettent en route,

---

1. Pour abréger, nous supprimons dans cette analyse toute la partie du conte où se trouve combiné avec le thème principal le thème de l'oiseau merveilleux et des deux frères, dont nous avons dit quelques mots dans nos remarques sur le n° 5 de notre collection, *les Fils du Pêcheur* (p. 73).

2. Ces grenouilles correspondent, on le voit, à l'oiseau dont on mange le cœur.

et, arrivés au pied d'une montagne, ils se logent chez deux femmes, la mère et la fille, qui vendent de l'eau-de-vie. Ces deux femmes, une fois instruites des dons merveilleux de ces deux étrangers, les enivrent, se fournissent d'or et de pierres précieuses à leurs dépens, puis les mettent à la porte. Plus loin ils rencontrent des enfants qui se disputent un bonnet qui rend invisible. Le fils du khan leur dit que le bonnet appartiendra à celui qui arrivera le plus vite à un certain but, et, pendant qu'ils courent, il s'empare du bonnet. Il se met de la même façon en possession d'une paire de bottes qui transportent où l'on veut et que se disputaient des démons. Après diverses aventures, l'ami du prince, se trouvant près d'un temple, regarde à travers une fente de la porte; il voit un gardien du temple, qui, après avoir déployé une feuille de papier et s'être roulé dessus, est transformé en âne, et qui ensuite, se roulant une seconde fois sur ce papier, reprend sa première forme. Le jeune homme s'introduit dans le temple, emporte le rouleau de papier et se rend chez les marchandes d'eau-de-vie. Il leur dit que, s'il a tant d'or, c'est qu'il s'est roulé sur le papier. Elles lui demandent la permission de le faire aussi, et aussitôt elles sont changées en ânesses. Après trois ans de châtiment, il leur fait reprendre leur forme naturelle.

Enfin un conte arabe moderne, recueilli en Egypte par M. Spitta-Bey (no 9), offre de curieuses ressemblances à la fois avec le conte italien de Rome que nous venons d'analyser et avec les deux contes lorrains et leurs analogues. Comme le conte romain, le conte arabe commence par le thème, ici quelque peu altéré, de l'oiseau merveilleux. Le jeune garçon, après avoir mangé le gésier de l'oiseau, arrive chez une princesse qui a promis sa main à celui qui la vaincrait à la lutte : celui qui ne la vaincra pas aura la tête tranchée. Il se présente comme prétendant. La victoire étant restée indécise, on donne, le soir, au jeune homme un narcotique; puis les médecins l'examinent et retirent de son estomac le gésier de l'oiseau. Le jeune homme, en se réveillant, sent sa force disparue et s'enfuit. Il rencontre trois hommes qui se disputent au sujet du partage de trois objets : tapis qui transporte où l'on se souhaite; écuelle qui se remplit à volonté d'un certain ragoût; meule à bras, d'où tombe de l'argent, quand on la tourne. Il se fait remettre les trois objets et lance une pierre en disant aux hommes que celui qui la rapportera prendra la meule. Aussitôt il se souhaite sur la montagne de Kâf (au bout du monde), puis chez la princesse. Il propose à celle-ci de lutter. Quand ils ont tous les deux les pieds sur le tapis magique, il se fait transporter par le tapis avec la princesse sur la montagne de Kâf. La princesse lui promet, s'il veut la ramener chez son père, de l'épouser et de lui rendre le gésier enchanté. Le jeune homme lui montre ses deux autres objets merveilleux. Alors elle lui propose de faire avec elle une promenade. A peine a-t-il mis les pieds hors du tapis, qu'elle se souhaite chez son père. — Le jeune homme s'en va pleurant. Après avoir marché toute une journée, il voit deux dattiers, l'un à dattes jaunes, l'autre à dattes rouges. Il mange une datte jaune : aussitôt il lui pousse une corne. Il mange une datte rouge : la corne disparaît. Il remplit ses poches des deux sortes de dattes, puis se rend à la ville de la princesse et va crier ses dattes devant le palais. La princesse en fait acheter, en mange seize; il lui pousse huit cornes. Les médecins ne peuvent rien faire.

Le roi promet sa fille à celui qui la guérira. Le jeune homme donne une datte rouge à la princesse : une corne tombe ; chaque jour, il en fait tomber une. Finalement, il épouse la princesse et rentre ainsi en possession des objets merveilleux.

*
* *

En examinant de près les contes que nous avons étudiés, on remarquera qu'il s'y rencontre deux types dont les divers traits se correspondent de la manière la plus symétrique.

Dans le premier type, le héros se laisse dérober par une femme divers objets magiques ; il les recouvre ensuite par le moyen de fruits qui font naître une certaine difformité et dont il a fait involontairement l'expérience sur lui-même. — Dans le second type, le cœur d'un oiseau merveilleux, ayant une propriété analogue à celle d'un des objets magiques du premier type, est également dérobé au héros par une femme, et le héros s'en remet en possession par le moyen d'une certaine herbe, qui métamorphose en animal et dont il a appris à ses dépens la vertu.

Ces deux types si voisins se combinent parfois, ainsi qu'on l'a vu ; mais, au fond, ils sont distincts, et, — chose importante à constater, — l'un et l'autre existent en Orient. Le conte hindoustani se rattache au premier type, pour sa première partie ; au second, pour la dernière. Le conte kalmouk, assez altéré, est tout entier du second type. Enfin, le conte arabe d'Egypte est du premier pour tout le corps du récit, qui pourrait former un conte complet à lui seul ; quant à l'introduction, elle est du second type, profondément modifié pour que le gésier de l'oiseau merveilleux, — qui, comme le cœur dans la forme ordinaire, devrait donner de l'or, — ne fasse pas double emploi avec le troisième des objets magiques, la meule d'où tombe de l'argent.

*
* *

Dans les remarques de notre n° 42, *les trois Frères*, nous aurons encore divers rapprochements à faire avec des contes orientaux au sujet des objets merveilleux que l'on a vus figurer dans notre conte et dans sa variante.

XII

LE PRINCE & SON CHEVAL

Il était une fois un roi qui avait un fils. Un jour, il lui dit :
« Mon fils, je pars en voyage pour une quinzaine. Voici toutes
les clefs du château, mais vous n'entrerez pas dans telle chambre.
— Non, mon père, » répondit le prince. Dès que son père eut
le dos tourné, il courut droit à la chambre et y trouva une belle
fontaine d'or ; il y trempa le doigt ; aussitôt son doigt fut tout
doré. Il essaya d'enlever l'or, mais il eut beau frotter, rien n'y
fit ; il se mit un linge au doigt.

Le soir même, le roi revint. « Eh bien ! mon fils, avez-vous
été dans la chambre ? — Non, mon père. — Qu'avez-vous donc
au doigt ? — Rien, mon père. — Mon fils, vous avez quelque
chose. — C'est que je me suis coupé le doigt en taillant la
soupe à nos domestiques. — Montrez-moi votre doigt. » Il
fallut bien obéir. « A qui me fierai-je, » dit le roi, « si je ne
puis me fier à mon fils ? » Puis il lui dit : « Je vais repartir en
voyage pour quinze jours. Tenez, voici toutes mes clefs, mais
n'entrez pas dans la chambre où je vous ai déjà défendu d'entrer.
— Non, mon père ; soyez tranquille. »

A peine son père fut-il parti que le prince courut à la fontaine
d'or ; il y plongea ses habits et sa tête ; aussitôt ses habits furent
tout dorés et ses cheveux aussi. Puis il entra dans l'écurie, où
il y avait deux chevaux, Moreau et Bayard. « Moreau, » dit le
prince, « combien fais-tu de lieues d'un pas ? — Dix-huit. — Et
toi, Bayard ? — Moi, je n'en fais que quinze, mais j'ai plus
d'esprit que Moreau. Vous ferez bien de me prendre. » Le prince
monta sur Bayard et partit en toute hâte.

Le soir même, le roi revint au château. Ne voyant pas son fils, il courut à l'écurie. « Où est Bayard ? » dit-il à Moreau. — « Il est parti avec votre fils. » Le roi prit Moreau et se mit à la poursuite du prince.

Au bout de quelque temps, Bayard dit au jeune homme : « Ah ! prince, nous sommes perdus ! je sens derrière nous le souffle de Moreau. Tenez, voici une éponge ; jetez-la derrière vous le plus haut et le plus loin que vous pourrez. » Le prince fit ce que lui disait son cheval, et, à l'endroit où tomba l'éponge, il s'éleva aussitôt une grande forêt. Le roi franchit la forêt avec Moreau. « Ah ! prince, » dit Bayard, « nous sommes perdus ! je sens derrière nous le souffle de Moreau. Tenez, voici une étrille ; jetez-la derrière vous le plus haut et le plus loin que vous pourrez. » Le prince jeta l'étrille, et aussitôt il se trouva une grande rivière entre eux et le roi. Le roi passa la rivière avec Moreau. « Ah ! prince, » dit Bayard, « nous sommes perdus ! je sens derrière nous le souffle de Moreau. Tenez, voici une pierre ; jetez-la derrière vous le plus haut et le plus loin que vous pourrez. » Le prince jeta la pierre, et il se dressa derrière eux une grande montagne de rasoirs. Le roi voulut la franchir, mais Moreau se coupait les pieds ; quand ils furent à moitié de la montagne, il leur fallut rebrousser chemin.

Cependant le prince rencontra un jeune garçon, qui venait de quitter son maître et retournait au pays. « Mon ami, » lui dit-il, « veux-tu échanger tes habits contre les miens ? — Oh ! » répondit le jeune garçon, « vous voulez vous moquer de moi. » Il lui donna pourtant ses habits ; le prince les mit ; puis il acheta une vessie et s'en couvrit la tête. Ainsi équipé, il se rendit au château du roi du pays, et demanda si l'on avait besoin d'un marmiton : on lui répondit que oui. Comme il gardait toujours la vessie sur sa tête et ne laissait jamais voir ses cheveux, tout le monde au château le nommait le Petit Teigneux.

Or, le roi avait trois filles qu'il voulait marier : chacune des princesses devait désigner celui qu'elle choisirait en lui jetant une pomme d'or. Les seigneurs de la cour vinrent donc à la file se présenter devant elles, et les deux aînées jetèrent leurs pommes d'or, l'une à un bossu, l'autre à un tortu. Le Petit Teigneux s'était glissé au milieu des seigneurs ; ce fut à lui que la plus jeune des princesses jeta sa pomme : elle l'avait vu démêler sa chevelure d'or, et elle savait à quoi s'en tenir sur son compte. Le roi fut bien fâché du choix de ses filles : « Un tortu, un bossu, un teigneux, » s'écria-t-il, « voilà de beaux gendres ! »

Quelque temps après, il tomba malade. Pour le guérir, il fallait trois pots d'eau de la reine d'Hongrie : le tortu et le bossu se mirent en route pour les aller chercher. Le prince dit à sa femme : « Va demander à ton père si je puis aussi me mettre en campagne. »

« Bonjour, mon cher père. — Bonjour, madame la Teigneuse. — Le Teigneux demande s'il peut se mettre en campagne. — A son aise. Qu'il prenne le cheval à trois jambes, qu'il parte et qu'il ne revienne plus. »

Elle retourna trouver son mari. « Eh bien ! qu'est-ce qu'a dit ton père ? — Mon ami, il vous dit de prendre le cheval à trois jambes et de partir. » Elle n'ajouta pas que le roi souhaitait de ne pas le voir revenir. Le prince monta donc sur le vieux cheval et se rendit au bois où il avait laissé Bayard. Il trouva auprès de Bayard les trois pots d'eau de la reine d'Hongrie ; il les prit et remonta sur le cheval à trois jambes. En passant près d'une auberge, il y aperçut ses deux beaux-frères qui étaient à rire et à boire. « Eh bien ! » leur dit-il, « vous n'êtes pas allés chercher l'eau de la reine d'Hongrie ? — Oh ! » répondirent-ils, « à quoi bon ? Est-ce que tu l'aurais trouvée ? — Oui. — Veux-tu nous vendre les trois pots ? — Vous les aurez, si vous voulez que je vous donne cent coups d'alène dans le derrière. — Bien volontiers. »

Le tortu et le bossu allèrent porter au roi les trois pots d'eau de la reine d'Hongrie. « Vous n'avez pas vu le Teigneux ? » leur demanda le roi. — « Non vraiment, sire, » répondirent-ils. « En voilà un beau que votre Teigneux ! »

Quelque temps après, il y eut une guerre. Le prince dit à sa femme : « Va demander à ton père si je puis me mettre en campagne. »

« Bonjour, mon cher père. — Bonjour, madame la Teigneuse. — Le Teigneux demande s'il peut se mettre en campagne. — A son aise. Qu'il prenne le cheval à trois jambes, qu'il parte et qu'il ne revienne plus. »

Elle retourna trouver son mari. « Eh bien ! qu'est-ce qu'a dit ton père ? — Mon ami, il vous dit de prendre le cheval à trois jambes et de partir. » Elle n'ajouta pas que le roi souhaitait de ne pas le voir revenir. Le prince se rendit au bois sur le cheval à trois jambes. Arrivé là, il mit ses habits dorés, monta sur Bayard et s'en fut combattre les ennemis. Il remporta la victoire. Or, c'était contre le roi son père qu'il avait livré bataille.

Le tortu et le bossu, qui avaient regardé de loin le combat, retournèrent auprès du roi et lui dirent : « Ah ! sire, si vous aviez vu le vaillant homme qui a gagné la bataille ! — Hélas ! » dit le roi, « si j'avais encore ma plus jeune fille, je la lui donnerais bien volontiers !... Mais avez-vous vu le Teigneux ? — Non vraiment, sire, » répondirent-ils. « En voilà un beau que votre Teigneux ! »

Survint une nouvelle guerre. Le prince envoya sa femme demander pour lui au roi la permission de se mettre en campagne. Puis, s'étant rendu au bois sur le cheval à trois jambes, il mit ses habits dorés, monta sur Bayard, et partit pour la guerre, encore plus beau que la première fois. Il gagna la bataille, et le tortu et le bossu, qui regardaient de loin, disaient : « Ah ! le bel homme ! le vaillant homme ! — Ah ! sire, » dirent-ils au roi, « si vous aviez vu le vaillant homme qui a gagné la bataille ! — Hélas ! » dit le roi, « que n'ai-je encore ma plus jeune fille ! je la lui donnerais bien volontiers... Mais avez-vous vu le Teigneux ? — Non vraiment, sire. En voilà un beau que votre Teigneux ! »

Il fallait encore deux pots d'eau de la reine d'Hongrie pour achever la guérison du roi. Le prince fit demander au roi la permission de se mettre en campagne, et s'en alla au bois sur le cheval à trois jambes. Il trouva les deux pots près de Bayard ; il les prit, puis il repartit. En passant devant une auberge, il y vit ses deux beaux-frères qui étaient à rire et à boire. « Eh bien ! » leur dit-il, « vous n'allez pas chercher l'eau de la reine d'Hongrie ? — Non, » répondirent-ils ; « à quoi bon ? En aurais-tu par hasard ? — Oui, j'en rapporte deux pots. — Veux-tu nous les vendre ? — Je veux bien vous les céder, si vous me donnez vos pommes d'or. — Qu'à cela ne tienne ! les voilà. »

Le prince prit les pommes d'or, et ses beaux-frères allèrent porter au roi l'eau de la reine d'Hongrie. « Avez-vous vu le

Teigneux ? » leur demanda le roi. — « Non vraiment, sire, » répondirent-ils. « En voilà un beau que votre Teigneux ! »

Bientôt après, le roi eut de nouveau à soutenir une guerre. Le prince se rendit au bois, comme les fois précédentes, sur le cheval à trois jambes. Arrivé là, il mit ses habits dorés, avec lesquels il avait encore meilleur air qu'auparavant, monta sur Bayard et partit. Il gagna encore la bataille. Comme il s'en retournait au galop, le roi, qui cette fois assistait au combat, lui cassa sa lance dans la cuisse afin de pouvoir le reconnaître plus tard.

De retour dans le bois, Bayard dit à son maître : « Prince, je suis prince aussi bien que vous : je devais rendre cinq services à un prince. Voulez-vous partir avec moi ? Mais maintenant où est mon royaume, où est tout ce que je possédais ? » Le prince le laissa partir seul, et revint au château sur le cheval à trois jambes.

Le roi fit publier partout que celui qui avait gagné la bataille recevrait une grande récompense. Beaucoup de gens se présentèrent au château après s'être cassé une lance dans la cuisse ; mais on n'avait pas de peine à reconnaître que ce n'était pas la lance du roi.

Cependant le prince était arrivé chez lui, et sa femme avait envoyé chercher un médecin pour retirer la lance. Le roi vit entrer le médecin ; comme celui-ci restait longtemps, il entra lui-même et reconnut sa lance ; il ne savait comment expliquer la chose. Le prince lui dit : « C'est moi qui ai tout fait. La première fois, j'ai trouvé les trois pots d'eau de la reine d'Hongrie près de mon cheval ; je les ai cédés à mes beaux-frères moyennant cent coups d'alène que je leur ai donnés dans le derrière. La seconde fois, ils m'ont donné leurs pommes d'or pour avoir les deux autres pots. »

Le roi fit alors venir le tortu et le bossu : « Eh bien ! » leur dit-il, « où sont vos pommes d'or ? — Nous ne les avons plus. » On leur donna à chacun un coup de pied et on les mit à la porte. On fit la paix avec le père du prince, et tout le monde fut heureux.

REMARQUES

C'est principalement par leur introduction que diffèrent entre eux les contes de cette famille. On peut, sous ce rapport, les classer en plusieurs groupes. Nous examinerons d'abord les contes dont l'introduction se rapproche le plus de celle du nôtre.

Dans un conte du Tyrol italien (Schneller, nº 20), un prince, chassé de son royaume, entre au service d'un certain homme. Son maître lui commande de donner de la viande à une jument, du foin à un ours; puis il part en voyage, après avoir défendu au jeune homme d'ouvrir une certaine porte. Le prince, tout au rebours de ses instructions, donne le foin à la jument et la viande à l'ours. Il ouvre la porte de la chambre interdite; il y voit un petit lac, il s'y baigne. Quand il sort, la jument lui dit que ses cheveux sont devenus d'or. Le prince effrayé ne sait que faire. La jument lui dit de prendre un peigne, des ciseaux et un miroir et de s'enfuir avec elle. Quand le maître les poursuit, le peigne, jeté derrière les fugitifs, devient une haute haie; les ciseaux, une épaisse forêt remplie d'épines; le miroir, un grand lac. Le prince couvre ses cheveux d'un bonnet et entre au service d'un roi. (Suit une seconde partie analogue à celle de notre conte.)

Plusieurs contes de cette famille, recueillis dans le Holstein, en Norwège, en Laponie, en Lithuanie, dans le pays basque, en Roumanie, font également entrer le héros au service d'un personnage mystérieux (un diable, dans le conte basque, un géant, dans le conte lapon), ou de trois fées (dans le conte roumain). — Le conte norwégien (Asbjœrnsen, t. I, p. 86), le conte lapon (nº 6 des contes lapons, publiés en 1870 dans la revue *Germania*) et le conte roumain (*Roumanian Fairy Tales*, p. 27) ont le détail de la chambre défendue. Le héros du conte norwégien plonge le doigt dans un grand chaudron de cuivre qui bout tout seul, et son doigt devient tout doré; il l'enveloppe d'un linge, comme le héros du conte lorrain. Plus tard, le cheval qu'il trouve dans une des chambres où il ne doit point pénétrer, et auquel il donne à manger, lui dit de se baigner dans le chaudron, et il en sort bien plus beau et plus fort qu'auparavant. (Il n'est point parlé de cheveux dorés.) — Dans le conte lapon, le géant défend à son valet d'aller dans l'écurie; le jeune homme y va, et il y trouve un cheval qui lui donne des conseils. — Dans le conte roumain, la chambre défendue contient un bassin où, tous les cent ans, coule une eau qui rend tout d'or les cheveux du premier qui s'y baigne. Sur le conseil de son cheval ailé, don d'un ermite son père adoptif, le jeune homme se baigne dans le bassin, prend dans une armoire un paquet de vêtements et s'enfuit à toute bride. — Dans le conte lithuanien (Leskien, nº 9) et dans le conte basque (Webster, p. 111), il n'y a point de chambre défendue : c'est pendant que le jeune homme est dans l'écurie que le cheval l'engage à s'enfuir avec lui. Dans le conte lithuanien, le cheval lui dit de s'oindre auparavant les cheveux d'un certain onguent, et les cheveux du jeune homme deviennent de diamant. Dans le conte basque, le cheval les lui fait devenir tout brillants. — Dans le conte du Holstein (Müllenhoff, p. 420), ce détail manque.

Tous ces contes, excepté le conte roumain, ont l'épisode de la poursuite et des objets jetés (le conte basque est altéré sur ce dernier point). Dans le conte lapon, par exemple, un morceau de soufre devient une grande eau ; une pierre à fusil, une montagne ; un peigne, une forêt impraticable [1].

Dans un conte grec d'Epire (Hahn, n° 45), cette forme d'introduction est un peu modifiée : Un prince, fuyant la maison paternelle, entre dans un château où il est accueilli par un *drakos* (sorte d'ogre), qui le traite comme son fils. Ici, outre la chambre défendue, nous retrouvons le curieux épisode des deux animaux, que nous avons rencontré dans le conte du Tyrol italien. En pénétrant dans la chambre, le prince y voit un cheval d'or et un chien d'or : devant le cheval, il y a des os ; devant le chien, du foin. Il donne le foin au cheval et les os au chien. Les deux animaux l'assurent de leur reconnaissance [2]. (Vient ensuite la fuite du héros sur le cheval et la poursuite, arrêtée par les trois objets que le héros a emportés, d'après le conseil du cheval. Le reste du conte se rapporte à un autre thème.)

Un autre groupe de contes de cette famille ne diffère de ce premier groupe, pour l'introduction, que par un seul trait : le héros a été promis, avant sa naissance, par son père à un magicien qui l'emporte dans son château. Dans plusieurs de ces contes, — conte du Tyrol allemand (Zingerle, II, p. 198), conte autrichien (Vernaleken, n° 8), contes petits-russiens (Leskien, p. 538, 541), conte portugais du Brésil (n° 38), — le père a pris envers le magicien un engagement dont il ne comprend qu'ensuite la portée. Dans les autres, — conte tchèque (Leskien, p. 539), conte italien de Sora (*Jahrbuch für romanische und englische Literatur, VIII*, p. 253), conte italien des Abruzzes (Finamore, n° 17), conte grec moderne d'Epire (Hahn, II, p. 197), conte albanais déjà mentionné (G. Meyer, n° 5), — le jeune homme a été promis au

---

1. Trois contes, l'un de la Basse-Bretagne (*Koadalan*, dans la *Revue celtique* de mai 1870), l'autre, catalan (*Rondallayre*, III, p. 21 ; comparer III, p. 103), le troisième, portugais (Braga, n° 11), présentent cette même introduction, mais diffèrent ensuite complètement des contes de cette famille.

2. Comparer, pour cet épisode des deux animaux, l'introduction d'un conte portugais du Brésil (Roméro, n° 38) et celle d'un conte albanais (G. Meyer, n° 5), qui se termine brusquement après la poursuite. Comparer aussi l'introduction, tout à fait du même genre, d'un conte corse intitulé *le Petit Teigneux* (Ortoli, n° 108), qui présente, sous une forme extrêmement altérée, une partie des thèmes dont se compose notre *Prince et son Cheval*. — Le service rendu aux animaux se retrouve, tout à fait sous la même forme, dans des contes orientaux. Nous citerons d'abord un conte syriaque de la Mésopotamie (Prym et Socin, n° 58), sur lequel nous aurons occasion de revenir dans ces remarques. Là, un jeune prince, qu'un démon a emmené chez lui, dans le monde inférieur, ouvre, pendant l'absence de ce démon, une des chambres du château. Il y trouve un cheval et un lion : devant le cheval, il y a de la viande ; devant le lion, du foin. Un autre jeune homme, que le prince a fait sortir d'un cachot où le démon le tenait enchaîné, conseille au prince de donner le foin au cheval et la viande au lion. Le prince le fait, et, par reconnaissance, le cheval ramène les deux jeunes gens à la surface de la terre. — Le même trait figure dans un conte indien d'un autre type, recueilli dans le Pandjab (*Indian Antiquary*, août 1881, conte n° 9) : Les gardiens d'une cage renfermant un oiseau dans lequel est la vie d'un *djinn*, sont un cheval et un chien. Devant le cheval, il y a un tas d'os ; devant le chien, une botte d'herbe. Si quelqu'un donne à l'un ce qui est devant l'autre, les deux animaux le laisseront passer, par reconnaissance. — Comparer encore un passage d'un conte arabe d'Egypte (Spitta-Bey, n° 11, p. 143), où les deux animaux sont un chevreau et un chien, attachés devant le palais où se trouve une certaine rose merveilleuse.

magicien, en connaissance de cause, par son père qui, à ce moment, était sans enfants et qui désirait en avoir. Ainsi, dans le conte tchèque, un roi sans enfants promet à un chevalier noir que, si sa femme met au monde des jumeaux avec une étoile d'or et une étoile d'argent sur le front, il lui en donnera un. Dans le conte de Sora, un homme sans enfants rencontre un magicien qui lui dit qu'il aura un fils, à condition qu'il lui amène l'enfant à cette même place, quand l'enfant aura un an et trois mois.

Un conte de la Haute-Bretagne (Sébillot, III, nᵒ 9), appartient à ce groupe, mais il a ceci de particulier que l'homme (le diable, en réalité) qui doit venir prendre l'enfant quand celui-ci aura tel âge, a été son parrain.

Nous avons dit que, dans ce second groupe, nous retrouvons les mêmes éléments d'introduction que dans le premier groupe, étudié tout à l'heure : chambre défendue, cheval qui donne des conseils au héros, chevelure devenue d'or, poursuite avec objets jetés. L'un des deux contes petits-russiens (Leskien, p. 541) donne à l'un de ces épisodes une forme assez curieuse. Le héros entre dans une maison où il lui a été défendu d'aller : là est un cheval à crinière de cuivre, attaché à un pilier de cuivre et enfoncé jusqu'aux genoux dans du cuivre. Ce cheval dit au jeune homme de mettre les pieds là où étaient ses pieds, à lui cheval. Le jeune homme l'ayant fait, ses pieds deviennent de cuivre, et il se sent aussitôt une telle force que, d'un coup de poing, il renverse la muraille qui sépare le cheval de cuivre d'un cheval d'argent et celle qui sépare ce dernier d'un cheval d'or. Chez le cheval d'argent, les mains du jeune homme deviennent d'argent; chez le cheval d'or, sa tête devient toute dorée. Il s'enfuit sur le cheval d'or. Les trois chevaux lui disent de se faire un bonnet, des gants et des souliers avec des lanières, pour cacher ses cheveux, ses mains et ses pieds, et de se présenter chez le roi, en répondant à toutes les questions : « Je ne sais pas » [1].

Aux deux groupes de contes indiqués ci-dessus nous pouvons rattacher un conte du Tyrol allemand (Zingerle, nᵒ 32) et un conte du « pays saxon » de Transylvanie (Haltrich, nᵒ 11). Dans le premier, le héros est au service d'une vieille qui lui ordonne d'entretenir le feu sous un certain chaudron, sans jamais regarder dedans, non plus que dans un certain coffret. Au bout de deux ou trois ans, il cède à la curiosité; il soulève le couvercle du chaudron, et, n'y voyant rien, il plonge le doigt dedans : aussitôt son doigt devient doré; il se le bande. La vieille, furieuse, le met à la porte en lui lançant le chaudron : les cheveux du jeune homme en deviennent tout dorés; il se les couvre

---

1. Comparer un conte très particulier de cette même famille, recueilli dans le « pays saxon » de Transylvanie (Haltrich, nᵒ 15) : Un jeune berger voit un jour un arbre si beau et si grand qu'il a l'idée d'y grimper. Il arrive dans un pays tout de cuivre; il casse à un arbre une branche de cuivre, puis se baigne les pieds dans une fontaine de cuivre : aussitôt ses pieds deviennent comme de cuivre. Il monte encore plus haut sur l'arbre et arrive dans un pays d'argent; là ses mains deviennent d'argent. Plus haut encore, dans un pays d'or, sa chevelure devient d'or. Il redescend sur la terre et entre comme marmiton chez le cuisinier du roi : il garde toujours ses souliers, ses gants et son chapeau et passe pour teigneux. — On serait infini si l'on voulait comparer, détail par détail, les ressemblances qui existent entre tels et tels contes de cette famille. Ainsi, dans un conte du Tyrol allemand (Zingerle, I, nᵒ 28), dont nous parlerons plus bas, le héros doit répondre à toutes les questions : « Qui sait ? » comme le héros du conte petit-russien répond : « Je ne sais pas. » (Comparer le conte russe nᵒ 4 de la collection Dietrich et le conte hongrois nᵒ 8 de la collection Gaal-Stier.)

d'une écorce. Un petit livre magique, trouvé dans le coffret, lui procure plus tard, dans l'épisode de la guerre, un bon cheval, une bonne épée et de riches habits. — Dans l'autre conte, le vieillard que sert le héros est bienveillant, ce qui modifie complètement l'introduction.

En dehors des contes de ce type, beaucoup de contes tout différents renferment l'épisode de la poursuite et des objets magiques. On peut mentionner un conte allemand (Grimm, no 79), un conte hongrois (Erdelyi-Stier, no 4), un conte roumain de Transylvanie (revue l'*Ausland*, année 1856, p. 2121), un conte allemand du même pays (Haltrich, no 37), un conte des Tsiganes de la Bukovine (Mémoires de l'Académie de Vienne, t. 23, 1874, p. 327), un conte grec moderne (Hahn, no 1), un conte italien de Rome (Busk, p. 8), un conte sicilien (Gonzenbach, no 64), un conte catalan (*Rondallayre*, I, p. 46), un conte irlandais (Kennedy, II, p. 61), un conte islandais (Arnason, p. 521), un conte finnois (*Gœttingische Gelehrte Anzeigen*, 1862, p. 1228), un conte russe (Gubernatis, *Zoological Mythology*, II, p. 60), etc.

Divers contes, toujours de la même famille que le nôtre, et qui ont été recueillis en Allemagne, dans la région du Mein (Grimm, no 136), en Danemark (Grundtvig, I, p. 228), dans le Tyrol allemand (Zingerle, I, no 28), dans la Flandre française (Deulin, II, p. 151), dans le pays basque (Webster, p. 22), ont une introduction toute particulière. Voici, par exemple, celle du conte danois : Un roi a pris un « homme des bois » et l'a fait enfermer dans une cage. En partant pour la guerre, il confie la clef de la cage à la reine, en faisant serment que quiconque laisserait l'homme des bois s'échapper le paierait de la vie. Un jour, en jouant, le fils du roi, âgé de sept ans, envoie sa boule d'or dans la cage. L'homme des bois lui dit qu'il ne la lui rendra que si l'enfant vient lui-même la chercher, et il lui enseigne le moyen de dérober la clef de la cage à la reine. La porte ouverte, l'homme des bois disparaît en donnant au prince un sifflet : si jamais le prince est en danger, il n'aura qu'à siffler, et l'homme des bois accourra à son secours. Le roi étant de retour, le prince se dénonce lui-même, et le roi le fait conduire dans un endroit sauvage, où il devra sûrement périr. Le prince appelle l'homme des bois, qui le conduit dans son château où il l'instruit dans tous les exercices du corps. Au bout de sept ans, il lui dit de plonger sa tête dans une certaine fontaine, et les cheveux du jeune homme deviennent d'or. L'homme des bois l'envoie alors chercher fortune dans le monde. Le prince entre au service d'un roi comme garçon jardinier ; selon la recommandation de l'homme des bois, il couvre ses cheveux d'or d'un bonnet et se fait passer pour teigneux [1]. — Dans le conte allemand, c'est par inadvertance que le jeune garçon laisse ses longs cheveux plonger dans une fontaine d'or que l' « homme sauvage » lui a ordonné de garder. (Comparer le conte flamand.) —

[1]. Dans un conte portugais du Brésil (Roméro, no 8), il semble que l'introduction soit un souvenir affaibli de cette forme particulière. Le jeune garçon met en liberté un gros oiseau noir que son père a chez lui, et l'oiseau l'emporte dans son château, où il se fait appeler « parrain » par le jeune garçon. Suit l'histoire des chambres défendues, etc.

Dans le conte tyrolien et dans le conte basque, il n'y a ni fontaine d'or ni cheveux dorés [1].

Enfin, dans un dernier groupe, nous rangerons quatre contes : un conte grec moderne d'Epire (Hahn, n° 6), un conte allemand (Wolf, p. 276), un conte hongrois (Gaal-Stier, n° 8) et un conte russe (Naakè, p. 117). L'introduction du conte grec étant la plus complète, nous en donnerons le résumé : Une reine sans enfants reçoit d'un juif une pomme qui doit la rendre mère ; elle mange la pomme et jette les pelures dans l'écurie, où une jument les mange. Au bout d'un temps, la reine a un fils et la jument un poulain. Le roi étant parti pour la guerre, le juif gagne l'amour de la reine, et obtient d'elle qu'elle cherche à empoisonner le petit prince ; mais le poulain met celui-ci en garde. Quand le roi est de retour, la reine, sur le conseil du juif, fait la malade, et, comme les médecins ne peuvent la guérir, le juif se présente et dit qu'il faut mettre sur le corps de la reine les entrailles d'un poulain (dans une variante, il demande le foie du prince). Le prince obtient de son père qu'avant de tuer son fidèle poulain, on lui donne, à lui, la permission de le monter encore une fois et de faire trois fois le tour du château, et il s'enfuit sur le poulain. — Dans le conte russe, entre cette introduction et les aventures du héros chez le roi au service duquel il est entré comme jardinier, se trouvent intercalés les épisodes de la chambre défendue et de la poursuite.

*
* *

Nous avons dit que les contes de cette famille diffèrent entre eux surtout par leur introduction. Dans le corps du récit, nous retrouvons partout à peu près les mêmes éléments : le héros déguisé, au service d'un roi ; l'amour de la princesse pour lui, après qu'elle s'est aperçue qu'il n'était pas ce qu'il voulait paraître ; enfin les exploits du jeune homme, qui amènent la découverte de ce qu'il est véritablement.

Pour ne pas nous étendre démesurément, nous n'examinerons guère que certains des contes où, comme dans le nôtre, le roi au service duquel est le héros, a trois filles. Dans un conte grec moderne d'Epire (Hahn, n° 6), le prince s'engage chez un roi comme jardinier. Un matin que tout le monde dort encore, il brûle un crin qu'il a arraché de la queue de son cheval, avant de se séparer de lui ; aussitôt le cheval apparaît, et le prince caracole tout resplendissant à travers les jardins du roi. La plus jeune des trois filles du roi le voit de sa fenêtre. Quelque temps après, le roi ordonne à tous les hommes de son royaume de défiler sous les fenêtres du château, afin que chaque princesse se choisisse un mari en jetant à celui qu'elle préfère une pomme d'or. Les deux aînées jettent leur pomme d'or à des seigneurs (le *tortu* et le *bossu* du conte lorrain sont une altération du thème primitif) ; la plus jeune jette la sienne au jardinier. Dans la suite, le roi devient aveugle, et, pour le

---

1. Un conte italien, publié au XVI⁰ siècle par Straparola (n° 5 de la trad. allemande des contes proprement dits), présente une introduction presque identique à celle du conte danois. Une flèche d'or, dont l' « homme des bois » a l'adresse de s'emparer, remplace la boule d'or. — Le reste de ce conte ne se rapporte pas aux contes que nous étudions ici.

guérir, les médecins déclarent qu'il n'y a que l'eau de la vie. Les maris de ses deux filles aînées s'offrent à aller chercher de cette eau. La plus jeune princesse va demander à son père pour son mari la permission d'y aller aussi. Le jeune homme prend dans l'écurie un cheval boiteux et se met en route avec ses beaux-frères : ceux-ci le laissent embourbé dans le premier marais qu'ils trouvent. Aussitôt qu'il les a perdus de vue, le prince brûle un crin de son fidèle cheval et s'en va, splendidement équipé, à la source de l'eau de la vie. Il remplit de cette eau une bouteille, et, en revenant, rencontre ses beaux-frères qui, naturellement, ne le reconnaissent pas. Il leur offre de leur céder la bouteille d'eau s'ils consentent à se laisser marquer au derrière du sabot de son cheval. Ils y consentent; mais il leur donne de l'eau ordinaire, de sorte que le roi a beau s'en baigner les yeux : il reste aveugle. Alors la plus jeune princesse dit au roi que son mari a, lui aussi, rapporté de l'eau de la vie. Le roi la repousse d'abord, enfin il veut bien faire l'essai et il recouvre la vue. Le prince fait alors connaître ce qu'il est et révèle le signe de servitude dont ses beaux-frères ont été marqués par lui. Le roi les chasse et fait du prince son héritier.

On voit quels traits frappants de ressemblance ce conte épirote présente avec le nôtre. Une variante, également d'Epire, s'en rapproche encore davantage sur un point : après l'expédition à la recherche de ce qui doit guérir le roi, se trouve l'épisode de la guerre, dans laquelle le héros défait les ennemis du roi. Après la bataille, le roi bande une blessure du jeune homme avec un mouchoir que la plus jeune princesse a brodé. C'est ce mouchoir qui ensuite fait reconnaître à celle-ci le vainqueur. — Le conte roumain ressemble, pour ainsi dire, sur tous les points au premier conte épirote, mais il est plus complet en ce qu'il a l'épisode de la bataille et de la blessure bandée par le roi. Au lieu de l'eau de la vie qu'il faut aller chercher pour rendre la vue au roi, c'est ici du lait de chèvres rouges sauvages. Le héros ne consent à en donner à ses beaux-frères, qui ne le reconnaissent pas, qu'à condition de les marquer dans le dos d'un signe de servitude.

· Dans le conte du Tyrol italien n° 20 de la collection Schneller, la plus jeune des trois princesses jette sa boule d'or (dans une variante, sa pomme d'or) au prétendu teigneux, comme dans le conte lorrain, le conte grec et le conte roumain. Le roi étant tombé malade, les médecins déclarent qu'il ne peut être guéri que par du sang de dragon (dans la variante, par du lait de tigresse). Le héros, qui s'en est procuré, cède sa fiole à ses beaux-frères en échange de leurs boules d'or, comme dans le conte lorrain. — Même chose, à peu près, dans le conte basque (p. 111 de la collection Webster) : le jeune homme demande à ses beaux-frères, en échange de l'eau qui rend la vue et rajeunit, les pommes d'or que les princesses, leurs femmes, leur ont données avant leur départ (il y a, comme on voit, sur ce dernier point, une altération). Dans ce même conte basque se trouve aussi l'épisode de la bataille gagnée.

Dans le conte danois de la collection Grundtvig, où cet épisode figure aussi, l'épisode des beaux-frères a une forme différente : les deux seigneurs, fiancés des aînées des trois princesses, vont à la chasse ; comme ils n'ont rien tué, le prétendu teigneux leur cède son gibier, la première fois, pour leurs pommes d'or; le jour d'après, pour une lanière qu'il taille dans leur peau. (Comparer deux contes portugais du Brésil, nᵒˢ 8 et 38 de la collection Roméro.)—Dans le conte hongrois nᵒ 8 de la collection Gaal-Stier, le héros cède successivement à ses beaux-frères, qui vont à la chasse et dont il n'est pas reconnu, trois animaux merveilleux : la première fois, il se fait donner leurs alliances ; la seconde, il leur imprime un sceau sur le front ; la troisième, il les marque au dos. Ce conte renferme aussi l'épisode de la guerre. (Comparer un passage du conte sicilien nᵒ 61 de la collection Gonzenbach, dont toute la première partie se rapporte au thème de notre nᵒ 1, *Jean de l'Ours* : Peppe donne à ses frères les oiseaux qu'il a tués, à la condition qu'il leur imprimera sur l'épaule une tache noire.)

Parmi tous les contes de cette famille, celui qui peut-être se rapproche le plus du nôtre, pour le passage où le roi casse sa lance dans la cuisse du héros, est le conte tyrolien nᵒ 32 du premier volume de la collection Zingerle : comme le héros veut s'échapper après avoir gagné la bataille, le roi lui lance son épée, qui l'atteint au talon : la pointe se casse dans la plaie. Revenu chez lui sous ses habits de jardinier, le jeune homme envoie chercher un médecin, qui retire la pointe de l'épée, et le roi la reconnaît à son nom, écrit dessus.

*
* *

Au siècle dernier, on versifiait en Espagne un conte qui offre, comme le conte sicilien cité il y a un instant, la combinaison d'une variante de notre nᵒ 1, *Jean de l'Ours*, avec le conte que nous étudions ici. Nous avons donné, dans les remarques de notre nᵒ 1 (p. 15), le résumé de la première partie de ce romance espagnol. En voici la fin (nᵒ 1264 de l'édition Rivadeneyra, Madrid, 1856) : La plus jeune des trois princesses a épousé Juanillo, dans lequel elle a reconnu, malgré son humble déguisement, celui qui l'a délivrée, elle et ses sœurs, et qui ensuite a été trahi par ses propres frères. Le roi est tellement affligé de ce mariage, qu'à force de pleurer il perd la vue. Les médecins disent que le seul remède est une certaine eau qui se trouve dans un pays rempli de bêtes sauvages. Les deux frères de Juanillo, qui se sont donnés pour les libérateurs des princesses et ont épousé les deux aînées, s'offrent à aller chercher de cette eau. Juanillo, qui s'en est procuré, grâce à l'aide d'un des trois chevaux dont il a été parlé dans la première partie du conte, leur cède sa fiole contre deux poires dont le roi leur avait fait présent. Plus tard, il faut, pour une autre maladie du roi, du lait de lionne. Juanillo est, cette fois, aidé par le second des trois chevaux ; il donne le lait à ses frères, moyennant qu'ils se laissent couper chacun une oreille. Enfin, le troisième cheval fait gagner à Juanillo la bataille sur les ennemis du roi. Juanillo remet les drapeaux dont il s'est emparé à ses frères, mais après avoir marqué ceux-ci au fer rouge sur l'épaule d'un signe de servitude. Au milieu d'un banquet que donne le roi, Juanillo entre magnifiquement vêtu et révèle la vérité.

L'épisode de la bataille et de la lance cassée se retrouve dans une légende du moyen-âge, celle de Robert le Diable (*Gœttingische Gelehrte Anzeigen*, 1869, p. 976 seq.). Robert le Diable, pour expier ses péchés, se fait passer pour muet et pour idiot, et vit méprisé de tous à la cour de l'empereur de Rome. Celui-ci a un sénéchal qui a demandé en vain la main de sa fille. Pour se venger de ce refus, le sénéchal vient assiéger la ville avec une armée de Sarrazins. L'empereur marche contre lui. Robert, qu'on a laissé au château, trouve dans le jardin, près d'une fontaine, un cheval blanc avec une armure blanche complète; en même temps, une voix du ciel lui dit d'aller au secours de l'empereur. Il part, remporte la victoire et disparaît pour aller reprendre au château son rôle de fou. Deux fois encore il gagne la bataille; la dernière fois, l'empereur, voyant le chevalier inconnu s'éloigner à toute bride, lance une pique pour tuer son cheval, mais il le manque et atteint Robert à la jambe. Celui-ci s'échappe néanmoins, emportant dans sa blessure la pointe de la pique. Il cache cette pointe dans le jardin et panse sa blessure avec de l'herbe et de la mousse. La princesse l'aperçoit de sa fenêtre, comme elle l'a déjà vu précédemment revêtir son armure et monter à cheval; mais, étant muette, elle ne peut rien dire. L'empereur fait publier que celui qui lui présentera la pointe de la pique et lui montrera la blessure faite par lui à l'inconnu, aura sa fille en mariage. Le sénéchal parvient à tromper l'empereur, et déjà il est à l'autel avec la princesse, quand celle-ci, par un miracle, recouvre la parole et dévoile tout. Robert veut continuer à faire l'insensé, mais un ermite, qui a eu une révélation à son sujet, lui dit que sa pénitence est terminée, et Robert épouse la princesse.

*
* *

En Orient, les rapprochements à faire sont très nombreux.

Nous avons d'abord à citer un épisode d'un poème des Kirghiz de la Sibérie méridionale (Radloff, III, p. 261) : Kosy Kœrpœsch, parti à la recherche de Bajan, sa fiancée, arrive auprès d'une « fontaine d'or »; il y trempe sa chevelure, qui devient toute dorée. Une vieille femme, qui lui apprend où est Bajan, lui conseille de se déguiser en teigneux. Il arrive pendant la nuit à la *yourte* de Bajan et se couche par terre. La jeune fille, s'étant réveillée, voit la yourte tout éclairée. Ce sont les cheveux de Kosy qui sont sortis de dessous sa coiffure et qui brillent. Elle reconnaît que Kosy est là [1].

Mais ce qui se rapproche d'une façon bien plus frappante de l'introduction du conte lorrain et surtout des contes européens du second groupe, c'est un conte qui a été recueilli dans l'île de Zanzibar, chez les Swahili, population issue d'un mélange de nègres et d'Arabes (E. Steere, p. 381) : Un sultan n'a point d'enfants. Un jour, il se présente devant lui un démon sous forme humaine, qui lui offre de lui en faire avoir, à condition que, sur deux, le sultan lui en donnera un. Le sultan accepte la proposition; sa femme mange une certaine substance que le démon a apportée, et elle a trois enfants. Quand ces enfants sont devenus grands, le démon en prend un et l'emmène dans sa maison. — Au bout de quelque temps, il donne au jeune garçon toutes ses clefs et part pour un mois en voyage. Un jour, le

---

1. Comparer l'épisode d'un conte syriaque (Prym et Socin, n° 39), analysé dans les remarques de notre n° 1 *Jean de l'Ours*. Le héros se couvre la tête d'une vessie, afin d'avoir l'air chauve et de ne pas être reconnu.

jeune garçon ouvre la porte d'une chambre : il voit de l'or fondu ; il y met le doigt et le retire tout doré. Il a beau le frotter, l'or ne s'en va pas ; alors il s'enveloppe le doigt d'un chiffon de linge. Le démon, étant revenu, lui demande : « Qu'avez-vous au doigt? — Je me suis coupé, » dit le jeune garçon. Pendant une autre absence du démon, le jeune garçon ouvre toutes les chambres. Il trouve dans les cinq premières des os de divers animaux, dans la sixième des crânes humains, dans la septième un cheval vivant. « O fils d'Adam ! » lui dit le cheval, « d'où venez-vous ? » Et il lui explique que le démon ne fait autre chose que dévorer des hommes et toutes sortes d'animaux. Il lui donne ensuite le moyen de faire périr le démon, en le poussant dans la chaudière même où le jeune garçon devait être bouilli. Ce dernier suit ces conseils, et, débarrassés du démon, le cheval et lui vont s'établir dans une ville, où ils bâtissent une maison, et le jeune homme épouse la fille du sultan du pays.

Dans un conte syriaque de la Mésopotamie septentrionale (Prym et Socin, n° 58), un démon, sous la forme d'un Egyptien, promet à un marchand sans enfants de lui en faire avoir plusieurs, si le marchand s'engage à lui donner le premier fils qui naîtra. L'enfant est emmené par le démon. L'épisode altéré qui vient ensuite est en réalité celui de la chambre défendue. Il s'y trouve un trait dont nous avons parlé dans la seconde note de ces remarques. — Ce qui suit n'a aucun rapport avec les contes que nous étudions ici.

Ce n'est pas seulement l'introduction de notre conte, c'est presque tout l'ensemble du récit que nous retrouvons dans un livre cambodgien (Bastian, *die Vœlker des œstlichen Asiens*, t. IV, 1868, p. 350). En voici le résumé d'après l'analyse de M. Bastian : Après diverses aventures, Chao Gnoh, enfant extraordinaire, est recueilli par la reine des Yakhs (sorte d'ogres ou de mauvais génies), laquelle l'adopte pour fils. Elle le laisse libre de se promener à son gré dans les jardins du palais ; mais il ne doit pas s'approcher de l'étang d'argent ni de l'étang d'or. Poussé par la curiosité, Chao Gnoh va voir l'étang d'or, y plonge le doigt, et, ne pouvant enlever l'or dont son doigt est resté couvert, il se voit obligé de le bander et de dire à la reine qu'il s'est blessé. Puis il visite les cuisines du palais et y trouve des monceaux d'ossements et aussi une paire de pantoufles merveilleuses avec lesquelles on peut voyager dans l'air, un bonnet qui donne l'apparence d'un sauvage (*sic*) et une baguette magique. Il prend ces objets et s'élève en l'air par la vertu des pantoufles. Comme il se repose sur un arbre, la reine des Yakhs l'aperçoit et lui crie de revenir ; mais il ne l'écoute pas. Alors elle met par écrit toute sa science magique, appelle autour d'elle tous les animaux et meurt de chagrin. Son fils adoptif, étant venu aux funérailles, lit les formules que la reine a écrites et les apprend par cœur. Puis, prenant son vol, il arrive dans un pays où justement un roi célèbre les noces de ses filles, à l'exception de la plus jeune, qui ne trouve personne à son goût. Le roi fait venir tous les jeunes gens de son royaume, mais aucun ne plaît à la princesse ; puis tous les hommes d'âge, sans plus de résultat. Alors il demande s'il est encore resté quelqu'un. On lui répond qu'il n'y a plus que le sauvage (Chao Gnoh), qui joue là-bas avec les enfants de la campagne. Quand la princesse entend parler de Chao Gnoh, elle se déclare aussitôt disposée à l'épouser, malgré le mécontentement de son père, qui la bannit avec son mari dans un désert. Quelque temps après, le roi exprime le désir d'avoir du poisson et envoie ses gendres lui en chercher ; mais ceux-ci ne peuvent en trouver, car Chao Gnoh, grâce à son art magique, a rassemblé tous les poissons autour de lui après avoir lui-même changé de forme. Enfin, après bien des supplications de la part de ses beaux-frères, il consent à leur en céder, mais seulement à condition qu'il leur coupera le bout du nez. Ensuite le roi a envie de gibier ; mais ses gendres ont beau chasser : Chao Gnoh a rassemblé autour de lui tous les animaux de la forêt, et il ne leur en cède que contre le bout d'une de leurs oreilles [1]. Mais bientôt, poussés par les génies qui sont indignés de voir mépriser leur ami (Chao Gnoh), des ennemis fondent en grand nombre sur le pays du roi, et ses gendres sont battus. Comme le roi demande s'il ne reste plus personne, on lui parle de Chao Gnoh, et celui-ci, muni par les génies d'armes magiques et d'un cheval ailé, a bientôt fait de mettre l'ennemi en déroute. A son retour, le roi, rempli de joie, le fait monter sur son trône.

Dans un conte arabe recueilli en Egypte (Spitta-Bey, nº 12), nous allons rencontrer, avec tout l'ensemble de notre conte, la forme d'introduction particulière au dernier groupe étudié ci-dessus (p. 142) : Un sultan a un fils, Mohammed l'Avisé, qui est né en même temps que le poulain d'une jument de race. Le jeune garçon aime beaucoup son poulain. Sa marâtre, une esclave que le sultan a épousée après la mort de la mère de l'enfant, a un amant, un juif [2]. Craignant d'être trahis par Mohammed, ils complotent de l'empoisonner. Le jeune garçon est instruit de ce qui se prépare par son ami le cheval ; quand sa marâtre lui sert à manger, il met le plat devant un chat qui y goûte et meurt [3]. La marâtre et le juif veulent alors se débarrasser du cheval. La marâtre fait la malade, et le juif, se donnant pour médecin, dit que le seul remède est le cœur d'un poulain de race. Avant qu'on ne tue son cheval, Mohammed obtient la permission de le monter encore une fois. A peine est-il en selle, que le cheval prend le galop et disparaît. — Arrivé dans un royaume voisin, le jeune homme met pied à terre, achète à un pauvre des vêtements tout déchirés qu'il endosse, et prend congé de son cheval, après que ce dernier lui a donné un de ses crins en lui disant de le brûler si jamais il a besoin de son aide. Mohammed entre au service du chef jardinier du roi. Un jour, il désire voir son cheval ; il brûle le crin, le cheval paraît, et Mohammed galope, magnifiquement vêtu, à travers le jardin. La plus jeune des sept filles du roi l'aperçoit et s'éprend du beau jeune homme. Elle met en tête à ses

---

1. Dans le conte danois de la collection Grundtvig, dans le conte hongrois, dans un conte sicilien (Gonzenbach, nº 61) et dans les contes du Brésil, il est aussi question, nous l'avons vu, de gibier. — Dans un passage très altéré d'un conte sicilien (Gonzenbach, nº 67), il est parlé, comme dans le récit cambodgien, d'*oreille* et de *nez* coupés par le héros. Dans le romance espagnol cité plus haut (p. 144), on a vu que Juanillo coupe une oreille à ses frères.

2. Il est très remarquable que les contes allemand et grec moderne de ce groupe, cités plus haut, ont également ici un juif.

3. Ce petit détail se retrouve dans le conte allemand.

sœurs de demander au roi de les marier. Le roi fait publier que tous les hommes de la ville doivent défiler devant le château des dames. Les six aînées des princesses jettent leur mouchoir à des hommes qui leur plaisent ; la plus jeune ne jette le sien à personne. Le roi demande s'il ne reste personne dans la ville. On lui dit qu'il ne reste qu'un pauvre garçon qui tourne la roue à eau dans le jardin. On l'amène, et la princesse lui jette son mouchoir. Le roi, très affligé de ce choix, ne tarde pas à tomber malade ; les médecins lui ordonnent du lait de jeune ourse. Les six gendres montent à cheval pour en aller chercher ; Mohammed se met, lui aussi, en campagne sur une jument boiteuse. Sorti de la ville, il appelle son cheval et lui ordonne de dresser un camp, tout rempli d'ourses. La chose est faite en un instant, et Mohammed se trouve dans une tente toute d'or. Les six gendres du roi passent par là et demandent à Mohammed, qu'ils ne reconnaissent pas, du lait de jeune ourse. Mohammed leur dit qu'il leur en donnera, s'ils consentent à ce qu'il brûle sur le derrière de chacun d'eux un cercle et une baguette (sic). Ils y consentent, et Mohammed leur donne du lait de vieille ourse. Lui-même prend du lait de jeune ourse et revient de son côté. C'est son lait seul qui guérit le roi. — Une guerre survient. Au moment où l'armée du roi commence à plier, arrive Mohammed sur son cheval, qui fait jaillir du feu de tous ses crins. Il tue le tiers des ennemis ; le lendemain, le second tiers ; le roi le rencontre et lui met sa bague au doigt, et Mohammed disparaît. Le troisième jour, il tue le reste des ennemis. Tandis qu'il revient, il est blessé au bras ; le roi bande la plaie avec son mouchoir, et Mohammed disparaît encore. De retour chez lui, il s'endort ; le roi entre et reconnaît sa bague et son mouchoir. Mohammed alors révèle ce qu'il est.

L'épisode des beaux-frères se retrouve encore dans un poème des Tartares de la Sibérie méridionale, très voisin de notre conte (Radloff, II, p. 607 et suiv.) : Sudæi Mærgæn, trahi par sa femme qui veut le faire tuer, abandonne son pays. Près de mourir de faim dans une forêt, il dit à un ours qu'il rencontre de le dévorer. L'ours a peur de lui et s'enfuit. Sudæi Mærgæn le rattrape, le saisit et le lance par terre : la peau lui reste dans la main. Il s'en revêt et arrive dans un pays où il effraie les gens. Il entre dans une maison, dit qu'il est un homme et demande à une jeune fille pourquoi il y a tant de monde rassemblé. Elle répond que c'est le mariage de ses deux sœurs. Son père, un prince, veut lui faire épouser un certain individu ; elle refuse. Le père se fâche : « Alors, » dit-il en se moquant, « veux-tu prendre l'ours que voilà ? » La jeune fille répond que oui. Elle le prend en effet pour mari, et ils vont se loger dans une vieille écurie [1]. — Un jour, les beaux frères de Sudæi Mærgæn reçoivent du prince l'invitation d'aller veiller sur certaine jument, dont le poulain disparaît chaque année. La femme du prétendu ours a entendu, et elle va rapporter la chose à son mari. Sudæi Mærgæn lui dit d'aller demander pour lui un cheval au prince. Celui-ci lui donne un mauvais cheval, et voilà Sudæi Mærgæn en

---

1. Dans un conte tchèque de cette famille, résumé dans les remarques des contes lithuaniens de la collection Leskien (pp. 539-540), le héros s'est revêtu de la peau d'un ours, et il entre au service d'un roi comme jardinier. La princesse, quand elle est pour se choisir un mari, prend l'ours, dans lequel elle a reconnu un beau jeune homme. Elle est mise à la porte du château et vit avec son mari dans une caverne de la forêt.

campagne ; mais en chemin il lui arrive un autre cheval, celui avec lequel il s'était enfui de son pays, et ce cheval lui apporte tout un magnifique équipement. Il trouve, près de la prairie où est la jument, ses beaux frères endormis sur leurs chevaux. Quand la jument a mis bas son poulain, Sudæi Mærgæn voit un énorme oiseau fondre dessus et l'enlever. Il bande son arc et abat l'oiseau. Pour avoir cet oiseau, ses beaux-frères, qui ne le reconnaissent pas, lui donnent, sur sa demande, une phalange de leur petit doigt. Quelque temps après, le prince dit à ses deux gendres d'aller tuer un tigre qui lui mange son peuple. C'est encore Sudæi Mærgæn qui le tue, et il le cède à ses beaux-frères à condition de leur tailler des lanières dans le dos [1]. Après diverses aventures, il dévoile devant le prince la conduite de ses beaux-frères.

L'existence de ce type de conte dans la littérature cambodgienne devait, à elle seule, faire pressentir qu'on le retrouverait quelque jour dans des récits indiens ; les Cambodgiens ont, en effet, reçu de l'Inde leur littérature avec le bouddhisme. Aujourd'hui la chose est faite, et nous allons, pour ainsi dire, reconstituer tout notre conte lorrain au moyen de contes populaires recueillis dans l'Inde. On remarquera que, dans ces contes, l'idée première, sur certains points mieux conservée, est sur d'autres points plus altérée que dans les récits orientaux déjà cités, — cambodgien, swahili, arabe, sibérien, — dérivés évidemment, à une époque déjà éloignée sans doute, de sources indiennes plus pures.

Nous avons rapproché de la première partie de notre conte (l'histoire de la chambre défendue) le récit cambodgien et le conte swahili. La collection de M. Minaef contient un conte indien du Kamaon (n° 46) qui offre les plus grandes ressemblances avec le conte swahili : Un roi avait sept femmes, mais point d'enfants. Un jour, il rencontra un *yogî* (religieux mendiant, souvent magicien), à qui il fit part de sa tristesse. « Chacune de tes femmes aura un fils, dit le yogî, pourvu que l'un d'eux soit à moi. » Et il lui donna un certain fruit. Le roi en fit manger à six de ses femmes qu'il aimait ; il laissa la septième de côté. Celle-ci, ayant trouvé l'écorce du fruit, la mangea. Et les sept princesses eurent chacune un fils. Douze ans après, le yogî vint trouver le roi et lui dit de lui livrer l'enfant qui lui avait été promis. Aucune des princesses ne voulant donner son fils, celui de la septième s'offrit, et son père le donna au yogî. Ce dernier l'emmena avec lui et lui fit voir toutes ses richesses, sauf une chambre. Un jour que le yogî était sorti, le jeune prince ouvrit la chambre défendue, et il la vit remplie d'ossements : il comprit que le yogî était un ogre [2]. Et les ossements, en le voyant, se mirent d'abord à rire, puis à pleurer. Le prince leur ayant demandé pourquoi, ils répondirent : « Tu auras le

1. M. Kœhler, dans ses remarques sur le conte sicilien n° 61 de la collection Gonzenbach, cite un conte russe dans lequel c'est aussi contre un petit doigt du pied, puis de la main, et contre une lanière sanglante taillée dans leur dos que les beaux-frères du héros reçoivent de lui trois animaux merveilleux qu'ils étaient allés chercher.

2. Il y a ici une lacune, qu'indiquent bien le conte swahili et le conte cambodgien. Avant d'ouvrir la chambre aux ossements, le jeune homme a dû ouvrir une chambre dans laquelle se trouve une fontaine d'or et y tremper le doigt, qui devient tout doré et qu'il enveloppe ensuite d'un linge. C'est ce trait qui fait lien avec les contes européens du type du conte lorrain, et particulièrement avec ceux où le jeune homme a été, avant sa naissance, promis à quelque être malfaisant.

même sort que nous. — Mais y a-t-il quelque moyen de me sauver ? — Oui, » dirent les ossements ; « il y en a un. Lorsque le yogi apportera du bois et fera un grand feu, qu'il mettra dessus un chaudron plein d'huile, et qu'il te dira : Marche autour, tu lui répondras : Je ne sais pas marcher ainsi ; montre-moi comment il faut faire. Et, quand il commencera à marcher autour du chaudron, tu lui casseras la tête et tu le jetteras dans le chaudron plein d'huile [1]. Il en sortira deux abeilles, l'une rouge et l'autre noire. Tu tueras la rouge et tu jetteras la noire dans le chaudron. » C'est ce que fit le prince. En s'en retournant à la maison, il trouva sur la route une calebasse remplie d'*amrta* (eau d'immortalité). Il en arrosa les ossements, lesquels revinrent à la vie et formèrent une armée. Quand le père du prince vit celui-ci arriver à la tête de cette armée, il lui demanda tout effrayé s'il voulait lui enlever sa couronne. Le prince lui répondit : « Je suis ton fils, celui que tu as donné au yogi. » Le roi lui donna son trône ; quant à lui-même, il s'en alla par le monde et envoya ses six autres fils dans la forêt.

Voici maintenant un second conte indien, qui a été recueilli à Calcutta et qui vient probablement de Bénarès (miss Stokes, n° 10). On y remarquera une certaine fusion avec le thème de notre n° 43, *le Petit Berger*, fusion que l'on peut constater, du reste, dans des contes européens : Un prince, qui est né sous la forme d'un singe [2], s'en va avec ses six frères, nés d'autres mères, dans le pays d'une belle princesse aux cheveux d'or dont la main est offerte par son père à quiconque remplira certaines conditions : il s'agit de lancer une grosse et pesante boule de fer de façon à atteindre la princesse qui se tient dans la vérandah, à l'étage supérieur du palais. Arrivés au but de leur voyage, les six princes disent au prétendu singe de leur préparer à dîner pour leur retour ; sinon il le battront ; puis ils se rendent dans la cour du palais. Alors le jeune prince se dépouille de sa peau de singe, et Khuda (Dieu) lui envoie du ciel un beau cheval et de magnifiques habits. Il entre dans la cour du palais, tout resplendissant avec ses beaux cheveux d'or, et il se montre très aimable à l'égard de ses frères, qui naturellement ne le reconnaissent pas. La princesse, en le voyant, se dit que, quoi qu'il arrive, ce prince sera son mari. Plusieurs soirs de suite le prince reparaît, et chaque fois sous un costume différent. Enfin il demande que l'on procède à l'épreuve. Il lance d'une seule main la boule de fer, mais il a soin de n'atteindre que la balustrade de la vérandah ; après quoi il pique des deux et s'enfuit. Le lendemain, il atteint les vêtements de la princesse ; le soir d'après, il lui lance la boule sur l'ongle du petit doigt d'un de ses pieds, et chaque fois il s'enfuit aussitôt à toute bride. La princesse, pour avoir un moyen de le retrouver, se fait donner un arc et des flèches, et, le lendemain, quand le prince lui lance

---

1. Il se trouve, dans le conte swahili, un passage tout à fait du même genre. Cette ressemblance dans tous ces détails montre bien l'origine indienne du conte swahili, mieux conservé sur certains points que le conte kamaonien.

2. Comme dans le conte kamaonien, les sept femmes du roi n'avaient pas eu d'enfants jusqu'au jour où un vieux fakir dit au roi de leur donner du fruit d'un certain arbre. (A la différence du conte kamaonien, du conte swahili et d'un certain nombre de contes européens de cette famille mentionnés plus haut, le fakir ne se fait pas promettre un des enfants qui doivent naître.) Le roi rapporte sept fruits de l'arbre ; mais six de ses femmes mangent tout, et la plus jeune ne trouve plus qu'un noyau ; elle le mange, et le fils qu'elle met au monde a la forme d'un singe.

la boule sur l'orteil de l'autre pied, elle lui décoche une flèche dans la jambe. Le prince s'enfuit comme à l'ordinaire ; alors la princesse ordonne à ses serviteurs de parcourir la ville : s'ils entendent quelqu'un se plaindre et pousser des gémissements de douleur, ils devront le lui amener, homme ou bête. En passant près des tentes des sept frères, les serviteurs entendent gémir le singe, que sa blessure fait beaucoup souffrir. Ils l'amènent à la princesse, qui déclare au roi son père qu'elle veut épouser le singe. Elle l'épouse ; puis, après divers incidents, elle brûle la peau du singe, et le charme est rompu [1].

On remarquera que le moyen employé par la princesse pour retrouver le bel inconnu est celui que prend le roi, dans notre conte, pour retrouver le vainqueur. Nous allons maintenant rencontrer une des parties principales de notre conte (le déguisement du prince et le choix que la princesse fait de lui, malgré son apparence méprisable) et l'un de ses épisodes les plus caractéristiques (l'épisode des beaux-frères) dans un autre conte indien du Bengale (miss Stokes, no 20), où le tout est encadré dans le thème de notre no 17, *l'Oiseau de vérité* : Il était une fois une fille de jardinier qui avait coutume de dire : « Quand je me marierai, j'aurai un fils avec une lune au front et une étoile au menton. » Le roi l'entend un jour parler ainsi et l'épouse. Un an après, pendant que le roi est à la chasse, elle met en effet au monde un fils avec une lune au front et une étoile au menton ; mais les quatre autres femmes du roi, qui n'ont jamais eu d'enfants, gagnent la sage-femme à prix d'or et lui disent de faire disparaître le nouveau-né ; elles annoncent à la fille du jardinier qu'elle est accouchée d'une pierre. Le roi, furieux à cette nouvelle, relègue la jeune femme parmi les servantes du palais. — La sage-femme met l'enfant dans une boîte qu'elle dépose ensuite dans un trou, au milieu de la forêt. Le chien du roi l'a suivie ; il ouvre la boîte et il est charmé de la beauté de l'enfant. Pour le cacher, il l'avale ; au bout de six mois, il le rend à la lumière pour quelques instants, ce qu'il fait encore au bout de six autres mois. Cette fois, un serviteur du palais l'a vu, et il va tout raconter aux quatre femmes du roi, qui obtiennent de celui-ci que le chien soit tué. Le chien, ayant entendu donner l'ordre, confie l'enfant à la vache du roi, qui, elle aussi, l'avale. La même histoire se reproduit avec la vache, puis enfin avec le cheval du roi. Mais, quand l'ordre est donné de tuer ce cheval, nommé Katar, il dit à l'enfant de le seller et de le brider et de prendre dans une petite chambre auprès de l'écurie des vêtements de prince qu'il endossera, et aussi un sabre et un fusil qu'il trouvera au même endroit. Puis Katar s'échappe, avec le prince sur son dos. Il s'arrête dans le pays d'un autre roi, dans une forêt ; il dit au prince de lui tordre l'oreille droite, et il devient un âne ; il dit au prince de se tordre à lui-même l'oreille gauche, et le prince devient un pauvre homme, fort laid et à l'air vulgaire. Il devra chercher un maître à servir ; s'il a besoin du cheval, il le trouvera dans la forêt. — Le prince entre au service d'un marchand, voisin du roi (dans une variante, au service du roi lui-même). La septième fille du roi, qui l'a entendu plusieurs fois chanter délicieusement pendant la nuit, dit à son père qu'elle désirerait

---

1. Cette dernière partie se rattache à un thème que M. Th. Benfey a étudié dans son *Introduction au Pantchatantra*, § 92, et dont nous parlerons dans les remarques de notre no 63, *le Loup blanc*.

se marier, mais qu'elle voudrait choisir son mari elle-même [1]. Le roi invite tous les rois et les princes des environs à se rassembler dans le jardin du palais. Quand ils y sont tous, la princesse, montée sur un éléphant, fait le tour du jardin, et, dès qu'elle voit le serviteur du marchand, qui assiste par curiosité à la fête, elle lui jette autour du cou un collier d'or [2]. Tout le monde s'étonne, et l'on arrache le collier au pauvre garçon ; mais, une seconde fois, la princesse le lui jette autour du cou, et elle déclare que c'est lui qu'elle veut épouser. Le roi y consent. — Les six sœurs de la princesse étaient mariées à de riches princes qui tous les jours allaient à la chasse. La jeune princesse dit à son mari d'y aller aussi. Il s'en va trouver son cheval Katar dans la jungle ; il lui tord l'oreille droite, et Katar redevient un superbe cheval ; il se tord à lui-même l'oreille gauche, et il redevient un beau prince avec une lune au front et une étoile au menton. Il met ses magnifiques habits, prend son sabre et son fusil et part pour la chasse. Il tue beaucoup de gibier et s'arrête sous un arbre pour se reposer et manger. Ses six beaux-frères, ce jour-là, n'ont rien tué, et ils ont grand'soif et grand'faim. Ils arrivent auprès du jeune prince, qu'ils ne reconnaissent pas, et, pour avoir à boire et à manger, ils consentent à se laisser marquer par lui sur le dos d'une pièce de monnaie rougie au feu [3]. Puis le prince se rend au palais dans son splendide équipage, et se fait reconnaître de la princesse et du roi. Quelque temps après, il dit au roi que dans la cour du palais il y a six voleurs, et en même temps il montre ses beaux-frères. « Faites-leur ôter leurs habits, » dit-il, « et vous verrez sur leur dos la marque des voleurs. » On leur enlève leurs habits, et l'on voit en effet sur leur dos la marque de la pièce de monnaie rougie au feu. Les six princes sont ainsi punis du mépris qu'ils avaient témoigné à leur beau-frère. — Bientôt, sur le conseil de son cheval, le prince se met en route avec une nombreuse suite vers le pays de son père. Il écrit à celui-ci pour lui demander la permission de donner une grande fête à laquelle devront prendre part tous les sujets du royaume, sans exception. Le peuple étant rassemblé, le prince, ne voyant pas sa mère, dit au roi qu'il manque quelqu'un, la fille du jardinier, qui a été reine. On l'envoie chercher, et il lui rend les plus grands honneurs. Puis il dit au roi qu'il est son fils, et le cheval Katar raconte toute l'histoire.

Cette fin se rattache, ainsi que l'introduction, au thème de notre n° 17, l'*Oiseau de vérité*.

*
* *

L'épisode de la poursuite et des objets jetés se retrouve dans divers pays d'Orient.

Nous le rencontrons d'abord dans un conte kirghiz de la Sibérie méridionale (Radloff, III, p. 383) : Poursuivie par une méchante vieille, une jeune femme

---

1. Dans le conte autrichien de la collection Vernaleken et dans le conte italien de Sora, cité plus haut, la princesse remarque également le chant du garçon jardinier.

2. Comparer la pomme d'or ou la boule d'or du conte lorrain et d'autres contes européens.

3. Il y a ici une altération. Dans les contes européens, d'un côté, et, de l'autre, dans le récit cambodgien ainsi que dans le conte arabe d'Égypte et dans le poème des Tartares de Sibérie, ce n'est pas pour satisfaire leur faim et leur soif que les beaux-frères du héros se laissent marquer ou mutiler par ce dernier ; c'est pour obtenir qu'il leur cède différentes choses demandées par le roi (parfois du gibier). Donc, à la source commune d'où tous ces récits sont dérivés, c'est-à-dire dans l'Inde, il a dû exister, il existe sans doute encore un conte présentant cette forme.

jette derrière elle d'abord un peigne, qui devient une épaisse forêt, puis un miroir, qui devient un grand lac. — Dans un conte samoyède (*Gœttingische Gelehrte Anzeigen*, 1862, p. 1228), une pierre à aiguiser, jetée par une jeune fille poursuivie, devient une rivière ; une pierre à fusil, une montagne ; un peigne, une forêt.

Dans l'extrême Orient, nous pouvons rapprocher de ce même épisode le passage suivant d'un livre siamois (*Asiatic Researches*, t. XX, Calcutta, 1836, p. 347) : Un jeune homme, nommé Rot, s'enfuit du palais d'une *yak* (sorte d'ogresse), en emportant divers ingrédients magiques. Poursuivi par la yak, et au moment d'être atteint, il jette derrière lui un de ces ingrédients : aussitôt se dressent d'innombrables bâtons pointus qui arrêtent la poursuite de la yak. Celle-ci les fait disparaître par la vertu d'une autre substance magique, et déjà elle est tout près du jeune homme, quand celui-ci, au moyen d'un nouvel ingrédient, met entre elle et lui une haute montagne. La yak la fait également disparaître. Alors Rot fait s'étendre derrière lui une grande mer, et la yak, qui se trouve au bout de son grimoire, est obligée de battre en retraite.

C'est de l'Inde que les Siamois, comme les Cambodgiens, ont reçu leur littérature avec le bouddhisme. On peut donc en conclure que ce thème de la poursuite vient de l'Inde. Nous le retrouvons, du reste, dans des contes populaires indiens actuels, l'un du Deccan, l'autre du Bengale, et dans un des récits de la grande collection formée par Somadeva de Cachemire au XIIᵉ siècle de notre ère, la *Kathâ-Sarit-Sâgara* (l' « Océan des Histoires »).

Dans le conte populaire indien du Deccan (miss Frere, pp. 62, 63), un jeune homme, poursuivi par une *raksha* (sorte de mauvais génie, de démon), à qui il a dérobé divers objets magiques, met successivement entre elle et lui, par la vertu de ces objets, une grande rivière, puis une haute montagne, et enfin un grand feu qui consume la forêt à travers laquelle elle passe et la fait périr.

Voici maintenant le conte recueilli dans le Bengale, chez les tribus Dzo (*Progressive colloquial Exercices in the Lushai Dialect of the Dzo or Kuki Language, with vocabularies and popular tales*, by Capt. T. H. Lewin. Calcutta, 1874, p. 85) : Un jeune homme est parvenu, par certains maléfices, à se faire donner pour femme une jeune fille nommée Kungori. A peine l'a-t-il épousée qu'il se change en tigre et l'emporte. Le père de la jeune fille la promet à celui qui la ramènera. Deux jeunes gens, Hpohtir et Hrangchal, tentent l'entreprise. Ils arrivent chez l'homme-tigre. « Kungori, où est votre mari? — Il est à la chasse et va revenir dans un instant. » Les deux jeunes gens se cachent. Arrive l'homme-tigre. « Je sens une odeur d'homme. — Ce doit être moi que vous sentez, » dit Kungori. Le lendemain, il retourne à la chasse. Une veuve vient dire aux deux jeunes gens : « Si vous êtes pour vous enfuir avec Kungori, prenez avec vous de la semence (*sic*) de feu, de la semence d'épines et de la semence d'eau. » Ils suivent ce conseil et s'enfuient, emmenant Kungori. L'homme-tigre étant rentré chez lui et trouvant la maison vide, se met à leur poursuite. Un petit oiseau dit à Hrangchal : « Courez ! courez ! le mari de Kungori va vous attraper ! » Alors ils répandent la semence de feu, et les taillis et les broussailles se mettent à brûler furieusement, de sorte que l'homme-tigre ne peut avancer plus loin. Quand l'incendie s'apaise, l'homme-tigre reprend sa poursuite. Le petit oiseau dit à Hrangchal : « Il va vous attraper ! » Alors ils répandent la semence d'eau, et une grande rivière se trouve entre eux et l'homme-tigre. Quand l'eau s'est écoulée, il se remet à courir. « Il arrive ! » dit le petit oiseau. Ils répandent la semence d'épines, et il s'élève un fourré rempli de ronces. L'homme-tigre finit par s'y frayer un passage ; mais Hpohtir le tue d'un coup de son *dao* (sorte de couteau). — La suite de ce conte du Bengale a beaucoup d'analogie avec nos nᵒˢ 1 , *Jean de l'Ours*, et 52 , *La Canne de cinq cents livres*. Nous en avons donné le résumé dans les remarques de notre nᵒ 1 (p. 21).

Dans le conte sanscrit de Somadeva (voir l'analyse du 7ᵉ livre dans les comptes rendus de l'Académie de Leipzig, 1861 , p. 203 seq.), — conte qui ressemble beaucoup à notre nᵒ 32 , *Chatte Blanche*, — le héros, Çringabhuya, pour échapper à la poursuite d'un *râkshasa*, jette successivement derrière lui divers objets que lui a donnés sa fiancée, fille d'un autre râkshasa : de la terre, de l'eau, des épines et du feu, et il se trouve, entre lui et le râkshasa, d'abord une montagne, puis un large fleuve, puis une forêt qui enfin prend feu, et le râkshasa renonce à le poursuivre.

Ce même épisode existe, en Afrique, dans un conte cafre et dans un conte malgache. — Dans le conte cafre (G. Mᶜ. Call Theal, *Kaffir Folklore*, Londres, 1882 , p. 82), une jeune fille, fuyant avec un jeune homme qu'elle aime, est poursuivie par son père. Elle jette l'un après l'autre derrière elle divers objets qu'elle a emportés : un œuf, une outre pleine de lait, un pot et une pierre, et il se produit successivement un grand brouillard, une grande eau, de profondes ténèbres et une montagne escarpée. — Dans le conte de l'île de Madagascar (*Folklore Journal*, 1883 , I , p. 234), une jeune fille, en s'enfuyant de chez un monstre qui doit la manger, emporte, sur le conseil d'une souris, un balai, un œuf, un roseau et une pierre. Quand elle les jette derrière elle, elle oppose à la poursuite du monstre un épais fourré, un grand étang, une forêt et une montagne escarpée.

Un passage analogue se trouve, paraît-il, dans un conte indien du Brésil ; ce qui n'a rien d'étonnant, les Portugais ayant apporté au Brésil nos contes européens, ainsi que le montre la collection Roméro, déjà citée. Ce conte des sauvages brésiliens, l'*Ogresse*, est, nous dit-on (*Mélusine*, II, col. 408), « le conte de l'homme poursuivi par la sorcière dont il a enlevé la fille, et qui assure sa fuite en métamorphosant divers objets derrière lui. »

Enfin, on a recueilli, dans l'archipel polynésien de Samoa, « le conte dans lequel un amoureux, emmenant sa belle et poursuivi, jette derrière lui un peigne qui se change en un bois, etc. » (*Mélusine*, II, col. 214).

XIII

LES TROCS DE JEAN-BAPTISTE

Il était une fois un homme et sa femme, Jean-Baptiste et Marguerite. « Jean-Baptiste, » dit un jour Marguerite, « pourquoi ne faites-vous pas comme notre voisin ? il troque sans cesse et gagne ainsi beaucoup d'argent. — Mais, » dit Jean-Baptiste, « si je venais à perdre, vous me chercheriez querelle. — Non, non, » répondit Marguerite, « on sait bien qu'on ne peut pas toujours gagner. Nous avons une vache, vous n'avez qu'à l'aller vendre. »

Voilà Jean-Baptiste parti avec la vache. Chemin faisant, il rencontra un homme qui conduisait une bique. « Où vas-tu, Jean-Baptiste ? — Je vais vendre ma vache pour avoir une bique. — Ne va pas si loin, en voici une. » Jean-Baptiste troqua sa vache contre la bique et continua son chemin.

A quelque distance de là, il rencontra un autre homme qui avait une oie dans sa hotte. « Où vas-tu, Jean-Baptiste ? — Je vais vendre ma bique pour avoir une oie. — Ne va pas si loin, en voici une. » Ils échangèrent leurs bêtes, puis Jean-Baptiste se remit en route.

Il rencontra encore un homme qui tenait un coq. « Où vas-tu, Jean-Baptiste ? — Je vais vendre mon oie pour avoir un coq. — Ce n'est pas la peine d'aller plus loin, en voici un. » Jean-Baptiste donna son oie et prit le coq.

En entrant dans la ville, il vit une femme qui ramassait du crottin dans la rue. « Ma bonne femme, » lui dit-il, « gagnez-vous beaucoup à ce métier-là ? — Mais oui, assez, » dit-elle. — « Voudrez-vous me céder un crottin en échange de mon coq ? —

Volontiers, » dit la femme. Jean-Baptiste lui donna son coq, emporta son crottin et alla sur le champ de foire ; il y trouva son voisin. « Eh bien ! Jean-Baptiste, fais-tu des affaires ? — Oh ! je ne ferai pas grand'chose aujourd'hui. J'ai changé ma vache contre une bique. — Que tu es nigaud ! mais que va dire Marguerite ? — Marguerite ne dira rien. Ce n'est pas tout : j'ai changé ma bique contre une oie. — Oh ! que dira Marguerite ? — Marguerite ne dira rien. Ce n'est pas encore tout : j'ai changé mon oie contre un coq, et le coq, je l'ai donné pour un crottin. — Le sot marché que tu as fait là ! Marguerite va te quereller. — Marguerite ne dira rien. — Parions deux cents francs : si elle te cherche dispute, tu paieras les deux cents francs ; sinon, c'est moi qui te les paierai. » Jean-Baptiste accepta, et ils reprirent ensemble le chemin de leur village.

« Eh bien ! Jean-Baptiste, » dit Marguerite, « avez-vous fait affaire ? — Je n'ai pas fait grand'chose : j'ai changé ma vache contre une bique. — Tant mieux. Nous n'avions pas assez de fourrage pour nourrir une vache ; nous en aurons assez pour une bique, et nous aurons toujours du lait. — Ce n'est pas tout. J'ai changé ma bique contre une oie. — Tant mieux encore ; nous aurons de la plume pour faire un lit. — Ce n'est pas tout. J'ai changé l'oie contre un coq. — C'est fort bien fait ; nous aurons toujours de la plume. — Mais ce n'est pas encore tout. J'ai changé le coq contre un crottin. — Voilà qui est au mieux. Nous mettrons le crottin au plus bel endroit de notre jardin, et il y poussera de quoi faire un beau bouquet. »

Le voisin, qui avait tout entendu, fut bien obligé de donner les deux cents francs.

———

REMARQUES

Ce conte se rapproche beaucoup du conte tyrolien la *Gageure* (Zingerle, II, p. 152), dans lequel Jean troque successivement sa vache contre une chèvre, la chèvre contre une oie, et l'oie contre une crotte de poule qu'on lui donne comme une chose merveilleuse. Ainsi que dans notre conte, la femme de Jean se montre enchantée de tout ce qu'a fait son mari, et Jean gagne les cent florins de la gageure. — En Norwège, on raconte aussi la même histoire (Asbjœrnsen, I, nᵒ 18) : Gudbrand troque sa vache contre un cheval, le cheval contre un cochon gras, le cochon contre une chèvre, la chèvre contre une oie, l'oie contre un coq, et en dernier lieu, comme il a faim, le coq contre une petite pièce de monnaie, le tout à la grande satisfaction de sa femme, et le voisin perd, là aussi, le pari.

Dans un conte corse (Ortoli, p. 446), un meunier vend son moulin pour six cents francs. Avec l'argent, il achète une vache; il échange la vache contre un cheval et le cheval contre une chèvre; puis il se débarrasse de la chèvre pour vingt francs, achète pour le prix une poule et ses poussins, et les échange contre un sac de pommes de terre qu'il finit par trouver trop lourd et par jeter à la rivière. Sa femme est fort contente de tout. (Ici, il n'y a ni voisin, ni gageure).

Dans un conte russe (Gubernatis, *Zoological Mythology,* I, p. 176), le dénouement est tout différent. Après avoir troqué de l'or contre un cheval, le cheval contre une vache, la vache contre une brebis, la brebis contre un cochon de lait, le cochon de lait contre une oie, l'oie contre un canard, et enfin le canard contre un bâton avec lequel il voit des enfants jouer, le paysan rentre chez lui, où sa femme lui prend le bâton des mains et lui en donne dru et ferme sur les épaules. — Même fin dans un conte anglais (Halliwell, p. 26): « M. Vinaigre », qui se trouve en possession de quarante guinées, les emploie à acheter une vache à la foire. En revenant, il rencontre un joueur de cornemuse; pensant que c'est un excellent métier, il échange sa vache contre la cornemuse. Son essai d'en jouer ne réussit pas; il a grand froid aux doigts: il échange la cornemuse contre une paire de gants bien chauds qu'il troque eux-mêmes ensuite, étant fatigué, contre un gros bâton. Il entend un perroquet perché sur un arbre qui se moque de lui et de ses échanges. De fureur, il lui lance le bâton, qui reste dans les branches de l'arbre. Quand il rentre chez lui, il est battu par sa femme.

Rappelons enfin le conte allemand n° 83 de la collection Grimm : Jean s'en retourne dans son village après avoir reçu de son maître, pour sept années de fidèle service, un morceau d'or gros comme sa tête. Fatigué de porter cette charge, il est enchanté de la troquer contre un cheval Le cheval le jette par terre; Jean se trouve très heureux de le troquer contre une vache, la vache contre un cochon de lait, le cochon de lait contre une oie et l'oie contre une vieille meule à aiguiser, avec laquelle un rémouleur lui a dit qu'il fera fortune. Jean, ayant soif, veut boire à une fontaine; en se baissant il heurte sa meule, qui tombe au fond de l'eau. Ainsi débarrassé de tout fardeau, Jean continue joyeusement sa route pour aller retrouver sa mère.

Dans la *Semaine des Familles* (année 1867, p. 72), M. André Le Pas a publié un conte belge du même genre, fortement moralisé : Le pauvre Jean a reçu de saint Pierre une robe d'or; il se laisse entraîner par le diable, qui se présente à lui successivement sous la forme de divers personnages, à une suite d'échanges qui finalement ne lui laissent entre les mains qu'un caillou. Mais, en récompense d'un bon mouvement qui l'a empêché de jeter le caillou à la tête de méchantes gens, un ange lui rend la robe d'or.

XIV

LE FILS DU DIABLE

Un jour, un homme riche s'en allait à la foire. Il rencontra sur son chemin un beau monsieur, qui n'était autre que le diable. « Vous devez avoir du chagrin ? » lui dit le diable. — « Pourquoi ? » répondit l'homme, « n'ai-je pas tout ce qu'il me faut ? — Sans doute ; mais si vous aviez des enfants, vous seriez bien plus heureux. — C'est vrai, » dit l'homme. — « Eh bien ! » reprit le diable, « dans neuf mois, jour pour jour, vous aurez deux enfants, si vous promettez de m'en donner un. — Je le promets, » dit l'homme.

Au bout de neuf mois, jour pour jour, sa femme accoucha de deux garçons. Bientôt après, le diable vint en prendre un, qu'il emmena chez lui et qu'il éleva comme son fils. Le petit garçon devint grand et fort : à treize ans, il avait de la barbe comme un sapeur.

Le diable avait des filatures. Il dit un jour à son fils : « Je vais sortir ; pendant ce temps tu surveilleras les fileuses, et tu auras soin de les faire bien travailler. — Oui, mon père. » Tout en surveillant les fileuses, le jeune garçon voulut se faire la barbe. Tandis qu'il y était occupé, il aperçut dans son miroir une des femmes qui lui faisait des grimaces par derrière. Il lui allongea une taloche : les vingt-cinq femmes qui filaient furent tuées du coup.

Bientôt le diable rentra chez lui. « Où sont les femmes ? » demanda-t-il, « ont-elles bien travaillé ? — Elles sont toutes couchées ; allez-y voir. » Le diable voulut les réveiller ; voyant qu'elles étaient mortes, il fit des reproches à son fils. « Une

autre fois, » lui dit-il, « ne t'avise pas de recommencer. —
Non, mon père, je ne le ferai plus. »

Le diable alla chercher vingt-cinq femmes pour remplacer
celles qui avaient été tuées, puis il dit à son fils : « Je vais
sortir ; veille à ce que les fileuses ne perdent pas leur temps. —
Oui, mon père. » Pendant l'absence du diable, le jeune garçon
eut encore à se plaindre d'une des fileuses ; il lui donna un soufflet, et les vingt-cinq femmes tombèrent mortes.

Étant allé ensuite se promener au jardin, il vit une belle dame
blanche qui l'appela et lui dit : « Mon ami, tu es dans une
mauvaise maison. — Quoi ? » s'écria le jeune garçon, « la
maison de mon père est une mauvaise maison ! — Tu n'es pas
chez ton père, » dit la dame blanche, « tu es chez le diable.
Ton père est un homme riche qui demeure loin d'ici. Un jour
qu'il allait à la foire, le diable se trouva sur son chemin et lui
dit qu'il devait avoir du chagrin. Ton père lui ayant répondu
qu'il n'avait pas sujet d'en avoir, le diable reprit : « Si vous
aviez des enfants, vous seriez plus heureux. Eh bien ! dans neuf
mois, jour pour jour, vous aurez deux enfants si vous consentez
à m'en donner un. » Ton père y consentit, et c'est toi que le
diable est venu prendre. Maintenant, mon ami, tâche de sortir
d'ici le plus tôt que tu pourras. Mais d'abord va voir sous
l'oreiller du diable : tu y trouveras une vieille culotte noire ;
emporte-la. Plus tu en tireras d'argent, plus il y en aura. » Le
jeune garçon dit à la dame qu'il suivrait son conseil et rentra au
logis.

Le diable, à son retour, fut bien en colère en voyant encore
toutes les femmes tuées. « La première fois qu'il t'arrivera d'en
faire autant, » dit-il au jeune homme, « je te mettrai à la
porte. » L'autre ne demandait que cela ; aussi, quand le diable
l'eut chargé de nouveau de surveiller ses fileuses, il les tua
toutes d'un revers de main. Cette fois, le diable le chassa.

Le jeune garçon, qui n'avait pas oublié la culotte noire, se
rendit tout droit chez ses parents. D'abord on ne le reconnut
pas ; bientôt pourtant, comme il ressemblait un peu à son frère,
on voulut bien le recevoir comme enfant de la maison ; mais son
père n'était nullement satisfait de voir chez lui un pareil gaillard.

Bien que les parents du jeune homme fussent riches, ils
allaient eux-mêmes à la charrue ; son frère l'emmena donc un

jour avec lui aux champs. Comme ils étaient à labourer, un des chevaux fit un écart. « Donne un coup de fouet à ce cheval, » cria le frère. Le jeune gars donna un tel coup de fouet que le cheval se trouva coupé en deux. Le frère courut à la maison raconter l'aventure à son père. « Que veux-tu ? » dit celui-ci, « laisse-le tranquille : il serait capable de nous tuer tous. » Bientôt le jeune garçon revenait avec la charrue sur ses épaules et une moitié de cheval dans chaque poche ; il avait labouré tout le champ avec le manche de son fouet. « Mon père, » di. il, « j'ai coupé le cheval en deux d'un coup de fouet. — Cela n'est rien, mon fils ; nous en achèterons un autre. »

Quelque temps après, c'était la fête au village voisin ; le frère du jeune garçon lui demanda s'il voulait y aller avec lui ; il y consentit. Son frère marchait devant avec sa prétendue ; l'autre les suivait. Ils arrivèrent à l'endroit où l'on dansait. Pendant que le jeune homme regardait sans mot dire, un des danseurs s'avisa de lui donner un croc en jambe par plaisanterie. « Prends garde, » lui dit le frère du jeune homme, « tu ne sais pas qu'il pourrait te tuer d'une chiquenaude. — Je me moque bien de ton frère et de toi, » dit l'autre, et il recommença la plaisanterie. Le jeune garçon dit alors à son frère et à la jeune fille de se mettre à l'écart auprès des joueurs de violon, puis il donna au plaisant un tel coup, que tous les danseurs tombèrent roides morts. Son frère s'enfuit, laissant là sa prétendue. Le jeune garçon la reconduisit chez ses parents ; arrivé à la porte, il lui dit : « C'est ici que vous demeurez ? — Oui, » répondit la jeune fille. — « Eh bien ! rentrez. » Il la quitta et s'en retourna chez lui.

Son frère avait déjà raconté au logis ce qui s'était passé. « Les gendarmes vont venir, » disait-il ; « notre famille va être déshonorée. » Le jeune homme, étant rentré à la maison, barricada toutes les portes et dit à ses parents : « Si les gendarmes viennent me chercher, vous direz que je n'y suis pas. » En effet, vers une heure du matin, arrivèrent vingt-cinq gendarmes ; on leur ouvrit la porte de la grange et ils y entrèrent tous. En les voyant, le jeune garçon prit une fourche et en porta un coup à celui qui marchait en tête : vingt-quatre gendarmes tombèrent sur le carreau. Le vingt-cinquième se sauva et courut avertir la justice. Cependant l'affaire en resta là.

Le lendemain, on publia à son de caisse par tout le village que ceux qui voudraient s'enrôler auraient bonne récompense. Le jeune homme dit alors à ses parents : « J'ai envie de m'enrôler. — Mon fils, » répondit le père, « nous sommes assez riches pour te nourrir ; tu n'as pas besoin de cela. —Mon père, » dit le jeune homme, « je vois bien que je ne vous causerai que du désagrément ; il vaut mieux que je quitte la maison. » Il partit donc et se rendit au régiment.

Un jour, le colonel lui donna, à lui et à deux autres soldats, un bon pour aller chercher de la viande : ils devaient en rapporter quinze livres chacun. Ils allèrent chez le boucher, qui leur livra la viande. « Comment ! » dit le jeune garçon, « voilà tout ce qu'on nous donne ! mais je mangerais bien cela à moi tout seul. Allons, tuez-nous trois bœufs. — Mon ami, » répondit le boucher, « pour cela il faut de l'argent. » Le jeune homme mit alors la main dans la poche de la culotte noire, et, comme il ne savait pas compter, il jeta sur la table de l'argent à pleines poignées. Le boucher ramassa l'argent et tua trois bœufs. « Maintenant, » dit le jeune garçon à ses camarades, « nous allons en rapporter chacun un. » En l'entendant parler ainsi, les deux soldats se regardèrent. « Si cela vous gêne, » dit-il, « je n'ai pas besoin de vous. » Il demanda une corde au boucher, attacha les trois bœufs ensemble et les chargea sur ses épaules. Dans les rues, chacun s'arrêtait pour le voir passer et restait ébahi. Le colonel, lui aussi, ne put en croire ses yeux. Le lendemain, il l'envoya au vin ; le jeune homme en apporta trois tonneaux attachés sur son dos avec une corde.

Tout cela ne plaisait guère au colonel ; il aurait bien voulu se débarrasser d'un pareil soldat. Pour le dégoûter du service, il l'envoya au milieu des champs garder une pièce de canon que trente chevaux n'auraient pu traîner, et lui ordonna de rester en faction pendant toute la nuit. Le jeune homme, trouvant le temps long, se coucha par terre et s'endormit. Au bout d'une heure, s'étant réveillé, il prit la pièce de canon et la porta dans la cour du colonel ; quand il la posa par terre, le pavé fut enfoncé. Puis il se mit à crier : « Mon colonel, voici votre pièce de canon ; maintenant vous ne craindrez plus qu'on vous la prenne. »

Le jeune homme s'était engagé pour huit ans ; comme il était novice en toutes choses, il croyait n'être engagé que pour huit jours. Au bout des huit jours, il se rendit près du colonel et lui demanda si son temps était fini. « Oui, mon ami, » dit le colonel, « votre temps est fini. »

Il quitta donc le régiment et alla se présenter chez un laboureur. La femme seule était à la maison ; il lui demanda si l'on avait besoin d'un domestique. « Mon mari, » dit-elle, « est justement sorti pour en chercher un ; attendez qu'il rentre. » Le laboureur revint quelque temps après sans avoir trouvé de domestique, et le jeune homme s'offrit à le servir : il ne demandait pas d'argent, mais seulement sa charge de blé à la fin de l'année. Le laboureur et sa femme se consultèrent. « Sans doute, » se dirent-ils, « le garçon est gros et grand, mais avec quinze boisseaux il en aura sa charge. » Le marché conclu, le laboureur lui montra ses champs et lui dit d'aller labourer. La charrue était attelée de deux méchants petits chevaux : le jeune homme, craignant de les couper en deux au moindre coup de fouet, déposa son habit par terre, coucha les deux chevaux dessus et se mit à labourer tout seul. La femme du laboureur l'aperçut de sa fenêtre. « Regarde donc, » dit-elle à son mari, « le nouveau domestique qui laboure tout seul. Jamais nous ne pourrons le payer ; tout notre blé y passera. Comment faire pour nous en débarrasser ? » Quand le garçon eut fini son labourage, il revint à la maison avec un cheval dans chaque poche. Le laboureur et sa femme lui firent belle mine. « Pourquoi n'êtes-vous pas venu dîner ? » lui dirent-ils. — « J'ai voulu finir mon ouvrage, » répondit le garçon ; « tous vos champs sont labourés. — Oh ! bien, » dit le laboureur, « vous vous reposerez le reste de la journée. » Le jeune homme se mit à table ; il aurait bien mangé tout ce qui était servi, mais il lui fallut rester sur sa faim.

Le lendemain, le laboureur, qui voulait le perdre, l'envoya moudre dans certain moulin d'où jamais personne n'était revenu. Le garçon partit en sifflant. Etant entré dans le moulin, il vit douze diables, qui s'enfuirent à son approche. « Bon ! » dit-il, « voilà que je vais être obligé de moudre tout seul. » Il appela les diables, mais plus il les appelait, plus vite ils s'enfuyaient. Il se mit donc à moudre son grain, et, quand il eut fini, il renvoya à la maison un cheval qu'il avait emmené avec lui. En voyant le cheval revenir seul, la femme du laboureur eut un moment de joie, car elle crut que le domestique ne reparaîtrait plus. Mais bientôt il revint, amenant avec lui le moulin et le ruisseau jusqu'auprès de la maison de son maître. « Maintenant, » dit-il, « ce sera plus commode ; je n'aurai plus besoin d'aller si loin pour moudre. — Mon Dieu ! » disaient le laboureur et sa femme, « que vous êtes fort ! » Ils faisaient semblant d'être contents, mais au fond ils ne l'étaient guère.

Un autre jour, le laboureur dit au jeune homme : « J'ai besoin de pierres ; va m'en chercher dans la carrière là-bas. » Le garçon prit des pinces et des outils à tailler la pierre, et descendit dans la carrière, qui avait bien cent pieds de profondeur : personne n'osait s'y aventurer à cause des blocs de pierre qui se détachaient à chaque instant. Il se mit à tirer d'énormes quartiers de roche, qu'il lançait ensuite par dessus sa tête, et qui allaient bien loin tomber sur les maisons et enfoncer les toits. Le laboureur accourut bientôt en criant : « Assez ! assez ! prends donc garde ! tu écrases les maisons avec les pierres que tu jettes. — Bah ! » dit le garçon, « avec ces petits cailloux ? »

Le laboureur, ne sachant plus que faire, l'envoya porter une lettre à un sien frère, qui était geôlier d'une prison, et lui dit d'attendre la réponse. Le geôlier, après avoir lu la lettre, fit enchaîner le jeune homme et l'enferma dans un cachot. Le jeune homme se laissa faire, croyant que telle était la coutume, et que c'était en cet endroit qu'on attendait les réponses. Il finit pourtant par trouver le temps long ; il brisa ses chaînes en étendant les bras et les jambes, et donna dans la porte un coup de pied qui la fit voler sur le toit. Puis il alla trouver le geôlier. « Eh bien ! » lui dit-il, « la réponse ? — C'est juste, » répondit le geôlier, « je l'avais oubliée. Attendez un moment. » Il écrivit à son frère de se débarrasser du garçon comme il pourrait, mais que, pour lui, il ne s'en chargeait pas. Le jeune homme mit la lettre dans sa poche et partit ; puis, se ravisant, il emporta la prison avec le geôlier, et la déposa près de la maison du laboureur. « A présent, » dit-il à son maître, « il vous sera bien facile de voir votre frère. Mais, » ajouta-t-il, « est-ce que mon année n'est pas finie ? — Justement, elle vient de finir, » répondit le laboureur. —« Eh bien ! donnez-moi ma charge de blé. » A ces mots, les pauvres gens se mirent à pleurer et à se lamenter. « Jamais, » disaient-ils, « nous ne pourrons trouver assez de grain, quand même nous prendrions tout ce qu'il y en a dans le village. » Le jeune garçon feignit d'abord de vouloir exiger son salaire, mais enfin il leur dit qu'il ne voulait pas leur faire de peine, et même il leur·donna de l'argent qu'il tira de la culotte noire.

En sortant de chez le laboureur, il marcha droit devant lui, si bien qu'il arriva sur le bord de la mer; il s'embarqua sur le premier vaisseau qu'il trouva. Mais un des gens du vaisseau, sachant qu'il avait une culotte dont les poches étaient toujours remplies d'argent, lui coupa la gorge pendant son sommeil et s'empara de la culotte. — Je l'ai encore vu, ce matin, qui se promenait avec cette vieille culotte noire.

REMARQUES

L'ensemble de notre conte a une grande analogie avec nos nos 46, *Bénédicité*, et 69, *le Laboureur et son Valet*. Voir les remarques de ces deux contes, qui présentent le thème de l'*Homme fort* d'une manière plus complète.

*
* *

On peut rapprocher de l'introduction de notre conte celle d'un conte grec moderne de l'île de Syra (Hahn, no 68), et celle d'un conte italien de Vénétie (Widter et Wolf, no 13). — Dans le conte grec, un démon déguisé se présente à un roi et lui promet qu'il aura plusieurs enfants, s'il consent à lui donner l'aîné. — Dans le conte italien, un prince sans enfants désire tant en avoir qu'il en accepterait du diable lui-même. Un étranger paraît et lui dit : « Promettez-moi de me donner un enfant, et moi je vous promets que dans un an vous en aurez deux. »

Comparer l'introduction de plusieurs des contes européens étudiés dans les remarques de notre no 12, *le Prince et son Cheval* (second groupe), (pp. 139-140).

Comparer aussi, dans ces mêmes remarques, l'introduction du conte swahili de l'île de Zanzibar (p. 145), à peu près identique à celle de notre conte, et l'introduction du conte indien du Kamaon (p. 149). Dans les remarques de notre no 5, *les Fils du Pêcheur*, comparer l'introduction du conte indien du Bengale de la collection Lal Behari Day (p. 80).

*
* *

Nous ne nous arrêterons plus ici que sur un détail de notre *Fils du Diable*. Dans un conte tchèque de Bohême (Waldau, p. 288), Nesyta, jeune homme merveilleusement fort, entre au service du diable. Il délivre une pauvre âme, qui s'envole sous la forme d'une colombe blanche après lui avoir dit de demander au diable pour salaire un vieil habit qu'il verra pendu à un clou : les poches de cet habit sont toujours remplies d'or et d'argent. C'est là, comme on voit, le pendant de l'épisode de la culotte noire que la dame blanche dit au héros de notre conte de dérober au diable. — Ajoutons que, dans un conte westphalien appartenant à une autre famille (Kuhn, *Westfælische Sagen*, n° 25), figure une vieille culotte, des poches de laquelle on peut tirer sans cesse de l'argent. Cette culotte vient également de chez le diable, et le héros l'a reçue comme salaire.

———

XV

LES DONS DES TROIS ANIMAUX

Il était une fois trois cordonniers, qui allaient de village en village. Passant un jour dans une forêt, ils virent trois chemins devant eux ; le plus jeune prit le chemin du milieu, et ses compagnons ceux de droite et de gauche.

Au bout de quelque temps, celui qui avait pris le chemin du milieu rencontra un lion, un aigle et une fourmi, qui se disputaient un âne mort. Le jeune homme fit trois parts de l'âne et en donna une à chacun des animaux, puis il continua sa route.

Quand il se fut éloigné, le lion dit aux deux autres : « Nous avons été bien malhonnêtes de n'avoir pas remercié cet homme qui nous a fait si bien nos parts ; nous devrions lui faire chacun un don. » Et il se mit à courir après lui pour le rejoindre.

Le jeune cordonnier fuyait à toutes jambes, car il croyait que le lion était en colère et qu'il voulait le dévorer. Lorsque le lion l'eut rattrapé, il lui dit : « Puisque tu nous as si bien servis, voici un poil de ma barbe : quand tu le tiendras dans ta main, tu pourras te changer en lion. » L'aigle vint ensuite et lui dit : « Voici une de mes plumes : quand tu la tiendras dans ta main, tu pourras te changer en aigle. » La fourmi étant arrivée, l'aigle et le lion lui dirent : « Et toi, que vas-tu donner à ce jeune homme ? — Je n'en sais rien, » répondit-elle. — « Tu as six pattes, » dit le lion, « tandis que moi je n'en ai que quatre ; donne-lui en une, il t'en restera encore cinq. » La fourmi donna donc une de ses pattes au cordonnier en lui disant : « Quand tu tiendras cette patte dans ta main, tu pourras te changer en fourmi. »

A l'instant même le jeune homme se changea en aigle pour

éprouver si les trois animaux avaient dit vrai. Il arriva vers le soir dans un village et entra dans la cabane d'un berger pour y passer la nuit. Le berger lui dit : « Il y a près d'ici, dans un château, une princesse gardée par une bête à sept têtes et par un géant. Si vous pouvez la délivrer, le roi son père vous la donnera en mariage. Mais il faut que vous sachiez qu'il a déjà envoyé des armées pour tuer la bête, et qu'elles ont toutes été détruites. »

Le lendemain matin, le jeune homme s'en alla vers le château. Quand il fut auprès, il se changea en fourmi et monta contre le mur. Une fenêtre était entr'ouverte ; il entra dans la chambre, après avoir repris sa première forme, et trouva la princesse. « Que venez-vous faire ici, mon ami ? » lui dit-elle. « Comment avez-vous fait pour pénétrer dans ce château ? » Le jeune homme répondit qu'il venait pour la délivrer. « Méfiez-vous, » dit la princesse, « vous ne réussirez pas. Beaucoup d'autres ont déjà tenté l'aventure ; ils ont coupé jusqu'à six têtes à la bête, mais jamais ils n'ont pu abattre la dernière. Plus on lui en coupe, plus elle devient terrible, et si on ne parvient à lui couper la septième, les autres repoussent. »

Le jeune homme ne se laissa pas intimider ; il alla se promener dans le jardin, et bientôt il se trouva en face de la bête à sept têtes, qui lui dit : « Que viens-tu faire ici, petit ver de terre ? tu es sorti de terre et tu retourneras en terre. — Je viens pour te combattre. » La bête lui donna une épée, et le jeune homme se changea en lion. La bête faisait de grands sauts pour le fatiguer ; cependant, au bout de deux heures, il lui coupa une tête. « Tu dois être las, » lui dit alors la bête, « moi aussi ; remettons la partie à demain. »

Le jeune homme alla dire à la princesse qu'il avait déjà coupé une tête ; elle en fut bien contente. Le lendemain il retourna au jardin, et la bête lui dit : « Que viens-tu faire ici, petit ver de terre ? tu es sorti de terre et tu retourneras en terre. — Je viens pour te combattre. » La bête lui donna encore une épée, et, au bout de quatre heures de combat, le jeune homme lui coupa encore deux têtes. Puis il alla dire à la princesse qu'il y en avait déjà trois de coupées. « Tâche de les couper toutes, » lui dit la princesse. « Si tu ne parviens à abattre la septième, tu périras. »

Le jour suivant, il redescendit au jardin. « Que viens-tu faire ici, petit ver de terre ? tu es sorti de terre et tu retourneras en terre. — Je viens pour te combattre. » Au bout de huit heures de combat, il coupa trois têtes à la bête et courut en informer la princesse. « Tâche de lui couper la dernière, » lui dit-elle, « puis fends cette tête avec précaution, et tu y trouveras trois œufs. Tu iras ensuite ouvrir la porte du géant et tu lui jetteras un des œufs au visage : aussitôt il tombera malade ; tu lui en jetteras un autre, et il tombera mort. Tu lanceras le dernier contre un mur, et il en sortira un beau carrosse, attelé de quatre chevaux, avec trois laquais : tu te trouveras auprès de moi dans ce carrosse, mais avec d'autres habits que ceux que tu portes en ce moment. »

Le jeune homme retourna dans le jardin. « Que viens-tu faire ici, petit ver de terre ? tu es sorti de terre et tu retourneras en terre. — Je viens pour te combattre. » Ils combattirent pendant dix heures : la bête devenait de plus en plus terrible ; enfin le jeune homme lui coupa la septième tête. Il la fendit en deux et y trouva trois œufs, comme l'avait dit la princesse ; puis il alla frapper à la porte du géant. « Que viens-tu faire ici, poussière de mes mains, ombre de mes moustaches ? » lui dit le géant. Le jeune homme, sans lui répondre, lui jeta un des œufs au visage, et le géant tomba malade ; il lui en jeta un second, et le géant tomba mort. Il lança le troisième contre un mur, et aussitôt parut un beau carrosse, attelé de quatre chevaux, avec trois laquais. La princesse était dans le carrosse, et le cordonnier s'y trouva près d'elle ; elle lui donna un mouchoir dont les quatre coins étaient brodés d'or.

Toute la ville sut bientôt que la princesse était délivrée. Or il y avait là un jeune homme qui aimait la princesse et qui avait essayé de tuer la bête à sept têtes. Quand la princesse et le cordonnier s'embarquèrent pour se rendre chez le roi (car il fallait passer la mer), ce jeune homme partit avec eux.

Un jour, pendant la traversée, il dit au cordonnier : « Regarde donc dans l'eau le beau poisson que voilà. » Le cordonnier s'étant penché pour voir, l'autre le jeta dans la mer, où il fut avalé vivant par une baleine. Le jeune homme dit ensuite à la princesse : « Si tu ne dis pas que c'est moi qui t'ai délivrée, je te tuerai. » La jeune fille promit de faire ce qu'il exigeait d'elle. En arrivant chez le roi son père, elle lui dit que c'était ce jeune homme qui l'avait délivrée, et l'on décida que la noce se ferait dans trois jours.

Cependant il y avait sur un pont un mendiant qui jouait du violon. Les baleines aiment beaucoup la musique ; celle qui avait avalé le cordonnier s'approcha pour entendre. Le mendiant lui dit : « Si tu veux me montrer la tête du cordonnier, je jouerai pendant un quart d'heure. — Je le veux bien, » répondit la baleine. Au bout d'un quart d'heure il s'arrêta. « Tu as déjà fini ? — Oui, mais si tu veux me le montrer jusqu'aux cuisses, je jouerai pendant une demi-heure. — Je ne demande pas mieux. » Au bout de la demi-heure, il s'arrêta. « Tu as déjà fini ? — Oui, mais si tu veux me le montrer jusqu'aux genoux, je jouerai pendant trois quarts d'heure. — Je le veux bien. » Au bout des trois quarts d'heure : « Tu as déjà fini ? — Oui, j'ai fini ; il paraît que tu ne trouves pas le temps long. Si tu veux me montrer le cordonnier depuis la tête jusqu'aux pieds, je jouerai pendant une heure. — Volontiers, » dit la baleine. Et elle le montra tout entier au mendiant. Aussitôt le cordonnier se changea en aigle et s'envola. Le mendiant s'enfuit au plus vite, et il fit bien, car au même instant la baleine, furieuse de voir le cordonnier lui échapper, donna un coup de queue qui renversa le pont.

Le jour fixé pour les noces de la princesse, on devait habiller de neuf tous les mendiants et leur donner à boire et à manger. Le cordonnier vint au palais avec ses habits froissés et tout mouillés ; il s'assit près du feu pour se sécher et tira de sa poche le mouchoir aux quatre coins brodés d'or, que lui avait donné la princesse. Une servante le vit et courut dire à sa maîtresse : « Je viens de voir un mendiant qui a un mouchoir aux quatre coins brodés d'or : ce mouchoir doit vous appartenir. » La princesse voulut voir le mendiant et reconnut son mouchoir ; elle dit alors à son père que ce mendiant était le jeune homme qui avait tué la bête à sept têtes.

Le roi alla trouver celui qui devait épouser sa fille et lui dit : « Eh bien ! mon gendre, voulez-vous venir voir si tout est prêt pour le feu d'artifice? — Volontiers, » répondit le jeune homme. Quand ils furent dans la chambre où se trouvaient les artifices, le roi y mit le feu, et le jeune homme fut étouffé.

La princesse se maria, comme on l'avait décidé, le troisième jour ; mais ce fut avec le cordonnier.

REMARQUES

Ce conte a été apporté à Montiers-sur-Saulx par un jeune homme qui l'avait appris au régiment, comme le n° 3.

Comparer, dans notre collection, le n° 50, *Fortuné*.

*
* *

Les trois thèmes dont se compose notre conte, — partage fait par le héros entre plusieurs animaux et dons qui lui sont faits par eux; délivrance d'une princesse, prisonnière d'un géant ou d'un autre être malfaisant, et enfin délivrance du héros lui-même retenu captif au fond des eaux, — ces trois thèmes, à notre connaissance, ne se rencontrent pas souvent combinés dans un même récit. En revanche, dans les collections déjà publiées, ils se trouvent plusieurs fois isolément ou groupés par deux.

*
* *

Pour la réunion des trois thèmes, nous citerons d'abord un conte toscan (Gubernatis, *Novelline di Santo-Stefano*, n° 23) : Un jeune homme, envoyé par une princesse à la recherche de sa fille, qui a été enlevée par un magicien, rencontre sur son chemin un lion, un aigle et une fourmi qui ne peuvent s'entendre sur le partage d'un cheval mort. A leur prière, il fait les parts, et, en récompense, le lion lui donne la force de sept lions, l'aigle la force de sept aigles, la fourmi la force de sept fourmis. Grâce au don de l'aigle, le jeune homme prend son vol et arrive sur la tour où est retenue la princesse ; le don de la fourmi lui permet de pénétrer dedans. Il demande à la princesse comment il pourra l'enlever au magicien. Elle lui dit qu'il faut déraciner un certain bois et dessécher une fontaine qui s'y trouve : au fond de cette fontaine il y a un aigle, dans l'aigle un œuf; si on jette l'œuf au front dn magicien, celui-ci disparaîtra, ainsi que sa tour. Le jeune homme, avec la force de sept lions, déracine le bois et dessèche la fontaine ; avec la force de sept aigles, il combat l'aigle. Quand il a l'œuf, il le jette au front du magicien, et aussitôt il se trouve seul avec la princesse dans une île déserte. Après un épisode dans lequel un marin enlève la princesse et se fait passer pour son libérateur, le héros épouse la princesse. Mais un jour, par suite d'un dernier enchantement du magicien, le jeune homme est englouti sous terre [1]. Alors la princesse jette au magicien une boule de cristal, et le magicien lui fait voir son mari ; puis elle lui donne une boule d'argent, et le magicien approche d'elle le jeune homme ; enfin une boule d'or, et le magicien le présente à la princesse sur la paume de sa main : aussitôt le jeune homme se transforme en aigle et s'envole.

Dans un conte écossais (Campbell, n° 4, var. 1), les trois thèmes sont rangés différemment ; le troisième est placé avant le second. Le héros a été promis par son père à une ondine. Il partage une proie entre un lion, un loup

---

[1]. Dans tous les autres contes de cette famille où se rencontre ce thème, c'est, comme dans notre conte, au fond des eaux que le héros est prisonnier.

et un faucon, qui ici lui promettent simplement de venir à son aide en cas de besoin. Plus tard il sauve une princesse qui devait être livrée à un dragon, et il l'épouse. Dans la suite, l'ondine l'attire dans la mer. Sur le conseil d'un devin, la princesse s'assied sur le rivage et se met à jouer de la harpe. L'ondine, ravie de l'entendre, lui montre, pour qu'elle continue à jouer, d'abord la tête du jeune homme, puis peu à peu le jeune homme tout entier : celui-ci pense au faucon, et, métamorphosé aussitôt en faucon, il s'envole. (Ici nous avons la forme originale du passage de notre conte où intervient si bizarrement le mendiant qui joue du violon.) La princesse ayant été à son tour enlevée par l'ondine, son mari apprend du devin que, dans une certaine vallée, il y a un bœuf, dans le bœuf un bélier, dans le bélier une oie, dans l'oie un œuf où est l'âme de l'ondine. Avec l'aide des animaux reconnaissants et d'une loutre, il s'empare de l'âme de l'ondine. Celle-ci périt, et la princesse est délivrée.

Dans un conte allemand (Prœhle, I, n° 6), les trois thèmes sont disposés de la même manière que dans notre conte et dans le conte toscan ; mais le second de ces thèmes est altéré et le dernier absolument défiguré. On remarquera qu'ici le héros est jeté dans la mer par un rival, comme dans notre conte.

Les contes qui vont suivre ne renferment que deux des trois thèmes. Voici, par exemple, un conte grec moderne d'Epire (Hahn, n° 5) : Un prince, qui a été promis avant sa naissance à un *drakos* (sorte d'ogre), s'enfuit quand celui-ci somme le roi de tenir sa promesse. Le jeune homme rencontre un lion, un aigle et une fourmi, entre lesquels il partage une proie, et il reçoit d'eux le don de se transformer à volonté en lion, en aigle et en fourmi. Grâce à ce don, il conquiert la main d'une princesse. Mais un jour qu'il veut boire à une fontaine, le drakos surgit et l'avale. Alors, la princesse, femme du jeune homme, suspend des pommes au dessus de la fontaine : pour avoir ces pommes, le drakos montre à la princesse la tête de son mari ; un autre jour, il lui fait voir le prince jusqu'à la ceinture ; enfin, il le sort tout à fait de l'eau. Aussitôt le jeune homme se change en fourmi, puis en aigle, et s'envole.

L'introduction de ce conte, — la promesse au drakos, — est tout à fait analogue à l'introduction du conte écossais résumé plus haut. Nous la retrouverons encore dans d'autres contes. D'abord dans un conte allemand du Haut-Palatinat, résumé par M. R. Kœhler (*Orient und Occident*, II, p. 117-118). Là, le héros est promis à une ondine, comme dans le conte écossais. Les dons lui sont faits par un ours, un renard, un faucon et une fourmi, entre lesquels il a partagé un cheval, et, grâce à ces dons, il épouse une princesse. Plusieurs années après, il tombe au pouvoir de l'ondine. Pour le délivrer, sa femme prend le même moyen que la princesse du conte toscan et du conte grec : seulement, au lieu de boules ou de pommes, elle donne successivement à l'ondine trois bijoux d'or : un peigne, un anneau et une pantoufle.

Dans un conte de la Basse-Bretagne (Luzel, 5e rapport, p. 36), où se trouvent aussi le partage et les dons des animaux, le héros est jeté du haut d'une falaise dans la mer par un ancien prétendant de la princesse, sa femme. Une sirène qui avait déjà manifesté son affection pour lui, quand il était tout enfant, s'empare de lui. La princesse ne figure pas dans la dernière partie de ce conte breton. Un jour, la sirène consent à élever le héros sur la paume de sa main au dessus des flots. Aussitôt il souhaite de devenir épervier et s'envole auprès de sa femme qui, le croyant mort, allait se marier avec le prince qui l'avait jeté à la mer.

Plusieurs contes, — recueillis dans la Haute-Bretagne (Sébillot, I, n° 9), dans les Flandres (Wolf, *Deutsche Mærchen und Sagen*, n° 20), en Allemagne (Wolf, p. 82), dans le Tyrol allemand (Zingerle, II, n° 1), en Danemark (Grundtvig, II, p. 194), en Norwège (Asbjœrnsen, *Tales of the Fjeld*, p. 223), dans le pays basque (Webster, p. 80), — n'ont que les deux premiers thèmes : le partage, suivi des dons des animaux, et la délivrance d'une princesse prisonnière d'un être malfaisant.

Ces deux thèmes sont réunis à d'autres dans deux contes italiens de la Toscane et du Montferrat (Comparetti, n°s 32 et 55), dans un conte italien des Abruzzes (Finamore, n° 19, p. 87) et dans un conte sicilien de la collection Pitrè (II, p. 215).

Enfin, le troisième de nos thèmes figure seul, avec l'introduction de certains des contes ci-dessus résumés, dans un conte originaire de la Haute-Lusace (Grimm, n° 181). Là, un enfant a été promis par son père, sans que celui-ci s'en doutât, à l'ondine d'un étang. L'enfant grandit et il se marie. Un jour, il s'approche de l'étang; l'ondine l'y entraîne. Une bonne vieille donne à la femme du jeune homme un peigne d'or, et lui dit de le déposer sur le bord de l'étang. Une vague emporte le peigne, et la tête du jeune homme apparaît. Après que sa femme a déposé sur la rive une flûte d'or, il sort de l'eau jusqu'à mi-corps. Enfin elle apporte un rouet d'or, et son mari apparaît tout entier. Il saute sur le rivage et échappe à l'ondine. (Comparer un conte allemand de la collection Wolf, p. 377). — Cette troisième partie se trouve encore, mais rattachée à un autre conte, dans la collection de contes flamands de M. Deulin (II, p. 92) : Le héros est entraîné par la Dame des Clairs au fond d'un lac. Sa femme erre le soir sur le bord du lac avec son petit enfant. Le petit ayant commencé à pleurer, elle lui donne pour l'apaiser une pomme d'or. La pomme roule dans l'eau : aussitôt la tête du héros apparaît. Une seconde pomme d'or roule encore dans le lac : le héros apparaît jusqu'à la ceinture. Une troisième est jetée dans les flots par l'enfant, et son père se montre tout entier. Sa femme lui lance ses tresses d'or; il les saisit et saute sur la rive.

*
**

Au XVIIe siècle, un conte, formé, comme plusieurs des contes précédents, du premier et du troisième de nos thèmes, était recueilli par Straparola (n° 9 de la traduction allemande des contes par Valentin Schmidt) : Fortunio a quitté sa mère adoptive, qui l'a maudit en formant le souhait qu'une sirène l'entraîne au fond des eaux. Sur son chemin, il partage un cerf entre un loup, un aigle et une fourmi, qui lui font chacun le don que l'on connaît. Fortunio arrive dans un pays où la main d'une princesse doit être accordée à celui qui sera vainqueur dans un tournoi. Il se change en aigle et pénètre dans la chambre de la princesse, qui lui donne de l'argent pour qu'il s'équipe et prenne part au tournoi. Trois jours de suite vainqueur, il épouse la princesse. Plus tard, il s'embarque pour chercher des aventures. Une sirène l'entraîne au fond de la mer. — La princesse, femme de Fortunio, s'embarque à son tour, avec son enfant, pour aller à la recherche de son mari. L'enfant pleure ; la princesse lui donne une jolie pomme de cuivre. La sirène, ayant aperçu la pomme, prie la princesse de la lui donner : en échange, elle lui montrera Fortunio jusqu'à la poitrine. Ensuite, en échange d'une pomme d'argent, elle montre à la princesse son mari jusqu'aux genoux, et enfin, tout entier en échange d'une pomme d'or. Fortunio souhaite alors de devenir aigle et s'envole sur le vaisseau.

*
* *

Revenons sur un trait de notre conte, sur cet œuf que le héros a trouvé dans la septième tête de la bête et qu'il jette au front du géant pour le faire mourir. Dans un conte sicilien (Pitrè, II, p. 215), mentionné ci-dessus, Beppino partage un âne mort entre une fourmi, un aigle et un lion. Pour pénétrer dans le palais où sa femme est tenue emprisonnée par un magicien, il se change en aigle et en fourmi. Il combat un lion, le tue, l'ouvre : il en sort deux colombes. Beppino les saisit, en tire deux œufs et les brise sur le front du magicien, qui meurt. — Comparer un autre conte sicilien (no 6 de la collection Gonzenbach) : Joseph, changé en lion, combat un dragon. Quand il l'a tué, il ouvre la septième tête, d'où sort un corbeau qui a un œuf dans le corps. Cet œuf, il le jette au front du géant qui garde la princesse, sa femme, et le géant périt.

Dans ces deux contes, ainsi que dans le nôtre et dans le conte toscan cité plus haut, l'idée première s'est obscurcie. Elle se retrouve sous sa forme complète dans plusieurs contes de ce type (dans le conte écossais, par exemple), et aussi dans d'autres. Ainsi, dans un conte lapon (*Germania*, année 1870), une femme qui a été enlevée par un géant lui demande où est sa vie. Il finit par le lui dire : dans une île au milieu de la mer il y a un tonneau ; dans ce tonneau, une brebis ; dans la brebis, une poule ; dans la poule, un œuf, et dans l'œuf, sa vie. Grâce à l'aide de plusieurs animaux, le fils de la femme retenue prisonnière (d'ordinaire, c'est son prétendant ou son mari) parvient à s'emparer de l'œuf et fait ainsi mourir le géant.

Comparer, pour ce thème, un second conte écossais (Campbell, no 1); plusieurs contes bretons (no 5 de la collection A. Troude et G. Milin ; 1er rapport de M. Luzel, p. 112; cf. 5e rapport, p. 13); des contes allemands (Müllenhoff, p. 404; Prœhle, I, no 6; Curtze, no 22); un conte du « pays saxon » de Transylvanie (Haltrich, no 33); un conte norwégien (Asbjœrnsen, I, no 6); deux contes islandais (Arnason, pp. 456 et 518); des contes russes (Gubernatis, *Zoological Mythology*, II, pp. 338 et 395 ; Dietrich, no 2); un conte lithuanien (Chodzko, p. 218); des contes italiens (Gubernatis, *loc. cit.*, p. 314 ; Comparetti, nos 32 et 55); un conte portugais du Brésil (Roméro, no 1, etc.)

En Orient, nous pouvons rapprocher de cette partie de notre conte un conte des Tartares de la Sibérie méridionale (tribu des Barabines), recueilli par

M. Radloff (IV, p. 88). Dans ce conte, une femme qui a été enlevée par Tasch-Kan feint de consentir à l'épouser et lui demande où se trouve son âme. « Je vais te le dire, » répond Tasch-Kan. « Sous sept grands peupliers il y a une fontaine d'or; il y vient boire sept *marals* (sorte de cerfs), parmi lesquels il y en a un dont le ventre traîne à terre; dans ce maral il y a une cassette d'or; dans cette cassette d'or, une cassette d'argent; dans la cassette d'argent, sept cailles; l'une a la tête d'or et le reste du corps d'argent. Cette caille, c'est ma vraie âme. » Le beau-frère de la femme a tout entendu. Il peut ainsi la délivrer.

Dans un conte arabe (*Histoire de Seif-Almoulouk et de la Fille du Roi des Génies*, faisant partie de certains manuscrits des *Mille et une Nuits*), un génie finit par dire à une jeune fille qu'il a enlevée où est son âme : elle est dans un passereau qui est enfermé dans une petite boîte; cette boîte se trouve dans sept autres; celles-ci, dans sept caisses; les caisses, dans un bloc de marbre au fond de la mer.

Un livre siamois (Bastian, *die Vœlker des œstlichen Asiens*, t. IV, 1868, p. 340) raconte que Thossakan, roi de Ceylan, pouvait, grâce à son art magique, faire sortir son âme de son corps et l'enfermer dans une boîte qu'il laissait dans sa maison pendant qu'il allait en guerre, ce qui le rendait invulnérable. Au moment de combattre le héros Rama, il confie la boîte à un ermite, et Rama voit avec étonnement que ses flèches atteignent Thossakan sans lui faire de blessures. Hanouman, le compagnon de Rama, qui se doute de la chose, consulte un devin, lequel découvre, par l'inspection des astres, où se trouve l'âme de Thossakan; Hanouman prend la forme de ce dernier et se rend auprès de l'ermite, à qui il redemande son âme. A peine a-t-il la boîte, qu'il s'élève en l'air en la pressant si fort entre ses mains qu'il l'écrase, et Thossakan meurt.

Le même thème se retrouve dans une légende historique, se rattachant à l'origine de la ville de Ghilghit, dans le Dardistan[1]. Dans cette légende, recueillie par M. Leitner (*The Languages and Races of Dardistan*, III, p. 8), la fille du roi Shiribadatt, éprise d'un jeune homme nommé Azru, l'épouse secrètement, après s'être obligée par le plus grand des serments à l'aider dans toutes ses entreprises. Alors Azru dit à la princesse qu'il est venu pour faire mourir le roi et que c'est elle qui devra le tuer. D'abord elle s'y refuse; puis, liée par son serment, elle finit par consentir à demander au roi où est son âme. « Vous n'aurez, » lui dit Azru, « qu'à refuser toute nourriture pendant trois ou quatre jours; votre père vous demandera la raison de cette conduite, et vous lui répondrez : Mon père, vous êtes souvent loin de moi pendant plusieurs jours de suite : j'ai peur qu'il ne vous arrive malheur. Rassurez-moi en me faisant connaître où est votre âme et en me montrant que votre vie est en sûreté. » La princesse se conforme à ces instructions, et, à la fin, le roi lui dit de ne pas se tourmenter : son âme est dans les neiges, et il ne peut périr que par le feu. Azru trouve moyen de le faire ainsi périr. — Il y a dans cette fin, comme on voit, un obscurcissement de l'idée première.

---

1. Le Dardistan est une contrée située au nord de Cachemire, dans la vallée du Haut-Indus, entre trois chaînes de montagnes : l'Himalaya, le Karakoroum et l'Hindoukousch.

Dans un conte kabyle (J. Rivière, p. 191), la « destinée » d'un ogre est dans un œuf, l'œuf dans un pigeon, le pigeon dans une chamelle, la chamelle dans la mer.

Arrivons à l'Inde. Dans un livre hindoustani (Garcin de Tassy, *Histoire de la Littérature hindouie et hindoustanie*, t. II, p. 557), un prince « éventre avec son poignard un poisson dans lequel un *div* (espèce d'ogre) avait caché son âme ».

Nous pouvons également citer plusieurs contes populaires recueillis dans diverses parties de l'Inde. D'abord un conte du Deccan (miss Frere, p. 13) : Une princesse, retenue prisonnière par un magicien qui veut l'épouser, obtient de lui par de belles paroles qu'il lui dise s'il est ou non immortel. « Je ne suis pas comme les autres, » dit-il. « Loin, bien loin d'ici, il y a une contrée sauvage couverte d'épais fourrés. Au milieu de ces fourrés s'élève un cercle de palmiers, et, au centre de ce cercle, se trouvent six jarres pleines d'eau, placées l'une sur l'autre : sous la sixième est une petite cage, qui contient un petit perroquet vert, et, si le perroquet est tué, je dois mourir. Mais il n'est pas possible que personne prenne jamais ce perroquet ; car, par mes ordres, des milliers de génies entourent les palmiers et tuent tous ceux qui en approchent. »

Voici maintenant un conte recueilli dans le Kamaon, près de l'Himalaya (Minaef, n° 10) : Un fakir, très versé dans la magie, a enlevé une princesse, belle-fille d'un roi, au moment où elle entrait dans son ermitage pour lui apporter à manger : par un tour de son art, ermitage et princesse ont été transportés au bord de la septième mer. Le mari de la princesse et les six autres fils du roi sont allés successivement à la recherche de la princesse, mais, à peine arrivés en présence du fakir, ils ont tous été changés en arbres par celui-ci. Il ne reste plus qu'un fils de ces princes, qu'on a eu bien de la peine à élever jusqu'à l'âge de douze ans. Un jour, continue le conte kamaonien, le jeune garçon demanda à son grand-père où étaient les sept princes, son père et ses oncles. Le roi lui répondit : « Le jour où tu es venu au monde, il leur est arrivé un grand malheur. Ils sont devenus des arbres, là-bas, au bord de la septième mer, et ta tante a été emmenée au même endroit par un fakir. » Le jeune prince se mit en route et il arriva chez sa tante pendant l'absence du fakir. Avant de la quitter, il lui dit : « Demande au fakir où est son souffle. » Le fakir, étant revenu à la maison, remarqua que la princesse ne disait rien. Il lui demanda ce qu'elle avait. La princesse répondit : « Tu es fakir et moi princesse. Quand tu seras mort, que ferai-je dans cette forêt ? — Je ne mourrai jamais, » dit le fakir ; « je suis immortel. » Et il ajouta : « Au bord de la sixième mer, il y a un palais sous lequel se trouve un *dharmasâla* (hospice pour les pèlerins), et, plus bas encore, sous terre, il y a une cage de fer, dans laquelle se trouve un perroquet. C'est seulement si l'on tue ce perroquet que je mourrai. » La princesse ayant rapporté à son neveu ce que le fakir avait dit, le jeune prince se rendit sur le bord de la sixième mer. Il y avait là, dans une ville, un roi qui avait une fille à marier et qui ne trouvait pas de gendre. Un pâtre qui faisait paître les vaches et les buffles, ayant vu passer le prince, dit au roi qu'il venait d'arriver dans la ville un beau jeune homme, digne d'épouser la princesse. Le roi fit rassembler tous ceux qui étaient nouvellement arrivés dans la ville; ils se présentèrent tous devant le roi, et « le cœur de la princesse s'arrêta sur le jeune prince ». Alors le roi fit baigner, raser, habiller le jeune homme, et on célébra les noces. Un jour, le prince dit au roi qu'il avait une demande à lui adresser, et il le pria de lui donner le palais bâti sur le bord de la sixième mer. L'ayant obtenu, il envoya des ouvriers pour l'abattre; il fit aussi démolir le *dharmasâlâ*, sous lequel on trouva la cage avec le perroquet. Il coupa au perroquet les ailes et les pattes; aussitôt le fakir se sentit comme brûlé. « Qui est mon ennemi? » cria-t-il. Le prince alla trouver le fakir en emportant la cage avec le perroquet et dit au fakir : « Transforme ces arbres en hommes. » Le fakir souffla sur les arbres, et ils redevinrent des hommes. Puis il dit au jeune prince : « De grâce, si tu veux me tuer, fais-le vite, pourvu que tu m'enterres. » Le jeune prince tua le perroquet, et le fakir mourut, et on l'enterra selon les rites funéraires.

Un épisode du même genre se trouve encore dans un autre conte indien, recueilli dans le Bengale (*Indian Antiquary*, 1872, p. 115 seq.) et dont nous ferons connaître l'ensemble dans les remarques de notre n° 19, *le Petit Bossu* : Un prince arrive dans une ville où tout est couvert d'ossements humains. Il entre dans une des maisons et y voit une femme étendue morte sur un lit : près d'elle il y a, d'un côté, une baguette d'or; de l'autre, une baguette d'argent. Le prince prend ces baguettes et touche par hasard le cadavre de la femme avec la baguette d'or : aussitôt elle fait un mouvement et se réveille. « Qui êtes-vous? » s'écrie-t-elle en voyant le jeune homme, « et pourquoi êtes-vous venu ici? Vous êtes dans une ville de *râkshasas* (mauvais génies), qui vous tueront et vous mangeront. » Le prince lui fait connaître le motif de son voyage. Quand les râkshasas sont au moment de revenir, elle lui dit de la toucher avec la baguette d'argent, et elle redevient comme morte. Alors il se cache, ainsi que la femme le lui a recommandé, sous une grande chaudière. Les râkshasas, à leur retour, rendent la vie à la femme, et celle-ci leur fait la cuisine. — Après leur départ, le jeune homme dit à la femme qu'il faut savoir du plus vieux des râkshasas comment ils peuvent être exterminés; voici comment elle s'y prendra : quand elle lavera les pieds du râkshasa, elle se mettra à pleurer, et, quand il lui demandera pourquoi, elle dira : « Vous êtes maintenant bien vieux et vous mourrez bientôt : que deviendrai-je alors? les autres râkshasas me tueront et me mangeront. Voilà pourquoi je pleure. » Elle fera alors bien attention à ce qu'il répondra. — La femme ayant suivi ces instructions, le vieux râkshasa lui dit : « Il est impossible que nous mourions. Votre père a un certain étang; au milieu de cet étang se trouve une colonne de cristal avec un grand couteau et une coloquinte. Or, dans un certain pays, il y a un roi, et ce roi a une reine nommée Duhâ, et cette reine a un fils boiteux : si ce fils venait ici, qu'il plongeât dans l'étang, les yeux couverts de sept voiles, et que, dès le premier plongeon, il retirât la colonne de cristal; puis, qu'il coupât d'un seul coup cette colonne, alors il trouverait au milieu la coloquinte, et dans la coloquinte deux abeilles. Si quelqu'un, s'étant couvert les mains de cendres, pouvait réussir à saisir les deux abeilles au moment où elles s'envoleraient et à les écraser, nous mourrions tous ; mais si une seule goutte de leur sang tombait par terre, nous deviendrions deux fois plus nombreux que nous ne l'étions auparavant. » La femme répond qu'elle est rassurée : jamais le fils de la reine Duhâ ne pourra pénétrer jusqu'ici. — Avec l'aide de la femme, le prince, qui est le fils de la reine Duhâ, parvient à tuer les abeilles, et tous les râkshasas périssent.

Ce thème revêt à peu près la même forme dans deux autres contes indiens. Le premier a été également recueilli dans le Bengale (Lal Behari Day, n° 4). Jeune fille étendue sur un lit comme morte, ressuscitée au moyen d'une baguette d'or, puis replongée dans son sommeil au moyen d'une baguette d'argent ; scène d'attendrissement pour extorquer à la vieille râkshasi le secret d'où dépend la vie de celle-ci ; moyen très compliqué pour arriver à trouver et à détruire les deux abeilles où est cachée l'âme de la râkshasi, tout est identique. L'autre conte indien (*Calcutta Review*, t. LI [1870], p. 124) offre également dans un de ses épisodes une grande ressemblance avec ce même passage ; il n'en diffère guère que par la manière plus simple de tuer le géant. — Comparer encore un épisode d'un conte indien du Pandjab (conte du *Prince Cœur-de-Lion*, *Indian Antiquary*, août 1881, p. 230 ; — Steel et Temple, n° 5), dont nous avons résumé l'ensemble dans les remarques de notre n° 1, *Jean de l'Ours* (pp. 25, 26).

Dans un conte indien de Calcutta (miss Stokes, n° 24), la fille du démon dit au prince qui l'a réveillée de son sommeil magique, que son père ne peut être tué : « De l'autre côté de la mer, il y a un grand arbre ; sur cet arbre, un nid ; dans le nid, une *maina* (sorte d'oiseau). Ce n'est que si l'on tue cette *maina* que mon père peut mourir. Et si, en tuant l'oiseau, on laissait tomber de son sang par terre, il en naîtrait cent démons. Voilà pourquoi mon père ne peut être tué. »

Dans le vieux conte égyptien des *Deux Frères*, dont nous avons parlé dans notre introduction, Bitiou enchante son cœur et le place sur la fleur d'un acacia. Il révèle ce secret à sa femme, qui le trahit. On coupe l'acacia, le cœur tombe par terre, et Bitiou meurt.

XVI

LA FILLE DU MEUNIER

Un jour, un meunier et sa femme étaient allés à la noce. Leur fille, restée seule au moulin, alla chercher sa cousine pour venir coucher avec elle. Pendant qu'elles disaient leurs prières, la cousine aperçut deux hommes sous le lit. « Tiens ! » pensa-t-elle, « ma cousine vient me chercher pour coucher avec elle, et il y a quelqu'un sous son lit. » Puis elle dit tout haut : « Ma cousine, je vais aller mettre ma chemise, que j'ai oubliée chez nous. — Je peux bien vous en prêter une des miennes. — Merci, ma cousine ; je n'aime pas à mettre les chemises des autres. — Revenez donc bientôt. — Oui, ma cousine. »

La fille du meunier l'attendit longtemps. Enfin, ne la voyant pas revenir, elle se décida à se coucher. Tout à coup les deux voleurs sortirent de dessous le lit en criant : « La bourse ou la vie ! — Nous n'avons point d'argent, » dit la jeune fille, « mais nous avons du grain : prenez-en autant que vous voudrez. » Ils montèrent au grenier. Comme il n'y avait pas de cordes aux sacs, la jeune fille leur dit d'aller au jardin chercher de l'osier pour les lier, et, quand ils furent sortis, elle ferma la porte.

Les voleurs avaient une main de gloire [1], mais la jeune fille ayant eu soin de pousser le verrou, ils ne purent rentrer. « Ouvrez-nous, » lui crièrent-ils. — Passez-moi d'abord votre main de gloire par la chatière. » L'un des voleurs la passa, et, tandis qu'il avait la main sous la porte, la jeune fille la lui coupa d'un coup de hache. Aussitôt les deux compagnons prirent la fuite.

1. Voir les remarques pour l'explication du mot *main de gloire.*

Au point du jour, on entendit le violon : c'était les gens de la noce qui revenaient. Le meunier et sa femme étant rentrés au logis, la jeune fille ne leur dit rien de ce qui lui était arrivé.

Quelque temps après, le voleur dont la main avait été coupée se présenta pour demander la jeune fille en mariage. Il s'était fait faire une main de bois, qu'il avait soin de tenir toujours gantée ; il se disait le fils de M. Bertrand, qui était un homme considéré dans le pays : aussi les parents de la jeune fille furent-ils très flattés de sa demande.

Le voleur dit un jour à la jeune fille : « Venez donc voir mon beau château au coin du petit bois. — J'irai ce soir, » répondit-elle, mais elle resta à la maison. Quand le voleur revint, il lui dit : « Vous n'êtes pas venue au château ; vous m'avez manqué de parole. — Que voulez-vous ? » répondit-elle, « je n'ai pu y aller ; j'irai demain... Mais pourquoi portez-vous toujours un gant ? — C'est que je me suis fait mal à la main, » dit le voleur.

Le lendemain, la jeune fille monta en voiture avec un cocher et un laquais. Au coin du petit bois, elle vit une maison d'apparence misérable. « Voilà, » dit-elle, « une triste maison. Restez ici, mon cocher, mon laquais ; je vais voir ce que c'est. » Elle alla donc seule vers la maison et aperçut en y entrant sa cousine, que le voleur égorgeait. « Pour Dieu ! pour Dieu ! » criait-elle, « laissez-moi la vie ! jamais je ne dirai à ma cousine qui vous êtes. — Non, non ! qu'elle vienne, et elle en verra bien d'autres ! » La fille du meunier, qui était entrée sans être remarquée, se hâta de sortir en emportant le bras de sa cousine que le voleur venait de couper. Il y avait sous la table une trentaine de gens ivres, mais personne ne la vit.

« Mon cocher, mon laquais, » dit la jeune fille, « fuyons d'ici ; c'est un repaire de voleurs. » De retour au moulin, elle raconta ce qu'elle avait vu. Comme le prétendu devait venir le soir même, on appela les gendarmes, on les habilla en bourgeois et on les fit passer pour des amis de la maison.

En arrivant, le voleur dit à la jeune fille : « Vous m'avez encore manqué de parole ; vous n'êtes pas venue voir mon château. — C'est que j'ai eu autre chose à faire, » répondit-elle. Vers la fin du repas, le voleur lui dit : « Entre la poire et la pomme, il est d'usage que chacun conte son histoire : mademoiselle, contez-nous donc quelque chose. — Je ne sais rien, » dit-elle, « contez vous-même. — Mademoiselle, à vous l'honneur de commencer. — Eh bien ! je vais vous raconter un rêve que j'ai fait. Tous songes sont mensonges ; mon bon ami, vous ne vous en fâcherez pas. — Non, mademoiselle. »

« Je rêvais donc que vous m'aviez invitée à venir voir votre château. J'étais partie en voiture avec mon cocher et mon laquais. Au coin du petit bois, je vis une maison d'apparence misérable. Je dis alors à mon cocher et à mon laquais de m'attendre, et j'entrai seule dans la maison. J'aperçus mon bon ami qui tuait ma cousine. Tous songes sont mensonges ; mon bon ami, ne vous en fâchez pas. — Non, mademoiselle. — Pour Dieu ! pour Dieu ! » criait-elle, « laissez-moi la vie ! jamais je ne dirai à ma cousine qui vous êtes. — Non, non, qu'elle vienne, et elle en verra bien d'autres ! » Je ramassai le bras de ma cousine que mon bon ami venait de couper, et je m'enfuis. Messieurs, voici le bras de ma cousine. »

Les gendarmes saisirent le voleur, et on le mit à mort, ainsi que toute sa bande.

REMARQUES

Nous avons entendu raconter, toujours à Montiers-sur-Saulx, une variante, *la Fille du Notaire*. L'introduction est analogue à celle de *la Fille du Meunier*, mais la suite, à partir du moment où le voleur se présente comme prétendant, est différente. Le voleur épouse la jeune fille ; puis il l'emmène dans un bois, où il se consulte avec ses compagnons sur la manière dont il la fera mourir. La jeune femme est attachée à un arbre et accablée de coups. Les voleurs s'étant éloignés pendant quelque temps, elle leur échappe, grâce à un charbonnier, qui la cache dans un de ses sacs. (Nos notes sont beaucoup trop incomplètes pour que nous puissions donner les détails de cette partie du conte.) — Dans une autre variante, également de Montiers, le père de la jeune fille passe au moment où elle va être égorgée, et, profitant de l'absence momentanée du brigand, il la met dans un des paniers de son âne.

Il est remarquable que l'introduction commune à *la Fille du Meunier* et à ses variantes ne se retrouve guère que dans les contes du type particulier de ces variantes (ceux où l'héroïne est, non pas simplement fiancée, mais mariée au brigand). Passons rapidement ces contes en revue.

L'introduction d'un conte allemand (Prœhle, II, nº 31) est très voisine de celle de nos contes lorrains : La plus jeune fille d'un roi est restée seule pour garder la maison (*sic*), pendant que son père et ses sœurs sont en voyage. Une jeune bergère doit venir coucher toutes les nuits dans sa chambre, afin qu'elle n'ait pas peur. Un soir, la bergère, avant de se coucher, aperçoit sous le lit de la princesse un homme au visage noirci. Elle dit à la princesse qu'elle a oublié quelque chose chez elle et s'enfuit sous prétexte de l'aller chercher. Alors l'homme, qui est un chef de brigands, sort de dessous le lit, et oblige la princesse à lui montrer où sont tous les trésors du château. Il prend un sac d'or qu'il emporte en ordonnant à la princesse de laisser la porte ouverte. Elle la ferme. Le brigand et sa bande font un trou dans la muraille; mais, à mesure qu'ils passent, la princesse leur abat la tête d'un coup de sabre. Quand c'est le tour du chef, elle frappe trop tôt, et il en est quitte pour une blessure. Il se déguise en comte et obtient la main de la princesse. Il l'emmène et la tue. — Cette fin est complètement altérée. Celle d'un conte de la Haute-Bretagne (Sébillot, I, n° 62) l'est aussi, mais beaucoup moins. Dans ce conte breton, où nous retrouvons la « cousine » du conte lorrain, le voleur, après avoir épousé la jeune fille, l'emmène dans un bois; il lui rappelle la nuit où elle lui a coupé la main, et lui dit qu'il va se venger; mais la jeune femme trouve moyen de lui faire détourner la tête, et le tue. — Dans un conte toscan (Comparetti, n° 1, p. 2), le voleur se fait reconnaître de la jeune fille, après le mariage, en lui disant de lui tirer son gant. Il la laisse dans une auberge, d'où elle s'échappe, et le conte s'égare ensuite dans des aventures qui n'ont plus aucun rapport avec notre thème.

Dans un conte lithuanien (Schleicher, p. 9), la dernière partie est plus complète; l'introduction est toujours dans le genre de celle des contes précédents : Douze brigands se glissent l'un après l'autre dans une maison par un trou qu'ils ont creusé sous le mur. Mais, comme dans le conte allemand, à mesure qu'ils passent, la fille de la maison leur coupe la tête. Le dernier des brigands se doute du sort qui l'attend : il retire brusquement la tête, mais non sans que la jeune fille en ait coupé la moitié. Il se présente ensuite comme prétendant à la main de la jeune fille; celle-ci est forcée par ses parents de l'épouser. Emmenée par le brigand dans sa maison, elle s'en échappe, quand elle voit qu'elle va être égorgée. Les brigands se mettent à sa poursuite, et elle grimpe sur un arbre. En passant sous cet arbre, un des brigands la blesse au pied; sans le savoir, avec sa longue pique. Le sang coule, et, comme la nuit noire est arrivée, le brigand croit que ce sont des gouttes de pluie. Rentré à la maison, il voit qu'il est couvert de sang. Aussi, le lendemain, la bande recommence à chercher la jeune femme. Celle-ci a rencontré un homme qui conduisait une charrette chargée d'écorces d'arbres, et l'homme l'a cachée sous ces écorces. Arrivent les brigands; ils arrêtent la charrette et se mettent à jeter les écorces par terre, pour voir si la jeune femme ne serait pas dessous. mais ils se lassent bientôt, et s'en vont sans avoir été jusqu'au fond. La jeune femme revient dans la maison de ses parents, et, le brigand s'étant présenté, on le met à mort. (Le voiturier avec sa charrette chargée d'écorces correspond, comme on voit, dans ce récit, au charbonnier avec ses sacs de notre première variante.) — Un conte du Tyrol allemand (Zingerle, I, n° 22), dont l'introduction offre une grande ressemblance avec celle du conte lithuanien, a cela de particulier que l'héroïne est, comme dans notre conte, une « fille de meunier ». Le corps du récit se rapproche beaucoup aussi du conte lithuanien. Ainsi, la fille du meunier, qui s'est enfuie avec une vieille femme de chez les voleurs, grimpe, avec cette vieille, sur un arbre. Les voleurs s'étant arrêtés dessous, elles sont prises d'une telle frayeur, qu'une sueur d'angoisse tombe à grosses gouttes sur les voleurs. Ces derniers, s'imaginant qu'il commence à pleuvoir, s'en retournent chez eux. (Comparer, dans le conte lithuanien, le sang qui coule.) Arrivées dans un village voisin, les deux femmes racontent leur histoire. On cerne les voleurs et on les tue.

Les trois contes suivants (deux contes siciliens et un conte toscan) sont, pour l'introduction, plus ou moins altérés; mais ils ont une dernière partie qui n'existe pas dans les précédents. Dans le premier conte sicilien (Gonzenbach, nᵒ 10), les trois filles d'un marchand restent seules pendant l'absence de leur père. Les aînées donnent l'hospitalité à un prétendu mendiant, malgré Maria, la plus jeune. La nuit, le mendiant ouvre la porte de la boutique, pour y introduire ses camarades les voleurs. Maria va, par une porte de derrière, prévenir la police, et le faux mendiant est pris. Quelque temps après, le chef des voleurs, se donnant pour un baron, demande et obtient la main de Maria. Après les noces, il l'emmène, et, arrivé dans une campagne déserte, il l'attache à un arbre et la frappe à coups redoublés; puis il s'éloigne pour aller chercher ses compagnons. Viennent à passer un paysan et sa femme, qui portent au marché des balles de coton. Ils la cachent dans une de ces balles et la chargent sur un de leurs ânes. (C'est tout à fait le pendant des sacs de charbon de la variante lorraine.) Les voleurs les rejoignent bientôt, et, pour s'assurer si Maria ne serait pas dans une des balles, le chef y enfonce son épée à plusieurs reprises; mais Maria ne pousse pas un cri, et l'épée, qui s'est teinte de son sang, ressort de la balle de coton parfaitement nette. Plus tard, un roi prend Maria pour femme. Le voleur s'introduit dans le palais, met sur l'oreiller du roi un papier magique qui plonge dans un profond sommeil le roi et tous ses gens, et il saisit Maria pour aller la jeter dans une chaudière d'huile bouillante. Maria obtient d'aller chercher son rosaire; elle entre dans la chambre du roi, l'appelle, le secoue; le papier magique tombe, et toute la maison se réveille. C'est le voleur qui est jeté dans la chaudière. — Les balles de coton, les coups d'épée, le roi endormi (mais ici par un simple narcotique) se retrouvent dans le conte toscan (Imbriani, *Novellaja fiorentina*, nᵒ 17). — Le second conte sicilien (Pitrè, nᵒ 115) a sa physionomie propre: Une jeune fille s'est introduite chez des voleurs et a puisé dans leurs trésors. Un beau jour, elle est prise sur le fait. Les voleurs l'attachent à un arbre dans la campagne et vont chercher du bois pour la faire bouillir dans une chaudière. Pendant leur absence, passe un vieillard avec un âne et ses paniers, remplis de coton, il cache la jeune fille dans un des deux paniers. (Comparer la seconde variante de Montiers.) Les voleurs, les ayant rejoints, enfoncent leurs couteaux dans les paniers de l'âne, mais les voyant sortir nets, ils s'éloignent. Le vieillard donne à la jeune fille un palais qui, à son commandement, sort de terre, en face du palais du roi, et lui dit qu'il est saint Joseph; il lui recommande de ne pas oublier de dire ses prières, autrement il la livrera aux voleurs. Bientôt, la jeune fille épouse le roi. Le soir des noces, elle oublie de dire ses prières. Les voleurs arrivent, envoient une vieille mettre un certain papier sous l'oreiller du roi, qui ne peut plus se réveiller, et se saisissent de la jeune fille. Mais saint Joseph, qu'elle invoque, la délivre.

Trois contes, un conte grec moderne de l'île de Chypre et deux contes allemands de la Souabe, qui n'ont pas l'introduction que nous venons d'étudier, présentent une curieuse combinaison des autres thèmes avec le thème de *la Barbe-Bleue*. Dans le premier conte souabe (Meier, nº 63), un meunier a trois filles. Un chef de voleurs, qui s'est déguisé en grand seigneur, épouse l'aînée et l'emmène dans son château. Il lui défend d'entrer dans une certaine chambre, et lui donne un œuf qu'elle doit conserver pendant qu'il est en voyage. La jeune femme ouvre la porte de la chambre défendue et y voit un cadavre et du sang. L'œuf échappe de sa main, et elle ne peut le présenter à son mari, quand celui-ci est de retour. Le voleur la tue. Il prend ensuite un autre déguisement et épouse la seconde fille du meunier, à laquelle il arrive la même aventure qu'à son aînée. La plus jeune, que le voleur épouse aussi, a eu soin, avant d'entrer dans la chambre défendue, de mettre l'œuf en lieu sûr ; elle peut donc le présenter au voleur. Elle montre à celui-ci une prétendue lettre qui lui annonce que son père le meunier est malade, et demande au voleur de la conduire le voir. Quand ils sont au moulin, on arrête le voleur et on le met à mort. Un jour, la fille du meunier tombe entre les mains des camarades du voleur ; ils l'attachent à un arbre, en attendant qu'ils la jettent dans une chaudière de poix bouillante. Pendant qu'ils sont allés chercher du bois, une vieille femme la délivre et un charretier la cache sous une auge qui est emboîtée dans plusieurs autres. Les voleurs arrivent et soulèvent successivement toutes les auges, excepté la dernière, pensant qu'elle ne peut être dessous. Enfin ils sont pris et exécutés. (Comparer le second conte souabe, p. 371 de la collection Birlinger.) — Le conte grec moderne (E. Legrand, p. 115) a pris une couleur fantastique. La fille d'un bûcheron a épousé un marchand, qui lui donne les cent clefs de sa maison, en lui défendant d'ouvrir une certaine chambre. Elle l'ouvre un jour, et voit par une fenêtre son mari qui se change en ogre à trois yeux et se met à dévorer un cadavre. Pour la punir de sa désobéissance, l'ogre veut la faire rôtir à la broche. Elle s'échappe, et le chamelier du roi la cache dans une des balles de coton que portent ses chameaux. L'ogre, étant arrivé, enfonce dans chaque balle sa broche rougie au feu, mais sans rien découvrir. La jeune femme ensuite épouse le fils du roi. Elle se tient cachée dans une tour. L'ogre parvient à s'y introduire pendant la nuit, et il jette de la « poussière de cadavre » sur le prince, afin qu'il ne se réveille pas. Puis il prend la jeune femme pour la manger. Sur l'escalier, où elle avait fait répandre des pois chiches, elle pousse l'ogre, qui perd pied et roule dans une fosse, où un lion et un tigre le dévorent.

Un conte portugais (Braga, nº 42), qui présente aussi, mais sous une forme altérée, l'épisode de *la Barbe-Bleue*, a l'introduction qui faisait défaut aux trois contes précédents. Cette introduction débute presque comme celle d'un conte sicilien (Gonzenbach, nº 10), cité plus haut ; nous y retrouvons le prétendu mendiant à qui les deux filles aînées d'un marchand donnent

l'hospitalité, malgré la plus jeune. Ici, le voleur a une « main de mort »,
qu'il allume pour maintenir les jeunes filles dans le sommeil. Après que la plus
jeune a barricadé la porte pour l'empêcher de rentrer, il lui demande de lui
rendre sa « main de mort », qu'il a laissée dans la maison. Elle lui dit alors
de passer la main par un trou de la porte, et la lui abat d'un coup d'épée.

Ce passage du conte portugais peut servir à expliquer le passage correspondant du conte lorrain où il est question de la « main de gloire ». La
« main de gloire », qu'ont les voleurs dans notre conte, et qui, du reste,
n'y joue aucun rôle actif, est identique à la « main de mort » du conte
portugais. D'après M. F. Liebrecht (*Heidelberger Jahrbücher*, 1868, p. 86), la
« main de gloire » est formée de la main desséchée d'un voleur pendu, dans
laquelle on place une chandelle faite de graisse humaine et d'autres ingrédients.
La vertu de ce talisman, c'est de priver de leurs mouvements les personnes
qui se trouvent dans le voisinage, ou de les plonger dans un profond
sommeil. — On peut lire, à ce sujet, une curieuse citation des anciennes
coutumes de la ville de Bordeaux dans le *Magasin pittoresque*, t. XXXIV
(1866), p. 37. Voir aussi divers détails dans W. Henderson : *Notes on the
Folklore of the Northern Counties of England and the Borders* (nouvelle édition,
Londres, 1879, pp. 239-240). Le *Folklore Record* (vol. III, 1881, p. 297)
signale l'existence de cette idée superstitieuse dans un conte toscan.

Nous ferons remarquer que le papier magique, la poussière de cadavre, qui
endorment les gens dans les contes siciliens et le conte chypriote, ont beaucoup d'analogie avec la « main de gloire » ou la « main de mort ».

*
* *

Un dernier groupe de contes comprend cinq contes allemands (Grimm,
nº 40, dont Prœhle, II, nº 33, et Schambach et Müller, p. 304, sont des
variantes ; Curtze, p. 40, et Birlinger, p. 372) ; — un conte norwégien
(Asbjœrnsen, *Tales of the Fjeld*, p. 231) ; — un conte anglais (Halliwell,
p. 47) ; — un conte hongrois (Erdelyi-Stier, nº 6) ; — un conte des Tsiganes
de la Bohême et de la Hongrie (C. R. de l'Acad. de Vienne, classe historico-
philologique, 1872, p. 93, et 1869, p. 158) ; — un conte lithuanien
(Schleicher, p. 22). Ces contes n'ont pas, nous l'avons dit, l'introduction de
la *Fille du Meunier ;* mais ils offrent, avec le reste de ce conte, la plus
frappante ressemblance.

Prenons, comme exemple, le conte hessois nº 40 de la collection Grimm.
Nous y retrouvons l'invitation faite à l'héroïne par son fiancé de l'aller visiter,
la maison à l'aspect sombre au milieu de la forêt, l'autre jeune fille tuée
par les brigands, le récit du prétendu rêve, fait pendant le festin, avec le
refrain : « Mon ami, ce n'était qu'un rêve. » Une petite différence, c'est que
l'héroïne emporte de la maison des brigands un doigt avec son anneau, et
non un bras. Le conte hessois a aussi un détail qui manque au conte lorrain :
quand la jeune fille entre chez son fiancé, un oiseau dans une cage lui dit de
s'enfuir de cette maison, qui est une maison d'assassins. — Ce trait figure
dans tous les contes de ce groupe, excepté dans le conte tsigane et dans les
contes allemands des collections Curtze et Birlinger. Dans le conte hongrois,

l'oiseau dit à la jeune fille de prendre garde; dans le conte norwégien, il lui crie : « Jolie fille, sois hardie, sois hardie, mais pas trop hardie. » (Par suite d'une altération évidente, dans le conte anglais, ces mêmes paroles : « Sois hardie, sois hardie, mais pas trop hardie, » ne sont pas prononcées par un oiseau; elles se trouvent inscrites au dessus de la porte de la maison.) Dans le conte lithuanien, l'oiseau dit à la jeune fille de se cacher sous le lit. — Enfin, le récit du rêve supposé se trouve aussi dans tous les contes de ce groupe, excepté dans le conte lithuanien et dans le conte allemand de la collection Curtze. Ainsi, dans ce dernier, la jeune fille se contente de montrer au brigand, au milieu d'un festin, la main coupée avec l'anneau. Notons que, dans ce conte allemand, l'héroïne est la fille d'un meunier.

*
* *

Nous avons dit en commençant que l'introduction de notre *Fille du Meunier* ne se retrouve guère que dans des contes qui, pour le corps du récit, se rapprochent de nos variantes. Nous ne connaissons qu'un seul conte qui fasse exception, et encore appartient-il, en réalité, à cette classe de contes, dont il offre tous les éléments, avec intercalation de plusieurs des éléments principaux du dernier groupe. Dans ce conte allemand de la Basse-Saxe (Schambach et Müller, p. 307), l'héroïne est la servante (et non la fille) d'un meunier. L'introduction est à peu près celle du conte lithuanien cité plus haut, avec les onze brigands décapités et le douzième blessé à la tête. La jeune fille épouse ce dernier, sans savoir qui il est. Le brigand l'emmène dans sa maison et veut la tuer; mais elle lui échappe. — Jusqu'ici ce conte se rattache à la première série de contes de cette famille. Dans la seconde partie, la jeune femme revient dans la maison des brigands, sans que rien motive ce retour, et, à partir de là, le récit combine les éléments des deux classes de contes. Voici cette seconde partie : Quand la jeune femme revient chez les brigands, une vieille la cache sous un lit. Bientôt arrivent les brigands, traînant derrière eux une belle jeune fille qu'ils tuent et coupent en morceaux. Un doigt avec son anneau d'or saute sous le lit; mais les brigands remettent au lendemain à le chercher. Pendant la nuit, la jeune femme, qui emporte le doigt et l'anneau, passe au milieu des brigands couchés par terre. Elle les a un peu frôlés, et la porte, quand elle sort, fait un peu de bruit. Les brigands se lèvent, sortent et l'aperçoivent de loin dans la forêt. La jeune femme se cache dans un trou. Un des brigands y enfonce son épée et la blesse au talon; mais elle ne jette pas un cri. Vient ensuite l'épisode du voiturier qui, ici, cache la jeune femme sous des peaux, que les brigands percent à coups d'épée. Quelque temps après, les douze brigands se rendent dans une auberge où la jeune femme s'est engagée comme servante, et le chef se présente comme prétendant à sa main. Elle le reconnaît et feint d'être disposée à l'épouser. En causant avec lui, elle lui dit qu'elle va lui raconter un rêve, et elle raconte tout ce qu'elle a vu dans la maison des brigands. En terminant, elle montre le doigt avec l'anneau. Les brigands veulent s'enfuir, mais la maison est cernée et on les prend tous.

XVII

L'OISEAU DE VÉRITÉ

Il était une fois un roi et une reine. Le roi partit pour la guerre, laissant sa femme enceinte.

La mère du roi, qui n'aimait pas sa belle-fille, ne savait qu'inventer pour lui faire du mal. Pendant l'absence du roi, la reine mit au monde deux enfants, un garçon et une fille ; aussitôt la vieille reine écrivit au roi que sa femme était accouchée d'un chien et d'un chat. Il répondit qu'il fallait mettre le chien et le chat dans une boîte et jeter la boîte à la mer. On enferma les deux enfants dans une boîte, que l'on jeta à la mer.

Peu de temps après, un marchand et sa femme, qui parcouraient le pays pour vendre leurs marchandises, vinrent à passer par là ; ils aperçurent la boîte qui flottait sur l'eau. « Oh ! la belle boîte ! » dit la femme ; « je voudrais bien savoir ce qu'il y a dedans : ce doit être quelque chose de précieux. » Le marchand retira de l'eau la boîte et la donna à sa femme. Celle-ci n'osait presque y toucher ; elle finit pourtant par l'ouvrir et y trouva un beau petit garçon et une belle petite fille. Le marchand et sa femme les recueillirent et les élevèrent avec deux enfants qu'ils avaient. Chaque jour le petit garçon se trouvait avoir cinquante écus, et chaque jour aussi sa sœur avait une étoile d'or sur la poitrine.

Un jour que le petit garçon était à l'école avec le fils du marchand, il lui dit : « Mon frère, j'ai oublié mon pain ; donnem'en un peu du tien. — Tu n'es pas mon frère, » répondit l'autre enfant, « tu n'es qu'un bâtard : on t'a trouvé dans une boîte sur la mer, on ne sait d'où tu viens. » Le pauvre petit fut bien affligé. « Puisque je ne suis pas ton frère, » dit-il, « je veux chercher mon père. » Il fit connaître son intention à ses parents adoptifs ; ceux-ci, qui l'aimaient beaucoup, peut-être aussi un peu à cause des cinquante écus, firent tous leurs efforts pour le retenir, mais ce fut en vain. Le jeune garçon prit sa sœur par la main et lui dit : « Ma sœur, allons-nous-en chercher notre père. » Et ils partirent ensemble.

Ils arrivèrent bientôt devant un grand château ; ils y entrèrent et demandèrent si l'on n'avait pas besoin d'une relaveuse de vaisselle et d'un valet d'écurie. Ce château était justement celui de leur père. La mère du roi ne les reconnut pas ; on eût dit pourtant qu'elle se doutait de quelque chose ; elle les regarda de travers en disant : « Voilà de beaux serviteurs ! qu'on les mette à la porte. » On ne laissa pas de les prendre ; ils faisaient assez bien leur service, mais la vieille reine répétait sans cesse : « Ces enfants ne sont propres à rien ; renvoyons-les. »

Elle dit un jour au roi : « Le petit s'est vanté d'aller chercher l'eau qui danse. » Le roi fit aussitôt appeler l'enfant. « Ecoute, » lui dit-il, « j'ai à te parler. — Sire, que voulez-vous ? — Tu t'es vanté d'aller chercher l'eau qui danse. — Moi, sire ! comment ferais-je pour aller chercher l'eau qui danse ? je ne sais pas même où se trouve cette eau. — Que tu t'en sois vanté ou non, si je ne l'ai pas demain à midi, tu seras brûlé vif. — A la garde de Dieu ! » dit l'enfant, et il partit.

Sur son chemin il rencontra une vieille fée, qui lui dit : « Où vas-tu, fils de roi ? — Je ne suis pas fils de roi ; je ne sais qui je suis. La mère du roi invente cent choses pour me perdre : elle veut que j'aille chercher l'eau qui danse ; je ne sais pas seulement ce que cela veut dire. — Que me donneras-tu, » dit la fée, « si je te viens en aide ? — J'ai cinquante écus, je vous les donnerai bien volontiers. — C'est bien. Tu iras dans un vert bocage ; tu trouveras de l'eau qui danse et de l'eau qui ne danse pas ; tu prendras dans un flacon de l'eau qui danse, et tu partiras bien vite. » Le jeune garçon trouva l'eau demandée et la rapporta au roi. « Danse-t-elle ? » dit le roi. — « Je l'ai vue danser, je ne sais si elle dansera. — Si elle dansait, elle dansera toujours. Qu'on la mette en place. »

Le lendemain, la vieille reine dit au roi : « Le petit s'est vanté d'aller chercher la rose qui chante. » Le roi fit appeler l'enfant et lui dit : « Tu t'es vanté d'aller chercher la rose qui chante. — Moi, sire! comment ferais-je pour aller chercher cette rose qui chante? jamais je n'en ai entendu parler. — Que tu t'en sois vanté ou non, si je ne l'ai pas demain à midi, tu seras brûlé vif. »

L'enfant se mit en route et rencontra encore la fée. « Où vas-tu, fils de roi? — Je ne suis pas fils de roi, je ne sais qui je suis. Le roi veut que je lui rapporte la rose qui chante, et je ne sais où la trouver. — Que me donneras-tu si je te viens en aide? — Ce que je vous ai donné la première fois, cinquante écus. — C'est bien. Tu iras dans un beau jardin; tu y verras des roses qui chantent et des roses qui ne chantent pas; tu cueilleras bien vite une rose qui chante et tu reviendras aussitôt, sans t'amuser en chemin. » Le jeune garçon suivit les conseils de la fée et rapporta la rose au roi. « La rose ne chante pas, » dit la vieille reine. — « Nous verrons plus tard, » répondit le roi.

Quelque temps après, la vieille reine dit au roi : « La petite s'est vantée d'aller chercher l'oiseau de vérité. » Le roi fit appeler l'enfant et lui dit : « Tu t'es vantée d'aller chercher l'oiseau de vérité. — Non, sire, je ne m'en suis pas vantée; où donc l'irais-je chercher, cet oiseau de vérité? — Que tu t'en sois vantée ou non, si je ne l'ai pas demain à midi, tu seras brûlée vive. »

La jeune fille s'en alla donc; elle rencontra aussi la fée sur son chemin. « Où vas-tu, fille de roi? — Je ne suis pas fille de roi; je suis une pauvre relaveuse de vaisselle. La mère du roi veut nous perdre? elle m'envoie chercher l'oiseau de vérité, et je ne sais où le trouver. — Que me donneras-tu si je te viens en aide? — Je vous donnerai une étoile d'or; si ce n'est pas assez, je vous en donnerai deux. — Eh bien! fais tout ce que je vais te dire. Tu iras à minuit dans un vert bocage; tu y verras beaucoup d'oiseaux; tous diront: *C'est moi!* un seul dira: *Ce n'est pas moi!* C'est celui-là que tu prendras, et tu partiras bien vite; sinon, tu seras changée en pierre de sel. »

Quand la jeune fille entra dans le bocage, tous les oiseaux se mirent à crier: « C'est moi! c'est moi! » Un seul disait: « Ce n'est pas moi! » Mais la jeune fille oublia les recommandations de la fée, et elle fut changée en pierre de sel.

Son frère, ne la voyant pas revenir au château, demanda la permission d'aller à sa recherche. Il rencontra de nouveau la vieille fée. « Où vas-tu, fils de roi? — Je ne suis pas fils de roi, je ne sais qui je suis. Ma sœur est partie pour chercher l'oiseau de vérité, et elle n'est pas revenue. — Tu retrouveras ta sœur avec l'oiseau, » dit la fée. « Que me donneras-tu si je te viens en aide? — Cinquante écus, comme toujours. — Eh bien! à minuit tu iras dans un vert bocage; mais ne fais pas comme ta sœur : elle n'a pas écouté mes avis, et elle a été changée en pierre de sel. Tu verras beaucoup d'oiseaux qui diront tous : *C'est moi!* tu prendras bien vite celui qui dira : *Ce n'est pas moi!* tu lui feras becqueter la tête de ta sœur, et elle reviendra à la vie. »

Le jeune garçon fit ce que lui avait dit la fée : il prit l'oiseau, lui fit becqueter la tête de sa sœur, qui revint à la vie, et ils retournèrent ensemble au château. On mit l'oiseau de vérité dans une cage, l'eau qui danse et la rose qui chante sur un buffet.

Il venait beaucoup de monde pour voir ces belles choses. Le roi dit : « Il faut faire un grand festin et y inviter nos amis. Nous nous assurerons si les enfants ont vraiment rapporté ce que je leur ai demandé. » Il vint donc beaucoup de grands seigneurs. La vieille reine grommelait : « Voilà de belles merveilles que cette eau, et cette rose, et cet oiseau de vérité! — Patience, » dit le roi, « on va voir ce qu'ils savent faire. » Pendant le festin, l'eau se mit à danser et la rose à chanter, mais l'oiseau de vérité ne disait mot. « Eh bien! » lui dit le roi, « fais donc ce que tu sais faire. — Si je parle, » répondit l'oiseau, « je rendrai bien honteux certaines gens de la compagnie. — Parle toujours, » dit le roi. — « N'est-il pas vrai, » dit l'oiseau, « qu'un jour où vous étiez à la guerre, votre mère vous écrivit que la reine était accouchée d'un chien et d'un chat? N'est-il pas vrai que vous avez commandé de les jeter à la mer? » Et comme le roi faisait mine de se fâcher, l'oiseau reprit : « Ce que je dis est la vérité, la pure vérité. Eh bien! ce chien et ce chat, les voici; ce sont vos enfants, votre fils et votre fille. »

Le roi, furieux d'avoir été trompé, fit jeter la vieille reine dans de l'huile bouillante. Depuis lors, il vécut heureux et il réussit toujours dans ses entreprises, grâce à l'oiseau de vérité.

———

REMARQUES

Notre conte est, sur divers points, altéré ou incomplet. Ainsi, il a perdu l'introduction qui se trouve dans le plus grand nombre des contes similaires. Nous n'étudierons pas en détail cette introduction, sur laquelle M. R. Kœhler s'est longuement étendu dans ses remarques sur un conte avare (Schiefner, nº 12). Nous en indiquerons seulement les principales formes.

*
* *

L'introduction qui nous paraît se rapprocher le plus de la forme primitive, est celle d'un conte sicilien (Gonzenbach, nº 5) : Trois sœurs, belles et pauvres, s'entretiennent un soir ensemble en filant. L'une dit : « Si j'épousais le fils du roi, avec quatre *grani* de pain je rassasierais tout un régiment (dans une variante : avec un morceau de drap j'habillerais toute l'armée), et il en resterait encore. — Et moi, » dit la seconde, « avec un verre de vin j'abreuverais tout un régiment, et il en resterait encore. — Moi, » dit la plus jeune, « je donnerais au fils du roi deux enfants, un garçon avec une pomme d'or dans la main, et une fille avec une étoile d'or au front. » Le fils du roi, qui passait, a entendu la conversation, et il épouse la plus jeune des trois sœurs. La jalousie que les deux aînées en conçoivent contre la jeune reine rattache cette introduction au corps du récit, où on les voit jouer le même rôle que la mère du roi dans notre conte. — Dans un conte du Brésil (Roméro, nº 2), trois sœurs, étant un jour à leur balcon, voient passer le roi; l'aînée dit que, si elle l'épousait, elle lui ferait une chemise comme il n'en a jamais vu; la seconde, qu'elle lui ferait des caleçons comme il n'en a jamais eu; la plus jeune, qu'elle lui donnerait trois enfants avec des couronnes sur la tête. Le roi, qui a tout entendu, épouse la plus jeune. — L'introduction d'un conte catalan (Maspons, p. 38) ressemble beaucoup à celle du conte sicilien. Comparer aussi, pour cette première forme d'intro- duction, un conte allemand (Prœhle, I, nº 3), un conte du Tyrol allemand (Zingerle, II, p. 157), et un conte italien des Abruzzes (Finamore, nº 39), tous moins bien conservés.

Dans un second conte sicilien (Pitrè, nº 36), cette introduction est modifiée, en ce que les deux aînées parlent d'épouser non le roi, mais tel ou tel officier du palais : « Si j'épousais l'échanson du roi, dit l'une d'elles, avec un verre d'eau je donnerais à boire à toute la cour, et il en resterait. — Et moi, » dit la seconde, « si j'épousais le maître de la garde-robe, avec une balle de drap j'habillerais tous les serviteurs. » — Comparer un conte toscan (Imbriani, *Novellaja Fiorentina*, nº 9).

L'introduction de plusieurs autres contes s'éloigne encore davantage de la première forme : dans ce groupe, les deux sœurs aînées expriment tout simplement le désir d'épouser des officiers du palais, sans se vanter de pouvoir faire telle ou telle chose; seule la plus jeune tient le même langage que dans tous les contes indiqués ci-dessus. Ainsi, dans un conte de la Basse- Bretagne (*Mélusine*, 1877, col. 206), l'une des trois filles d'un boulanger dit qu'elle voudrait bien épouser le jardinier du roi ; une autre, le valet de chambre du roi ; la troisième, le fils du roi. « Et je lui donnerai, » ajoute-t-elle, « trois enfants : deux garçons avec une étoile d'or au front, et une fille avec une étoile d'argent. » — Parmi les contes dont l'introduction est de ce type, nous mentionnerons encore un conte toscan (Gubernatis, *Novelline di S° Stefano*, n° 16), un conte hongrois (Gaal, p. 390), un conte serbe (Jagitch, n° 25) un conte grec moderne de l'île de Syra (Hahn, n° 69). Comparer un conte toscan (Nerucci, n° 27), où cette introduction est encore plus altérée. — Dans un conte catalan (*Rondallayre*, I, p. 107), on rapporte seulement les paroles de la plus jeune sœur.

Dans un autre groupe, la plus jeune sœur elle-même se borne à faire un souhait, sans rien dire de plus. Ainsi, dans un conte du Tyrol italien (Schneller, n° 26), les deux aînées se souhaitent pour mari, l'une le boulanger du roi, l'autre son cuisinier ; la troisième dit qu'elle voudrait épouser le roi, mais elle ne parle pas d'enfants merveilleux qu'elle lui donnerait. — Comparer deux contes italiens, l'un de Pise (Comparetti, n° 30), l'autre des Abruzzes (Finamore, n° 55) ; un conte islandais (Arnason, p. 427), un conte basque (Webster, p. 176), et aussi le conte westphalien n° 96 de la collection Grimm.

Enfin quelques contes de cette famille, comme le conte lorrain, n'ont plus rien de cette introduction. Il en est ainsi dans deux contes allemands (Wolf, p. 168 ; — Meier, n° 72), dans un conte autrichien (Vernaleken, n° 34), dans un conte du Tyrol allemand (Zingerle, II, p. 112), dans deux contes siciliens (Pitrè, I, p. 328 et p. 330).

En examinant d'un peu près notre *Oiseau de Vérité*, on voit qu'il y est demeuré un souvenir de l'introduction primitive : les dons merveilleux des deux enfants. Chaque jour, dit notre conte, le petit garçon se trouvait avoir cinquante écus, et, chaque jour aussi, la petite fille avait une étoile d'or sur la poitrine. Ce détail des dons merveilleux, non expliqué, suppose toute l'introduction, aujourd'hui disparue, et notamment la promesse faite par la jeune reine, avant d'épouser le roi, de donner à son mari des enfants ayant telles ou telles qualités extraordinaires.

*
* *

Nous avons dit que, dans la forme bien conservée du conte, la jalousie des deux sœurs aînées à l'égard de leur cadette rattache l'introduction au corps du récit. Ce sont, en effet, les deux sœurs qui substituent des chiens ou des chats aux enfants merveilleux et qui exposent ceux-ci sur l'eau. Dans les contes qui ont perdu cette introduction, dans notre conte, par exemple, il est tout naturel qu'on ne parle pas des sœurs de la jeune reine, et qu'à leur place figure la mère du roi. Mais c'est par suite d'une évidente altération que deux ou trois contes appartenant au type complet ne donnent un rôle aux sœurs que dans l'introduction, et font ensuite intervenir la mère du roi, mécontente du mariage de son fils. (Voir le conte grec moderne de l'île de Syra, les contes italiens n° 30 de la collection Comparetti et n° 16 de la collection Gubernatis). — La mère du roi est remplacée par les sœurs de celui-ci dans le conte toscan nº 6 de la collection Imbriani, et par ses frères dans le conte catalan.

*
* *

Dans la plupart des contes ci-dessus mentionnés, les enfants sont recueillis par de braves gens, le plus souvent par un meunier ou par un jardinier ; dans le premier conte italien des Abruzzes, dans un conte italien de la Basilicate (Comparetti, nº 6) et dans un conte sicilien (Pitrè, *Nuovo Saggio*, nº 1), par un marchand, comme dans le conte lorrain. — Le conte sicilien nº 36 de la collection Pitrè a ici quelque chose de particulier. Les trois enfants ont été déposés devant la porte, pour que les chiens les mangent. Viennent à passer trois fées. La première envoie une biche les nourrir ; la seconde leur donne une bourse qui ne se vide jamais ; la troisième, un anneau qui doit changer de couleur s'il arrive malheur à l'un d'eux.

Dans plusieurs contes (sicilien nº 5 de la collection Gonzenbach ; toscan nº 16 de la collection Gubernatis ; tyrolien italien ; souabe de la collection Meier), les enfants quittent la maison de leurs parents adoptifs à la suite d'une dispute avec les enfants de ceux-ci qui les ont traités de bâtards, comme dans notre conte. Ailleurs (conte du Tyrol allemand, Zingerle, II, p. 157), c'est leur père adoptif lui-même qui leur a dit un jour qu'il n'était pas leur vrai père. Dans le second conte catalan et dans le conte islandais, il leur fait cette révélation avant de mourir. — Dans des contes italiens, ils ne quittent pas la cabane du berger qui les a recueillis (Comparetti, nº 30), ou bien ils vont habiter un palais que leurs parents adoptifs leur ont donné (Comparetti, nº 6 ; Imbriani, nº 6). — Ailleurs (conte du Tyrol italien, conte breton), ils ont été recueillis par le jardinier du château et se trouvent ainsi, tout naturellement, en relations avec le roi leur père.

*
* *

Un trait particulier du conte lorrain, c'est que, pour perdre les enfants, la vieille reine les accuse de s'être vantés de mener à bonne fin telle ou telle entreprise périlleuse. C'est là un thème fort connu et qu'on a déjà rencontré dans notre collection (voir notre nº 3, *le Roi d'Angleterre et son Filleul*), mais que nous n'avons jamais vu entrer comme élément dans les contes du type de celui que nous étudions ici. Le plus souvent, dans ces contes, les sœurs de la jeune reine ou sa belle-mère cherchent, elles-mêmes ou par des émissaires, à éveiller chez les enfants (qui, là, ne sont pas au service du roi leur père) le désir de posséder les objets merveilleux, et à les pousser de cette façon à leur perte. Ainsi, dans un des contes siciliens cités plus haut (Pitrè, nº 36), la sage-femme qui jadis a exposé les trois enfants s'en va trouver la jeune fille, pendant que celle-ci est seule, et lui dit qu'il lui manque l'eau qui danse. Si ses frères lui veulent du bien, ils iront la lui chercher. La sage-femme parle plus tard à la jeune fille de la pomme qui chante et de l'oiseau qui parle.

Dans ce conte sicilien, les objets merveilleux sont, comme on voit, à peu près identiques à ceux de notre conte (eau qui danse, rose qui chante, oiseau de vérité). Du reste, il en est de même dans bon nombre des contes indiqués plus haut. Ainsi dans le conte du Tyrol italien (Schneller, nº 26), oiseau qui parle, eau qui danse, arbre qui chante; dans un conte russe cité par M. de Gubernatis (*Zoological Mythology*, II, p. 174), oiseau qui parle, arbre qui chante et eau de la vie; dans le conte basque (Webster, p. 176), arbre qui chante, oiseau qui dit la vérité et eau qui rajeunit; dans le conte de la Basse-Bretagne, eau qui danse, pomme qui chante et oiseau de vérité [1], etc. — Dans un autre conte breton de même titre que notre conte (*le Conteur breton*, par A. Troude et G. Milin, Brest, 1870), l'oiseau de vérité, « jusqu'à ce qu'il soit pris, est l'oiseau du mensonge. » On remarquera qu'on en peut dire autant de l'oiseau du conte lorrain.

Notons ici un détail qui figure dans presque tous les contes de cette famille et qui manque dans le nôtre : avant de se mettre en route à la recherche des objets merveilleux, les jeunes gens donnent à leur sœur un objet qui lui fera savoir s'il leur est arrivé malheur, par exemple, un anneau qui, dans ce cas, se ternira (conte sicilien de la collection Gonzenbach); une chemise qui deviendra noire (conte grec moderne), etc. — Nous avons déjà rencontré ce trait dans notre n° 5, *les Fils du Pêcheur*, et nous ne pouvons que renvoyer à nos remarques sur ce conte (pp. 70-72).

La fée qui donne aux enfants des conseils pour les aider à mener à bonne fin leur entreprise se retrouve dans les contes toscans n°s 6 et 7 de la collection Imbriani; mais la vieille des deux contes toscans ne salue pas les jeunes gens et leur sœur du titre de fils de roi, comme dans le conte lorrain. — D'ordinaire le personnage qui dit aux enfants où sont les objets merveilleux et leur indique la manière de s'en emparer, est un vieillard, parfois un ermite (contes siciliens, conte italien de la Basilicate) ou un moine (conte grec moderne, conte basque). Dans les contes siciliens, le vieil ermite renvoie les jeunes gens à son frère plus âgé, ermite lui aussi, et ce dernier à un troisième frère, également ermite et plus vieux encore.

Notre conte est, à notre connaissance, le seul où la jeune fille ne délivre pas son frère (ou ses frères), mais est délivrée par lui.

Dans presque tous les contes que nous avons énumérés, les frères sont changés en statues de pierre ou de marbre; dans le conte allemand de la collection Wolf, en statues de sel, comme la sœur dans le conte lorrain.

Deux contes, le conte islandais et le conte catalan, ont ceci de particulier, que les enfants, sur le conseil d'un vieillard ou d'une vieille femme, vont trouver l'oiseau mystérieux pour le questionner sur leur origine [2].

Presque toujours, comme dans notre conte, c'est dans un festin que, tantôt d'une façon, tantôt de l'autre, l'oiseau révèle au roi qu'il a devant lui ses enfants.

*
* *

Au siècle dernier, un conte analogue à tous les contes précédents était inséré dans un livre intitulé *le Gage touché*, publié à Paris, en 1722. Dans ce

---

1. Dans un conte espagnol de cette famille (Caballero, II, p. 42), nous trouvons aussi l' « oiseau de la vérité » (*el pajaro de la verdad*).

2. Un autre conte catalan (*Rondallayre*, I, p. 63) présente ici la forme ordinaire.

conte, qui nous est connu seulement par une courte analyse donnée par M. E. Rolland (*Mélusine*, 1877, col. 214), il est question de souhaits des trois sœurs. « Si j'étais la femme du roi, dit la troisième, je ne souhaiterais rien tant que d'avoir à la fois deux garçons et une fille qui vinssent au monde chacun avec une étoile d'or au front. » Ici c'est la reine-mère qui écrit au roi que la jeune reine est accouchée de deux chats et d'une chatte. Les objets merveilleux sont la pomme qui chante, l'eau qui danse, et, comme dans notre conte, dans le conte espagnol et dans les contes bretons, l'oiseau de vérité.

Au milieu du XVIᵉ siècle, en Italie, nous retrouvons un conte de ce type parmi les nouvelles de Straparola (nº 3 des contes extraits de Straparola et traduits en allemand par Valentin Schmidt). L'introduction a beaucoup de rapport avec celle du conte sicilien nº 36 de la collection Pitrè, cité plus haut. « Si j'épousais le majordome du roi, dit l'aînée des trois sœurs, je me vante de pouvoir, avec un verre de vin, désaltérer toute la cour. — Et moi, dit la seconde, avec un fuseau que j'ai, je filerais assez de toile pour donner à toute la cour de belles et fines chemises. » La troisième dit que, si elle avait le roi pour mari, elle lui donnerait à la fois trois enfants, deux garçons et une fille, tous avec de longs cheveux d'or, un collier au cou et une étoile au front. Pendant l'absence du roi, la jeune reine met en effet au monde trois enfants tels qu'elle les a promis, mais ses sœurs, qui la haïssent, apportent à la reine-mère, qui elle aussi déteste sa bru, trois petits chiens qu'on substitue aux enfants. Ceux-ci sont mis dans une boîte et exposés sur la rivière : un meunier les recueille. Chaque fois qu'on leur coupe les cheveux, il tombe des perles et des pierres précieuses. Devenus grands et apprenant que le meunier n'est pas leur père, les deux princes et leur sœur quittent le moulin et vont s'établir dans la ville du roi. La reine-mère envoie auprès de la jeune fille la sage-femme qui lui parle de l'eau qui danse, puis de la pomme qui chante, puis enfin de l'oiseau vert. Les deux frères, après avoir réussi à rapporter l'eau et la pomme, sont changés en statues de pierre quand ils veulent prendre l'oiseau. La jeune fille réussit à s'en emparer, rend la vie à ses frères, et l'oiseau révèle dans un festin toute la vérité.

Ce conte de Straparola a été imité, au XVIIᵉ siècle, par Mᵐᵉ d'Aulnoy, sous le titre de *La Princesse Belle-Etoile*.

En 1575, une forme incomplète du conte qui nous occupe était publiée dans un livre portugais, les *Contos do proveito e exemplo* (Contes pour le profit et l'exemple), de Gonçalo Fernandes Trancoso. Ce conte, que M. Coelho nous fait connaître dans la préface de sa collection (p. XVIII), appartient, pour son introduction, au premier groupe indiqué ci-dessus. Chacune des trois sœurs dit ce qu'elle ferait si elle épousait le roi : la première ferait de superbes ouvrages d'or et de soie ; la seconde, de précieuses chemises ; la troisième aurait deux fils « beaux comme l'or » et une fille « belle comme l'argent. » C'est la plus jeune que le roi épouse. Quand la reine accouche, les deux aînées, jalouses, substituent aux enfants un serpent et d'autres monstres. La reine est chassée par le roi et trouve un refuge dans un couvent. Les enfants sont recueillis par un pêcheur. — Dans ce vieux conte portugais, il manque toute la partie relative aux expéditions des jeunes gens à la recherche d'objets merveilleux. Le mystère de la naissance des enfants est révélé au roi, qui les a vus près de la maison du pêcheur, par une ancienne servante de la reine, dont les méchantes sœurs avaient fait leur complice, et que le remords tourmente.

Un roman du moyen-âge qui a été imprimé en 1499 et qui a été analysé dans les *Mélanges tirés d'une grande Bibliothèque* (t. F, p. 4 seq.), l'*Histoire du Chevalier au Cygne*, présente, dans son introduction, un grand rapport avec les contes que nous étudions : Une reine met à la fois au monde six fils et une fille, tous d'une beauté parfaite et portant chacun une chaîne d'or au cou. La sage-femme, par ordre de la reine-mère, dit que la reine est accouchée de sept petits chiens. Un écuyer de la vieille reine, chargé par elle de faire périr les enfants, en a pitié et les dépose près d'un ermitage. Ils sont élevés par l'ermite. Quand ils ont environ sept ans, un chasseur les voit dans la forêt et parle d'eux à la vieille reine qui, comprenant ce qu'ils sont, envoie le chasseur pour les tuer. Celui-ci se contente de leur enlever, à cinq garçons et à la petite fille qu'il trouve, leurs colliers d'or, et les enfants sont changés en cygnes, etc.

D'autres romans du moyen-âge reproduisent ce trait d'une reine accusée d'avoir mis au monde des petits chiens (*op. cit.*, t. H, p. 189, t. O, p. 131).

*
* *

En Orient, nous trouvons d'abord un conte populaire indien du Deccan (miss M. Frere, n° 4) qui, pour l'introduction, a du rapport avec les contes de ce type : Un radjah, qui a douze femmes et point d'enfants, épouse encore la fille d'un jardinier, nommée Guzra-Bai, au sujet de laquelle il lui a été prédit qu'elle lui donnerait cent fils et une fille. Pendant qu'il est en voyage, Guzra-Bai met au monde, en effet, cent petits garçons et une petite fille. Les douze « reines », qui la détestent, disent à une vieille servante de les débarrasser des enfants; celle-ci les porte hors du palais sur un tas de poussière, pensant que les rats et les oiseaux de proie les dévoreront. Puis, de concert avec les reines, elle met une pierre dans chaque petit berceau. Quand le radjah est de retour, les reines accusent Guzra-Bai d'être une sorcière, et la servante affirme que les enfants se sont transformés en pierres. Le radjah condamne Guzra-Bai à être emprisonnée pour le reste de sa vie. Les enfants échappent au sort qui leur était réservé, et, après nombre d'aventures, la vérité triomphe [1].

Un autre conte indien, celui-ci recueilli dans le Bengale, présente cette même introduction sous une forme beaucoup plus voisine de celle des contes européens (miss Stokes, n° 20) : Il était une fois une fille de jardinier qui avait coutume de dire : « Quand je me marierai, j'aurai un fils avec une lune au front et une étoile au menton. » Le roi l'entend un jour parler ainsi et l'épouse. Un an après, pendant que le roi est à la chasse, elle met en effet au monde un fils avec une lune au front et une étoile au menton; mais les quatre autres femmes du roi, qui n'ont jamais eu d'enfants, gagnent la sage-

---

1. Il peut être intéressant de constater que, dans le cours de ce conte indien, tous les enfants moins un (ici, la jeune fille) sont métamorphosés en oiseaux, comme dans le roman du moyen-âge, mais dans des circonstances absolument différentes.

femme à prix d'or et lui disent de faire disparaître le nouveau-né, et elles annoncent à la fille du jardinier qu'elle est accouchée d'une pierre. Le roi, furieux à cette nouvelle, relègue la jeune femme parmi les servantes du palais. La sage-femme met l'enfant dans une boîte qu'elle dépose ensuite dans un trou, au milieu de la forêt. L'enfant est sauvé par le chien du roi, puis par sa vache, et enfin par son cheval, nommé Katar. Après nombre d'aventures, qui se rapportent au thème de notre n° 12, *le Prince et son Cheval*, et que nous avons résumées dans les remarques de ce n° 12 (p. 151), le jeune homme, sur le conseil de son cheval, se met en route avec une nombreuse suite vers le pays du roi son père. Il écrit à celui-ci pour lui demander la permission de donner une grande fête à laquelle devront prendre part tous les sujets du royaume, sans exception. Le peuple étant rassemblé, le jeune homme, ne voyant pas sa mère, dit au roi qu'il manque quelqu'un, la fille du jardinier, qui a été reine. On l'envoie chercher, et il lui rend les plus grands honneurs. Puis il dit au roi qu'il est son fils, et le cheval Katar raconte toute l'histoire.

Un conte arabe, recueilli à Mardin, en Mésopotamie (*Zeitschrift der Deutschen Morgenlændischen Gesellschaft*, 1882, p. 259), ressemble encore davantage aux contes européens de cette famille : Un roi, parcourant une nuit les rues de sa ville, entend la conversation de trois sœurs ; l'aînée dit que, si le roi voulait l'épouser, elle lui préparerait une tente, sous laquelle il y aurait place pour lui et pour tous ses soldats et qui ne serait pas encore remplie. La seconde dit à son tour qu'elle préparerait au roi un tapis où il y aurait place et au delà pour lui et pour tous ses soldats ; la troisième, qu'elle lui donnerait un fils dont les boucles de cheveux seraient alternativement d'argent et d'or. Le roi épouse l'aînée et lui demande où est la tente. « La tente, c'est le ciel là-haut. » Il épouse ensuite la seconde et lui demande où est le tapis. « Le tapis, c'est la terre de Dieu, que voici. » Enfin, il épouse la troisième, qui, le temps venu, met au monde un petit garçon aux boucles de cheveux d'argent et d'or. Mais ses sœurs soudoient la sage-femme et lui disent de substituer à l'enfant deux (*sic*) chiens noirs. Le roi, furieux contre la jeune femme, ordonne de la lier dans une peau de chameau et de l'exposer à la porte du palais aux insultes des passants. Les deux sœurs mettent l'enfant dans une boîte, qu'elles jettent à la mer. Il est recueilli par un pêcheur sans enfants, qui l'apporte à sa femme. Celle-ci l'élève : toutes les fois qu'elle le baigne, l'eau dont elle s'est servie se change en or. L'enfant fait ainsi la fortune de ses parents adoptifs [1]. Devenu grand, il entend une fois ses camarades lui dire, dans une querelle, qu'il n'est pas le fils du pêcheur. Il court interroger celui-ci, et, apprenant qu'il a été trouvé sur la mer, il se met en route à la recherche de sa famille. — La dernière partie de ce conte est altérée : le jeune homme rencontre une jeune fille mystérieuse, à qui il promet de l'épouser, et arrive avec elle dans la ville du roi son père. Le roi l'aperçoit et dit, en rentrant dans son palais,

---

1, Il en est à peu près de même dans le conte italien du xvi° siècle, où, comme on l'a vu, chaque fois que l'on coupe les cheveux aux enfants, il tombe des perles et des pierres précieuses. — Dans un conte toscan de cette famille (Imbriani, *Novellaja Fiorentina*, n° 6) et dans un conte sicilien (Pitrè, *Nuovo Saggio*, n° 1), les parents adoptifs des enfants s'enrichissent en vendant leurs cheveux d'or, qu'ils coupent de temps en temps. — Dans le conte lorrain, les enfants (cela ressort du récit) font également la fortune des gens qui les ont recueillis.

qu'il a rencontré un jeune homme aux cheveux de telle ou telle façon. Alors les sœurs de la reine envoient une vieille dans la maison où logent les jeunes étrangers ; mais la jeune fille la chasse. Le roi invite le jeune homme à venir le voir, et lui dit de lui demander ce qu'il désire ; sur le conseil de la jeune fille, il demande qu'on lui donne la femme qui est exposée à la porte du palais. Cela conduit la jeune fille à faire connaître au roi la vérité [1].

Dans ces divers contes orientaux, il manque une partie importante du récit, tel que nous le présentent les contes européens : les expéditions périlleuses auxquelles les jeunes gens sont poussés par leurs ennemis. Nous allons trouver cet épisode dans trois autres contes, également recueillis en Orient.

Il faut mentionner d'abord le conte arabe bien connu des *Mille et une Nuits*, l'*Histoire de deux Sœurs jalouses de leur cadette*. L'introduction se rapporte au troisième type que nous avons constaté dans les contes européens : les deux aînées se contentent d'exprimer le souhait, la première d'épouser le boulanger du sultan, la seconde d'épouser son chef de cuisine ; la plus jeune, après avoir dit qu'elle souhaiterait d'être femme du sultan, ajoute : « Je lui donnerais un prince dont les cheveux seraient d'or d'un côté et d'argent de l'autre ; quand il pleurerait, les larmes qui lui tomberaient des yeux seraient des perles, et autant de fois qu'il sourirait, ses lèvres vermeilles paraîtraient un bouton de rose quand il éclôt » [2]. Dans ce conte, les sœurs jalouses substituent aux deux petits princes et à la petite princesse un chien, un chat et un morceau de bois [3]. Les enfants, qui ne naissent pas tous en même temps, comme dans d'autres contes de cette famille, sont exposés dans une corbeille sur l'eau et recueillis par l'intendant des jardins du sultan. Après la mort de leur père adoptif, ils vivent ensemble dans une maison de campagne bâtie par celui-ci. — Ici, ce n'est ni une des sœurs jalouses, ni une femme envoyée par celles-ci qui éveille dans l'esprit de la princesse le désir d'avoir l'oiseau qui parle, l'arbre qui chante et l'eau jaune couleur d'or ; c'est une « dévote musulmane » qui paraît n'avoir eu, en parlant de ces objets merveilleux, aucune mauvaise intention. Comme dans la plupart des contes européens, chacun des princes, avant de se mettre en campagne, remet à la princesse un objet qui l'avertira des malheurs qui pourraient arriver au jeune homme : l'aîné lui donne un couteau, duquel il dégouttera du sang, s'il n'est plus en vie ; le cadet, un chapelet dont les grains, s'ils cessent de couler l'un après l'autre, marquera que lui aussi est mort. C'est un vieux derviche à longue barbe qui indique successivement à chacun des princes et à leur sœur où sont les trois objets merveilleux, lesquels ici se trouvent réunis au même endroit, comme dans plusieurs contes européens. Les deux princes

1. Un conte syriaque du nord de la Mésopotamie (Prym et Socin, n° 83) se rapproche sur divers points de ce conte arabe, mais il est moins complet. Le seul point où il est mieux conservé, c'est que la reine a deux enfants, un garçon et une fille, et non un seul, comme dans le conte arabe.

2. Ici, évidemment, Galland a dû affaiblir l'original, aujourd'hui perdu. D'ordinaire, dans les contes, les personnages qui pleurent des perles, laissent tomber des roses de leurs lèvres quand ils rient. — Du reste, il y a encore, dans cette introduction, une autre altération : il devait être parlé, non d'*un* prince, mais de deux princes et une princesse.

3. Dans un conte siamois (*Asiatic Researches*, Calcutta, 1836, t. xx, p. 348), la femme d'un roi est accusée par une rivale d'être accouchée d'un morceau de bois.

sont changés en pierres noires et délivrés par la princesse, qui est parvenue à s'emparer de l'oiseau, de l'arbre et de l'eau. Ici encore, c'est dans un festin que l'oiseau fait ses révélations.

Un autre conte arabe, recueilli récemment en Egypte (Spitta, n° 11) a, sur certains points, — introduction et épisode correspondant à celui de la « dévote musulmane » des *Mille et une Nuits*, — mieux conservé la forme primitive : Un roi, se promenant la nuit dans les rues de sa ville, entend une femme qui dit : « Si le roi m'épouse, je lui ferai une tourte assez grande pour lui et son armée » ; une seconde dit à son tour : « Si le roi m'épouse, je lui ferai une tente assez grande pour lui et son armée »[1] ; une troisième enfin : « Si le roi m'épouse, je lui donnerai un fils et une fille qui auront alternativement un cheveu d'or et un cheveu d'hyacinthe ; s'ils pleurent, il tonnera et la pluie tombera, et, s'ils rient, le soleil et la lune paraîtront. » Le roi les épouse toutes les trois. Les deux premières, sommées de faire ce qu'elles ont promis, disent qu'elles n'ont point parlé sérieusement. Le roi les envoie à la cuisine avec les esclaves. Pour la troisième, il faut bien attendre. Quand elle est au moment d'accoucher, l'autre femme du roi[2] suborne la sage-femme, qui substitue aux deux enfants deux petits chiens. Les enfants sont exposés sur l'eau dans une boîte, et recueillis par un pêcheur et sa femme. Quand ils ont douze ans, le roi voit un jour le jeune garçon, Mohammed l'Avisé, et le prend en affection. La femme du roi s'en aperçoit et elle fait des reproches à la sage-femme. Celle-ci, qui est sorcière, se transporte chez le pêcheur et dit à la jeune fille : « Pourquoi restes-tu seule ainsi ? Dis à ton frère de t'aller chercher la rose d'Arab-Zandyq, pour qu'elle t'amuse par son chant »[3]. Le jeune homme part pour aller chercher cette rose. Chemin faisant, il gagne l'amitié d'une vieille ogresse qui lui dit où est la rose et comment il pourra s'en emparer. Mohammed rapporte la rose. La femme du roi, le voyant revenu, se plaint encore à la sage-femme, qui retourne auprès de la jeune fille et lui parle d'un certain miroir, sans lequel la rose ne chante pas. Mohammed, toujours conseillé par l'ogresse, rapporte le miroir ; mais la rose ne chante toujours pas. Alors la sage-femme dit à la jeune fille que la rose ne chante qu'avec sa maîtresse, qui s'appelle Arab-Zandyq. Cette fois, l'ogresse dit à Mohammed que tous ceux qui ont voulu emmener Arab-Zandyq ont été changés en pierre. Sur le conseil de l'ogresse, Mohammed va à cheval sous la fenêtre d'Arab-Zandyq et lui crie de descendre. La jeune fille l'injurie et lui dit de s'en aller. Il lève les yeux, et voilà que la moitié de son cheval est changée en pierre. Une seconde fois il l'appelle, et elle lui répond de la même manière. Il lève encore les yeux, et son cheval est tout entier changé en pierre, et la moitié de lui-même aussi. La troisième fois qu'il crie à la jeune

---

1. Dans un conte hongrois (Gaal-Stier, n° 7), dont la première partie, jusqu'à la substitution des chiens aux enfants, doit être rapprochée des contes de cette famille, l'une des trois sœurs dit que, si le roi l'épousait, elle lui tisserait, avec une quenouillée de chanvre, une *tente* assez grande pour abriter tous ses soldats ; la seconde, qu'avec un grain de blé elle lui ferait un *gâteau* assez grand pour les rassasier tous. — Il a déjà été question de la « tente » dans le conte arabe de la Mésopotamie.

2. C'est ainsi que s'exprime le conte. Il semble bien que ce ne soit pas une des deux dont il a été parlé. Il y aurait donc là une altération.

3. Il est curieux de trouver, dans ce conte arabe, la « rose qui chante » du conte lorrain, détail que nous n'avons rencontré dans aucun des contes européens de cette famille.

fille de descendre, elle se penche hors de la fenêtre, et ses cheveux tombent jusqu'à terre. Mohammed les saisit et la tire hors de la maison. Elle lui dit : « Tu m'es destiné, Mohammed l'Avisé ; laisse donc mes cheveux, par la vie de ton père, le roi. — Mon père n'est pas le roi ; mon père est un pêcheur. — Non, ton père est le roi ; plus tard je te raconterai son histoire. » Mohammed ne lâche les cheveux de la jeune fille que lorsqu'elle a délivré tous les hommes enchantés qui étaient là. Elle montre ensuite au roi que Mohammed et sa sœur sont les enfants aux cheveux d'or et d'hyacinthe que lui avait promis la reine.

Nous citerons enfin un troisième conte oriental, provenant des Avares du Caucase (Schiefner, n° 12) : Trois sœurs, en cardant de la laine, s'entretiennent un soir ensemble, et chacune d'elles dit aux autres ce qu'elle ferait si le roi la prenait pour femme. L'aînée dit qu'avec un flocon de laine elle tisserait assez d'étoffe pour en habiller toute l'armée du roi ; la seconde, qu'avec une seule mesure de farine elle rassasierait toute cette armée ; la troisième, qu'elle donnerait au roi un fils aux dents de perles et une fille aux cheveux d'or. Le roi entend leur conversation ; il épouse l'aînée, puis la seconde, qui ne peuvent tenir leur engagement, enfin la troisième[1]. Pendant qu'il est à la guerre, cette troisième met au monde un fils aux dents de perles et une fille aux cheveux d'or. Ses deux sœurs, jalouses, font jeter les enfants dans une gorge de montagnes, et envoient dire au roi que sa femme est accouchée d'un chien et d'un chat. Le roi ordonne de noyer le chien et le chat et d'exposer la mère, à la porte du palais, aux insultes des passants[1]. Les deux enfants sont nourris par une biche[2], qui les conduit, devenus grands, dans un château inhabité, où ils vivent ensemble. Un jour que la jeune fille se baigne dans un ruisseau voisin du château, un de ses cheveux d'or est entraîné par le courant jusque dans la ville du roi. Une veuve le montre aux femmes du roi. Celles-ci comprennent que les enfants sont encore vivants. Elles envoient la veuve pour chercher à les perdre. La veuve remonte le ruisseau, trouve la jeune fille seule et lui vante le pommier qui parle, qui bat des mains (sic) et qui danse. La jeune fille meurt d'envie d'avoir une branche de ce pommier, et son frère va la lui chercher au milieu des plus grands dangers, auxquels il échappe. La veuve vient ensuite parler à la jeune fille de la belle Jesensoulchar : si son frère l'épousait, cela ferait pour elle la plus agréable compagnie. Le jeune homme, apprenant le désir de sa sœur de lui voir épouser la belle Jesensoulchar, se met aussitôt en campagne. Un vieillard à longue barbe qu'il rencontre assis sur le bord du chemin veut le détourner de son entreprise : la belle

---

1. Cette forme d'introduction, identique à celle des contes arabes d'Egypte et de Mésopotamie, est bien certainement la forme primitive. Elle a dû forcément être modifiée dans les pays où n'existe pas la polygamie.

2. Il la fait envelopper dans une peau d'âne, et quiconque entre ou sort, doit cracher sur elle. De même, dans le conte arabe de la Mésopotamie. — Dans le conte arabe d'Egypte, la reine est enduite de goudron et attachée sur l'escalier : quiconque montera ou descendra, crachera sur elle. — Dans les *Mille et une Nuits*, la sultane est enfermée à la porte de la principale mosquée, dans un réduit dont la fenêtre est toujours ouverte, et chaque musulman, en passant, doit lui cracher au visage. — Dans un conte sicilien (Gonzenbach, n° 5) et dans un conte grec d'Epire (Hahn, n° 69, var. 1), la reine est l'objet des mêmes outrages.

3. On a vu que, dans le conte sicilien n° 36 de la collection Pitré, les enfants sont allaités par une biche, qu'envoie une fée.

Jesensoulchar habite un château d'argent tout entouré d'eau ; il faut l'appeler trois fois, et, si elle ne se présente pas, on est changé en pierre ; le rivage est couvert de cavaliers ainsi pétrifiés. Le jeune homme persiste, et il lui arrive ce qui est arrivé aux autres. Ne le voyant pas revenir, sa sœur s'en va à sa recherche. Elle rencontre le même vieillard, qui lui dit que, si Jesensoulchar ne répond pas la première et la seconde fois, il faut lui crier : « Es-tu vraiment plus belle que moi avec mes cheveux d'or, que tu es si fière ? » La jeune fille suit ce conseil, et Jesensoulchar se montre : aussitôt tous les cavaliers changés en pierre reviennent à la vie [1]. Le jeune homme épouse Jesensoulchar et l'emmène dans son château, ainsi que le bon vieillard. C'est ce vieillard qui, à l'occasion d'une visite faite au roi par les jeunes gens, révèle le mystère de leur naissance.

Il a été recueilli en Kabylie un conte qui, bien qu'altéré et mutilé au possible, est au fond le conte que nous étudions (Rivière, p. 71). Nous en dégagerons les principaux traits : Un homme a deux femmes. L'une d'elles, jalouse de voir l'autre avoir des enfants, tandis qu'elle-même n'en a pas, les expose tous successivement dans la forêt, sept garçons et une fille. (Il y a là un écho de l'introduction de la plupart des contes précédents ; voici maintenant l'envoi en expédition des frères de la jeune fille.) Les enfants habitent ensemble. Un jour une vieille femme dit à la jeune fille : « Si tes frères t'aiment, ils te rapporteront une chauve-souris. » L'un des jeunes garçons se met en campagne. Sur les indications d'un vieillard, il va sur le bord de la mer. Là, il y a une chauve-souris sur un dattier. Quand elle voit le jeune garçon avec son fusil, elle descend de l'arbre, caresse le fusil qui devient un morceau de bois, caresse le jeune garçon qui devient tout petit, tout petit. Même aventure arrive aux six autres frères. La jeune fille vient à son tour ; elle attend que la chauve-souris soit endormie. Alors elle s'en saisit et lui dit : « Jure-moi de me montrer mes frères. — Jure-moi, » répond la chauve-souris, « de m'habiller d'or et d'argent. » La chauve-souris descend de l'arbre et caresse les enfants qui reprennent leur première forme. (La chauve-souris, comme on voit, tient la place de l' « oiseau de vérité » ; elle en jouera le rôle dans le reste du conte). Les enfants sont conduits par la chauve-souris dans la maison qu'habite leur père. La seconde femme de celui-ci cherche à les empoisonner, mais la chauve-souris les met sur leurs gardes [2]. Ensuite elle leur touche les yeux, et ils reconnaissent leurs parents. (Le conte n'explique pas comment ceux-ci les reconnaissent). La seconde femme est attachée à la queue d'un cheval fougueux. Quant à la chauve-souris, on la remet sur son arbre et on l'habille d'or et d'argent.

---

1. Ce passage est évidemment mieux conservé que le passage analogue du conte arabe d'Egypte.

2. Dans le conte italien des Abruzzes (Finamore, n° 39) la mère du roi cherche aussi à empoisonner les enfants, et l'oiseau les préserve de ce danger. Même passage dans un conte portugais (Braga, n° 39), où le poison est donné aux enfants par les méchantes sœurs. — Comparer le conte toscan n° 27 de la collection Nerucci.

XVIII

PEUIL & PUNCE

POU & PUCE

Aïn joû, Peuil et Punce v'lèrent aller glaner. Qua i feurent pa lo chas, lo v'la que veirent ine grousse niâïe que v'nôt. Peuil deit à Punce : « I va pleuvé, faout n'a r'naller. Mé, j'areuil bée me hâter : je ne marche mé[1] veite, j' s'reuil toûjou mouillie ; j'm'a virâ tout bellotema[2]. Té, r'va-t'a à tout per té[3] ; t'ais do grandes jambes, t'erriverais chie nô ava lé pleuje, et t'ferais lo gaillées[4] a m'attada. »

Punce se môt a route, saouta, saouta. Elle feut bitoû à la mâson. Elle rellumé l'feuil, elle apprôté lo gaillées et elle lo moté cueïre da l'chaoudron.

Un jour, Pou et Puce voulurent aller glaner. Quand ils furent par les champs, les voilà qui virent une grosse nuée qui venait. Pou dit à Puce : « Il va pleuvoir, il faut nous en retourner. Moi, j'aurais beau me hâter : je ne marche pas vite, je serai toujours mouillé ; je m'en irai tout doucement. Toi, retourne-t-en toute seule, tu as de grandes jambes, tu arriveras chez nous avant la pluie, et tu feras les gaillées[4] en m'attendant. »

Puce se mit en route, sautant, sautant. Elle fut bientôt à la maison. Elle ralluma le feu, elle apprêta les gaillées, et elle les mit cuire dans le

---

1. *Mie*, en vieux français.
2. *Bellotement*, bellement, doucement.
3. On dit : *à part soi*.
4. Mets du pays, fait de pâte cuite dans du lait.

Ma v'là qu'a lo remia, elle cheusé [1] d'dâ et s'y nia.

Ain peuou aprée, Peuil ratre : « Ah ! qu'j'â frô ! qu'j'â frô ! j'seul tout mouillie. Punce, vérousque t'ie ? Vinâ m'baillée do gaillées ; j'lo mingerâ a m'rachaouffa. » Ma l'avô bée crier : Punce ne rapondôme. I s'moté à la chorcher, et voïa qu'elle n'atôtome tout là, i peurné ine cûyie e i tiré ine assiettaïe de gaillées. Ma v'là qu'à lé proumère cûriaïe, î croque Punce. «· Ah ! quée malheur ! Punce o croquaïe ! Qu'o ce quo j'vâ feïre ? Je n'reste mé tout cei, j'm'a vâ. »

Qua i feut da lé rue, i parté pa l' Val-Deyé [2]. I passé d'va ain voulot ; l' voulot lî deit : « Qu'o ce que t'ais don, Peuil ? »

— « Punce o croquaïe. »
— « Eh bé ! mé, j'm'a vâ charrie [3]. »

Qua i feut d'va chie l'père Vaudin [4], l'couchot lî deit : « Qu'o ce que t'ais don, Peuil ? »
— « Punce o croquaïe.

chaudron. Mais voilà qu'en les remuant, elle tomba dedans et s'y noya.

Un peu après, Pou rentre : « Ah ! que j'ai froid ! que j'ai froid ! je suis tout mouillé. Puce, où est-ce que tu es ? Viens me donner des gaillées ; je les mangerai en me réchauffant. » Mais il avait beau crier, Puce ne répondait pas. Il se mit à la chercher, et voyant qu'elle n'était pas là, il prit une cuiller et il tira une assiettée de gaillées. Mais voilà qu'à la première cuillerée, il croque Puce. « Ah ! quel malheur ! Puce est croquée ? Qu'est-ce que je vais faire ! Je ne reste pas ici, je m'en vais. »

Quand il fut dans la rue, il partit par le Val-Derrière [2]. Il passa devant un volet : le volet lui dit : « Qu'est-ce que tu as donc, Pou ? »
— « Puce est croquée. »
— « Eh bien ! moi, je m'en vais battre. »

Quand il fut devant chez le père Vaudin [4], le coq lui dit : « Qu'est-ce que tu as donc, Pou ? »
— « Puce est croquée.

1. *Chut*, du verbe *choir*.
2. Le *Val-Derrière*. C'est dans cette rue de Montiers qu'était née, à la fin du siècle dernier, celle dont nous tenons ce conte.
3. *Charrier*, c'est-à-dire traîner en grinçant, battre.
4. Le père de notre conteuse.

« Voulot charrie. »

— « Eh bè ! mé, j'm'a vâ chanter. »

I r'tourné pa d'vée chie Loriche[1] ; l'fourmouaïe lî deit : « Qu'o ce que t'ais don, Peuil ? »

— « Punce o croquaïe.

« Voulot charrie,

« Couchot chante. »

— « Eh bé ! mé, j'm'a vâ danser. »

Ain peuou pû lon, l'atôt à coûté d'la mâson d'meussieu Sourdat[2], que faïôt d'l'oueïlle. Y avôt ine femme que sortôt avo deuou bouïrottes[3]. La femme lî deit : « Qu'o ce que t'ais don, Peuil ? »

— « Punce o croquaïe,

« Voulot charrie,

« Couchot chante,

« Fourmouaïe danse. »

— « Eh bé ! mé, j'm'a vâ casser mo deuou bouïrottes. »

Ainco pû lon, i s'trouvé pré deuou Grand-Four[4]. Tout jeustema, l'père Quentin[5] l'chaouffôt pou affourner l'pain et i r'miôt l'boû que brûlôt avo s'feurgon. L'père Quentin lî deit : « Qu'o ce que t'ais don, Peuil ? »

« Volet bat. »

— « Eh bien ! moi, je m'en vais chanter. »

Il retourna par devant chez Loriche[1] ; le fumier lui dit : « Qu'est-ce que tu as donc, Pou ? »

— « Puce est croquée.

« Volet bat.

« Coq chante. »

— « Eh bien ! moi, je m'en vais danser. »

Un peu plus loin, il était à côté de la maison de M. Sourdat[2], qui faisait de l'huile. Il y avait une femme qui sortait avec deux cruches. La femme lui dit : « Qu'est-ce que tu as donc, Pou ? »

— « Puce est croquée,

« Volet bat,

« Coq chante,

« Fumier danse. »

— « Eh bien ! moi, je m'en vais casser mes deux cruches. »

Encore plus loin, il se trouva près du Grand-Four[4]. Tout justement, le père Quentin[5] le chauffait pour enfourner le pain, et il remuait le bois qui brûlait avec son fourgon. Le père Quentin lui dit : « Qu'est-ce que tu as donc, Pou ? »

---

1. Un homme du village.
2. Encore une personne du village.
3. Comparez *buire*, *burette*.
4. Le four banal.
5. Le fournier du four banal, avant 1789.

— « Punce o croquaïe,
« Voulot charrie,
« Couchot chante,
« Fourmouaïe danse,
« La femme é cassé so deuou bouïrottes. »

— « Eh bé ! mé, j'm'a vâ t'fourrer m'feurgon aou cû. »

— « Puce est croquée,
« Volet bat.
« Coq chante,
« Fumier danse,
« La femme a cassé ses deux cruches. »

— « Eh bien ! moi, je m'en vais te fourrer mon fourgon au c... »

REMARQUES

Comparer notre n° 74, la *Petite Souris*.

Des variantes de ce même thème ont été recueillies en France, dans le pays messin (*Mélusine*, 1877, col. 424), dans la Bretagne non bretonnante (Sébillot, I, n° 55, et *Littérature orale*, p. 232) et dans une région non indiquée (*Magasin Pittoresque*, t. 37 [1869], p. 82) ; — en Allemagne, dans la Hesse (Grimm, n° 30) ; — en Norwège (Asbjœrnsen, *Tales of the Fjeld*, p. 30) ; — en Italie, dans le Milanais (Imbriani, *Novellaja Fiorentina*, p. 552) ; en Vénétie (Bernoni, II, p. 81) ; à Livourne (G. Papanti, n° 4) ; — en Sicile (Pitrè, n° 134) ; — à Rovigno, dans l'Istrie (voir la revue *Giambattista Basile*. Naples, 1884, p. 37) ; — en Catalogne (Maspons, *Cuentos*, p. 12) et dans une autre région de l'Espagne, probablement en Andalousie (F. Caballero, II, p. 3) ; — en Portugal (Coelho, n° 1) ; — en Roumanie (M. Kremnitz, n° 15) ; — chez les Grecs de Smyrne (Hahn, n° 56).

*
* *

On remarquera que, pour la forme générale, tous ces contes, excepté le conte messin, s'écartent de notre conte. Dans ce dernier, en effet, c'est le pou qui s'en va annoncer à chacun des personnages la nouvelle de la mort de la puce, tandis que, dans tous les autres contes, cette nouvelle se transmet de proche en proche. Ainsi, dans le conte portugais, quand Jean le Rat s'est noyé dans la marmite aux haricots, sa femme, le petit carabe, se met à pleurer. Alors, le trépied, apprenant le malheur, se met à danser ; en le voyant danser, la porte s'informe, et se met à s'ouvrir et à se fermer ; puis, à mesure que la nouvelle va de l'un à l'autre, la poutre se brise, le sapin se déracine, les petits oiseaux s'arrachent les yeux, la fontaine se sèche, les serviteurs du roi cassent leurs cruches, la reine va en chemise à la cuisine, et finalement le roi se traîne le derrière dans la braise (*sic*). — Notre variante *la Petite Souris* (n° 74) a cette même forme générale.

*
* *

Si l'on considère, par rapport à leur introduction, les contes ci-dessus mentionnés, on peut les partager en trois groupes.

Dans le premier, auquel appartiennent le conte portugais, le conte espagnol de la collection Caballero et le conte sicilien, il est d'abord raconté comment s'est fait le mariage des deux personnages principaux, qui font ménage ensemble. La dame qui veut se marier, — petit carabe, dans le conte portugais ; petite fourmi, dans l'espagnol ; chatte, dans le sicilien, — dit successivement à ses prétendants, bœuf, chien, cochon, etc., de lui faire entendre leur voix. Finalement, le petit carabe épouse Jean le Rat ; la petite fourmi, un *ratonperez* (?) ; la chatte, une souris.

Le second groupe, où les deux personnages sont présentés, dès l'abord, comme vivant ensemble, comprend tous les autres contes, à l'exception de deux.

Ces deux contes, — conte roumain et conte grec, — forment un groupe à part. Dans le conte roumain, deux vieilles gens, qui n'ont point d'enfants, adoptent une souris ; celle-ci, un jour, en surveillant le pot de lait de beurre qui bout, se jette dedans et y périt. — Le conte grec commence aussi par l'histoire de deux vieilles gens qui n'ont pas d'enfants : un jour, en rapportant des champs un panier plein de haricots, la vieille dit : « Je voudrais bien que tous ces haricots fussent autant de petits enfants » ; et aussitôt les haricots se trouvent changés en petits enfants. La vieille, trouvant qu'il y en a trop, n'en garde qu'un seul et souhaite que les autres redeviennent des haricots. On donne au petit garçon le nom de Grain de Poivre, à cause de sa petitesse ; c'est lui qui, un jour, tombe dans un chaudron bouillant.

Notons ici que, dans presque tous les contes ci-dessus indiqués, l'un des deux personnages principaux se noie dans un chaudron ou dans un pot bouillant.

Ces deux personnages sont, dans le conte messin, dans le conte allemand, dans le conte italien d'Istrie et dans le conte catalan, un pou et une puce, comme dans le conte lorrain.

*
* *

Il serait trop long d'indiquer ici les diverses séries d'êtres qui prennent part à l'action. Nous avons déjà cité, à cet égard, le conte portugais ; nous dirons un mot du conte grec moderne, nous réservant de donner d'autres spécimens à l'occasion de notre variante n° 74, *la Petite Souris* : Grain de Poivre ayant péri dans le chaudron, le vieux et la vieille qui l'élèvent chez eux, puis une colombe, un pommier, une fontaine, la servante de la reine, la reine et le roi, prennent le deuil chacun à sa manière. A la fin, le roi dit à son peuple : « Le cher petit Grain de Poivre est mort ; le vieux et la vieille se désolent ; la colombe s'est arraché les plumes ; le pommier a secoué toutes ses pommes ; la fontaine a laissé couler toute son eau ; la servante a cassé sa cruche ; la reine s'est rompu le bras, et moi, votre roi, j'ai jeté ma couronne par terre. Le cher petit Grain de Poivre est mort. »

On peut faire cette remarque, que la femme qui casse sa cruche ou ses cruches figure encore dans plusieurs des contes mentionnés plus haut (dans tous les contes français, excepté le second conte breton ; dans le conte espagnol, le conte catalan, le conte roumain). — Le second conte breton a, comme notre conte, le bonhomme qui chauffe son four ; là, le bonhomme, en apprenant la mort de la « râtesse », jette sa pelle dans le four.

Il est curieux de voir comme l'idée générale de ce conte s'est localisée à Montiers-sur-Saulx. On pourrait suivre *Peuil* à travers les rues du village et s'arrêter avec lui devant telle ou telle maison, jusqu'au *Grand-Four*, le four banal, supprimé à l'époque de la Révolution.

*
* *

En Orient, un conte indien, tout à fait du genre de ces contes européens, a été recueilli dans le Pandjab (*Indian Antiquary*, 1882, p. 169 ; — Steel et Temple, p. 157). L'introduction est très particulière, mais elle présente le trait essentiel commun à presque tous les contes européens de ce genre que nous connaissons : le personnage dont tout le monde prend le deuil est tombé dans un liquide brûlant. Voici le résumé de ce conte indien : Un vieux moineau, qui trouve sa femme trop vieille, en prend une seconde, toute jeune. Grande désolation de la vieille qui, pendant les noces, s'en va gémir sur un arbre. Justement au-dessus de la branche où elle est perchée, est un nid en partie fait de lambeaux d'étoffe teinte. La pluie étant venue à tomber, l'étoffe déteint et dégoutte sur dame moineau, laquelle se trouve ainsi parée de brillantes couleurs. Sa rivale, la voyant toute pimpante, lui demande où elle s'est faite si belle. « Dans la cuve du teinturier. » La jeune va vite se plonger dans la cuve bouillante, d'où elle ne se tire qu'à grand'peine et à demi-morte. Le vieux moineau la trouve dans ce triste état et la prend dans son bec pour la rapporter au logis ; mais, pendant qu'il vole au-dessus d'une rivière, sa vieille femme se met à se moquer de lui et de sa belle. Furieux, le moineau lui crie de se taire ; mais, à peine a-t-il ouvert le bec, que sa bien-aimée tombe dans l'eau et s'y noie. Le vieux moineau, au désespoir, s'arrache les plumes et va se percher sur un *pipal*. Le pipal lui demande ce qui est arrivé, et, quand il le sait, il laisse tomber toutes ses feuilles [1]. Un buffle vient pour se mettre à l'ombre sous l'arbre, et, apprenant pourquoi celui-ci n'a plus de feuilles, il laisse tomber ses cornes. A mesure que la nouvelle se transmet de l'un à l'autre, la rivière où le buffle est allé boire pleure si fort qu'elle en devient toute salée ; le coucou qui est venu se baigner dans la rivière, s'arrache un œil [2] ; Bhagtu le marchand, près de la boutique duquel le coucou est venu se percher, perd la tête et sert tout de travers la servante de la reine ; la

---

1. Dans le conte hessois, l'arbre se secoue et fait tomber toutes ses feuilles. Il en est de même dans le conte catalan. — Comparer notre n° 74.

2. Dans le conte portugais, les petits oiseaux s'arrachent les yeux.

servante revient au palais en jurant ; la reine se met à danser jusqu'à ce qu'elle perde haleine ; le prince prend un tambourin et danse aussi, et aussi le roi, qui gratte une guitare avec fureur [1]. Et tous les quatre, servante, reine, prince et roi, chantent ensemble ce refrain final : « La femme d'un moineau était peinte, — Et l'autre a été teinte [dans la cuve bouillante], — Et le moineau l'aimait. — Aussi le pîpal a-t-il laissé tomber ses feuilles, — Et le buffle, ses cornes ; — Et la rivière est devenue salée ; — Et le coucou a perdu un œil ; — Et Bhagtu est devenu fou ; — Et la servante s'est mise à jurer ; — Et la reine s'est mise à danser, — Et le prince à tambouriner, — Et le roi à gratter la guitare. » « Telles furent, conclut le conte indien, les funérailles de la pauvre dame moineau. »

1. Dans le conte portugais, comme on l'a vu, le roi et la reine font aussi des choses ridicules. Comparer le conte sicilien, le conte grec moderne, le conte roumain, le conte italien d'Istrie.

XIX

LE PETIT BOSSU

Il était une fois un roi qui avait trois fils, mais il n'y avait que les deux premiers qu'il traitât comme ses fils ; le plus jeune était bossu et son père ne pouvait le souffrir ; sa mère seule l'aimait.

Un jour, le roi fit appeler l'aîné et lui dit : « Mon fils, je voudrais avoir l'eau qui rajeunit. — Mon père, j'irai la chercher. » Le roi lui donna un beau carrosse attelé de quatre chevaux, et de l'or et de l'argent tant qu'il en voulut, et le jeune homme se mit en route.

Il avait fait deux cents lieues, lorsqu'il rencontra un berger qui lui dit : « Prince, mon beau prince, voudrais-tu m'aider à dégager un de mes moutons qui est pris dans un buisson ? — Il ne fallait pas l'y laisser aller, » répondit le prince, « je n'ai pas de temps à perdre. » Etant arrivé à Pékin, il entra dans une belle hôtellerie, fit dételer ses chevaux et commanda un bon dîner. Il eut bientôt des amis et ne pensa plus à poursuivre son voyage.

Au bout de six mois, le roi, voyant qu'il ne revenait pas, appela son second fils et lui demanda d'aller lui chercher l'eau qui rajeunit. Il lui donna un beau carrosse, attelé de quatre chevaux, couvert de perles et de diamants ; le jeune homme monta dedans et partit. Après avoir fait deux cents lieues, il rencontra le berger, qui lui dit : « Prince, mon beau prince, voudrais-tu m'aider à dégager un de mes moutons qui est pris dans un buisson ? — Pour qui me prends-tu ? » répondit le prince ; « il ne fallait pas l'y laisser aller. » Il arriva à Pékin, où il logea dans la même hôtellerie que son frère ; lui aussi, il eut bientôt des amis et ne songea plus à aller plus loin.

Le roi l'attendit un an, et, ne le voyant pas revenir, il se dit :
« Je n'ai plus d'enfants ! Qui donc aura ma couronne ? » Il ne
pensait pas plus au petit bossu que s'il n'eût pas été de ce monde.
Cependant celui-ci tomba malade. On fit venir un médecin ; le
jeune prince lui dit qu'il était malade de chagrin, de voir que
son père ne l'aimait pas, et qu'il voudrait bien voyager. Le
médecin rapporta ces paroles au roi, qui vint voir son fils. « Mon
père, » lui dit le petit bossu, « je voudrais aller chercher l'eau
qui rajeunit, et je ne ferais pas comme mes frères : je la rappor-
terais. — Tu iras si tu veux », répondit le roi. Il lui donna un
vieux chariot qui n'avait que trois roues, un vieux cheval qui
n'avait que trois jambes, d'argent fort peu, mais la reine y
ajouta quelque chose, et voilà le prince parti.

Après avoir fait deux cents lieues, il rencontra le berger qui
lui dit : « Prince, mon beau prince, voudrais-tu m'aider à
dégager un de mes moutons qui est pris dans un buisson ? —
Volontiers, » dit le prince. Et il aida le berger à dégager son
mouton. Quand il se fut éloigné, le berger, songeant qu'il ne
lui avait rien donné pour sa peine, le rappela et lui dit : « Prince,
j'ai oublié de vous récompenser. Tenez, voici des flèches : tout
ce que ces flèches perceront sera bien percé. Voici un flageolet :
tous ceux qui l'entendront danseront. »

Le prince poursuivit son chemin et arriva à Pékin. Quand il
passa devant l'hôtellerie où logeaient ses frères, ceux-ci, qui
étaient sur le perron, eurent honte de lui et rentrèrent dans la
maison. Le pauvre petit bossu descendit dans une méchante
auberge où il détela son cheval lui-même ; puis il prit avec lui un
homme de peine pour lui montrer la ville. En se promenant,
il vit un homme mort qu'on avait laissé là sans l'enterrer.
« Pourquoi donc n'enterre-t-on pas cet homme ? » demanda-t-il.
— « C'est parce qu'il avait beaucoup de créanciers et qu'il n'a
pu les payer. — En payant pour lui, pourrait-on le faire enterrer ?
— Oui, certainement. »

Le prince fit venir les créanciers, paya les dettes de l'homme
mort et donna de l'argent pour le faire enterrer ; ensuite il
continua son voyage. Uu jour, une bonne vieille le reçut dans
sa maisonnette et lui donna à boire et à manger ; il la paya
généreusement, puis s'en alla plus loin.

Quand il eut fait encore deux cents lieues, tout son argent se trouva dépensé, et il n'avait plus rien à manger ; son cheval était encore plus heureux que lui : il pouvait au moins brouter un peu d'herbe le long du chemin. Un renard vint à passer ; le prince allait lui décocher une de ses flèches, quand le renard lui cria : « Malheureux ! que vas-tu faire ? tu veux me tuer ! » Le prince, saisi de frayeur, remit sa flèche dans le carquois. Alors le renard lui donna une serviette dans laquelle se trouvait de quoi boire et manger et lui dit : « Tu cherches l'eau qui rajeunit ? elle est dans ce château, bien loin là-bas. Le château est gardé par un ogre, par des tigres et par des lions. Pour y arriver, il faut passer un fleuve ; sur ce fleuve tu verras une barque qu'un homme conduit depuis dix-huit cents ans. Aie soin d'entrer dans la barque les pieds en avant, car si tu y entrais les pieds en arrière[1], tu prendrais la place de l'homme pour toujours. Arrivé au château, ne te laisse pas charmer par la magnificence que tu y trouveras. Tu verras dans l'écurie des mules ornées de lames d'or, prends la plus laide ; tu verras aussi deux oiseaux verts, prends le plus laid. »

Le prince eut soin d'entrer dans la barque les pieds en avant et arriva au château ; il allait prendre la mule et l'oiseau quand l'ogre rentra. « Que fais-tu ici ? » lui dit l'ogre. Le prince s'excusa, s'humilia devant lui, lui demanda grâce. L'ogre lui dit : « Je ne te mangerai pas ; tu es trop maigre. » Il lui donna à boire et à manger, et le prince resta au château, où il avait tout à souhait. L'ogre l'envoya combattre ses ennemis, des bêtes comme lui ; le prince, grâce à ses flèches, gagna la bataille et rapporta des drapeaux. Il combattit cinq ou six fois, et toujours il fut vainqueur.

Or il y avait au château une princesse que l'ogre voulait épouser, mais qui ne voulait pas de lui. Un jour que le prince venait de gagner une grande bataille, il eut l'idée de jouer un air sur son flageolet. La princesse était à table avec l'ogre ; en entendant le flageolet merveilleux, ils se mirent à danser ensemble, sans savoir d'abord d'où venait cette musique. Quand l'ogre vit que c'était le prince qui jouait, il le fit venir à table et lui dit : « Demande-moi ce que tu désires : je te l'accorderai. » Il pensait bien que le prince ne lui demanderait pas son congé.

1. C'est-à-dire à *reculons*.

« Je demande, » dit le prince, « ce qu'il y a de plus beau ici, et la permission de faire trois fois le tour du château. » L'ogre y consentit. Il y avait dans le château de l'or à ne savoir où le mettre, mais le prince n'y toucha pas ; il prit le plus laid des deux oiseaux verts et la plus laide mule, qui faisait sept lieues d'un pas, sans oublier une fiole de l'eau qui rajeunit ; puis il fit monter sur la mule la princesse qui était d'accord avec lui. Au lieu de faire trois fois le tour du château, il ne le fit que deux fois et s'enfuit avec la princesse. L'ogre, s'en étant aperçu, courut à leur poursuite, mais il ne put les atteindre.

Le jeune homme rencontra une seconde fois le renard, qui lui dit : « Si tu vois quelqu'un dans la peine, garde-toi de l'en tirer. » Un peu plus loin, il fut très bien reçu par la bonne vieille dans sa maisonnette ; enfin il arriva à Pékin avec la princesse. Sur une des places de la ville il y avait une potence dressée. « Pour qui cette potence ? » demanda le prince. On lui dit que c'était pour deux jeunes étrangers qu'on devait pendre ce jour-là. En ce moment on amenait les condamnés ; il reconnut ses frères. Il demanda quel était leur crime. « C'est, » lui dit-on, « qu'ils ont fait des dettes et qu'ils n'ont pu les payer. » Le jeune homme réunit les créanciers, les paya et délivra ses frères, puis ils reprirent ensemble le chemin du royaume de leur père. Le petit bossu avait donné à son frère aîné la mule, à l'autre l'oiseau vert et l'eau qui rajeunit, il avait gardé pour lui la princesse. Ses frères n'étaient pas encore contents ; ils cherchaient ensemble le moyen de le perdre, et la princesse, qui voyait leur jalousie, s'en affligeait.

Un jour qu'on passait près d'un puits qui avait bien cent pieds de profondeur, les deux aînés dirent à leur frère : « Regarde, quel beau puits ! » Et, tandis qu'il se penchait pour voir, ils le poussèrent dedans, prirent l'eau qui rajeunit, et emmenèrent la princesse, la mule et l'oiseau. Quand on arriva au château, la princesse était languissante, la mule et l'oiseau étaient tristes. On mit la mule dans une vieille écurie, l'oiseau dans une vieille cage. L'eau ne put rajeunir le roi ; on la mit dans un coin avec les vieilles drogues.

Cependant le pauvre prince, au fond du puits, poussait de grands cris ; le renard accourut et descendit dans le puits. « Je t'avais bien dit de ne tirer personne de la peine ! Je vais pourtant t'aider à sortir d'ici; tiens bien ma queue. » Le jeune homme fit ce qu'il lui disait, et le renard grimpa; il allait atteindre le haut, quand la queue se rompit et le jeune homme retomba au fond du puits. Le renard rattacha sa queue en la frottant avec de la graisse et prit le prince sur son dos. Une fois dehors, il le redressa, et le jeune homme, débarrassé de sa bosse, devint un prince accompli.

Il se rendit au château du roi son père et se fit annoncer comme grand médecin, disant qu'il guérirait le roi et la princesse. Il entra d'abord dans l'écurie : aussitôt la mule reprit son beau poil et se mit à hennir; il s'approcha de l'oiseau : celui-ci reprit son beau plumage et se mit à chanter. Il donna à son père de l'eau qui rajeunit : le roi redevint jeune sur le champ et sortit du lit où il était malade. Rien qu'en voyant le jeune homme, la princesse revint à la santé. Alors le prince se fit reconnaître de son père et lui apprit ce qui s'était passé; puis l'oiseau parla à son tour et raconta toute l'histoire.

Les fils aînés du roi étaient à la chasse. Le roi fit cacher leur jeune frère derrière la porte, et, quand ils arrivèrent, il leur dit : « Je viens d'apprendre une singulière aventure qui s'est passée dans une ville de mon royaume : trois jeunes gens se promenaient ensemble au bord d'un lac, deux d'entre eux jetèrent leur compagnon dans ce lac. Rendez un jugement de Salomon : quel châtiment méritent ces hommes ? — Ils méritent la mort. — Malheureux ! vous l'avez donc aussi méritée ! Vous ne serez pas jetés dans l'eau, mais vous serez brûlés. » La sentence fut exécutée. On fit ensuite un grand festin, et le jeune prince épousa la princesse.

REMARQUES

Notre conte présente, pour l'ensemble, mais traité d'une façon originale, un thème que nous appellerons, si l'on veut, à cause du conte hessois bien connu de la collection Grimm (nº 57), le thème de l'*Oiseau d'or*, auquel sont venus se joindre divers autres éléments.

Rappelons en quelques mots ce thème de l'*Oiseau d'or*, dans sa forme la plus habituelle : Les trois fils d'un roi partent successivement à la recherche d'un oiseau merveilleux que leur père veut posséder. Les deux aînés se montrent peu charitables à l'égard d'un renard (ou parfois d'un loup, ou d'un ours) : ils refusent de lui donner à manger, ou ils tirent sur lui, malgré ses prières. Arrivés dans une ville, ils se laissent retenir dans une hôtellerie, font des dettes et sont mis en prison. Le plus jeune prince, qui a été bon envers le renard, reçoit de celui-ci l'indication des moyens à prendre pour s'emparer de l'oiseau qui est dans le palais d'un roi ; mais il ne suit pas exactement les instructions du renard, et il est fait prisonnier. Il obtiendra sa liberté et de plus l'oiseau, s'il procure au roi un cheval merveilleux qui est en la possession d'un autre roi. Son imprudence le fait encore tomber entre les mains des gardiens du cheval, et il doit aller chercher pour ce second roi certaine jeune fille que le roi veut épouser. Cette fois il ne s'écarte pas des conseils du renard. Il s'empare de la jeune fille, et il a l'adresse de s'emparer aussi du cheval et de l'oiseau. Comme il s'en retourne vers le pays de son père, il rencontre ses frères qu'on va pendre ; il les délivre malgré le conseil que le renard lui avait donné de ne pas acheter de « gibier de potence ». (Tout cet épisode n'existe que dans certaines versions.) Pour récompense, ses frères se débarrassent de lui (dans plusieurs versions, ils le jettent dans un puits) et lui enlèvent l'oiseau, le cheval et la jeune fille. Le renard le sauve ; le jeune homme revient chez le roi son père, et ses frères sont punis.

Ce thème se retrouve, plus ou moins complet, dans un assez grand nombre de contes, qui ont été recueillis en Allemagne (Grimm, n° 57 ; Wolf, p. 230), dans le « pays saxon » de Transylvanie (Haltrich, n° 7), chez les Tchèques de Bohême (Chodzko, p. 285), chez les Valaques (Schott, n° 26), en Russie (Ralston, p. 286), en Norwège (Asbjœrnsen, *Tales of the Fjeld*, p. 364), en Ecosse (Campbell, n° 46), en Irlande (Kennedy, II, p. 47), etc.

Le thème de l'*Oiseau d'or* a une grande affinité avec un autre thème qui est développé dans le conte n° 97 de la collection Grimm (*l'Eau de la vie*) et dans d'autres contes allemands (Wolf, p. 54 ; Meier, n° 5 ; Simrock, n° 47 ; Knoop, pp. 234 et 236) ; dans des contes autrichiens (Vernaleken, n°s 52 et 53) ; dans un conte tyrolien (Zingerle, II, p. 225), un conte suédois (Cavallius, n° 9), un conte écossais (Campbell, n° 9), un conte lithuanien (Schleicher, p. 26), un conte polonais (Tœppen, p. 154), un conte toscan (Comparetti, n° 37), un conte sicilien (Gonzenbach, n° 64), un conte portugais du Brésil (Roméro, n° 25), etc.

Dans tous ces contes, trois princes vont chercher pour leur père l'eau de la vie ou un fruit merveilleux qui doit le guérir, et c'est le plus jeune qui réussit dans cette entreprise. Dans plusieurs, — notamment dans des contes allemands, dans les contes autrichiens, le conte lithuanien et le conte italien, — les deux aînés font des dettes, et ils sont au moment d'être pendus, quand leur frère paie les créanciers (dans des contes allemands et dans les contes autrichiens, malgré l'avis que lui avait donné un ermite, un nain ou des animaux reconnaissants, de ne pas acheter de « gibier de potence »). Il est tué par eux ou, dans un conte allemand (Meier, n° 5), jeté dans un grand trou ; mais ensuite il est rappelé à la vie dans des circonstances qu'il serait trop long d'expliquer.

Il est curieux de voir comment le thème de l'*Oiseau d'or* s'est modifié dans notre conte.

*
* *.

L'introduction se rattache aux contes du type de l'*Eau de la vie*. Notons ici, comme lien entre les contes des deux types, un conte allemand du type de l'*Oiseau d'or* (Wolf, p. 230), dans lequel les princes s'en vont à la recherche d'un oiseau dont le chant doit guérir le roi. (Comparer Grimm, III, p. 98.)

L'épisode du berger envers lequel les deux frères aînés sont impolis et peu complaisants appartient encore au thème de l'*Eau de la vie*, ou du moins se retrouve comme idée dans plusieurs contes allemands de ce type, dans lesquels les deux princes répondent grossièrement à un nain ou à un vieillard (Grimm, n° 97; Simrock, n° 47; Meier, n° 5). Comme forme, il correspond à un passage d'un conte de Mᵐᵉ d'Aulnoy, tout différent pour le reste, *Belle-Belle ou le Chevalier Fortuné*, où la plus jeune des filles d'un vieux seigneur aide une bergère à retirer sa brebis d'un fossé. — Dans le conte allemand de la collection Wolf, c'est envers un ours (qui tient ici la place du renard) que les deux princes se montrent impolis; ce qui, sur ce point encore, rapproche les contes des deux types. Ordinairement, dans les contes du type de l'*Oiseau d'or*, les deux frères aînés tirent sur le renard, et le plus jeune seul en a pitié. Notre conte présente successivement les deux épisodes; mais, dans le second, il ne met pas en scène les frères aînés.

Nous ne nous arrêterons qu'un instant sur les dons que le « petit bossu » reçoit d'abord du berger, puis du renard. La serviette dans laquelle il y a de quoi boire et manger est évidemment une altération de la serviette merveilleuse de notre n° 4, *Tapalapautau*, serviette qui se couvre de mets au commandement. — Les flèches qui ne manquent pas leur but et le flageolet qui fait danser se retrouvent également associés dans un conte allemand (Grimm, III, p. 192), dans un conte flamand (Wolf, *Deutsche Mærchen und Sagen*, n° 24), dans un conte de la Haute-Bretagne (Sébillot, I, n° 7) et dans un conte de la Basse-Bretagne (Luzel, *Légendes*, I, p. 48). Comparer la sarbacane et le violon du n° 110 de la collection Grimm.

*
* *

L'épisode de l'homme mort que le « petit bossu » fait enterrer appartient au thème bien connu du *Mort reconnaissant*, que M. Benfey a étudié dans son introduction au *Pantchatantra* (t. I, p. 221, et t. II, p. 532), M. Kœhler dans des revues allemandes (*Germania*, t. III, p. 199 seq.; *Orient und Occident*, t. II, p. 322 seq.), et M. d'Ancona dans la *Romania* (1874, p. 191), à propos d'un récit du *Novellino* italien. Ce conte du *Mort reconnaissant*, très répandu en Europe, a été aussi recueilli en Arménie; il forme le sujet de plusieurs récits et poèmes du moyen-âge.

Ce qui explique comment ce thème s'est introduit dans notre conte et combiné avec le thème de l'*Oiseau d'or*, c'est que, dans plusieurs de ses formes, il présente une certaine parenté avec ce dernier thème. En d'autres termes, il existe dans les deux thèmes des éléments communs qui les rattachent l'un à l'autre. On va le voir, par l'analyse rapide d'un romance espagnol qui a pour fond le thème du *Mort reconnaissant* (R. Kœhler, *Orient und Occident*, *loc. cit.*, p. 323) : Un jeune marchand vénitien, se trouvant à Tunis, rachète le corps d'un chrétien auquel un créancier refusait la sépulture. En même temps, il procure la liberté à une esclave chrétienne, qu'il épouse, une fois de retour à Venise, bien qu'elle refuse de faire connaître son origine. Peu de temps après, un capitaine de vaisseau l'invite à venir avec sa femme lui rendre visite sur son navire, et *il le fait jeter à la mer.* Le Vénitien est sauvé, grâce à une planche à laquelle il se cramponne. Il est recueilli par un ermite qui plus tard l'envoie sur le rivage, où il trouve un vaisseau. Le capitaine de ce vaisseau le débarque en Irlande et le charge de remettre une lettre au roi. Dans cette lettre il est dit que le porteur est un grand médecin, *qui, par sa seule vue, guérira la princesse malade.* Celle-ci, en effet, est la femme du Vénitien, et, en le reconnaissant, elle recouvre la santé. Il est ensuite expliqué que la planche, l'ermite et le capitaine du second vaisseau, étaient l'âme du mort dont le Vénitien a fait enterrer le corps. — Ainsi, dans ce conte comme dans notre *Petit Bossu*, le héros est jeté à l'eau par un envieux qui lui enlève une princesse délivrée par lui, et, plus tard, il guérit par sa seule vue la princesse, malade de chagrin. Il n'est donc pas étonnant que les deux thèmes, voisins sur plusieurs points, se soient fusionnés. — Dans le conte lorrain, le renard n'est autre qu'une incarnation de l'homme mort, qui sert le prince par reconnaissance. Si le conte était bien conservé, le mort finirait par se faire connaître à son bienfaiteur, en lui disant adieu pour la dernière fois. Cette interprétation, qui nous était venue à l'esprit en étudiant pour la première fois notre conte, est maintenant une certitude : dans trois contes, qui se rattachent au thème de l'*Oiseau d'or*, un conte basque (Webster, p. 182), un conte de la Haute-Bretagne (Sébillot, I, n° 1), et un conte portugais du Brésil (Roméro, n° 10), il est dit expressément que le renard qui secourt le prince est l' « âme » d'un homme mort que, comme dans notre conte, le prince a fait enterrer. Comparer encore un conte toscan (Nerucci, n° 52), se rattachant aussi au thème de l'*Oiseau d'or* et dans lequel l'âme de l'homme mort prend la forme d'un lièvre.

*
* *

Le batelier qui, depuis des siècles, transporte les voyageurs de l'autre côté du fleuve et dont le prince est en danger de prendre la place, se retrouve dans le conte hessois *le Diable aux trois cheveux d'or* (Grimm, n° 29) et dans diverses variantes de ce thème. Ainsi, chez les Tchèques de Bohême (Chodzko, p. 40), en Norwège (Asbjœrnsen, t. I, n° 5), en Allemagne (Meier, n° 73 ; Prœhle, II, n° 8), dans le Tyrol allemand (Zingerle, II, p. 70).

*
* *

A partir de l'arrivée du prince chez l'ogre, notre conte entre tout à fait dans le thème de l'*Oiseau d'or*. La plupart des éléments de ce thème s'y retrouvent, mais autrement groupés. Ainsi, l'*ogre* de notre conte résume en sa personne les divers rois possesseurs des êtres merveilleux qu'il s'agit d'enlever. L'*oiseau vert* remplace l'oiseau d'or ou l'oiseau de feu, et, quand le renard dit au

« petit bossu » de prendre le plus laid des deux oiseaux verts et ensuite la plus laide mule, c'est là certainement un souvenir altéré de la recommandation faite au prince, dans la forme originale du thème, de se garder de retirer l'oiseau d'or de sa cage de bois ou de mettre au cheval merveilleux une selle d'or. Le cheval merveilleux lui-même est devenu, dans notre conte, la *mule* qui fait sept lieues d'un pas [1]. Enfin la *princesse* qui est retenue dans le château de l'ogre, c'est la princesse aux cheveux d'or du thème primitif. Quant à l'*eau qui rajeunit*, comme il y a eu dans le conte lorrain combinaison du thème de l'*Eau de la vie* avec celui de l'*Oiseau d'or*, elle devait naturellement figurer en plus à cet endroit du récit.

Le jugement que les deux frères du « petit bossu » rendent sans le savoir contre eux-mêmes termine aussi plusieurs contes étrangers, mais des contes différents du nôtre pour l'ensemble du récit. Voir, par exemple, les contes allemands nos 13 et 135 de la collection Grimm, un conte tyrolien (Zingerle, II, p. 131), deux contes siciliens (Gonzenbach, nos 11 et 13), un conte grec moderne (Simrock, appendice, no 3), etc.

*
* *

En Orient, nous avons plusieurs rapprochements à faire. On y trouvera sans doute nombre de détails qui se rapportent moins à notre conte, dans sa forme actuelle, qu'à ses deux thèmes principaux, dans leur pureté, le thème de l'*Oiseau d'or* et celui de l'*Eau de la vie* (ce dernier surtout); mais on n'aura pas de peine à y reconnaître non seulement l'idée générale de notre *Petit Bossu*, — l'expédition de plusieurs princes qui vont chercher pour le roi leur père un objet merveilleux, le succès du plus jeune et la trahison des aînés, à la fin punie, — mais encore, tantôt dans l'un, tantôt dans l'autre de ces récits orientaux, plusieurs des traits les plus caractéristiques de notre conte : ainsi, nous y verrons le plus jeune prince dédaigné par son père ; les frères aînés faisant des dettes, réduits à la misère et retenus prisonniers, puis délivrés par le jeune prince ; celui-ci jeté par eux dans un puits, etc.

Prenons d'abord la grande collection de contes, chants et poèmes des Tartares de la Sibérie méridionale, qui a été publiée par M. W. Radloff et déjà citée plusieurs fois par nous. Elle contient, dans le volume concernant les Kirghiz, à côté des chants et récits non écrits, quelques poèmes formant dans le pays une sorte de littérature. Dans l'un de ces poèmes (t. III, p. 535 seq.), trois princes se mettent en route ensemble pour aller chercher certain rossignol, que leur père a vu en songe. Arrivés à un endroit où trois chemins s'ouvrent devant eux, ils se séparent. Le plus jeune, Hæmra, devient l'époux d'une péri (sorte de fée), et, avec l'aide de celle-ci, il parvient à prendre l'oiseau merveilleux. Comme il s'en retourne, il rencontre dans une auberge ses deux frères,

---

1. On a déjà vu, dans notre no 3, *le Roi d'Angleterre et son Filleul*, une mule merveilleuse, qui fait cent lieues d'un pas. — Dans un conte arabe (*Contes inédits des Mille et une Nuits*, traduits par G.-S. Trébutien, t. I, p. 299), figure une mule « qui est un génie faisant en un seul jour un voyage d'une année ».

devenus valets de cuisine[1] ; il paie leurs dettes et les emmène avec lui. En chemin, ses frères lui crèvent les yeux et le jettent dans un puits. Le rossignol qu'ils rapportent à leur père révèle à celui-ci le sort de Hæmra. Le poème s'arrête court : on s'attendait à voir reparaître la péri, qui avait donné à Hæmra, pour qu'il pût l'appeler en cas de danger, une boucle de ses cheveux.

Dans un conte tartare de la même collection (t. IV, p. 146), trois princes partent aussi à la recherche d'un oiseau merveilleux. Le plus jeune seul se montre charitable envers un loup, qui lui indique où est l'oiseau et ce qu'il d   faire pour s'en emparer. Suit, comme dans le thème de l'*Oiseau d'or*, une   ie d'entreprises (enlever des chevaux, une guitare d'or, une jeune fille),   atreprises auxquelles le prince est condamné pour avoir oublié les recommandations du loup. Il manque dans ce conte tartare la trahison des frères aînés.

Ce dernier trait se retrouve dans un conte kabyle (J. Rivière, p. 235), qui se rattache étroitement, comme le conte tartare, au thème de l'*Oiseau d'or*. Oiseau merveilleux, à la recherche duquel partent trois princes, fils des trois femmes d'un roi ; conseil donné au troisième, fils d'une négresse, par une vieille qui remplace ici le loup ou le renard ; désobéissance du prince, lequel est obligé, en conséquence, d'aller chercher le cheval du prince des génies et ensuite la fille de l'ogresse : toute la marche du récit est identique dans les deux contes. Dans le conte kabyle, la trahison des deux frères du héros ne consiste pas en ce qu'ils jettent celui-ci dans un puits, mais en ce qu'ils coupent la corde après l'y avoir descendu et s'être emparés de sept femmes, prisonnières d'un ogre, que le héros avait délivrées et qu'il avait fait remonter par ses frères. Toute la fin de ce conte se rapporte au thème de la descente dans le monde souterrain, dont nous avons traité dans les remarques de notre nº 1 *Jean de l'Ours*. (Comparer les remarques de notre nº 52, la *Canne de cinq cents livres*.)

La collection de contes avares du Caucase, traduits par M. Schiefner, nous fournit encore un conte (nº 1) à rapprocher du nôtre. Si on laisse de côté un long épisode dont nous aurons occasion de reparler plus tard, ce conte peut se résumer très brièvement. Le commencement est celui du poème kirghiz ; seulement, à la place du rossignol, il y a un « cheval de mer ». C'est avec l'aide d'une vieille géante, sorte d'ogresse, dont il a su gagner la bienveillance, que le plus jeune prince parvient à se rendre maître du cheval et aussi d'une fille du roi de la mer. A son retour, en passant dans une ville, il trouve ses frères réduits à la misère et devenus valets, l'un chez un boulanger, l'autre chez un boucher. Il les prend avec lui ; mais ceux-ci, envieux, s'arrangent de façon à le faire tomber dans un puits. Le cheval l'en retire, et, à sa vue, ses frères prennent la fuite pour ne plus revenir.

On peut également citer ici un conte arabe (*Mille et une Nuits*, t. XI, p. 175, de la traduction allemande dite de Breslau), dans lequel trois princes partent à la recherche d'un oiseau que leur père, le sultan du pays d'Yémen, veut avoir. Le plus jeune, Aladin, dédaigné de son père, délivre successivement deux princesses exposées à des monstres et les épouse ; puis il

---

1. Dans un conte du « pays saxon » de Transylvanie (Haltrich, nº 7), les deux frères sont également devenus valets d'auberge.

les abandonne pendant leur sommeil après leur avoir écrit dans la main son nom et son pays. Enfin il arrive dans la ville où se trouve la princesse qui possède l'oiseau. Grâce aux conseils d'un vieillard, il peut pénétrer dans le palais, gardé par des lions, et il se retire en toute hâte après avoir écrit son nom et son pays dans la main de la princesse endormie. Puis il reprend le chemin de la capitale de son père. Parvenu non loin de là, il rencontre ses frères qui l'accablent de coups et lui prennent l'oiseau. Mais bientôt arrivent auprès de la ville, accompagnées des sultans leurs pères et de grandes armées, les deux princesses qu'Aladin a délivrées et celle dans le palais de laquelle il a pénétré. La trahison des frères aînés se découvre, et le sultan d'Yémen cède son trône à Aladin [1].

Arrivons à l'Inde. Nous donnerons d'abord l'analyse d'un roman hindoustani, traduit par M. Garcin de Tassy dans la *Revue de l'Orient, de l'Algérie et des colonies* (1858, t. I, p. 212) sous ce titre : *La Doctrine de l'amour, ou Taj-Ulmuluk et Bakawali, roman de philosophie religieuse, par Nihal Chand, de Delhi* : Le roi Zaïn Ulmuluk a perdu la vue. Les médecins déclarent que le seul remède est la « rose de Bakawali. » Les quatre fils aînés du roi partent pour aller chercher cette rose. Un cinquième fils, Taj-Ulmuluk, que son père a fait élever dans un palais éloigné, les rencontre et, apprenant d'une personne de leur suite qui ils sont et où ils vont, il se joint à l'escorte comme un simple voyageur. Arrivés dans une ville, les quatre aînés entrent dans le palais d'une courtisane, nommée Lakkha, et perdent au jeu, par la ruse de cette femme, tout leur argent et leur liberté. Taj-Ulmuluk résout de les délivrer ; il gagne la partie contre Lakkha et la rend son esclave. Il lui raconte alors son histoire et apprend que la rose se trouve dans le jardin de Bakawali, fille du roi des fées. Mais le soleil lui-même ne saurait pénétrer à travers la quadruple enceinte de ce jardin. Des millions de *dives* (génies) veillent de tous côtés ; en l'air, des fées écartent les oiseaux ; sur la terre, la garde est confiée à des serpents et à des scorpions ; au dessous du sol, au roi des rats avec des milliers de ses sujets. Taj-Ulmuluk s'habille en derviche et se met en marche. Bientôt il tombe entre les mains d'un dive géant qui veut d'abord le manger, puis qui a pitié de lui et finit par le prendre en amitié, surtout quand le prince lui a fait goûter des mets délicieux apprêtés par lui. Ce dive s'engage par serment à faire ce que le prince désirera. Le prince lui parle de la rose [2]. Le dive fait venir un autre dive, lequel envoie le prince à sa sœur Hammala, chef des dives qui gardent la rose. Après divers incidents, Hammala ordonne au roi des rats de creuser un passage souterrain et de porter Taj-Ulmuluk dans le jardin de Bakawali. Taj-Ulmuluk prend la rose, pénètre dans le château de

---

1. Ce conte arabe a beaucoup de rapport avec des contes européens, du type de l'*Eau de la vie*, où le héros, qui a pénétré dans le palais d'une princesse endormie, laisse, en se retirant, son nom écrit sur une feuille de papier, sur la muraille ou sous une table. Voir, entre autres, un conte suédois (Cavallius, n° 9), deux contes poméraniens (Knoop, pp. 224 et 236) et un conte polonais (Tœppen, p. 154). Dans ces quatre contes, la princesse arrive aussi avec une armée ou une flotte devant la ville du roi.

2. Pour cet épisode, comparer le conte italien n° 37 de la collection Comparetti, mentionné plus haut. Le prince est, là aussi, aidé par un ogre. — Dans le conte avare cité plus haut, c'est une vieille ogresse qui aide le héros.

Bakawali endormie et emporte l'anneau de celle-ci. De retour, il délivre ses frères, toujours prisonniers de la courtisane, sans se faire connaître d'eux, et les suit, déguisé en fakir. Les entendant se vanter d'avoir la rose, il a l'imprudence de leur dire que c'est lui qui la possède et de le prouver en rendant la vue à un aveugle. Ses frères lui prennent la rose, l'accablent de coups et retournent chez leur père, à qui ils rendent la vue. — La suite de ce roman hindoustani serait trop longue à raconter ici en détail. Elle se rapproche de plusieurs contes du type de l'*Eau de la vie*. Bakawali, surprise de la disparition de sa rose et de son anneau, se met à la recherche du ravisseur. Elle finit par le trouver ; les méchants frères sont démasqués, et Taj-Ulmuluk, qui a été secouru dans sa détresse par sa protectrice Hammala, épouse Bakawali.

Dans l'Inde encore, nous trouvons un autre récit dans lequel on reconnaîtra facilement, malgré de nombreuses particularités, plusieurs traits des contes que nous avons étudiés dans ces remarques. C'est un conte populaire qui a été recueilli dans le Bengale (*Indian Antiquary*, t. IV, 1875, p. 54 et suiv.). En voici le résumé : Un roi a deux fils, Chandra et Siva Dâs, nés de ses deux femmes, Surâni et Durâni. Il ne peut souffrir Siva Dâs ni sa mère, et il les a relégués dans une cabane où ils vivent d'aumônes. Siva Dâs est très dévot au dieu Siva, et il en a reçu un sabre qui donne la victoire à son possesseur, le protège contre les dangers et le transporte où il le désire. Or, une nuit, le roi fait un rêve merveilleux, auquel il ne cesse de penser : il a vu endormie une femme dont la beauté illumine tout un palais ; chaque fois qu'elle respire, une flamme sort de ses narines, comme une fleur. Il déclare à son premier ministre que, si celui-ci ne lui montre pas « son rêve », il le fera mettre à mort. Le premier ministre part aussitôt avec Chandra et une nombreuse suite. Entendant parler du songe de son père, Siva Dâs fait demander au roi la permission de se mettre lui aussi en campagne. « Qu'il parte si bon lui semble, dit le roi ; s'il meurt, je n'en serai pas fâché : il n'est pas mon fils. » Siva Dâs se fait transporter par son sabre à la place où sont Chandra et ses compagnons, qu'il trouve arrêtés par une forêt. Grâce à son sabre, Siva Dâs peut traverser cette forêt, et, arrivé à un village, il se met aux gages d'un roi qui, en récompense d'un grand service rendu, lui donne sa fille en mariage. Puis il se fait transporter dans le pays des *râkshasas* (mauvais génies, ogres). Pris par deux râkshasas, il est apporté par eux à leur roi qui, loin de vouloir le manger, le prend en amitié et le marie à sa fille. Un jour Siva Dâs raconte au roi des râkshasas l'histoire du rêve. Le roi lui dit que ce « rêve » existe, et il le renvoie à certain ascète qui vit dans la forêt. L'ascète donne à Siva Dâs le moyen de trouver l'*apsara* (danseuse céleste) que son père a vue en songe et de conquérir sa main [1]. L'apsara ne reste que quelque temps avec Siva Dâs et lui donne en le quittant une flûte qui lui servira à la faire venir auprès de lui quand il le voudra. Siva Dâs retourne auprès de son beau-père le râkshasa, qui lui fait encore épouser sa nièce ; puis il s'arrête chez le roi, son autre beau-père, et se fait transporter par le sabre, lui et ses trois femmes, à l'endroit où sont restés Chandra et le premier ministre. Sur une question de Chandra, il lui dit qu'il

---

1. Nous étudierons ce passage en détail à l'occasion de notre no 32, *Chatte blanche*.

a trouvé le « rêve » du roi. Chandra en conclut que ce « rêve » est l'une des
trois femmes que Siva Dâs a ramenées, et il complote avec le ministre de tuer
Siva Dâs et de s'emparer de ses femmes. Un jour, il invite Siva Dâs à jouer
avec lui aux dés sur la margelle d'un puits. Siva Dâs, soupçonnant quelque
mauvais dessein, dit à ses femmes que, si Chandra le précipite dans le puits,
il faudra qu'elles y jettent aussitôt leurs beaux vêtements et leurs ornements.
Chandra l'ayant effectivement poussé dans le puits, où le sabre merveilleux
l'empêche de périr, elles font ce que Siva Dâs leur avait prescrit, et celui-ci
prend tous ces objets avec lui. Quand Chandra arrive à la cour de son père,
le roi, très joyeux, invite d'autres rois à venir voir son « rêve », et Surâni,
la mère de Chandra, envoie dire à Durâni, la mère de Siva Dâs, de venir la
trouver. Cependant Siva Dâs s'est transporté en secret dans sa maison, et il dit
à sa mère d'aller chez Surâni et de se parer des habits et des ornements qu'il
a rapportés du pays des râkshasas (ceux que ses femmes lui ont jetés dans le
puits) : personne n'a jamais vu de ces ornements et personne ne peut les
imiter. Quand les trois jeunes femmes remarquent les vêtements et les
ornements que porte Surâni, elles se disent l'une à l'autre que ce doit être la
mère de leur mari [1]. Pendant ce temps, les rois se sont tous réunis, et Chandra
doit leur montrer le « rêve. » Il va trouver les jeunes femmes, et, voyant
qu'elles ne savent rien du rêve, il s'enfuit par une porte dérobée. Les trois
princesses révèlent alors ce qui s'est passé. Chandra et sa mère sont bannis ;
Siva Dâs et Durâni, mis à leur place. Siva Dâs fait venir sa femme l'apsara,
et le roi le fait monter sur son trône.

Enfin, un autre conte indien, lui aussi du Bengale, présente, sous une
forme très touffue, un thème du même genre, avec quelques traits de nos
nos 1 et 52, *Jean de l'Ours* et *la Canne de cinq cents livres*. Voici le résumé de ce
conte indien (*Indian Antiquary*, 1872, p. 115) : Un roi avait deux « reines »,
Duhâ et Suhâ. Cette dernière avait deux fils ; Duhâ n'en avait qu'un, et il
était boiteux. Une nuit, le roi rêva qu'il voyait un arbre dont le tronc était
d'argent ; les branches, d'or ; les feuilles, de diamant ; et des paons se jouaient
dans les branches et mangeaient les fruits, qui étaient des perles. Quand le roi
eut ce spectacle devant les yeux, il perdit subitement la vue, et ensuite il rêva
encore que, s'il était en présence de l'arbre merveilleux, il la recouvrerait :
autrement, il demeurerait aveugle pour le reste de ses jours. A son réveil, le
roi, plongé dans une profonde tristesse, ne voulut dire mot à personne. Ce ne
fut qu'aux deux fils de Suhâ qu'il consentit à raconter ce qui lui était arrivé.
Les princes dirent à leur père qu'ils trouveraient le moyen de découvrir l'arbre ;
ils montèrent à cheval et se mirent en campagne. — Le pauvre boiteux, fils de
Duhâ, ayant appris ce qui s'était passé, dit à sa mère qu'il voudrait, lui aussi,
se mettre à la recherche de l'arbre. Sa mère lui répondit que le roi ne pouvait
le souffrir et qu'il n'y fallait pas penser. A la fin, pourtant, elle l'envoya

---

1. Nous donnons ce passage assez au long, — bien qu'il ne se rapporte pas aux contes du type du
nôtre, — à cause des ressemblances qu'il présente avec un passage de notre conte de *Jean de l'Ours*
(nº 1 de cette collection). Dans le conte indien comme dans le conte lorrain, ce sont des bijoux
merveilleux, dons de trois princesses, qui font connaître à celles-ci, quand elles les revoient, la
présence non loin de là du héros que des traîtres avaient abandonné au fond d'un puits. — Comparer,
pour la combinaison de ce thème des bijoux avec celui de l'*Oiseau d'or*, le conte grec moderne nº 51
de la collection Hahn.

demander la permission au roi. Le prince se rendit au palais, mais il n'osa s'approcher de son père. Après un entretien avec son premier ministre, qui lui fit connaître les intentions du prince, le roi dit à ce dernier de faire comme bon lui semblerait ; il lui donna un peu d'argent et un cheval, et le congédia. — Le prince alla trouver sa mère et, en la quittant, il lui donna une certaine plante : « Mère, » lui dit-il, « ayez soin de cette plante et regardez-y chaque jour : si vous la voyez se flétrir, vous connaîtrez par là qu'il me sera arrivé quelque malheur ; si elle meurt, ce sera signe que moi aussi je serai mort ; si elle est bien fleurie, vous pourrez être sûre que je serai en bonne santé [1]. » — Le prince se mit en route et il rejoignit ses frères, qu'il trouva assis au pied d'un arbre. Le soir venu, les deux fils de Suhâ se couchèrent par terre et s'endormirent ; le fils de Duhâ veilla. Or, au sommet de l'arbre il y avait un nid d'oiseaux ; le père et la mère étaient justement allés chercher à manger pour leurs petits. Tout à coup le prince vit un serpent qui s'enroulait autour de l'arbre et qui grimpait vers le nid ; il tira son épée et tua le monstre. Les oiseaux étant revenus, leurs petits leur apprirent ce qui s'était passé et leur demandèrent qui étaient ces trois hommes. Après avoir entendu l'histoire des princes, les petits demandèrent à leurs parents si ces princes trouveraient l'arbre merveilleux. La mère répondit qu'ils le trouveraient s'ils descendaient dans le puits qui était au pied de l'arbre. Or, pendant cette conversation, le fils de la reine Duhâ était éveillé, et il entendit tout. Le matin, il en parla à ses frères et leur demanda s'ils voulaient descendre dans le puits ; mais ils lui dirent d'y aller lui-même, pensant qu'il périrait. Le jeune homme n'hésita pas ; il s'attacha à une corde et dit à ses frères de le descendre dans le puits et de le remonter quand il agiterait la corde.

Les aventures du prince dans le monde inférieur et la manière dont il délivre une femme, prisonnière de *râkshasas*, ont été résumées dans les remarques de notre n° 15, *les Dons des trois animaux*. — Pendant quelque temps, le prince et la femme qu'il a délivrée et qu'il a épousée vivent tranquillement, quand un jour l'envie prend au prince de voir le pays. (Nous abrègerons cette partie du conte.) Le prince se propose d'abord de visiter la « partie nord ». La femme lui dit de ne pas aller à l'extrémité le plus au nord. Le prince désobéit, et, à la suite de diverses circonstances, il est métamorphosé en mouton. La femme le délivre. — Dans la partie sud et dans la partie est, il est encore, en conséquence de sa désobéissance, changé en animal : en singe d'abord, puis en cheval, et encore délivré par la femme. — Dans la partie ouest, il va également dans un endroit où il lui était défendu d'aller. Là, il arrive auprès d'un puits, dans lequel étaient tombés un homme, un tigre, un serpent et une grenouille. Homme et animaux l'appellent à leur secours. Le prince déroule la toile de son turban, la fait descendre dans le puits et retire d'abord le tigre. « Prince, » lui dit le tigre, « si jamais il vous arrive malheur, pensez à moi, et j'accourrai pour vous aider ; mais surtout ayez soin de ne jamais prêter assistance à une créature qui n'a pas de queue. » Ensuite le prince retire le serpent, qui lui tient le même langage que le tigre. Il passe alors à la grenouille (animal sans queue), qui lui crache au visage et s'en va ;

---

1. Ce trait est à ajouter aux rapprochements faits dans les remarques de notre n° 5, *les Fils du Pêcheur* (pp. 70 et suivantes).

puis à l'homme (créature également sans queue), qui, pour tout remerciement, lui lie pieds et poings et le jette dans le puits. Le prince est encore délivré par la femme [1]. — Quelque temps après, le prince réfléchit qu'il s'était mis en campagne pour chercher le remède qui devait guérir son père, et voilà qu'il a rencontré cette femme et tout oublié. Il se met à pleurer. La femme lui demande ce qui le chagrine; il le lui explique, et elle dit qu'il faut en effet partir. Elle met des provisions pour plusieurs jours dans une calebasse; mais ensuite elle continue à s'occuper tranquillement de son ménage, sans avoir l'air de songer au départ. Le prince, furieux de cette conduite, prend un grand couteau et coupe en deux la femme d'un seul coup. A peine l'avait-il fait que les jambes de la femme devinrent un tronc d'argent; ses deux bras, des branches d'or; ses mains, des feuilles de diamant; tous ses ornements, des perles, et sa tête, un paon, dansant dans les branches et mangeant les perles. A cette vue, le prince comprit que c'était là l'arbre même qu'il cherchait, et il se dit que c'était grand'pitié qu'il eût tué la femme en cet endroit; car, s'il l'avait amenée à son père, il aurait pu le guérir, tandis que l'arbre était trop grand pour qu'il pût le transporter. Il était au moment de le couper en morceaux, quand le couteau lui échappa des mains : à peine eut-il touché le sol, que l'arbre disparut, et à sa place se trouva la femme, qui dit au jeune homme : « Prince, si j'ai paru ne pas faire attention à votre impatience de partir, c'était pour vous donner l'occasion de voir l'arbre. Maintenant, en me tuant, vous pourrez faire paraître l'arbre devant votre père : quand vous laisserez tomber le couteau par terre, je reprendrai ma forme naturelle. Allons donc trouver mon beau-père et lui rendre la vue. » — Ils allèrent au puits par lequel le prince était descendu et agitèrent la corde. La femme dit au prince : « Faites-vous remonter le premier; autrement, quand vos frères m'auront vue, ils ne voudront plus vous tirer d'ici. » Mais le prince répondit : « Si je remonte le premier et que vous ne me suiviez pas, mon père ne sera pas guéri. » Ils convinrent alors de remonter tous les deux ensemble. — Quand ils furent arrivés en haut, les frères du prince, voyant la beauté de la femme, résolurent de la prendre pour eux-mêmes et de se débarrasser du fils de la reine Duhâ en le jetant à la mer alors qu'ils s'embarqueraient pour revenir dans leur pays; ils diraient à leur père qu'ils avaient longtemps cherché l'arbre merveilleux, mais qu'ils n'avaient pu le trouver et qu'ils avaient ramené seulement une femme. — Ils exécutent leur projet et jettent le prince à la mer, pieds et poings liés. La femme, qui de l'intérieur du vaisseau a vu ce qui s'est passé, jette au prince la calebasse qu'elle a emportée : le prince se met dessus, et, quand il a faim, il mange des provisions qui y sont renfermées. A la fin, il pense au serpent; celui-ci arrive, et, donnant sa queue à tenir au prince, il le tire sur le rivage et lui dit ensuite de penser à son ami le tigre pour que ce dernier vienne briser ses liens. — Cela fait, le prince se rend chez sa mère, puis chez son père, à qui il raconte ses aventures. Le roi lui dit alors que, si le jeune homme peut changer la femme en arbre d'argent, elle lui appartiendra, et que, s'il lui rend la vue, à lui, il aura tout son royaume. Le prince fait ce qui lui est demandé, il devient roi et ses frères sont bannis.

---

1. Pour cet épisode, voir l'étude de M. Th. Benfey sur un conte du *Pantchatantra* (I, p. 193 seq.).

XX

RICHEDEAU

Il était une fois un pauvre homme, appelé Richedeau, qui avait autant d'enfants qu'il y a de trous dans un tamis. Il envoya un jour un de ses petits garçons chez le seigneur du village pour lui emprunter un boisseau. « Qu'est-ce que ton père veut faire d'un boisseau ? » demanda le seigneur. « Est-ce pour mesurer vos poux ? — Monseigneur, » répondit l'enfant, « il veut mesurer l'argent qu'il vient de rapporter à la maison. » Bien que le seigneur n'y crût guère, il dit à une servante de donner le boisseau. Richedeau mesura donc son argent et renvoya ensuite le boisseau ; comme il ne l'avait pas bien secoué, on trouva au fond trois louis d'or.

Le seigneur, fort surpris, alla aussitôt chez Richedeau. « Comment as-tu fait, » lui demanda-t-il, « pour avoir tant d'argent ? — Monseigneur, » répondit Richedeau, « j'ai porté à la foire la peau de ma vache, et je l'ai vendue à raison d'un louis chaque poil. — Est-ce bien vrai, ce que tu me dis là ? — Rien n'est plus vrai, monseigneur. — Eh bien ! je vais faire tuer les cinquante bêtes à cornes qui sont dans mon étable, et j'en retirerai beaucoup d'argent. » Le seigneur fit donc venir des bouchers qui abattirent tous ses bœufs et toutes ses vaches ; puis il envoya ses gens porter les peaux à la foire pour les vendre à raison d'un louis chaque poil. Mais les valets eurent beau offrir leur marchandise ; dès qu'ils faisaient leur prix, chacun leur riait au nez, et ils revinrent sans avoir rien vendu.

Le seigneur, furieux de sa mésaventure, courut chez Richedeau pour décharger sa colère sur lui. Celui-ci l'aperçut de loin, et

il dit à sa femme : « Voilà monseigneur qui vient pour me
quereller. Mets-toi vite au lit et fais la morte. » En entrant dans
la cabane, le seigneur remarqua l'air affligé de Richedeau.
« Qu'as-tu donc ? » lui demanda-t-il. — « Ah ! monseigneur, ma
pauvre femme vient de trépasser ! — Mon ami, » lui dit le
seigneur, « je te plains : c'est un grand malheur. » Et il s'en
retourna sans songer aux reproches qu'il voulait faire à
Richedeau.

« Voilà qui est bien pour le moment, » dit alors la femme de
Richedeau ; « mais plus tard, quand monseigneur me verra sur
pied, qu'aurai-je à lui dire ? — Tu lui diras que je t'ai soufflé
dans l'oreille, et que cela t'a ressuscitée. »

Quelque temps après, le seigneur, passant par là, vit la femme
de Richedeau assise devant sa porte. « Quoi ! » dit-il, « c'est
vous, madame Richedeau ? je vous croyais morte et enterrée. —
Monseigneur, » répondit-elle, « j'étais morte en effet, mais mon
mari m'a soufflé dans l'oreille, et cela m'a fait revenir. — C'est
bon à savoir, » pensa le seigneur ; « il faudra que j'en fasse
l'essai sur ma femme. » De retour au château, il n'eut rien de
plus pressé que de tuer sa femme ; ensuite il lui souffla dans
l'oreille pour la ranimer, mais il eut beau souffler, la pauvre
femme ne bougea pas.

Le seigneur, au désespoir, fit atteler sur le champ son carrosse,
et partit avec plusieurs valets pour se saisir de Richedeau. On
l'enchaîna et on l'enferma dans un sac que l'on mit dans le
carrosse ; puis on se remit en route et l'on arriva dans un pré,
au bord d'un grand trou rempli d'eau. Richedeau fut déposé sur
l'herbe ; mais, au moment où on allait le jeter dans l'eau, les
cloches sonnèrent la dernière laisse pour l'enterrement de la
femme du seigneur. Celui-ci revint en toute hâte au château avec
ses gens, afin de n'être pas en retard pour la cérémonie.

Richedeau, resté seul dans son sac au milieu du pré, se mit à
dire à haute voix : « Pater, Pater. » Un berger, l'ayant entendu,
s'approcha de lui et lui demanda : « Que fais-tu là, et qu'as-tu à
dire Pater ? » Richedeau répondit : « Je dois rester là-dedans
jusqu'à ce que je sache le Pater, et je ne puis en venir à bout ;
on voudrait me faire curé. — Cela m'irait bien, à moi, d'être
curé, » dit le berger ; « je sais le Pater tout au long. — Eh
bien ! » dit Richedeau, « veux-tu te mettre à ma place ? — Volon

tiers, » dit l'autre. Quand Richedeau fut sorti du sac, il y enferma le berger et partit avec les moutons.

Cependant le berger, dans le sac, disait et redisait son Pater sans se lasser. Après l'enterrement, le seigneur revint au pré avec ses gens et leur ordonna de prendre le sac et de le jeter dans l'eau. Le pauvre berger eut beau crier : « Mais je sais mon Pater tout au long. » On ne fit pas attention à ses cris, et on le jeta dans le trou.

Richedeau retourna le soir au village avec les moutons. Le seigneur le vit passer. « Comment, » lui dit-il, « tu n'es pas mort ? — Non, monseigneur ; il aurait fallu me jeter un peu plus loin. — Mais, » dit le seigneur, « où donc as-tu trouvé ces moutons ? — Au fond de l'eau, monseigneur : à quelques pieds plus loin, on trouverait mieux encore. Oh! les beaux moutons! Si vous voulez, monseigneur, je vous les ferai voir. »

Le seigneur suivit Richedeau, qui emmena son troupeau avec lui. Quand ils furent arrivés au bord de l'eau, où se reflétait l'image des moutons : « Regardez, » dit Richedeau, « regardez, monseigneur, les beaux moutons que voilà ! »

Aussitôt le seigneur sauta dans l'eau pour les aller prendre, et il se noya. Quant à Richedeau, il devint le seigneur du village.

REMARQUES

Comparer nos nᵒˢ 10, *René et son Seigneur ;* 49, *Blancpied*, et 71, *le Roi et ses Fils*.

*
* *

On remarquera la lacune qui existe dans l'introduction. Rien n'explique comment le héros, un « pauvre homme », se trouve tout d'un coup en état de mesurer l'or au boisseau. Dans les autres contes analogues, la fortune du héros a diverses origines. Ainsi, un conte bourguignon (Beauvois, p. 218) fait précéder l'histoire du boisseau d'une introduction voisine de celle de notre nᵒ 10, *René et son Seigneur* : Jean-Bête va vendre au marché une peau de vache. En passant dans une forêt, il est surpris par la nuit et monte sur un arbre, au pied duquel des voleurs viennent justement s'asseoir pour partager leur butin. Il laisse tomber la peau de vache; les voleurs croient que c'est le diable et s'enfuient. Jean-Bête ramasse les écus, et, de retour chez lui, voulant les mesurer, il emprunte le boisseau du seigneur. Celui-ci a mis de la poix au fond pour savoir ce que le pauvre homme pouvait avoir à mesurer. Quand il voit les pièces d'argent qui sont restées dans le boisseau, il court chez Jean-Bête et lui demande comment il a eu cet argent. « Je l'ai eu pour ma peau de vache. » Le seigneur fait tuer toutes ses vaches et en envoie les peaux au marché; mais personne ne veut en donner le prix exorbitant qu'il en demande. Alors il fait mettre Jean dans un sac pour qu'on le jette dans la rivière, etc. — Dans un conte de la Basse-Bretagne (Luzel, *Contes bretons*, p. 85), l'introduction est à peu près la même. Comme dans notre conte, le héros fait demander expressément au seigneur de lui prêter un boisseau « pour mesurer son argent ». — Comparer un conte de l'Allemagne du Nord (Müllenhoff, p. 461) et un conte de la Haute-Bretagne (Sébillot, *Littérature orale*, p. 128). Dans ce dernier, le héros trouve un trésor.

Dans un conte toscan (Nerucci, n° 21), tout à fait du même genre pour l'introduction que le conte bourguignon et le conte breton, le détail du boisseau n'existe pas; mais, en revanche, ce conte présente un trait du conte lorrain qui manquait dans les contes précédents : Zufilo dit à ses deux frères, qui s'étonnent de lui voir tant d'argent, qu'il a vendu sa peau de vache *à raison de deux sous le poil.* (Les autres contes n'ont pas ce petit détail : le héros dit simplement qu'il a eu son argent comme prix de sa peau de vache.)

Mentionnons encore un conte lithuanien (Schleicher, p. 121) et un conte danois cité par M. Kœhler (*Orient und Occident*, II, p. 497), qui, l'un et l'autre, ont une introduction dans laquelle intervient la peau de vache, mais d'une tout autre façon que dans les contes précédents, et qui présentent ensuite l'épisode du boisseau.

*
* *

Nous avons dit, dans les remarques de notre n° 10, *René et son Seigneur*, que les contes de cette famille se partagent en deux groupes. Dans le premier, celui auquel appartient ce n° 10, le héros vend des objets auxquels il attribue des vertus merveilleuses. Dans le second, il ne vend rien à ses dupes, mais il a l'adresse de les amener à se faire le plus grand tort à elles-mêmes. C'est à ce second groupe que se rattache *Richedeau*.

Dans le plus grand nombre des contes de ce second type, se trouve, après une introduction qui motive de diverses façons l'enrichissement subit du héros, un passage où, comme dans notre conte, les dupes font tuer leurs vaches pour en vendre la peau. Nous mentionnerons, entre beaucoup d'autres, un conte écossais (Campbell, n° 39), un conte irlandais (*Hibernian Tales*, p. 61), un conte grec moderne de la Terre d'Otrante (Legrand, p. 177).

Plusieurs de ces contes ont, en outre, un second épisode où le héros, dont on a tué la mère, fait en sorte que ses ennemis tuent leur mère à eux. Ainsi, dans le conte écossais de la collection Campbell, les deux voisins de Domhnull, pour se venger de lui, jettent sa mère dans un puits. Domhnull retire le corps, le revêt de ses plus beaux habits et le porte à la ville, où il le dépose dans la cour du château royal, en lui donnant la posture d'une personne assise sur la margelle d'un puits. Ensuite il s'arrange de telle manière qu'une servante du roi heurte, sans le vouloir, la vieille femme et la fait tomber dans le puits; là dessus, grandes lamentations de Domhnull, qui obtient du roi cinq cents livres sterling d'indemnité. Revenu chez lui, il dit à ses deux ennemis qu'à la ville on donne beaucoup d'argent des vieilles femmes mortes. Les deux hommes s'empressent de tuer leurs mères ; mais naturellement on ne leur donne rien du tout. Alors ils veulent jeter Domhnull à l'eau, etc.

*
**

Un détail de *Richedeau*, qui ne se trouve pas dans notre n° 10, — le passage où Richedeau montre au seigneur l'image des moutons se reflétant dans l'eau, — existe dans certains contes étrangers de cette famille : dans un conte lithuanien (Schleicher, p. 127), dans un conte allemand (Prœhle, II, n° 15). Comparer un conte oldenbourgeois (Strackerjan, II, p. 288). — Ailleurs, dans des contes allemands (Grimm, n° 61 ; Müllenhoff, p. 461), c'est l'image de nuages floconneux que le héros montre aux villageois, en leur faisant croire que ce sont des moutons.

*
**

Le petit poëme du xie ou peut-être du xe siècle, que nous avons eu déjà occasion de rapprocher, pour l'ensemble, de notre n° 10 (p. 114), a une introduction tout à fait analogue à celle de *Richedeau* : Un pauvre paysan ne possède qu'un bœuf. La bête étant venue à mourir, il en vend la peau à la ville. En revenant, il trouve sur son chemin un trésor. Rentré chez lui, il emprunte à un des gros bonnets du village un boisseau pour mesurer son argent. Il est épié et accusé de vol. Il dit alors qu'il a eu l'argent pour sa peau de vache, que les peaux sont hors de prix. Les trois plus riches du village tuent tout leur bétail, etc. Suit l'histoire de la trompette qui ressuscite les morts et de la jument qui fait de l'or, et le dénouement ordinaire.

Un conte allemand publié, en 1559, par Valentin Schumann, dans son *Nachtbüchlein* (Kœhler, *Orient und Occident*, II, p. 490), appartient tout entier au second groupe. Nous y retrouvons non seulement l'épisode des vaches tuées, mais aussi le second épisode (la mère du héros tuée), incomplet, il est vrai.

*
**

En Orient, un petit poëme recueilli chez une des tribus tartares de la Sibérie méridionale (Radloff, I, p. 302) se rattache tout à fait au second groupe, et, par conséquent, plus spécialement à *Richedeau*. En voici le résumé : Il était une fois trois frères. L'un d'eux était bête et se nommait Tschælmæsch. Un jour, il s'en va en voyage sur son chameau. Invité à passer la nuit dans une maison où il s'arrête, il répond : « Non ; j'ai peur que vos quatre chameaux ne mangent le mien. — S'ils le mangent, nous te les donnerons tous les quatre à la place. » La chose arrive, et Tschælmæsch revient chez lui avec quatre chameaux. Ses frères lui demandent où il les a eus. « J'ai tué mon chameau, et je l'ai vendu pour quatre chameaux vivants. » Et il conseille à ses frères de tuer deux chameaux : eux qui sont des gens d'esprit en tireront encore meilleur parti que lui n'a fait du sien. Ses frères tuent deux chameaux et vont dans une *yourte* les offrir en vente. Ils ne reçoivent que des coups de bâton. — Ensuite Tschælmæsch tue sa mère et l'attache sur son cheval. Un marchand venant à passer, Tschælmæsch le prie de s'arrêter ; sans quoi sa mère, qui n'y voit pas, tombera de cheval. Le marchand ne l'écoute pas; Tschælmæsch fait en sorte qu'elle tombe par terre, et le marchand, qui se croit responsable de sa mort, donne mille roubles à Tschælmæsch. Celui-ci, revenu à la maison, dit à ses frères qu'il a eu l'argent pour le corps de sa mère, qu'il a vendu à un marchand : il leur conseille de tuer leurs femmes et de les vendre ensuite. Ses frères suivent son avis et sont encore une fois battus. Alors ils se saisissent de Tschælmæsch, le garrottent et le portent à quelque distance pour le brûler vif. Pendant qu'ils sont allés chercher du bois, passe un homme riche qui demande à Tschælmæsch ce qu'il fait là : « Quiconque est lié en cet endroit, répond Tschælmæsch, deviendra un homme très riche, un gros marchand. » L'autre demande à Tschælmæsch la permission de se mettre à sa place. Tschælmæsch s'empresse d'y consentir et reçoit mille roubles en récompense. Le riche est donc brûlé au lieu de Tschælmæsch. Quand les frères de ce dernier le revoient, ils sont bien étonnés. Tschælmæsch leur dit qu'il est très content d'avoir été mis à mort : leur défunt père lui a donné mille roubles. Ses frères le prient de les tuer, et Tschælmæsch, l'ayant fait, devient le seul maître de la maison.

Chez les Kabyles, nous trouvons un conte, également du second type (J. Rivière, p. 61). Ce conte est fort altéré; en voici les traits essentiels : Un orphelin ne possède qu'un petit veau. Ce veau ayant été tué, il en vend la peau pour une pièce percée. Revenant chez lui, il passe auprès de deux hommes qui viennent de faire un marché et qui ont mis leur argent en tas; il jette, sans qu'on le voie, sa pièce percée sur le tas et crie que les hommes lui ont volé de l'argent. « Combien? » lui demande-t-on. — « Cent francs et une pièce percée. — C'est faux, » disent les hommes; « il n'y a ici que cent francs. » On vérifie, et, comme on trouve cent francs et une pièce percée, on adjuge le tout à l'orphelin. Celui-ci dit alors à son oncle, chez lequel il demeure et qui est cause que son veau a été tué, qu'il en a vendu la peau telle somme, et lui conseille de tuer ses bœufs. L'autre le fait, mais il ne trouve pas d'acheteur pour les peaux. L'orphelin joue encore un autre méchant tour à son oncle. Alors celui-ci lui dit de venir avec lui pêcher à la mer. Le jeune homme rencontre un berger et lui dit que son oncle va se marier, mais que lui ne peut pas aller à la noce. Le berger s'offre à le remplacer, et l'oncle le jette à l'eau. Le soir venu, le jeune homme reparaît avec le troupeau du berger et dit à son oncle : « Tu m'as jeté dans la mer trop près du bord; si tu m'avais jeté au milieu, j'aurais mieux choisi ; maintenant je ne t'amène que des brebis noires. » L'oncle jette son fils à l'eau, mais l'enfant ne revient pas. L'orphelin trouve ensuite moyen de faire tomber son oncle et sa tante dans un gouffre, et il hérite de leurs biens.

Un épisode d'un conte afghan du Bannu, dont nous avons donné le résumé dans les remarques de notre n° 10 (p. 115), appartient aussi au second groupe : Le héros, qui a ramassé tout l'argent abandonné par une bande de voleurs, dit aux gens de son village qu'il a échangé la peau de son bœuf dans un bazar voisin contre une valeur de cent roupies. Aussitôt les gens tuent leurs bêtes et en portent les peaux au marché; mais on leur en offre seulement quelques pièces de cuivre.

Dans un conte indien du Bengale, analysé dans les mêmes remarques (p. 117), un des épisodes se rattache également au second type, et il s'y trouve un trait analogue au trait du boisseau de *Richedeau* : Six hommes auxquels le héros, un paysan, a joué plusieurs tours, brûlent, pour se venger, la maison de celui-ci. Le paysan ramasse une partie des cendres, en remplit plusieurs sacs, dont il charge un buffle, et il se met en route pour Rangpour. Chemin faisant, il a l'adresse de substituer deux de ses sacs de cendres à deux des sacs de roupies que des gens conduisent à dos de buffle chez un banquier. Il prie ensuite un des six hommes, qu'il rencontre, de porter les sacs à sa femme : auparavant *il avait enduit de gomme le fond d'un des sacs, de sorte que quelques roupies y étaient restées attachées*, et l'homme peut ainsi voir quel en était le contenu. Il va aussitôt le dire à ses camarades, et les six hommes viennent demander au paysan comment il a eu cet argent ; il répond que c'est en vendant les cendres de sa maison. Aussitôt les autres brûlent leurs maisons et s'en vont au bazar mettre les cendres en vente. Ils n'y gagnent que des coups.

Le trait des pièces d'or qui restent au fond du boisseau se retrouve dans d'autres contes orientaux, qui n'appartiennent pas à la famille de contes que nous étudions en ce moment. Ainsi dans un conte arabe des *Mille et une Nuits* (*Histoire d'Ali-Baba et des quarante Voleurs*), Cassim a mis de la poix au fond du boisseau que son frère est venu lui emprunter, et c'est ainsi qu'il découvre qu'Ali-Baba a mesuré de l'or. — Dans d'autres contes, c'est à dessein que les pièces de monnaie ont été laissées dans le boisseau. Ainsi, dans le conte de *Boukoutchi-Khan*, le pendant du *Chat Botté* chez les Avares du Caucase, le renard, qui remplit le rôle du chat, va emprunter au Khan un boisseau pour mesurer, lui dit-il, l'argent, puis l'or de son maître ; et, chaque fois, il a soin d'enfoncer dans une fente du boisseau l'unique pièce d'argent ou d'or qu'il possède (Schiefner, n° 6, p. 54). Il en est de même dans le conte sibérien correspondant, recueilli chez les Tartares riverains de la Tobol (Radloff, t. IV, p. 359).

*
* *

Une variante que nous avons entendu raconter à Montiers-sur-Saulx a aussi l'épisode du boisseau, mais, à la différence de *Richedeau*, elle le présente d'une façon bien motivée. Voici les traits principaux de cette variante, très voisine de divers contes étrangers, par exemple d'un conte allemand de la collection Prœhle (II, n° 15) : Une fillette, qui est partie de chez ses parents parce qu'elle ne veut pas aller à l'école, s'en va par le monde en emportant sous son bras un corbeau qu'elle a pris. Ayant été accueillie dans une maison en l'absence du maître, elle regarde par une fente dans la chambre voisine de l'endroit où on l'a mise, et observe ce qui s'y passe. Le maître étant rentré, il demande à la fillette ce que c'est que la bête qu'elle tient sous son bras. « C'est un devin, » répond-elle. — « Comment ? un devin ? — Oui, c'est une bête qui sait dire tout ce qui se passe. — Est-il à vendre ? — Je vous le vendrai, si vous voulez ; mais je vais d'abord vous montrer ce qu'il sait faire. » Et elle frappe la tête du corbeau, qui se met à croasser. « Il dit qu'il y a quelqu'un de caché dans la chambre d'à côté. » L'homme entre dans la chambre et voit que c'est vrai. Puis la fillette fait dire à son corbeau qu'il y a des victuailles et du vin cachés dans le buffet. « C'est un devin véritable ! » dit l'homme ; « si cher qu'il soit, je veux l'acheter. » Il donne à la fillette beaucoup d'argent et un âne pour le porter, et la fillette s'en va plus loin. Elle vend bien cher son âne à un meunier en lui disant que c'est une « quittance » : quand on doit de l'argent, on n'a besoin que de présenter cet âne à son créancier pour n'avoir plus rien à payer [1] ; de plus, elle lui fait croire (de la même façon que René, le héros de notre n° 10) que l'âne fait de l'or. Puis elle va trouver sa marraine et la prie de lui prêter un boisseau. « Pourquoi faire ? — Pour mesurer mes écus d'or. » On lui prête le boisseau, et, quand elle l'a rendu et qu'on frappe sur le fond, il en tombe trois louis. L'explication prétendue de cette fortune, donnée non point par la fillette, mais par son père, ce qui est assez bizarre, est à peu près la même que dans *Richedeau* : c'est qu'on a vendu une vache et son veau un sou le poil. — La fin de cette variante est encore celle de *Richedeau*, mais fort confuse. L'individu qu'on veut jeter dans l'eau crie qu'il ne veut pas être *évêque*. Il en est de même dans un conte bourguignon (Beauvois, p. 218) et dans un conte allemand (*Orient und Occident*, II, p. 414).

*
* *

Une autre variante, venant toujours de Montiers-sur-Saulx, présente quelques traits particuliers : Une veuve a trois fils, François, Claude et Jean. Les deux premiers, l'un marchand de cochons, l'autre marchand de chevaux, sont mariés ; Jean demeure avec sa mère. Un jour, Jean dit à celle-ci qu'il veut aller vendre de la mélasse pour du miel. Il met de la mélasse plein un grand tonneau avec un peu de miel par dessus [2]. Il rencontre ses frères, qui lui demandent ce qu'il a à vendre, et veulent lui acheter son miel. Jean le leur fait cent écus et ne veut rien en rabattre. Les autres trouvent que c'est bien cher, mais ils finissent par donner les cent écus. Jean étant revenu chez sa mère, celle-ci lui demande à qui il a vendu sa mélasse ; il répond que c'est à ses frères. « Tu n'aurais pas dû les attraper, » lui dit-elle. François et Claude, ayant découvert la tromperie, viennent pour tuer Jean. Mais auparavant Jean s'est concerté avec sa mère. Quand ses frères arrivent, il la leur montre étendue dans son lit et leur dit qu'elle est morte ; puis il prend une flûte, lui en joue dans l'oreille, et elle se relève. François et Claude demandent à Jean combien il veut vendre la flûte. « Cent écus. — Les voilà. » Ensuite Jean met dans un sac de la mousse avec un peu de laine par dessus, et ses frères l'achètent pour de la laine. Quand ils rentrent chez eux, leurs femmes les querellent à cause de ce sot marché ; il les tuent et essaient en vain de les ressusciter au moyen de la flûte. Cependant Jean, passant près d'un troupeau, demande au berger de le lui prêter : le berger, pendant ce temps, ira à la messe. Et Jean s'en va avec le troupeau. Ses frères, qui le cherchaient pour le tuer, le rencontrent et lui demandent où il a eu ce troupeau. Il les mène sur le bord de la rivière et leur dit qu'il a sauté dedans et que c'est là qu'il a trouvé

---

1. Dans plusieurs contes étrangers, — allemand de la collection Prœhle, II, n° 54 ; tyrolien de la collection Zingerle, II, p. 414 ; danois, résumé par M. Kœhler (*loc. cit.*, p. 505) ; lithuanien de la collection Schleicher, p. 41, — le héros vend à ses dupes un chapeau que, dit-il, on n'a qu'à tourner pour se trouver avoir payé son écot dans les auberges.

2. Comparer le conte toscan de la collection Nerucci.

les moutons. Aussitôt l'un de ses frères se jette dans la rivière. *Glou, glou, glou,* fait l'eau, pendant qu'il se noie. Le second frère demande à Jean ce que dit l'autre. « Il dit que tu ailles l'aider. » Et il se noie aussi. Comme ils n'ont pas d'héritier, c'est Jean qui recueille leur fortune.

Dans un conte du nord de l'Allemagne, mentionné plus haut (Müllenhoff, p. 463), le héros explique tout à fait de la même façon que celui de la variante lorraine le *Bloubbelebloub* que fait un des paysans, en revenant à la surface de l'eau : « Il dit qu'il tient déjà un beau bélier par les cornes et qu'il faut que vous alliez l'aider. » — Dans un autre conte allemand (Grimm, nº 61), quand le maire se jette dans l'eau pour aller chercher les prétendus moutons, les paysans, entendant le bruit, *ploump!* s'imaginent qu'il leur crie de venir, et sautent tous dans la rivière. — Il se trouve, dans le conte indien du Bengale rappelé ci-dessus, un trait analogue : le héros ayant jeté dans la rivière un des six hommes, les autres entendent le bouillonnement de l'eau et demandent ce que c'est : le héros répond que c'est leur camarade qui prend un cheval.

*
* *

Aux livres du xvıᵉ siècle que nous avons cités dans les remarques de notre nº 10 (p. 114) et que l'on peut également rapprocher de *Richedeau*, nous ajouterons un épisode d'un roman satirique italien du même temps, le *Bertoldo* du maréchal-ferrant Croce (1550-1620) : Bertoldo, un rustre à qui ses plaisanteries mordantes contre les femmes ont attiré l'inimitié de la reine, est enfermé dans un sac par ordre de celle-ci et remis à la garde d'un sbire : le lendemain on doit le jeter dans l'Adige. Il fait croire au sbire qu'il a été mis dans le sac parce qu'il ne voulait pas épouser une belle jeune fille très riche. Le sbire entre dans le sac à sa place pour avoir cette bonne aubaine.

XXI

LA BICHE BLANCHE

Il était une fois un roi qui voulait se marier et qui ne savait trop laquelle prendre de deux jeunes filles. Il finit pourtant par en choisir une, et le mariage se fit.

Au bout de quelque temps, la reine accoucha d'un fils. Ce jour-là, le roi n'était pas au château : la jeune fille dont il n'avait pas voulu profita de son absence pour se glisser auprès de la reine, et, comme elle était sorcière, elle la changea en biche blanche et prit sa place. Si, dans les trois jours, personne ne délivrait la reine, elle devait rester enchantée toute sa vie. Bichaudelle seule, la servante de la reine, avait vu ce qui s'était passé, mais elle n'osa le dire à personne, car elle aurait été, elle aussi, changée en biche blanche.

Le lendemain, le roi revint au château. Il entra dans la chambre où était la sorcière, et, croyant que c'était sa femme, il lui demanda comment elle allait. « Pas trop bien, et si je ne mange de la biche blanche au bois, je mourrai. »

Le roi s'en fut à la chasse et poursuivit longtemps la biche ; mais celle-ci se cachait dans les taillis, dans les broussailles, si bien qu'il ne put l'atteindre.

La nuit, la vraie reine revint :

« Bichaudelle, ouvre-moi ta porte.
— Plaît-il, dame ? — Où est le roi ?
Le roi est-il couché ? — Oui, dame, il est au chevet,
Qui tient sa dame par la main.
— Hélas ! plus que deux nuits, mon cher fils,
Et si le roi ton père ne me délivre,
Je serai donc toute ma vie biche blanche au bois ! »

Les serviteurs entendirent tout, mais ils n'osèrent rien dire.

Le matin, le roi vint trouver la sorcière et lui demanda comment elle allait. « Pas trop bien, et si je ne mange de la biche blanche au bois, je mourrai. »

Le roi poursuivit encore la biche, mais elle se cachait dans les taillis, dans les broussailles, et il ne put l'atteindre.

La nuit, la reine revint encore :

> « Bichaudelle, ouvre-moi ta porte.
> — Plaît-il, dame ? — Où est le roi ?
> Le roi est-il couché ? — Oui, dame, il est au chevet,
> Qui tient sa dame par la main.
> — Hélas ! plus qu'une nuit, mon cher fils,
> Et si le roi ton père ne me délivre,
> Je serai donc toute ma vie biche blanche au bois ! »

Les serviteurs avaient encore entendu les paroles de la reine, et cette fois ils les rapportèrent au roi.

Le matin, le roi vint demander à la sorcière comment elle allait. « Pas trop bien, et si je ne mange de la biche blanche au bois, je mourrai. »

Le roi poursuivit la biche, mais il ne la pressa pas tant que les autres jours. La biche se cachait dans les taillis, dans les broussailles, et elle échappa au roi.

La nuit, la reine revint ; le roi s'était caché dans un coin de la chambre.

> « Bichaudelle, ouvre-moi ta porte.
> — Plaît-il, dame ? — Où est le roi ?
> Le roi est-il couché ? — Oui, dame, il est au chevet,
> Qui tient sa dame par la main.
> — Hélas ! plus que cette nuit, mon cher fils,
> Et si le roi ton père ne me délivre,
> Je serai donc toute ma vie biche blanche au bois ! »

« Non, ma bien-aimée, » s'écria le roi, « vous ne le serez pas plus longtemps. » Au même instant le charme fut rompu. Le roi fit mourir la méchante sorcière et vécut heureux avec sa femme.

REMARQUES

Ce petit conte doit être rapproché de plusieurs contes étrangers dans lesquels il ne forme qu'un épisode du récit. Celui qui lui ressemble le plus, à notre connaissance, est un conte suédois (Cavallius, p. 142) : dans ce conte, la mère de la fausse reine demande au roi, pour guérir sa fille, le sang de la petite cane, qui n'est autre que la vraie reine, comme la sorcière demande à manger de la biche blanche [1]. Là aussi, la reine revient trois nuits ; chaque fois elle demande au petit chien ce que fait la sorcière, etc.

Dans un conte russe (Ralston, p. 184), la reine, changée en oie sauvage par sa marâtre, qui lui a substitué une sienne fille, revient également trois nuits de suite, sous sa véritable forme, pour allaiter son enfant. La troisième fois, il faudra qu'elle s'envole pour toujours « par delà les sombres forêts, par delà les hautes montagnes. » — Comparer les contes allemands nos 11 et 13 de la collection Grimm.

Dans un conte catalan (*Rondallayre*, III, p. 149), une reine a été changée en colombe blanche par une *gitana*, qui a pris sa place auprès du roi ; elle vient plusieurs fois sous cette forme demander au jardinier du château comment se trouve le roi avec sa « reine noire » et ce que fait son enfant à elle. — Comparer le conte portugais no 36 de la collection Braga et un conte espagnol, recueilli au Chili et publié dans la *Biblioteca de las tradiciones populares españolas* (I, p. 109).

Un conte grec moderne (J.-A. Buchon, *La Grèce continentale et la Morée*, p. 263, reproduit dans la collection E. Legrand, p. 140) présente ainsi le même épisode : Les deux sœurs aînées de la reine, jalouses de celle-ci, s'introduisent dans sa chambre le jour où elle met au monde un fils, et enfoncent une épingle magique dans la tête de l'accouchée. Aussitôt la jeune reine est changée en un petit oiseau qui s'envole, et une de ses sœurs se met dans le lit à sa place. Le roi, qui avait coutume de déjeuner au jardin, voit un jour un joli petit oiseau qui lui dit : « Prince, la reine-mère, le roi et le petit prince ont-ils bien dormi la nuit passée ? — Oui, » dit le roi. — « Que tous dorment du sommeil le plus doux ; mais que la jeune reine dorme d'un sommeil sans réveil, et que tous les arbres que je traverse se sèchent. » La verdure et les fleurs se flétrissent en effet. Les jardiniers demandent au roi la permission de tuer l'oiseau, mais le roi le leur défend. Plusieurs jours de suite, le petit oiseau revient ; il se pose sur les genoux du roi et mange avec lui. Un jour le roi, l'examinant, voit sur sa tête une épingle. Il la retire, et sa vraie femme reparaît à ses yeux. — Dans un conte breton (Luzel, *Légendes*, II, p. 303), la vraie reine est aussi changée en oiseau, par la vertu magique d'une

---

[1]. Ce trait se rencontre dans des contes qui diffèrent du nôtre pour tout le reste. Ainsi, dans un conte grec moderne, recueilli dans l'Asie Mineure (Hahn, no 49), une jeune fille, fiancée d'un prince, est changée en un poisson d'or par une négresse qui prend sa place auprès du prince. Voyant que celui-ci a beaucoup de plaisir à regarder le poisson d'or, la négresse fait la malade et dit que, pour qu'elle soit guérie, il faut qu'on tue le poisson et qu'on lui en fasse du bouillon. — De même, dans une variante italienne, la négresse demande à manger pour se guérir une tourterelle qui est en réalité la vraie fiancée du prince (Comparetti, no 68).

épingle, que sa marâtre lui a enfoncée dans la tempe. Elle vient, trois nuits de suite, se plaindre auprès de son enfant nouveau-né : si personne ne la délivre en retirant l'épingle, elle restera pour toujours oiseau bleu dans le bois. Le roi, prévenu après la seconde nuit par son valet de chambre, retire l'épingle magique [1].

Mentionnons enfin le conte allemand n° 135 de la collection Grimm, et un conte lithuanien (Chodzko, p. 315). Dans ces deux contes, une marâtre, qui conduit sa belle-fille à un roi que celle-ci doit épouser, la jette dans l'eau en la transformant en cane, et lui substitue sa propre fille. Trois nuits de suite, la cane vient au palais du roi et (dans le conte allemand) demande ce que devient son frère et ce que fait le roi, ou (dans le conte lithuanien) va pleurer sur le cercueil de son frère. — Comparer un conte islandais (Arnason, p. 235) et deux contes siciliens (Gonzenbach, n°s 13 et 33).

*
* *

La collection de miss M. Stokes nous fournit un conte indien à rapprocher de ces récits. Dans ce conte (n° 2), probablement recueilli à Bénarès, une reine, qui est morte, prie Khuda (Dieu) de lui permettre d'aller visiter son mari et ses enfants. Khuda lui permet d'y aller, mais non sous forme humaine ; il la change en un bel oiseau et lui met une épingle dans la tête en disant que, quand l'épingle serait enlevée, elle redeviendrait femme. L'oiseau va se percher la nuit sur un arbre près de la porte du palais du roi et demande au portier comment va le roi, puis comment vont les enfants, les serviteurs, etc. Et il ajoute : « Quel grand imbécile est votre roi ! » Alors il se met à pleurer, et des perles tombent de ses yeux ; ensuite il se met à rire, et des rubis tombent de son bec. Le roi qui, la nuit suivante, l'entend tenir le même langage, le fait prendre dans un filet et mettre dans une cage. En le caressant, il sent l'épingle, la retire, et sa femme se trouve là vivante devant lui.

La réflexion faite par l'oiseau montre bien qu'il y a une altération dans ce conte indien. Dans la forme primitive, ce n'était évidemment pas Khuda qui transformait la reine en oiseau ; c'était une femme qui, pour se substituer à elle auprès du roi, enfonçait dans la tête de la reine une épingle magique et la changeait en oiseau. Voilà l'explication des paroles de l'oiseau. Il veut dire que le roi est bien aveugle de ne pas voir que la fausse reine n'est pas sa femme. De plus, si l'oiseau pleure des perles, et si des rubis tombent de son bec, quand il rit, c'est que, comme dans des contes européens du même genre (par exemple, dans le conte lithuanien et dans le conte suédois cités plus haut), la reine avait ce don quand le roi l'a épousée.

Un trait d'un livre siamois (*Asiatic Researches*, t. XX, 1836, p. 345) n'est pas sans quelque analogie avec le passage de notre conte où la sorcière demande, pour se guérir, à manger de la biche blanche : Une *yak* (sorte

---

1. L'épingle qui transforme en oiseau se trouve encore dans d'autres contes, par exemple dans le conte espagnol du Chili, dans le conte portugais, et aussi dans un conte de la Flandre française (Deulin, II, p. 191 seq.) et dans un conte italien des Abruzzes (Finamore, n° 50).

d'ogresse ou de mauvais génie) a pris la forme d'une belle femme et est devenue l'épouse favorite d'un roi. Voulant se débarrasser des autres femmes du roi, douze princesses sœurs, elle feint d'être malade et dit qu'elle ne pourra guérir que si on lui donne les yeux de douze personnes nées de la même mère. Il n'y a que les douze princesses qui se trouvent dans ce cas, et le roi leur fait arracher les yeux. — Nous ferons remarquer à ce propos que, dans un des contes islandais mentionnés plus haut (Arnason, p. 443), une *troll* 1 prend aussi la forme d'une belle femme et se substitue auprès du roi à la vraie reine qu'elle a fait disparaître.

---

1. Les *trolls* jouent à peu près dans l'imagination islandaise le même rôle que les *yaks* dans l'imagination siamoise.

XXII

JEANNE & BRIMBORIAU

Un jour, un mendiant passait dans un village en demandant son pain ; il frappa à la porte d'une maison où demeurait un homme appelé Brimboriau avec Jeanne sa femme. Jeanne, qui se trouvait seule à la maison, vint lui ouvrir : « Que demandez-vous ? — Un morceau de pain, s'il vous plaît. — Et où allez-vous ? — Je m'en vais au Paradis. — Oh ! bien, » dit la femme, « ne pourriez-vous pas porter une miche de pain et des provisions à ma sœur qui est depuis si longtemps en Paradis ? Elle doit manquer de tout. Si je pouvais aussi lui envoyer des habits, je serais bien contente. — Je vous rendrais ce service de tout mon cœur, » répondit le mendiant, « mais jamais je ne pourrai me charger de tant de choses. Il me faudrait au moins un cheval. — Qu'à cela ne tienne ! » dit la femme, « prenez notre Finette ; vous nous la ramènerez ensuite. Combien vous faut-il de temps pour faire le voyage ? — Je serai revenu dans trois jours. »

Le mendiant prit la jument et partit, chargé d'habits et de provisions. Bientôt après, le mari rentra. « Où donc est notre Finette ? » dit-il. — « Ne t'inquiète pas, » dit la femme ; « tout à l'heure il est venu un brave homme qui s'en va au Paradis. Je lui ai prêté Finette pour qu'il porte à ma sœur des habits et des provisions ; elle doit en avoir grand besoin. Je lui en ai envoyé pour longtemps. Ce brave homme reviendra dans trois jours. »

Brimboriau ne fut guère content ; pourtant il attendit trois jours, et, au bout de ce temps, ne voyant pas revenir la jument, il dit à sa femme de se mettre à sa recherche avec lui. Les voilà donc tous les deux à battre la campagne. En passant près d'un endroit où l'on avait enterré un cheval, Jeanne vit un des pieds qui sortait de terre. « Viens vite, » cria-t-elle à son mari; « Finette commence à sortir du Paradis. » Brimboriau accourut, et, quand il vit ce que c'était, il fut fort en colère.

Sur ces entrefaites, survinrent des voleurs qui emmenèrent Brimboriau et sa femme. Les pauvres gens trouvèrent moyen de s'échapper, et emportèrent en se sauvant une porte que les voleurs avaient enlevée d'une maison. Comme il se faisait tard, ils montèrent tous les deux sur un arbre pour y passer la nuit, Brimboriau tenant toujours sa porte. Bientôt après, le hasard voulut que les voleurs vinssent justement sous cet arbre pour compter leur argent. Pendant qu'ils étaient assis tranquillement, Brimboriau laissa tomber la porte sur eux. Les voleurs effrayés se mirent à crier : « C'est le bon Dieu qui nous punit ! » Et ils s'enfuirent en abandonnant l'argent. Brimboriau s'empressa de le ramasser, et dit à sa femme : « Ne nous fatiguons plus à chercher Finette ; nous avons maintenant de quoi la remplacer. »

REMARQUES

Nous avons entendu raconter à Montiers-sur-Saulx ce conte de plusieurs manières.

Dans une de ces variantes, le mari, en rentrant à la maison, est si fâché en apprenant ce que sa femme a fait du cheval, qu'il décroche la porte pour la lui jeter sur le dos. Jeanne s'enfuit, Jean court après elle, tenant toujours sa porte. Survient une troupe de voleurs ; Jean et Jeanne grimpent sur un arbre avec la porte pour n'être pas aperçus. Les voleurs viennent s'asseoir au pied de l'arbre, etc.

Dans une autre version, en partant à la recherche du cheval, l'homme, aussi simple que sa femme, prend la clef de la maison et dit à sa femme de prendre la porte sur son dos, « de peur que les voleurs n'entrent » [1]. — Une troisième variante met en scène un petit garçon emportant la porte de la maison, « pour qu'elle soit bien gardée. »

Dans une quatrième variante, apparaît un nouvel élément : Un jour, un homme dit à sa femme de faire une soupe maigre. « Pourquoi maigre, » dit la femme, « puisque nous avons du lard ? — Le lard, » répond le mari, « c'est pour dor'navant (dorénavant, plus tard). » Un pauvre, qui passait, a entendu la conversation. Quand l'homme est à la charrue, il frappe et dit qu'il est

---

1. Après avoir ramassé l'argent des voleurs, l'homme et la femme empruntent un boisseau pour le mesurer, et le récit se poursuit dans le genre de notre n° 20, *Richedeau* : pour expliquer sa fortune, l'homme prétend, comme Richedeau, qu'il a vendu une vache à raison d'un louis le poil.

« Dor'navant. » La femme s'empresse de lui donner sa plus belle bande de lard et lui tire du vin. Le pauvre lui ayant fait croire qu'il revient du Paradis, elle lui parle d'une sienne fille, qui est morte. « Je la connais, » dit le pauvre; « elle sera bien aise d'avoir ses habits. » La femme les lui donne, ainsi qu'une jument pour porter tout ce bagage. A son retour le mari est bien fâché, etc.

———————

Les différents thèmes qui composent notre conte et ses variantes, figurent, soit séparés, soit réunis, dans divers autres contes français et étrangers.

Prenons d'abord le thème de l'homme qui prétend aller au Paradis ou en revenir. Nous le retrouvons dans un conte français du Vivarais (*Mélusine*, 1877, col. 135); dans un conte breton (*ibid*, col. 133); un conte basque (J. Vinson, p. 112); un conte allemand de la Souabe (Meier, n° 20); un conte suisse (Sutermeister, n° 23); un conte norwégien (Asbjœrnsen, I, n° 10); un conte anglais (Baring-Gould, n° 3); un autre conte anglais (*Mélusine*, 1877, col. 352); un conte valaque (Schott, n° 43), — tous contes dans lesquels il se présente isolé; — dans des contes de diverses parties de l'Allemagne (Grimm, n° 104; Meier, p. 303; Prœhle, I, n° 50; Müllenhoff, p. 415); un conte du Tyrol allemand (Zingerle, I, n° 14); un conte des Valaques de la Moravie (Wenzig, p. 41); un conte italien de Rome (miss Busk, p. 361); un conte irlandais (Kennedy, II, p. 13), — où il est combiné avec d'autres thèmes, souvent (dans les collections Meier, Prœhle, Zingerle, Wenzig) avec le thème de notre quatrième variante, que nous examinerons après celui-ci. — Dans un conte russe (Gubernatis, *Zoological Mythology*, I, p. 200), ce n'est pas du ciel, mais de l'enfer, qu'un soldat dit revenir, et il raconte à la bonne femme qu'il y a vu le fils de celle-ci, forcé de mener paître les cigognes et grandement à court d'argent.

Dans un bon nombre des contes de ce type, le mari ou le fils de la femme qui a été attrapée, monte à cheval quand il apprend la chose (ici le cheval n'a pas été donné par la femme), et poursuit le voleur, et celui-ci trouve encore moyen de lui escroquer son cheval.

Un conte français, inséré dans un livre publié à Paris en 1644 et intitulé : *La Gibecière de Mome ou le Trésor du ridicule* (dans Ch. Louandre : *Chefs-d'œuvre des conteurs français contemporains de La Fontaine*, Paris, 1874, p. 51), présente cette dernière forme : Un écolier mal garni d'argent arrive devant la maison d'un riche villageois, qui en ce moment est au bois. Sa femme demande à l'écolier qui il est et d'où il vient; à quoi il répond qu'il est un pauvre écolier venant de Paris. La femme, qui est simple, et qui a mal entendu, s'écrie : « Quoi! vous revenez du Paradis! » Et elle lui demande des nouvelles d'un premier mari qu'elle a eu. L'écolier lui dit que le pauvre homme n'a ni argent ni accoutrement, « et si aucuns gens de bien ne lui eussent aidé, il serait mort de faim. » La femme charge l'écolier de lui porter ses meilleurs habits avec quelques ducats. Le mari rentre, et, ayant appris l'histoire, il monte vite sur son meilleur cheval. L'écolier l'aperçoit de loin et jette sa malle dans une haie. « Avez-vous vu passer un homme portant une malle ? » lui demande le mari. — « Oui, mais dès qu'il vous a vu, il est entré dans le bois. » Le mari prie l'écolier de lui tenir son cheval et s'enfonce dans le bois. Pendant ce temps, l'écolier décampe avec la malle et le cheval. Le villageois, au retour, ne trouve ni cheval ni homme. Quand il rentre au logis, sa femme lui demande s'il a rencontré le messager. « Oui, oui, » dit-il, « et lui ai d'abondant donné mon cheval, afin qu'il fasse plus tôt le voyage en Paradis. »

Le thème que nous examinons a été plusieurs fois traité dans la littérature allemande du XVIᵉ siècle. M. Sutermeister, dans ses remarques sur le conte suisse mentionné plus haut, renvoie au livre du moine franciscain allemand Jean Pauli, *Schimpf und Ernst*, publié pour la première fois en 1519 (feuille 84 de l'édition de 1542), à une facétie de Hans Sachs, *l'Écolier qui s'en allait en Paradis* (3, 3, 18, éd. de Nuremberg), qui aurait été imitée de Pauli, et au *Rollwagenbüchlein* de Jœrg Wickram (1555, p. 179 de l'éd. de H. Kurz).

Dans l'Inde, ou plutôt dans l'île de Ceylan, il a été recueilli un conte presque entièrement semblable aux précédents (voir la revue *the Orientalist*, Kandy, Ceylan, 1884, p. 62) : Un jour, un mendiant, relevant de maladie, se présente à la porte d'une maison où il ne se trouve que la femme. Celle-ci s'étant récriée sur sa mine pâle et défaite : « Ah ! » dit le mendiant, « je reviens de l'autre monde ! » La bonne femme prend la chose à la lettre. « Si vous revenez de l'autre monde, » dit-elle, « vous devez avoir vu notre fille Kaluhâmi, qui est morte il y a quelques jours. Comment va-t-elle ? —Madame, » répond le mendiant, « elle est maintenant ma femme, et elle m'a envoyé chercher ses bijoux. » La bonne femme s'empresse de lui donner les bijoux de sa fille, en y ajoutant d'autres cadeaux. Après quoi, le mendiant prend congé. Il n'est pas encore bien loin, quand il voit le mari à cheval galoper à sa poursuite. Il monte sur un grand arbre. Le mari met pied à terre, attache son cheval et cherche à grimper sur l'arbre. Mais le mendiant est bien vite descendu; il saute sur le cheval et détale. Alors le mari, voyant qu'il ne peut l'atteindre, lui crie : « Mon gendre, dites à notre fille que les bijoux sont de sa mère, et que le cheval est de moi. »

*
* *

La quatrième variante lorraine que nous avons indiquée offre un nouveau thème, qui se présente sous diverses formes dans les contes suivants : un conte français du Quercy (*Mélusine*, 1877, col. 89); des contes allemands (Prœhle, *loc. cit.*; — Meier, *loc. cit.*; — Colshorn, nᵒ 36; — Strackerjan, II, p. 291); des contes du Tyrol allemand (Zingerle, *loc. cit.*, et II, p. 185); un conte du Tyrol italien (Schneller, nᵒ 56); un conte italien du Bolonais (Coronedi-Berti, nᵒ 12); un conte du pays napolitain (*Jahrbuch für romanische und englische Literatur*, VIII, p. 268); un conte des Valaques de la Moravie (Wenzig, *loc. cit.*); un conte croate (Krauss, II, nᵒ 106); un conte anglais (Halliwell, p. 31). Ainsi, dans tel de ces contes (Zingerle, II, p. 185), un homme s'en va en voyage en recommandant à sa femme d'être bien économe et de garder quelque chose « pour l'avenir ». Arrive un mendiant qui demande à la femme un peu de lard. « Non, » dit-elle, « je ne puis rien donner ; mon mari est parti ; il faut que je garde tout pour l'avenir. — Cela se trouve bien, » dit le mendiant, « donnez-moi le lard : c'est moi qui suis l'Avenir. » Et la femme lui donne tout le lard. — Dans tel autre (conte allemand de la collection Colshorn), un homme a mis de côté de l'argent, comme il dit en plaisantant, « pour Jean l'Hiver » (*für Hans Winter*). Pendant qu'il est parti, ses enfants demandent aux passants s'ils s'appellent Jean l'Hiver. Un compagnon cordonnier répond que oui, et ils lui donnent l'argent. Ailleurs, la sotte femme donne l'argent ou les provisions qui avaient été mis en réserve « pour le long hiver » (dans le conte allemand de la collection Prœhle), « pour le temps long » (dans le conte du Quercy), « pour le besoin » (dans le conte valaque), etc. — Dans le conte souabe de la collection Meier, un homme dit à sa femme qu'elle lui fait trop souvent manger du lard et des pommes séchées au four et qu'il faut garder cela « pour le long printemps ». Un passant qui a entendu se donne pour « le long printemps ».

Cette histoire se retrouve, elle aussi, dans la littérature du XVIᵉ siècle. M. Imbriani, dans ses *Conti pomiglianesi* (p. 227), reproduit le passage suivant de Béroalde de Verville : Mauricette, la chambrière d'une veuve, est un peu simple, « follette ». Voyant depuis longtemps un jambon dans la cheminée, elle demande à sa maîtresse si elle le mettra cuire. « Non, » dit la dame, « c'est pour les Pâques. » Mauricette parle de la chose à quelques-unes de ses amies, et le clerc d'un notaire en a vent. Un jour que la bonne femme est allée à sa métairie et qu'elle a laissé Mauricette toute seule, il vient heurter et demande madame. Mauricette dit qu'elle n'y est pas. « J'en suis bien marri, » dit l'autre, « pource que je suis Pâques, qui était venu quérir le jambon qu'elle m'a promis. » Il entre, et la chambrière le laisse prendre le jambon.

*
* *

Venons maintenant au troisième thème principal, l'aventure de la porte et des voleurs. Il ne se rencontre pas ordinairement réuni avec les deux précédents ou même avec l'un d'eux. Nous n'avons vu cette combinaison que dans le conte du Quercy et le conte bolonais mentionnés tout à l'heure.

Ce thème existe dans un conte bourguignon (E. Beauvois, p. 203) ; un conte de la Basse-Normandie (J. Fleury, p. 161) ; des contes allemands (Grimm, nᵒ 59 ; Kuhn et Schwartz, nᵒ 13) ; un conte autrichien (Vernaleken, nᵒ 39) ; des contes du Tyrol allemand (Zingerle, I, nᵒ 24 ; II, p. 50) ; un conte du « pays saxon » de Transylvanie (Haltrich, nᵒ 64 ; cf. nᵒ 62) ; un conte slave de Bosnie (Mijatowics, p. 259) ; un conte anglais (Halliwell, nᵒ 26) ; des contes italiens de Rome (Busk, p. 369 et 374) ; d'autres contes italiens (*Jahrbuch für romanische und englische Literatur*, VIII, p. 263) ; un conte catalan (*Rondallayre*, III, p. 47), et aussi, mais sous une forme mutilée, dans un conte sicilien (Gonzenbach, t. I, p. 251-252 ; Pitrè, III, nᵒ 190, p. 366), etc.

Dans nombre de ces contes, il est assez mal expliqué comment il se fait qu'on prenne la porte avec soi. Dans les uns (conte du Quercy, conte bolonais, conte autrichien), c'est parce que la femme ou le jeune homme n'a pas compris ce que lui disaient son mari ou ses frères. Ailleurs, c'est parce que la mère a dit aux enfants de bien faire attention à la porte (conte allemand de la collection Kuhn et Schwartz), ou parce que la femme se dit que celui qui est maître de la porte est maître de la maison (conte allemand de la collection Grimm), ou, comme dans notre troisième version lorraine, qu'ainsi la porte sera mieux gardée (conte bosniaque), etc.

Quelques contes présentent l'idée-mère de cet épisode sous une forme légèrement différente. Dans un conte grec moderne (Simrock, Appendice, n° 2), un fou est mis en prison; il enlève les portes et les charge sur son dos. Il monte sur un arbre avec son fardeau, puis en dormant il le laisse tomber sur des marchands, qui s'enfuient, et il prend leurs marchandises. Comparer un conte grec d'Epire (Hahn, t. II, p. 239). — Dans un autre conte épirote (*ibid*, I, n° 34), c'est une meule de moulin que le héros, fou également, laisse tomber aussi sur des marchands. Dans un conte valaque (Schott, n° 23), où nous retrouvons les voleurs, c'est un moulin à bras. Dans un conte wende de la Lusace (Veckenstedt, p. 65), un pilon à millet. — Enfin, rappelons les contes cités dans les remarques de notre n° 13, *René et son Seigneur* (contes français de l'Amiénois et de la Bourgogne, et conte toscan), où le héros laisse tomber du haut d'un arbre sur des voleurs une peau de vache.

Plusieurs des contes européens mentionnés ci-dessus en dernier lieu ont, dans l'épisode des voleurs, un trait qui se retrouve dans deux de nos variantes. Dans le conte allemand de la collection Grimm, la sotte femme a pris avec elle, outre la porte, une cruche de vinaigre et des pommes séchées au four (dans une variante, des raisins secs). Quand elle est sur l'arbre avec son mari, elle se trouve trop chargée; elle jette d'abord ses pommes sèches. « Tiens ! » disent les voleurs qui sont au pied de l'arbre, « les oiseaux fientent ! » Puis elle verse son vinaigre, et les voleurs croient que la rosée commence à tomber. Enfin elle lâche la porte. — Notre seconde variante, dont nous n'avons résumé ci-dessus qu'une partie, a un passage analogue, mais le présente d'une manière qui n'a pas grand sens.

Dans un des contes tyroliens indiqués plus haut (Zingerle, I, n° 24), les trois frères qui sont sur l'arbre sont si effrayés à la vue des voleurs, que la sueur d'angoisse dégoutte de leur front, et les voleurs croient qu'il va pleuvoir [1].

Enfin, dans divers autres contes (conte du Quercy, conte normand, conte allemand de la collection Kuhn et Schwartz, conte du « pays saxon » de Transylvanie, conte grec moderne, conte bolonais, conte catalan, et aussi conte toscan n° 21 de la collection Nerucci), ce n'est plus de la sueur qui tombe sur les voleurs, et le passage est grossier. Il se reproduit identiquement dans notre troisième variante.

---

1. Deux contes appartenant à un autre thème, celui de notre n° 16, *la Fille du Meunier*, — un conte du Tyrol allemand et un conte lithuanien, — ont ce trait ou un trait analogue. Voir les remarques de notre n° 16 (pp. 181-182).

En Orient, la collection kalmouke du *Siddhi-Kür*, originaire de l'Inde, nous fournit un récit analogue à l'épisode de la porte et des voleurs. Dans le conte nº 6, un homme traversant un steppe trouve sous un palmier un cheval mort. Il en prend la tête comme provisions de bouche, l'attache à sa ceinture et grimpe sur le palmier pour y dormir en sûreté. Pendant la nuit, arrivent des démons qui se mettent à festoyer sous l'arbre. Tandis que l'homme les regarde, la tête de cheval se détache de sa ceinture et tombe au milieu des démons, qui s'enfuient sans demander leur reste. L'homme trouve sous l'arbre une coupe d'or qui procure à volonté à boire et à manger.

Dans un petit poème ou conte recueilli chez les Tartares de la Sibérie méridionale (Radloff, I, p. 311), un fou, qui est entré avec ses deux frères dans la maison d'un Jælbægæn (sorte d'ogre) à sept têtes, parvient, après diverses aventures, à tuer ce Jælbægæn. Il lui coupe une de ses sept têtes, une main et un pied, et emporte le tout avec lui. Poursuivis par un autre Jælbægæn, celui-ci à douze têtes, les trois frères grimpent sur un arbre. Le Jælbægæn vient précisément passer la nuit au pied de cet arbre. Tout à coup, le fou dit à ses frères qu'il ne peut tenir plus longtemps la tête dont il s'est chargé, et, malgré leurs remontrances, il la laisse tomber. Le Jælbægæn, fort étonné, s'imagine qu'il y a une bataille dans le ciel, puisqu'il pleut des têtes de Jælbægæn, et, quand ensuite le fou lâche successivement la main, puis le pied qu'il portait, le Jælbægæn se dit que décidément il y a la guerre là-haut, et il s'enfuit.

Nous avons cité, dans les remarques de notre nº 10, *René et son Seigneur* (p. 115), un conte afghan qui, comme certains contes européens, réunit au thème principal de ce nº 10 une introduction dans laquelle une peau de vache, tombant du haut d'un arbre sur des voleurs en train de compter leur argent, les met en fuite.

Dans l'Inde, on peut citer d'abord un épisode d'un conte recueilli chez les Sântâls (*Indian Antiquary*, 1875, p. 258) et dont nous avons déjà fait connaître un fragment dans les remarques de notre nº 10 (p. 118) : Gouya et son frère Kanran ont, par ruse, fait périr un tigre. Ils le dépècent ; Kanran prend quelques-uns des morceaux les plus délicats, Gouya choisit les entrailles. Ils montent tous les deux sur un arbre pour y être en sûreté pendant la nuit. Or, il se trouve qu'un prince, passant par là, s'arrête avec sa suite sous l'arbre pour s'y reposer. Gouya, qui pendant tout le temps a eu dans les mains les entrailles du tigre, dit à son frère qu'il ne peut les tenir plus longtemps, et il les laisse tomber justement sur le prince endormi. Le prince se réveille en sursaut, et, voyant du sang sur lui, il s'imagine qu'il a dû lui arriver quelque accident ; il s'enfuit comme un fou, et ses serviteurs, pris de panique, le suivent, abandonnant tout le bagage, qui est pillé par les deux frères.

Un autre conte indien, recueilli dans la région du nord, chez les Kamaoniens (Minaef, nº 20), est encore à citer : Après diverses aventures, Latou, sorte d'imbécile, s'en va en voyage avec son frère Batou. Il emporte de grosses pierres, disant que dans le pays où ils vont il n'y aura peut-être pas de pierres pour faire un foyer. La nuit vient. Latou et son frère montent sur un arbre de peur d'être dévorés par les bêtes fauves, Latou tenant toujours ses grosses pierres. Arrive une noce qui s'établit juste sous l'arbre. Après avoir bien festoyé, tout le monde se couche en ce même endroit. Latou pris de douleurs d'entrailles, n'y tient plus, et, quoi que fasse son frère pour l'en empêcher, donne des signes de sa présence qui mettent la noce en émoi. Puis, n'en pouvant plus de fatigue, il veut remettre les pierres à son frère et les laisse tomber. Les gens de la noce, épouvantés, s'enfuient, laissant là la fiancée. Latou s'empare de la jeune fille et la donne à son frère, qui l'emmène chez lui. — Tout se retrouve dans ce conte indien, même le passage grossier que nous avons indiqué comme existant dans divers contes européens de ce type et dans une variante de Montiers-sur-Saulx. La fin seule diffère.

L'Inde nous fournit encore un trait qui figure dans une des variantes lorraines et dans d'autres contes de ce type. Dans la *Kathâ-Sarit-Sâgara*, la grande collection sanscrite publiée au XIIe siècle de notre ère par Somadeva, un marchand, en sortant de chez lui, dit à son valet, qui est niais : « Garde la porte de ma boutique ; je reviens dans un instant. » Le valet prend la porte sur son dos et s'en va voir des bateleurs. Tandis qu'il revient, son maître le rencontre et lui adresse une réprimande. « Mais, » répond le valet, « j'ai gardé la porte, comme vous me l'aviez dit. » (T. II, p. 77, de la traduction anglaise de M. C. H. Tawney).

*
* *

Enfin, dans certains contes, l'histoire ne s'arrête pas à la chute de la porte et à la fuite des voleurs. Ainsi, dans le conte bosniaque mentionné plus haut, le vieux et la vieille, étant descendus de l'arbre, se mettent à faire honneur au repas que les voleurs avaient préparé. L'un de ces derniers revient sur ses pas et demande au vieux et à la vieille à partager leur souper. Ils le lui permettent et s'entretiennent de diverses choses, quand tout à coup le vieux bonhomme dit au voleur : « Prenez garde ! vous avez un cheveu sur la langue ! Ne vous étranglez pas, car il n'y aurait pas moyen de vous enterrer ici. » Le voleur prend la plaisanterie au sérieux. La vieille femme lui dit : « Je vais vous ôter ce cheveu de la bouche, et cela gratis. Seulement tirez la langue et fermez les yeux. » Elle prend un couteau et lui coupe un bon bout de la langue. Le voleur s'enfuit du côté où sont allés ses compagnons, en criant : « Au secours ! » Les autres croient entendre qu'il leur dit que la police est à leurs trousses, et ils s'enfuient encore plus vite. — Comparer le conte de la Basse-Normandie : ici la bonne femme, voyant les voleurs revenir sur leurs pas, fait semblant de gratter avec un couteau la langue de son mari, et elle dit au chef des voleurs que, « quand on a été bien gratté comme cela, la mort ne peut plus rien sur vous. » Le voleur prie la bonne femme de lui rendre le même service. Alors elle lui coupe la langue, et le voleur s'enfuit vers ses cama-rades en poussant des cris inarticulés. Les voleurs croient que le diable est dans le bois, et s'enfuient aussi. (Voir encore le conte grec moderne no 34 de la collection Hahn, mentionné plus haut.)

Toute cette fin se retrouve en Orient. Dans un conte du Cambodge (E. Aymonier, p. 19), une femme astucieuse a joué à quatre voleurs le mau-vais tour de les faire entrer dans un bateau chinois, où ils sont retenus comme esclaves. En revenant chez elle, surprise par la nuit, elle monte sur un arbre pour attendre le jour. Surviennent les voleurs, qui se sont enfuis du bateau en brisant leurs chaînes. La nuit est très obscure ; ils montent sur l'arbre qui sert déjà de refuge à la femme. Trois d'entre eux s'établissent sur les branches inférieures. Le quatrième grimpe jusqu'au sommet ; il reconnaît la femme et croit tenir sa vengeance. La femme lui montre de l'argent qu'elle a, lui propose de l'épouser et de partager avec lui. Le voleur est alléché. La femme feint alors de douter de son amour. Il propose toute sorte de serments ; elle n'exige qu'un baiser donné et reçu sur la langue. Le voleur commence, et, lorsqu'elle lui rend son baiser, elle lui mord violemment la langue, dont elle enlève le bout. En même temps, elle le pousse rudement et le fait dégringoler à terre, où il se roule en poussant des cris inarticulés, *lol lol*. Les autres voleurs croient entendre les Chinois à leur poursuite. Ils sautent en bas de l'arbre, suivis par le mutilé qui s'obstine à vouloir leur parler et leur expliquer son malheur ; mais il ne peut que répéter *lol lol*, et les autres s'enfuient à toutes jambes.

Dans un conte indien du Pandjab (Steel et Temple, p. 240), cette même histoire forme le dernier épisode des aventures de la rusée femme d'un barbier avec des voleurs à qui elle joue toutes sortes de tours. Ayant réussi à s'échapper, tandis que les voleurs l'emportaient couchée dans son lit, et à grimper sur un arbre au dessous duquel ils s'étaient arrêtés, la femme a l'idée de faire la fée en chantant doucement, enveloppée de son voile blanc. Le capitaine des voleurs, homme un peu fat, s'imagine que la fée est amoureuse de lui ; il monte sur l'arbre et fait à la fée des déclarations. « Ah ! » dit-elle, « les hommes sont inconstants : touchez-moi le bout de la langue avec la vôtre, et je verrai si vous êtes sincère. » Le voleur s'empresse de tirer la langue, et la femme la lui coupe net. Il dégringole jusqu'à terre, et, quand ses compagnons l'interrogent, il ne peut leur répondre que *bul-a-bul-ul-ul*. Les voleurs le croit ensorcelé, et, craignant qu'il ne leur en arrive autant, ils s'enfuient tous. — Enfin, dans l'île de Ceylan, nous trouvons un conte du même genre que ce conte du Pandjab (voir, dans la revue *the Orientalist*, citée au commencement de ces remarques, les pages 39-40). Ici, une partie des voleurs se sont établis sous l'arbre pour faire cuire un daim. Apercevant la femme, ils lui demandent, non sans hésitation, si elle est une *râkshî* (sorte de démon). « Oui », répond la femme. Les voleurs, peu rassurés, lui offrent une part de leur venaison. « Apportez-la moi sur l'arbre », dit la femme. Un des voleurs grimpe sur l'arbre. Alors la femme lui dit : « Approchez ; mettez de la viande sur votre langue, et, sans la toucher avec votre main, introduisez-la moi dans la bouche : c'est ainsi que nous autres *râkshîs* nous recevons les offrandes des mortels. » De cette façon, elle coupe la langue au voleur.

XXIII

LE POIRIER D'OR

Il était une fois des gens riches, qui avaient trois filles. La mère n'aimait pas la plus jeune, elle l'envoyait tous les jours aux champs garder les moutons et lui donnait, au lieu de pain, des pierres dans un sac : la pauvre enfant mourait de faim.

Un jour qu'elle était à chercher des fraises, elle rencontra un homme qui lui dit : « Que cherches-tu, mon enfant ? — Je cherche quelque chose à manger. — Tiens, » dit l'homme, « voici une baguette : tu en frapperas le plus gros de tes moutons, et tu auras ce que tu pourras désirer. » Cela dit, il disparut. Aussitôt la jeune fille donna un coup de baguette sur le plus gros de ses moutons, et elle vit devant elle une table bien servie, du pain, du vin, de la viande, des confitures. Elle mangea de bon appétit, et quand elle eut fini, tout disparut. Comme elle fit de même tous les jours, elle ne tarda pas à devenir grasse et bien portante, si bien que sa mère ne savait qu'en penser.

Un jour, la mère dit à la seconde de ses filles d'accompagner sa sœur aux champs, pour s'assurer si elle mangeait. La jeune fille obéit, mais, à peine arrivée, elle s'endormit. Aussitôt la plus jeune donna un coup de baguette sur le plus gros de ses moutons : il parut une table bien servie, et elle se mit à manger; sa sœur ne s'aperçut de rien. Quand elles furent de retour : « Eh bien ! » dit la mère, « as-tu vu si elle mangeait ? — Non, ma mère, elle n'a ni bu ni mangé. — Tu as peut-être dormi ? — Oh ! point du tout. — Ma mère, » dit alors l'aînée, « j'irai demain avec elle, et je verrai ce qu'elle fera. »

Quand elles furent aux champs, l'aînée fit semblant de dormir. Alors la plus jeune donna un coup de baguette sur le mouton, la table parut, et elle mangea. Le soir, la mère dit à l'aînée : « Eh bien! as-tu vu si elle mangeait? — Oh! elle a mangé beaucoup de bonnes choses! Elle a donné un coup de baguette sur le plus gros de nos moutons et il a paru aussitôt une table bien servie, du pain, du vin, de la viande, des confitures. »

La mère fit semblant d'être malade et demanda à son mari de tuer le mouton. « Il vaudrait mieux tuer une poule, » dit le mari. — « Non, c'est le mouton que je veux manger. » On tua le mouton, et la pauvre enfant se trouva de nouveau en danger de mourir de faim. Elle retourna au bois chercher des fraises et des mûres. Comme elle y était occupée, l'homme qu'elle avait déjà vu s'approcha d'elle et lui dit : « Que cherches-tu, mon enfant? — Je cherche quelque chose à manger. » L'homme reprit : « Tu ramasseras tous les os du mouton, et tu les mettras en un tas, près de la maison. » La jeune fille suivit ce conseil, et, à la place où elle avait mis les os, il s'éleva un poirier d'or.

Un jour, pendant qu'elle était aux champs, un roi vint à passer près de la maison, et, voyant le poirier, il déclara qu'il épouserait celle qui pourrait lui cueillir une de ces belles poires. La mère dit à ses filles aînées d'essayer. Elles montèrent sur l'arbre, mais quand elles étendaient la main, les branches se redressaient, et elles ne purent venir à bout de cueillir une seule poire. En ce moment la plus jeune revenait des champs. « Je vais monter sur l'arbre, » dit-elle. — « A quoi bon? » dit la mère, « tes sœurs ont déjà essayé, et elles n'ont pu y réussir. » Pourtant la jeune fille monta sur l'arbre, et les branches s'abaissèrent pour elle. Le roi tint sa promesse : il prit la jeune fille pour femme et l'emmena dans son château.

Environ un an après, pendant que le roi était à la guerre, la reine accoucha de deux jumeaux, qui avaient chacun une étoile d'or au front. Dans le même temps, une chienne mit bas deux petits, qui avaient aussi une étoile d'or. La mère du roi, qui n'aimait pas sa belle-fille, écrivit à son fils que la jeune reine était accouchée de deux chiens. A cette nouvelle, le roi entra dans une si grande colère qu'il envoya l'ordre de pendre sa femme, ce qui fut exécuté.

VARIANTE

LES CLOCHETTES D'OR

Il était une fois un roi et une reine qui avaient une fille nommée Florine. La reine tomba malade, et, sentant sa fin approcher, elle recommanda sur toutes choses à Florine de prendre grand soin d'un petit agneau blanc qu'elle avait et de ne s'en défaire pour rien au monde : autrement il lui arriverait malheur. Bientôt après, elle mourut.

Le roi ne tarda pas à se remarier avec une reine qui avait une fille appelée Truitonne. La nouvelle reine ne pouvait souffrir sa belle-fille; elle l'envoyait aux champs garder les moutons, et ne lui donnait pour toute la journée qu'un méchant morceau de pain noir, dur comme de la pierre.

Tous les matins donc, Florine prenait le morceau de pain et partait avec le troupeau; mais, quand personne ne pouvait plus la voir, elle appelait le petit agneau blanc, le frappait avec une baguette sur l'oreille droite, et aussitôt paraissait une table bien servie. Après avoir mangé, elle frappait l'agneau sur l'oreille gauche, et tout disparaissait. Sa belle-mère s'étonnait fort de la voir grasse et bien portante. « Où peut-elle trouver à manger ? » disait-elle à sa fille. — « J'irai avec elle, » dit un jour celle-ci, « et je verrai ce qu'elle fait. »

Quand elles furent toutes les deux dans les champs, Truitonne dit à Florine : « Voudrais-tu me chercher mes poux ? — Volontiers, » répondit Florine. Truitonne mit sa tête sur les genoux de sa sœur et ne tarda pas à s'endormir. Aussitôt Florine frappa sur l'oreille droite de l'agneau : une table bien servie se dressa près d'elle, et, quand elle n'eut plus faim, elle frappa l'agneau sur l'oreille gauche, et tout disparut.

Le soir venu, la reine dit à sa fille : « Eh bien ! l'as-tu vue manger ? — Non, je ne l'ai pas vue. — N'aurais-tu pas dormi, par hasard ? — Oui, ma mère. — Ah ! que tu es sotte ! Il faut que j'y aille moi-même demain. — Non, ma mère, j'y retournerai; j'aurai soin de ne pas dormir. »

Le jour suivant, elle demanda encore à Florine de lui chercher ses poux, et fit semblant de dormir. Alors Florine, croyant n'être pas vue, frappa sur l'oreille droite de l'agneau; elle mangea des mets qui se trouvaient sur la table, et, quand elle fut rassasiée, elle fit tout disparaître.

De retour au château, Truitonne dit à sa mère : « Je l'ai vue se régaler : elle a frappé sur l'oreille droite du petit agneau blanc, et aussitôt il s'est trouvé devant elle une table couverte de toute sorte de bonnes choses. »

La reine feignit d'être malade et dit au roi qu'elle mourrait, si elle ne mangeait du petit agneau blanc. Le roi ne voulait pas d'abord faire tuer l'agneau, car il savait combien Florine y tenait; à la fin pourtant il fut obligé de céder. L'agneau dit alors à la jeune fille : « Ma pauvre Florine, puisque votre belle-mère veut à toute force me manger, laissez-la faire; mais ramassez mes os et mettez-les sur le poirier : les branches se garniront de jolies clochettes d'or qui carillonneront sans cesse; si elles viennent à se taire, ce sera signe de malheur. » Tout arriva comme l'agneau l'avait prédit.

Un jour, pendant que Florine était aux champs, un roi vint à passer près du château. Voyant les clochettes d'or, il dit qu'il épouserait celle qui pourrait lui en cueillir une. Truitonne voulut essayer; sa mère la poussait pour l'aider à monter sur le poirier : mais plus elle montait, plus l'arbre s'élevait, de sorte qu'elle ne put même atteindre aux branches. « N'avez-vous pas une autre fille? » demanda le roi. — « Nous en avons bien une autre, » répondit la belle-mère, « mais elle n'est bonne qu'à garder les moutons. » Le roi voulut néanmoins la voir, et attendit qu'elle fût de retour des champs. Quand elle revint avec le troupeau, elle s'approcha de l'arbre et lui dit : « Mon petit poirier, abaissez-vous pour moi, que je cueille vos clochettes. » Elle en cueillit plein son tablier, et les donna au roi. Celui-ci l'emmena dans son château et l'épousa.

Quelque temps après, Florine tomba malade. Son mari, qui était obligé à ce moment de partir pour la guerre, pria la belle-mère de Florine de prendre soin d'elle pendant son absence. A peine fut-il parti, que la belle-mère jeta Florine dans la rivière et mit Truitonne à sa place. Aussitôt les clochettes d'or cessèrent de carillonner. Le roi, ne les entendant plus (on les entendait à deux cents lieues à la ronde), se souvint que sa femme lui avait dit que c'était un signe de malheur, et reprit en toute hâte le chemin du château. En passant près d'une rivière, il aperçut une main qui sortait de l'eau ; il la saisit et retira Florine qui n'était pas encore tout à fait morte. Il la ramena au château, fit pendre Truitonne et sa mère, et le vieux roi vint demeurer avec eux.

REMARQUES

Dans la variante *les Clochettes d'or*, les noms de la fille du roi et de celle de la reine, Florine et Truitonne, sont empruntés à l'*Oiseau bleu*, de Mme d'Aulnoy ; c'est, du reste, la seule chose qui ait passé de ce conte dans le nôtre. Une autre variante, également de Montiers-sur-Saulx, a emprunté encore à Mme d'Aulnoy les noms des héros, *Gracieuse* et *Percinet*. Là, c'est Percinet, l' « amoureux » de Gracieuse, qui donne à celle-ci, persécutée par sa marâtre, la baguette avec laquelle elle doit frapper l'oreille gauche d'un mouton blanc. Dans cette variante manque l'épisode de l'arbre, et la conclusion est directement empruntée au conte de Mme d'Aulnoy : Gracieuse, jetée dans un trou par ordre de sa marâtre, appelle Percinet à son secours, et celui-ci, qui est « un peu sorcier », la fait sortir du trou par un souterrain qui aboutit à sa maison.

La fin du *Poirier d'or* donne, sous une forme mutilée, une partie du thème développé dans notre n° 17, l'*Oiseau de Vérité*. Celle de la variante *les Clochettes d'or* présente aussi, croyons-nous, une altération. Dans des contes allemands (Grimm, n° 13 et n° 11 var.), la reine est aussi jetée dans l'eau par sa marâtre, qui lui substitue sa propre fille ; mais, en tombant dans l'eau, elle est changée en oiseau, et la suite du récit se rapproche de notre n° 21, *la Biche blanche*, et des contes analogues. Notre conte n'est pas, du reste, le seul qui soit incomplet sur ce point. Dans un conte breton (*Mélusine*, 1877, col. 421) et dans un conte basque (Webster, p. 187), qui, l'un et l'autre, se rattachent à la fois aux contes que nous examinons et à la *Biche blanche*, la reine, jetée dans un puits ou dans un précipice, ne subit non plus aucune métamorphose, et, comme dans les *Clochettes d'or*, elle est sauvée d'une manière qui n'a rien de merveilleux.

Au sujet du passage réaliste de cette même variante, dans lequel Truitonne demande à Florine de lui chercher ses poux, nous ferons remarquer que c'est là un détail qui se trouve assez fréquemment dans les contes populaires de toute sorte de nations.

*
* *

Nous rapprocherons de notre conte et de ses variantes un conte bourguignon (E. Beauvois, p. 239). Dans ce conte, intitulé la *Petite Annette*, c'est par sa marâtre (comme dans les *Clochettes d'or* et dans l'autre variante) et non par sa mère (comme dans le *Poirier d'or*) que la jeune fille est maltraitée. Il en est ainsi, du reste, dans presque tous les contes du genre du nôtre. C'est la Sainte Vierge qui apparaît à la petite Annette et qui lui donne un bâton dont elle doit frapper un bélier noir, et aussitôt il se trouve là une table servie. Quand l'aînée des deux filles de la marâtre est envoyée aux champs pour surveiller Annette, celle-ci l'endort en récitant cette formule : « Endors-toi d'un œil, endors-toi de deux yeux. » Elle répète les mêmes paroles à la cadette, à qui sa mère a mis un troisième œil derrière la tête (*sic*), de sorte que cet œil reste ouvert. Comme dans notre conte, la marâtre feint d'être malade et demande à son mari de lui tuer le bélier. Suit, comme dans notre conte aussi, l'épisode de l'arbre qui pousse à la place où a été enterré le foie du bélier. — Comparer un conte de la Haute-Bretagne (Sébillot, I, n° 58) et un conte de la Basse-Bretagne (Luzel, *Légendes*, II, p. 264), assez altéré.

Le conte bourguignon présente un grand rapport avec un conte de la collection Grimm (n° 130), recueilli dans la Lusace. Dans ce conte, les deux sœurs de l'héroïne ont l'une un seul œil, l'autre trois yeux.

Dans un conte russe, provenant du gouvernement d'Arkhangel (Ralston, p. 183), la princesse Marya est obligée par sa marâtre de garder une vache, et on ne lui donne qu'une croûte de pain dur. Mais, « arrivée aux champs, elle s'inclinait devant la patte droite de la vache, et elle avait à souhait à boire et à manger et de beaux habits. Tout le long du jour, vêtue en grande dame, elle suivait la vache ; le soir venu, elle s'inclinait de nouveau devant la patte droite de la vache, ôtait ses beaux habits et retournait à la maison. » Dans ce conte russe, la marâtre fait aussi espionner successivement sa belle-fille par ses deux filles à elle, dont la seconde a trois yeux. Des entrailles de la vache, enterrées par Marya près du seuil de la maison, il pousse un buisson couvert de baies, sur lequel viennent se percher des oiseaux qui chantent à ravir. Seule, Marya peut donner au prince une jatte remplie des baies du buisson : les oiseaux, qui avaient presque crevé les yeux aux filles de la marâtre, cueillent ces baies pour elle. Le conte ne se termine pas au mariage du prince avec Marya ; il passe ensuite, — comme notre variante *les Clochettes d'or*, — dans une nouvelle série d'aventures, où se trouve développé le thème que notre variante ne fait qu'indiquer d'une manière très imparfaite. Nous avons eu occasion de résumer cette dernière partie dans les remarques de notre n° 21, *la Biche blanche*.

Dans un autre conte russe (Gubernatis, *Zoological Mythology*, t. I, p. 179-181; cf. Ralston, p. 260), ainsi que dans d'autres contes dont nous allons avoir à parler, ce n'est pas en la faisant mourir de faim, mais en lui imposant une tâche impossible (la même, à peu près, dans tous ces contes), qu'une marâtre persécute sa belle-fille. Ici la jeune fille doit, en une nuit, avoir filé, tissé et blanchi cinq livres de chanvre. La vache qu'elle garde lui dit d'entrer dans une de ses oreilles et de ressortir par l'autre, et tout sera fait. La marâtre envoie successivement pour la surveiller ses trois filles, qui ont l'une un œil, l'autre deux, l'autre trois. A l'endroit du jardin où la jeune fille a enterré les os de la vache, il s'élève un pommier à fruits d'or, dont les branches d'argent piquent et blessent les filles de la marâtre, tandis qu'elles offrent d'elles-mêmes leurs fruits à la belle jeune fille, pour que celle-ci puisse les présenter au jeune seigneur dont elle deviendra la femme.

Citons encore un conte corse (Ortoli, p. 81) : Mariucella, que sa marâtre envoie garder les vaches en lui donnant du poil à filer, est aidée par sa mère, transformée en vache, qui fait pour elle la besogne. La marâtre s'en aperçoit. Quand elle est au moment de faire tuer la vache, celle-ci dit à Mariucella qu'elle trouvera trois pommes dans ses entrailles : elle mangera la première, elle jettera la seconde sur le toit et mettra la troisième dans le jardin. De cette dernière pomme naît un magnifique pommier couvert de fruits, et ce pommier se change immédiatement en ronces quand une autre personne que Mariucella veut en approcher. De la seconde pomme il sort un beau coq : quand, plus tard, la marâtre veut substituer sa propre fille à Mariucella, qu'un prince envoie chercher pour l'épouser, ce coq signale la tromperie. (Voir, pour ce dernier trait, les remarques de notre n° 24, *la Laide et la Belle*.)

Dans un conte écossais (Campbell, n° 43), nous retrouvons les « trois yeux » des contes bourguignon, allemand et russes : la servante que la marâtre envoie aux champs avec sa belle-fille pour épier celle-ci a un troisième œil derrière la tête, et cet œil ne s'endort pas. Aussi peut-elle voir une brebis grise apporter à manger à la jeune fille. Après que la brebis a été tuée, le récit se rapproche des contes du genre de *Cendrillon*.

Un conte dont le début est analogue à celui du nôtre et qui développe ensuite, comme le conte écossais, le thème de *Cendrillon*, c'est le conte norwégien de *Kari Træstak* (Asbjœrnsen, I, n° 19). La princesse, obligée de garder les vaches et mourant de faim, est secourue par un taureau bleu, dans l'oreille gauche duquel se trouve une serviette qui donne à boire et à manger autant qu'on en désire [1]. Dans un conte du « pays saxon » de Transylvanie (Haltrich, n° 35), c'est aussi un taureau qui file pour une jeune fille, persécutée par sa marâtre, une énorme quenouille de chanvre qu'elle doit avoir filée pour la fin de la journée. Ici encore, la fille de la marâtre a trois yeux [2].

Dans un conte islandais, dont le commencement a quelque rapport avec

1. Comparer le conte breton n° 3 du 1er volume de la collection Sébillot, conte que nous soupçonnons d'être dérivé, plus ou moins directement, du livre même d'Asbjœrnsen, ou plutôt d'une traduction anglaise.

2. Deux contes, portant le titre de *Cendrillon*, sont encore à citer ici. Dans la version serbe (Vouk, n° 32), c'est aussi une vache qui file pour Cendrillon. La marâtre, quand elle en est avertie, fait tuer la vache. Cendrillon recueille les os, ainsi que la vache lui a dit de le faire, et, à la place où elle les a enterrés, elle trouve tout ce qu'elle peut désirer. Comme dans le conte corse, la vache n'est autre que la mère de la jeune fille, qui a été ensorcelée. — Dans la version allemande (Grimm, n° 21), Cendrillon s'en va pleurer près de la tombe de sa mère sur laquelle elle a planté un arbre (comparer l'arbre qui pousse à la place où l'on a enterré les os du mouton ou de la vache), et, chaque fois, il vient se percher sur l'arbre un bel oiseau blanc, — l'âme de sa mère évidemment, — qui lui donne tout ce qu'elle demande. — Dans un conte toscan (Gubernatis, *Novelline di S. Stefano*, n° 1), Nena reçoit de sa marâtre l'ordre d'avoir filé pour le soir une demi-livre de laine. Une vieille lui conseille d'aller dire à la vache qu'elle mène paître de lui filer cette laine. Le lendemain, la marâtre la fait accompagner par sa fille à elle ; la vieille dit à Nena de peigner sa sœur, qui ne tarde pas à s'endormir (comparer notre variante *les Clochettes d'or*), et la vieille file ; le jour d'après, la sœur ne s'endort pas, et la jeune fille est battue. Le conte passe ensuite dans un autre thème (comparer un autre conte toscan, n° 32 de la collection Nerucci). — Dans un conte romain (Busk, p. 31), c'est la vache elle-même qui propose à la jeune fille de faire son ouvrage pendant que celle-ci ira lui couper de l'herbe. Ici, comme le mouton dans notre conte, la vache est tuée par ordre de la marâtre, et, à partir de cet endroit, nous passons à l'histoire de Cendrillon. La « fée » du conte de Perrault, c'est ici une « boule d'or », que la vache a dit à la jeune fille de recueillir sous son cœur, quand on l'aura tuée ; cette boule accomplit les souhaits de celle qui la possède (comparer le conte sicilien n° 32 de la collection Gonzenbach).

celui des contes lorrains (Arnason, p. 235), c'est la défunte mère de Mjadveig qui vient au secours de la jeune fille, maltraitée par la sorcière, sa marâtre : elle lui donne, en lui apparaissant pendant son sommeil, une serviette toujours remplie de provisions. La fille de la sorcière surprend le secret et enlève à Mjadveig la serviette merveilleuse.

*
* *

En Afrique, il a été recueilli un conte du même genre chez les Kabyles (J. Rivière, p. 66) : Un homme et sa femme ont un fils et une fille. La femme meurt en défendant à son mari de vendre une certaine vache : « C'est la vache des orphelins. » L'homme se remarie, et les enfants sont maltraités par leur marâtre, qui les prive de nourriture. Ils tettent leur vache pendant qu'ils la gardent, et redeviennent bien portants. La marâtre envoie ses enfants à elle voir ce qu'ils mangent. Sa fille veut, elle aussi, téter la vache; mais la vache lui donne un coup et l'aveugle. La marâtre exige que le père vende la vache au boucher. Alors les orphelins vont pleurer sur la tombe de leur mère, qui leur dit de demander au boucher les entrailles de la vache et de les déposer sur sa tombe. Les enfants l'ayant fait, aussitôt deux mamelles paraissent, l'une donnant du beurre, l'autre du miel. La marâtre envoie de rechef ses enfants espionner les orphelins; mais, quand ils veulent téter à leur tour les deux mamelles, l'un tette du pus, l'autre du goudron. La marâtre, furieuse, crève les mamelles et les jette au loin. Les orphelins vont encore pleurer auprès de la tombe de leur mère, et, sur le conseil de celle-ci, ils quittent le pays. Ils s'engagent au service d'un sultan, qui plus tard épouse la jeune fille.

Un conte indien du Deccan (miss Frere, n° 1) a beaucoup de rapport avec ce conte kabyle : Les sept filles d'un roi sont persécutées par leur marâtre, qui ne leur donne presque rien à manger. Elles vont pleurer sur la tombe de leur mère. Un jour, elles voient pousser sur cette tombe un oranger pamplemousse; elles en mangent chaque jour les fruits et ne touchent plus au pain que leur donne la reine. Celle-ci, fort surprise de ne pas les voir maigrir, dit à sa fille d'aller les épier. Les princesses, excepté la plus jeune qui a le plus d'esprit, donnent chacune un de leurs fruits à leur belle-sœur, laquelle va raconter la chose à sa mère. Alors celle-ci fait la malade et dit au roi que, pour la guérir, il faut faire bouillir l'arbre dans de l'eau et lui mettre de cette eau sur le front. Quand l'arbre est coupé, un réservoir près de la tombe de la défunte reine se remplit d'une espèce de crème qui sert de nourriture aux sept princesses. La marâtre, qui l'apprend par sa fille, fait renverser le tombeau et combler le réservoir. De plus, elle feint encore d'être malade et dit au roi que le sang des princesses peut seul la guérir. Le roi n'a pas le courage de les tuer; il les emmène dans une jungle, et, quand elles sont endormies, il les abandonne et tue un daim à leur place. Sept princes, fils d'un roi voisin, qui sont à la chasse, les rencontrent, et chacun en prend une pour femme.

Un autre conte indien est plus voisin du *Poirier d'or* et des contes similaires. Ce conte indien offre une grande ressemblance avec la forme serbe du thème de *Cendrillon*. Malheureusement, la *Calcutta Review*, à laquelle nous devons cette communication, ne nous donne qu'une analyse fort incomplète du conte indien, publié originairement dans la *Bombay Gazette*. Voici ce qu'elle nous en fait connaître (t. LI, [1870], p. 121) : Comme dans plusieurs contes européens, c'est une vache (ou, dans une autre version, un poisson) qui vient au secours de la jeune fille persécutée par sa marâtre. « Quand la marâtre apprit que la vache nourrissait de son lait la jeune fille, elle résolut de la faire tuer. La vache, l'ayant appris, dit à la jeune fille : « Ma pauvre enfant, voici la « dernière fois que vous boirez de mon lait; votre marâtre va me faire tuer. Ne « pleurez pas et ne vous affligez pas à cause de moi; il n'y a pas moyen « d'empêcher ma mort. Je ne vous demande qu'une chose, et, si vous m'écou- « tez, vous n'aurez pas à vous en repentir. » A ces paroles, la jeune fille se mit à pleurer amèrement, et tout d'abord le chagrin l'empêcha de répondre; elle pria enfin la vache de lui dire ce qu'elle avait à lui demander. « Le voici », dit la vache : « quand on me tuera, ramassez avec soin mes os, mes cornes, « ma peau et tout ce qu'on jettera de côté, et enterrez-le ; mais, sur toutes « choses, ne mangez pas de ma chair. » Le lendemain, on tua la vache, et la jeune fille ramassa soigneusement les os, les cornes, la peau et ce qui restait, et enterra le tout. » — La *Calcutta Review* nous apprend que le conte indien renferme l'épisode du fils de roi qui veut faire choix d'une femme : la jeune fille est laissée à la maison pour préparer le souper, tandis que la fille de sa marâtre se rend au palais; puis la vache revient à la vie et donne à sa protégée de beaux habits et des sandales d'or; poursuivie par le prince, la jeune fille laisse sur la route une de ses sandales ; quand le prince arrive pour chercher la jeune fille, celle-ci est cachée dans le grenier, et un coq trahit sa présence (voir les remarques de notre n° 24). Le prince se la fait amener et l'épouse. Le conte se termine par le châtiment de la marâtre et de sa fille.

* \
* *

Nous ne dirons ici qu'un mot d'un groupe de contes, voisins de ceux que nous venons d'étudier. Dans les contes de ce groupe, ce n'est plus pour priver quelqu'un de secours ou pour lui faire de la peine qu'on tue certain animal ou qu'on abat certain arbre : c'est parce qu'on soupçonne ou plutôt qu'on reconnaît l'existence, sous cette forme, d'une personne détestée, que l'on poursuit à travers plusieurs transformations successives. Nous renverrons à l'étude que nous avons faite de ces contes, dans notre introduction, à l'occasion du vieux conte égyptien des *Deux Frères*.

XXIV

LA LAIDE & LA BELLE

Il était une fois un roi et une reine, qui avaient chacun une fille d'un premier mariage. La fille de la reine était affreuse à voir, elle avait trois yeux, deux devant et un derrière; celle du roi était fort belle.

Il se présenta un jour au château un jeune prince, qui voulait épouser la fille du roi. La reine déclara au roi que sa fille à elle se marierait la première, et cacha la belle princesse sous un cuveau.

Le prince, ne sachant pas qu'il y avait deux princesses, partit avec la laide pour aller célébrer les noces dans son pays. En les voyant passer, les enfants criaient :

« Hé ! le beau ! il prend la laide et il laisse la belle !
La belle est sous le cuveau. »

Le prince, surpris, demanda à la princesse : « Que disent-ils donc ? — Ne faites pas attention à ce que peuvent dire des enfants, » répondit-elle. Mais le prince réfléchit à ce qu'il venait d'entendre; il retourna au château du roi et y resta trois jours. Enfin il découvrit où était la belle, et, après avoir mis la laide sous le cuveau, il emmena la belle dans son royaume, où il l'épousa.

———

REMARQUES

On a vu que le conte précédent, le *Poirier d'or*, et ses variantes de Montiers-sur-Saulx se rapprochent du nº 130 de la collection Grimm, *Simplœil, Doublœil et Triplœil*. Le petit conte que nous venons de donner rappelle deux

détails du conte allemand, qui n'existaient pas dans nos contes lorrains : la
« laide » a trois yeux, comme Triplœil [1], et la reine cache la « belle » sous un
cuveau, comme la méchante mère cache Doublœil sous un tonneau.

Dans le conte corse (Ortoli, p. 81), cité dans les remarques du *Poirier d'or*,
quand la marâtre substitue sa fille Dinticona à Mariucella que le prince envoie
chercher pour l'épouser, le coq crie : « Couquiacou ! couquiacou ! Mariucella
est dans le tonneau et Dinticona sur le beau cheval ! » comme dans notre conte
les enfants crient : « La belle est sous le cuveau ! » — Dans le conte serbe de
Cendrillon (Vouk, n° 32), cité également dans les remarques de notre
numéro précédent, quand le prince vient pour essayer la pantoufle, la belle-
mère cache Cendrillon sous une huche et dit au prince qu'elle n'a qu'une fille ;
mais le coq de la maison se met à chanter : « Kikeriki ! la jeune fille est sous
la huche ! » — Un passage du même genre se trouve dans un conte espagnol,
un conte de *Cendrillon* aussi, recueilli dans le Chili (*Biblioteca de las tradiciones
populares españolas* [Madrid, 1884], t. I, p. 119), où le coq du conte corse et
du conte serbe est remplacé par un chien. Comparer aussi la fin d'un conte
portugais (Coelho, n° 36). — Dans un conte toscan (Nerucci, n° 5), c'est,
par suite d'une altération évidente, la fiancée elle-même qui dit : « La belle
est dans le tonneau, la laide est dans le carrosse, et le roi l'emmène. »

Dans le conte toscan des *Novelline di S. Stefano* (n° 1), cité dans nos
remarques du *Poirier d'or*, un prince vient pour épouser la « belle ». La
marâtre met celle-ci dans un tonneau, voulant ensuite y verser de l'eau bouillante, et le prince emmène sur son cheval la fille de la marâtre, cachée sous
un voile. Un chat se met à dire : « Miaou, miaou, la belle est dans le tonneau ; la laide est sur le cheval du roi. » Le prince met la laide dans le tonneau, où sa mère, sans le savoir, la fait périr. — Comparer la fin de deux
contes italiens des collections Busk (p. 35) et Comparetti (n° 31).

Un recueil du XVIIᵉ siècle, le *Pentamerone*, de Basile, nous offre un récit
napolitain analogue. A la fin du conte n° 30, une marâtre, Caradonia, envoie
sa belle-fille Cecella garder les cochons. Un riche seigneur, Cuosemo, la voit et
va la demander en mariage à Caradonia. Celle-ci enferme Cecella dans un
tonneau avec l'intention de l'y échauder, et elle donne sa propre fille,
Grannizia, à Cuosemo, qui l'emmène. Furieux d'avoir été trompé, Cuosemo
retourne chez Caradonia, qui est allée à la forêt chercher du bois pour faire
bouillir l'eau. « Miaou, miaou, » dit un chat noir, « ta fiancée est enfermée
dans le tonneau. » Cuosemo délivre Cecella et met Grannizia à sa place. La
vieille échaude sa fille, et, de désespoir, va se jeter à la mer.

*
* *

On peut encore comparer le conte allemand de *Cendrillon*, n° 21 de la collection Grimm : Les deux sœurs de Cendrillon réussissent à mettre la pantoufle en se coupant, l'une l'orteil, l'autre le talon. Le prince les emmène
l'une après l'autre ; sur son passage deux colombes chantent : « Roucou, roucou, le soulier est plein de sang, le soulier est trop petit ; la vraie fiancée est

---

1. Voir, pour les « trois yeux », divers autres contes résumés dans les remarques du *Poirier d'or*.

encore à la maison. » — Ce passage se retrouve presque identiquement dans le conte islandais cité dans nos remarques du *Poirier d'or*. Comparer un conte écossais (Brueyre, p. 41), un conte breton (*Revue celtique*, 1878, p. 373), etc.

*
* *

En Orient, rappelons un passage d'un conte indien, du genre de *Cendrillon*, résumé dans les remarques déjà mentionnées. Quand le prince arrive pour chercher la jeune fille, elle est cachée dans le grenier, et un coq trahit sa présence.

M. A. Lang, dans la *Revue celtique* (*loc. cit.*), cite un épisode d'un conte zoulou de la collection Callaway (I, p. 121), qu'on peut rapprocher de ce passage. Les oiseaux avertissent le prince qu'il chevauche avec la fausse fiancée : « *Ukakaka!* le fils du roi est parti avec une bête. »

XXV

LE CORDONNIER & LES VOLEURS

Un pauvre cordonnier allait de village en village en criant :
« Souliers à refaire ! souliers à refaire ! » Sa condition lui paraissait bien triste, et il maugréait sans cesse contre les riches : « Ils
sont trop heureux, » disait-il, « et moi je suis trop malheureux ! »

Un jour, en passant devant une revendeuse, il eut envie d'un
fromage blanc. « Combien ce fromage ? — Quatre sous. — Les
voilà. » Il mit le fromage dans son sac et poursuivit son chemin.
Il rencontra plus loin une marchande de mercerie : « Combien
la pelote de laine ? — C'est tant. » Il en prit une et se remit à
marcher en sifflant.

Arrivé au milieu d'un bois, il vit devant lui un beau château ;
il y entra hardiment. Ce château était habité par des voleurs.
« Camarades, » leur dit le cordonnier, « voulez-vous jouer avec
moi au jeu qui vous plaira ? — Volontiers, » répondit le chef de
la bande ; « jouons à lancer une pierre en l'air. Si tu jettes plus
haut que moi, le quart du château t'appartient. »

Le voleur lança très haut sa pierre. Le cordonnier, lui, tenait
dans sa main un petit oiseau ; il le lança en l'air de toutes ses
forces comme si c'eût été une pierre : l'oiseau s'envola et disparut. Les voleurs furent bien étonnés de ne pas voir retomber la
pierre. « Tu as gagné, » dit le chef au cordonnier ; « le quart du
château est à toi. Jouons maintenant à qui fera sortir le plus de
lait de ce chêne : si tu gagnes, tu auras un autre quart du château. »

Le voleur étreignit le chêne d'une telle force qu'il en fit sortir
du lait. Le cordonnier s'était mis sur l'estomac son fromage

blanc; il embrassa l'arbre à son tour, et l'on vit le lait couler en abondance. « C'est toi qui as gagné, » dit le voleur. « Maintenant jouons la moitié du château contre l'autre moitié, à qui fera le plus gros fagot. »

Le voleur monta sur un chêne, coupa des branches et en fit un énorme fagot. Le cordonnier grimpa sur l'arbre après lui, et se mit à entourer toute la tête de l'arbre avec sa pelote de laine. « Que fais-tu là? » lui demandèrent les autres. — « Je fais un fagot avec tout ce chêne. — Arrête, » dit le chef des voleurs. « Ce n'est pas la peine de continuer : tu as gagné, nous le voyons bien d'avance. »

Ils rentrèrent tous ensemble au château, et l'on conduisit le cordonnier dans la chambre où il devait passer la nuit. En regardant autour de lui, le cordonnier vit pendus au mur un grand nombre d'habits de toute espèce. « Hum! » se dit-il, « les gens de ce château ne seraient-ils pas des voleurs? Il faut se méfier. » Il prit une vessie remplie de sang et la mit dans le lit à sa place; lui-même se cacha sous le lit. Au milieu de la nuit, trois voleurs entrèrent dans la chambre, s'approchèrent du lit sans faire de bruit, et l'un d'eux y donna un grand coup de couteau. « Le sang coule! » dit-il. Le second fit de même. « Oh! » dit le troisième, « il ne doit pas encore être mort; je vais l'achever. » Et il frappa à son tour. Cela fait, les trois voleurs se retirèrent.

Le lendemain matin, les voleurs étaient réunis dans une des salles du château quand ils virent entrer le cordonnier. « Quoi! s'écrièrent-ils, « tu n'es pas mort? — Vous voyez, » dit le cordonnier. — « Ecoute, » lui dirent les voleurs; « si tu veux nous laisser le château, nous te donnerons un sac plein d'or. » Le cordonnier accepta la proposition et partit bien joyeux. Mais, pendant qu'il traversait la forêt, d'autres voleurs tombèrent sur lui et le dépouillèrent. « Ah! » s'écria-t-il, « que j'étais sot d'envier le sort des riches! ils ont tout à craindre. Moi, je suis plus heureux qu'eux. »

De retour dans son pays, il trouva une belle jeune fille qui lui plut; il l'épousa et vécut heureux.

———

REMARQUES

Ce conte a beaucoup de rapport avec un autre de nos contes, *le Tailleur et le Géant* (n⁰ 8). Il n'est même pas rare que l'introduction de ce n⁰ 8 se trouve jointe à des contes analogues à celui dont nous nous occupons ici. Nous mentionnerons comme offrant cette combinaison plusieurs contes allemands (Grimm, n⁰ 20; Kuhn, *Mærkische Sagen*, p. 289 ; Meier, n⁰ 37), un conte du Tyrol allemand (Zingerle, II, p. 13), un conte suisse (Sutermeister, n⁰ 30), un conte hongrois (Gaal-Stier, n° 11), un conte des Tsiganes de la Bukovine (Miklosisch, n⁰ 3), un conte grec moderne d'Epire (Hahn, n° 23), un conte sicilien (Gonzenbach, n⁰ 41).

L'introduction en question n'existe pas dans les contes suivants : un conte autrichien (Grimm, n⁰ 183), un conte de l'Allemagne du Nord (Müllenhoff, p. 442), un conte suisse (Sutermeister, n⁰ 41), un conte du « pays saxon » de Transylvanie (Haltrich, n⁰ 27), un conte suédois (Cavallius, p. 1), un conte norvégien (Asbjœrnsen, I, p. 45); un conte lapon (n⁰ 7 des contes traduits par M. Liebrecht dans le tome XV [1870] de la revue *Germania*), un conte italien de Vénétie (Widter-Wolf, n⁰ 2), un conte sicilien (Pitrè, n⁰ 83), un conte albanais (Dozon, n⁰ 3), un conte grec moderne de l'île de Tinos (Hahn, t. II, p. 211), un conte basque (Webster, p. 7).

*
* *

Le conte lorrain présente une altération assez notable du thème primitif : les voleurs sont un souvenir affaibli des géants, *drakos*, etc., qui figurent dans les contes étrangers. D'un autre côté, le récit a pris la tournure d'une leçon morale.

On peut aussi faire remarquer qu'un trait du thème primitif a ici une forme particulière.

Dans la plupart des contes de ce type, c'est en faisant sortir de l'eau d'une pierre, — c'est-à-dire, en réalité, du petit-lait d'un fromage mou, — que le tailleur, cordonnier, etc., donne au géant, drakos, ou autre, une haute idée de sa force. Dans plusieurs de ces contes, il veut, par cet exploit, surenchérir, si l'on peut parler ainsi, sur ce qu'a fait le géant, qui vient de broyer réellement une pierre entre ses doigts. Dans le n⁰ 20 de la collection Grimm, le géant a vraiment fait sortir de l'eau d'une pierre; mais, sous les doigts du petit tailleur, il en ruisselle en apparence bien davantage.

Dans notre conte, c'est d'un arbre qu'il s'agit de faire sortir du *lait*, de la sève. Comparer, dans un conte gascon (Cénac-Moncaut, p. 90), l'épisode où Juan doit, sur l'ordre de son seigneur, lancer une pierre contre un arbre de façon à le faire « saigner ». Juan s'en tire en lançant un œuf contre l'arbre.

L'épisode de l'oiseau, lancé en l'air comme si c'était une pierre, se trouve dans les contes allemands des collections Kuhn, Meier et Müllenhoff, dans le premier conte suisse, dans le conte des « Saxons » de Transylvanie, dans le conte hongrois, le second conte grec et le conte basque.

Un épisode analogue à celui de l'arbre dont le cordonnier feint de vouloir faire un fagot, figure dans le conte des « Saxons » de Transylvanie, dans le conte des Tsiganes de la Bukovine, dans les deux contes grecs, le conte albanais, le conte sicilien de la collection Gonzenbach et le conte basque. Dans tous ces contes (excepté dans le conte sicilien), le héros fait semblant de vouloir rapporter à la maison, non pas tout un arbre, mais la forêt tout entière.

*
* *

Tous les contes de ce type, — à l'exception du conte allemand de la collection Kuhn, des deux contes suisses, du conte des « Saxons » de Transylvanie et du conte norwégien, — ont un épisode dans lequel le géant croit avoir assommé le héros pendant que celui-ci est endormi. A peu près dans tous ces contes se trouve une même hablerie du héros : le matin, il dit au géant stupéfait qu'il n'a rien senti pendant la nuit, sinon des puces qui l'ont un peu piqué.

Un livre populaire anglais, *Jack le Tueur de géants*, dont on connaît une édition datée de 1711, renferme ce dernier épisode : Jack, qui a demandé l'hospitalité à un géant, entend pendant la nuit celui-ci se dire à lui-même qu'un bon coup de massue va le débarrasser de son hôte. Il met une bûche dans le lit à sa place. Le lendemain, le géant, qui croit avoir tué Jack, est fort étonné de le voir s'avancer vers lui. « Ah ! c'est vous ! » lui dit-il, « comment avez-vous dormi ? n'avez-vous rien senti cette nuit ? — Rien, » dit Jack, « si ce n'est, je crois, un rat qui m'a donné deux ou trois coups avec sa queue. »

*
* *

En Orient, un voyageur a trouvé le pendant de tous ces contes. Dans un conte persan (Malcolm, *Sketches of Persia*, Londres, 1828, t. II, p. 88), qui a été traduit par M. Emile Chasles, dans ses *Contes de tous pays* (p. 10), un homme d'Ispahan, nommé Amîn, obligé dans un voyage de traverser certaine vallée hantée par des *ghouls* (sorte d'ogres), prend pour toutes armes une poignée de sel et un œuf. Il rencontre effectivement un ghoul. Sans se déconcerter, il lui dit que lui, Amîn, est le plus fort des hommes, et il l'invite à se mesurer avec lui. Il le défie d'abord de faire sortir de l'eau d'un caillou. Le ghoul ayant essayé en vain, Amîn glisse son œuf dans le creux de sa main ; puis, saisissant le caillou, il le presse, et le ghoul stupéfait voit un liquide couler entre les doigts du petit homme. Ensuite, par un procédé du même genre, Amîn tire du sel d'une autre pierre. Le ghoul, peu rassuré, se fait humble et invite le voyageur à passer la nuit dans sa caverne. Amîn le suit. Quand ils sont arrivés chez le ghoul, celui-ci dit à son hôte d'aller chercher de l'eau pour le repas, tandis que lui-même ira chercher du bois. Amîn, ne pouvant seulement soulever l'énorme outre du ghoul, s'avise d'un expédient ; il se met à creuser le sol et dit au ghoul qu'il lui fait un canal pour amener l'eau chez lui, en souvenir de son hospitalité [1]. « C'est bon, » dit le ghoul,

---

1. Il y a ici une altération. Dans plusieurs des contes mentionnés ci-dessus, le petit homme creuse la terre autour d'un puits et dit au géant qu'il va lui rapporter tout le puits, comme, dans notre conte et dans d'autres, il prétend vouloir rapporter tout un arbre ou toute une forêt.

et il va remplir l'outre. Après le souper, il indique à Amîn un lit au fond de sa caverne. Dès qu'Amîn entend le ghoul ronfler, il quitte son lit et met à sa place des coussins et des tapis roulés. Sur ces entrefaites, le ghoul se réveille ; il se lève tout doucement, prend une massue et frappe sept fois de suite sur ce qu'il croit être Amîn endormi ; puis il va se recoucher. Amîn regagne aussi son lit et demande au ghoul ce que c'est que cette mouche qui sept fois de suite s'est posée sur son nez. Le ghoul, étonné, effrayé, s'enfuit, et Amîn peut s'esquiver de son côté. — La fin de ce conte persan, que nous laissons de côté, est identique à celle de plusieurs des contes mentionnés p'us haut (voir, par exemple, le conte des « Saxons » de Transylvanie, le conte tsigane, le conte grec moderne n° 23 de la collection Hahn) ; elle n'a plus de rapport avec notre conte [1].

1. Pour cette dernière partie, voir l'Introduction au *Pantchatantra* de M. Benfey (§ 211). Aux contes tirés de divers livres orientaux (dont deux livres sanscrits), qui y sont résumés, on peut ajouter un conte populaire indien actuel (n° 7 des contes du pays de Cachemire, publiés dans l'*Indian Antiquary*, novembre 1882).

XXVI

LE SIFFLET ENCHANTÉ

Il était une fois un roi et ses deux fils. Ce roi avait un oiseau si beau et si charmant, que jamais on n'avait vu son pareil; aussi y tenait-il beaucoup.

Un jour qu'il lui donnait à manger et que la porte était ouverte, l'oiseau s'envola. Le roi appela ses fils, et leur dit : « Celui de vous deux qui, d'ici à un an, retrouvera l'oiseau, aura la moitié de mon royaume. »

Les deux frères partirent ensemble, et, arrivés à une croisée de chemin, ils se séparèrent. Bientôt l'aîné fit la rencontre d'une vieille femme : c'était une fée. « Où vas-tu ? » lui dit-elle. — « Je vais où bon me semble; cela ne te regarde pas. » Alors la vieille alla se mettre sur le chemin où passait le plus jeune. « Où vas-tu, mon bel enfant ? — Je vais chercher l'oiseau que mon père a laissé envoler. — Eh bien ! voici un sifflet. Va dans la forêt des Ardennes; tu donneras un coup de sifflet et tu diras : Je viens chercher l'oiseau de mon père. Tous les oiseaux répondront : C'est moi, c'est moi. Un seul dira : Ce n'est pas moi. C'est celui-là qu'il faudra prendre. »

Le prince remercia la vieille, mit le sifflet dans sa poche et s'en alla dans la forêt des Ardennes. Il donna un coup de sifflet et dit : « Je viens chercher l'oiseau de mon père. » Tous les oiseaux se mirent à crier : « C'est moi, c'est moi, c'est moi. » Un seul dit : « Ce n'est pas moi. » Le prince le saisit et reprit le chemin du château de son père.

Il rencontra bientôt son frère, qui lui demanda : « As-tu trouvé l'oiseau ? — Oui, je l'ai trouvé. — Donne-le-moi. —

Non. — Eh bien ! je vais te tuer. — Tue-moi si tu veux. » Son frère le tua, creusa un trou et l'y enterra ; puis il retourna chez son père avec l'oiseau. Le roi, bien content de ravoir son oiseau, fit préparer un grand festin, et y invita beaucoup de monde.

Cependant, le chien d'un berger, passant dans la forêt, s'était mis à gratter à la place où le jeune prince était enterré. Le berger, qui avait suivi son chien, aperçut quelque chose à l'endroit où il grattait et crut d'abord voir un doigt qui sortait de terre ; il regarda de plus près et vit que c'était un sifflet ; il le prit et le porta à ses lèvres. Le sifflet se mit à dire :

> « Siffle, siffle, berger,
> C'est mon frère qui m'a tué,
> Dans la forêt des Ardennes. »

Le maire du pays, qui était le voisin du berger, entendit parler du sifflet et l'acheta. Ayant été invité au festin du roi, il prit le sifflet pendant qu'on était à table et se mit à siffler :

> « Siffle, siffle, maire,
> C'est mon frère qui m'a tué,
> Dans la forêt des Ardennes. »

Le roi prit le sifflet à son tour :

> « Siffle, siffle, mon père,
> C'est mon frère qui m'a tué,
> Dans la forêt des Ardennes,
> Pour l'oiseau que tu as laissé envoler. »

Le fils aîné du roi comprit bien que c'était de lui qu'il s'agissait ; il voulut s'enfuir, mais on courut après lui, on le fit revenir et on l'obligea à siffler aussi :

> « Siffle, siffle, bourreau,
> Car c'est toi qui m'as tué,
> Dans la forêt des Ardennes. »

Aussitôt le roi fit brûler son fils dans un cent de fagots. Ensuite il demanda au berger s'il se rappelait l'endroit où il avait trouvé le sifflet. Le berger dit qu'il ne s'en souvenait pas bien, qu'il essaierait pourtant de l'y conduire, mais le chien y alla tout droit. Dès qu'on eut retiré le corps, le jeune homme se dressa sur ses pieds.

Le roi, bien joyeux, fit préparer un grand festin en signe de réjouissance, et moi je suis revenu.

REMARQUES

Nous avons à rapprocher de notre conte plusieurs contes recueillis dans différentes parties de la France : en Picardie (Carnoy, p. 236), dans le département de la Loire (*Mélusine*, 1877, p. 423), dans l'Armagnac (Bladé, nº 1), dans la Bretagne non bretonnante (Sébillot, *Littérature orale*, pp. 220 et 226), dans une région non désignée (*Semaine des Familles*, 8e année, 1865-1866, p. 709); — en Allemagne : dans la Hesse (Grimm, nº 28), dans la principauté de Waldeck (Curtze, nº 11), dans le Hanovre (Colshorn, nº 71), dans le duché de Lauenbourg (Müllenhoff, nº 49); — dans le « pays saxon » de Transylvanie (Haltrich, nº 42); — chez des populations polonaises de la Prusse orientale (Tœppen, p. 139); — en Pologne (Woycicki, p. 105), d'après M. R. Kœhler; — en Russie (Gubernatis, *Zool. Myth.*, I, p. 195; Naaké, p. 170); — dans le Tyrol italien (Schneller, nº 51); — en Italie : dans le Montferrat (Comparetti, nº 28), en Toscane (Gubernatis, *Novelline*, nº 20), dans le pays napolitain (Imbriani, *Conti pomiglianesi*, p. 195), en Sicile (Gonzenbach, nº 51; Pitrè, nº 79); — en Espagne : dans la Catalogne (*Rondallayre*, I, p. 33), dans la province de Valence (Caballero, II, p. 29), à Séville (*Biblioteca de las tradiciones populares españolas*, I, p. 196); — enfin, en Portugal (Braga, nº 54, et, sous une forme assez différente, Coelho, nº 40).

Ceux de ces contes qui se rapprochent le plus du nôtre pour l'introduction sont les contes italiens et siciliens : là, les trois fils d'un roi vont chercher des plumes d'un certain oiseau, qui doivent guérir les yeux de leur père. (Dans le conte du Tyrol italien, les trois princes s'en vont à la recherche d'une plume d' « oiseau griffon », que leur père a perdue, comme le roi du conte lorrain a laissé échapper son oiseau, et à laquelle il tient beaucoup.) — Dans le conte espagnol de Séville, ce ne sont pas des plumes d'oiseau qu'il faut pour guérir les yeux du roi; c'est une certaine fleur : de même dans le conte catalan, où le roi a la jambe malade. C'est une fleur aussi qu'un roi a la fantaisie de demander à ses fils dans le conte français de la Loire et dans le conte espagnol de la province de Valence; et celui qui apportera cette fleur aura la couronne. Comparer le conte breton p. 220 de la collection Sébillot, où, comme dans notre conte, le jeune prince est tué « dans la forêt d'Ardennes ». — Dans le conte allemand du duché de Lauenbourg, un père, sur son lit de mort, désire manger du lièvre : celui de ses trois fils qui lui apportera un lièvre, aura tout l'héritage. — Dans un autre conte allemand (Grimm, variante du n° 28), un roi laissera sa couronne à celui de ses trois fils qui pourra prendre un certain ours.

Ailleurs (conte allemand de Waldeck, conte du « pays saxon » de Transylvanie), un roi a promis sa fille à celui qui prendrait un sanglier terrible. Trois frères tentent l'entreprise. Le plus jeune ayant réussi, les aînés le tuent pour s'emparer du trophée de sa victoire. — Comparer le conte hessois.

Dans un autre groupe (contes français de la collection Sébillot (p. 226) et de la *Semaine des Familles*, et contes russes), toute introduction de ce genre fait défaut. Elle est remplacée par une introduction absolument différente, dont le conte français de la collection Sébillot donnera l'idée : Un père, partant en voyage, demande à ses trois filles ce qu'elles veulent qu'il leur rapporte. La première demande une robe couleur du soleil, la seconde une belle rose, la troisième un pot de réséda. C'est pour s'emparer de ce réséda que l'aînée tue la plus jeune.

Dans le conte picard, un petit garçon tue sa sœur pour lui prendre le fagot qu'elle a fait dans la forêt et avoir ainsi la galette que leur mère a promise à celui qui rapporterait le plus de bois mort.

Plusieurs contes de cette famille, — notamment les contes allemands des collections Müllenhoff et Grimm (III, p. 55), et le conte du « pays saxon » de Transylvanie, — ont un épisode qui correspond à celui de la vieille à laquelle le jeune prince seul répond poliment. Dans le conte espagnol de Séville, nous retrouvons la vieille elle-même, ou plutôt la Sainte Vierge, qui a pris cette forme.

Dans tous les contes mentionnés ci-dessus, figure l'instrument, — sifflet, flûte, etc., — qui dénonce le meurtrier. Mais c'est dans le conte lorrain seulement que ce sifflet a été précédemment donné à la victime par la personne qui l'avait aidée dans son entreprise. Il y a là une altération, ingénieuse d'ailleurs, du thème primitif.

Sur ce point, les contes de cette famille se partagent en deux groupes. Dans le premier (conte français de la Loire ; conte picard ; contes allemands des collections Grimm et Curtze ; conte du Tyrol italien ; conte napolitain ; contes siciliens ; conte espagnol de Séville), le sifflet ou tout autre instrument qui parle, a été fait par un berger avec un os du frère ou de la sœur assassinés. — Dans le second (conte du « pays saxon » de Transylvanie ; conte polonais ; contes russes ; conte toscan ; conte catalan ; conte espagnol de la province de Valence ; conte portugais de la collection Braga), le berger se taille une flûte dans un roseau (un sureau, dans le conte allemand de la collection Müllenhoff), qui a poussé à la place où la victime a été enterrée.

Nous rencontrons dans le conte italien du Montferrat, dans le conte espagnol de la province de Valence et le conte catalan, le détail, si peu vraisemblable, même dans un conte merveilleux, du jeune homme retrouvé vivant quand on le retire du trou où il a été enterré. — Dans le second conte russe, la flûte dit qu'il faut asperger la victime d'une certaine eau, et elle revient à la vie.

*
* *

Enfin la littérature orientale nous offre un trait du même genre, mais dont nous n'oserions pas affirmer la parenté directe avec nos contes, dans un drame chinois intitulé le *Plat qui parle* (*Journal Asiatique*, 4ᵉ série, vol. 18, p. 523) : Un riche voyageur est assassiné par un aubergiste et sa femme. « Pan (l'aubergiste) brûle le corps de sa victime, recueille ses cendres, pile ses os, dont il fait d'abord une espèce de mortier, puis un plat. C'est ce plat qui, apporté à l'audience de Pao-Tching, parle et dénonce les coupables. »

XXVII

ROPIQUET

Il était une fois une femme qui avait du fil de chanvre à porter au tisserand. Pendant qu'elle finissait de l'apprêter, le diable entra chez elle et la salua : « Bonjour, ma bonne femme. — Bonjour, monsieur. — Si vous voulez, » dit le diable, « je vous tisserai tout votre fil pour rien, mais à une condition : c'est que vous devinerez mon nom. — Volontiers, » répondit la femme. « Vous vous appelez peut-être bien Jean ? — Non, ma chère. — Peut-être Claude ? — Non. — Vous vous appelez donc François ? — Non, non, ma bonne femme ; vous n'y arriverez pas. Cependant, vous savez, si vous devinez, vous aurez votre toile pour rien. » Elle défila tous les noms qui lui vinrent à l'esprit, mais sans trouver le nom du diable. « Je m'en vais, » dit celui-ci ; « je rapporterai la toile dans deux heures, et, si vous n'avez pas deviné, la toile est à moi. »

Le diable étant parti, la femme s'en fut au bois pour chercher un fagot. Elle s'arrêta près d'un grand chêne et se mit à ramasser des branches mortes. Justement sur ce chêne était le diable qui faisait de la toile et qui taquait, taquait; autour de lui des diablotins qui l'aidaient. Tout en travaillant, le diable disait :

« Tique taque, tique taque,
Je m'appelle Ropiquet, Ropiquet,
Si la bonne femme savait mon nom, elle serait bien aise. »

La femme leva les yeux et reconnut son homme. Elle se hâta d'écrire sur son soulier le nom qu'elle venait d'entendre, et, en s'en retournant au logis, elle répéta tout le long du chemin :

« Ropiquet, Ropiquet. » Elle ne fut pas plus tôt rentrée chez elle, que le diable arriva. « Voilà votre toile, » lui dit-il. « Maintenant, savez-vous mon nom ? — Vous vous appelez Eugène ? — Non, ma bonne femme. — Emile ? — Vous n'y êtes pas. — Vous vous appelez peut-être bien Ropiquet ? — Ah ! » cria le diable, « si tu n'avais été sous l'arbre, tu ne l'aurais jamais su ! » Et il s'enfuit dans la forêt en poussant des hurlements épouvantables et en renversant les arbres sur son passage.

Moi, j'étais sur un chêne : je n'ai eu que le temps de sauter sur l'arbre voisin et je suis revenu.

REMARQUES

Il a été recueilli des contes de ce genre dans le « nord-ouest de la France » (*Mélusine*, 1877, col. 150); dans la Haute-Bretagne (Sébillot, I, n° 48 et variante); dans la Basse-Normandie (J. Fleury, p. 190); en Picardie (*Romania*, VIII, p. 222); — en Allemagne (Grimm, n° 55; Prœhle, II, n° 20; Müllenhoff, pp. 306-309 et p. 409; Kuhn, *Westfælische Sagen*, I, p. 298); — en Autriche (Vernaleken, n°s 2 et 3); — en Suède (Cavallius, n° 10); — chez des populations polonaises de la Prusse orientale (Tœppen, p. 138)[1]; — chez les Lithuaniens (Schleicher, p. 56); — chez les Slovaques de Hongrie (Chodzko, p. 341); — dans le Tyrol italien (Schneller, n° 55), — en Sicile (Gonzenbach, n° 84); — dans le pays basque (Webster, p. 56); — en Islande (Arnason, p. 27), et aussi, d'après M. R. Kœhler, en Flandre, en Angleterre, en Irlande (remarques sur le conte sicilien n° 84 de la collection Gonzenbach) et en Hongrie (*Zeitschrift für romanische Philologie*, II, p. 351).

*
* *

Nous dirons d'abord un mot du groupe le plus nombreux de contes de cette famille (contes allemands des collections Grimm, Prœhle, Müllenhoff, p. 409; conte suédois; conte slovaque; conte du Tyrol italien; conte sicilien; conte basque; — comparer, comme se rapprochant plus ou moins de ces divers contes, le conte français publié dans *Mélusine* et le conte islandais).

Dans ce groupe, une jeune fille, que son père ou sa mère a, tantôt pour une raison, tantôt pour une autre, fait passer pour une très habile fileuse, doit devenir reine ou grande dame, si elle file dans un temps très court une énorme quantité de lin, ou, dans plusieurs versions, si elle réussit à transformer de la paille en fil d'or (conte allemand de la collection Grimm, conte suédois, conte slovaque) ou du lin en soie (conte allemand de la collection

---

1. Ce conte nous paraît être dérivé directement du texte imprimé du conte suédois, traduit en allemand.

Müllenhoff), comme ses parents ont prétendu qu'elle savait le faire. Un être mystérieux, souvent un diable, lui propose de se charger de cette tâche. Si elle devine son nom, ou, dans certains contes (conte français de *Mélusine*, conte breton, conte basque, conte allemand, p. 307 de la collection Müllenhoff, conte autrichien, conte islandais), si elle retient ce nom, elle n'aura rien à lui donner; autrement, elle, ou, dans certaines versions (Grimm, Müllenhoff, Kuhn), son premier enfant, lui appartiendra. — Dans aucun de ces contes, ce n'est la jeune fille qui entend le diable dire son nom; c'est une autre personne, qui ensuite le rapporte à la jeune fille, le plus souvent sans savoir l'intérêt qu'elle a à le connaître.

Trois contes présentent d'assez notables différences. Dans le conte westphalien de la collection Kuhn, l'héroïne est une femme qui file très mal et qui, à cause de sa maladresse, est continuellement grondée par son mari. Un nain mystérieux la rend adroite aux conditions que l'on sait. — Dans la variante bretonne, un homme menace sa femme de la tuer si elle n'a filé en huit jours tout le chanvre qui est dans un grand grenier. — Dans le conte picard, il s'agit d'un tisserand, à qui un inconnu remet une balle de lin à tisser. Dans huit jours il faut que la toile soit prête. « Si elle ne l'est pas, vous aurez de mes nouvelles. » Le tisserand ne pouvant venir à bout de sa besogne : « Ah! dit-il, je donnerais beaucoup à qui pourrait m'aider ! » Arrive alors un petit homme habillé de vert qui lui dit : « Ta toile sera tissée à l'instant; mais, si tu ne me dis pas dans trois jours quel est mon nom, je prendrai ton âme. »

Dans d'autres contes, l'héroïne est également exposée à tomber entre les mains d'un être malfaisant, mais ce dernier lui a rendu un tout autre service que de filer à sa place : ainsi, dans le conte allemand, p. 308 de la collection Müllenhoff, il a montré leur chemin à une princesse et au roi son père, égarés dans une forêt; dans le conte de la Haute-Bretagne, il a donné à une jeune fille laide un charme destiné à la faire paraître belle aux yeux de celui qu'elle aime.

On voit que, dans notre conte, l'élément tragique, si l'on peut parler ainsi, — le danger qui menace l'héroïne, — a disparu. Aussi le récit a-t-il pris une tout autre couleur.

Parmi les contes dont nous avons donné la liste, le conte normand et le conte lithuanien peuvent seuls, à notre connaissance, être rapprochés sur ce point du conte lorrain. — Le conte normand est presque identique à notre conte; seulement le nom du diable est Rindon. — Le conte lithuanien présente quelques traits particuliers. Dans ce conte, une paysanne a du fil de lin à tisser; mais les travaux des champs l'empêchent de se mettre à cet ouvrage; aussi dit-elle souvent de dépit : « Mon lin, vous verrez que ce seront les *laumes* (êtres malfaisants sous forme de femmes) qui le tisseront ! » Un jour, à sa grande surprise, une laume entre chez elle et lui dit : « Tu offres sans cesse ton lin aux laumes; eh bien ! me voici; je te le tisserai. Quand la toile sera finie, si tu devines mon nom et que tu me régales bien, la toile sera à toi; sinon, elle m'appartiendra. »

Un almanach lorrain, *Lo pia ermonèk loûrain* (Strasbourg, 1879, p. 51), présente ce thème d'une façon toute particulière : Le diable, sous la forme d'un beau monsieur, dit à un pauvre bûcheron que, si le lendemain celui-ci a deviné son âge, il lui donnera un sac d'écus; sinon le bûcheron deviendra son valet et devra le suivre partout. Le lendemain, le bûcheron, arrivé à l'endroit du rendez-vous, est pris de peur en voyant qu'il n'a pas deviné, et il se cache dans un arbre creux. Quand le beau monsieur arrive, le bûcheron se met à crier dans sa cachette : *coucou, coucou*. Le diable s'arrête court et dit tout haut : « Je suis pourtant bien vieux; voilà que j'ai bien cent mille ans, et je n'ai jamais entendu chanter le coucou dans cette saison. » Le bûcheron, qui a entendu, peut répondre à la question du diable, et celui-ci est obligé de lui donner le sac d'écus.

*
* *

Au commencement du XVIIIe siècle, en 1705, Mlle Lhéritier insérait un conte de ce genre, *Ricdin-Ricdon*, dans son livre intitulé *la Tour ténébreuse. Contes anglais*. Dans ce conte, altéré en plus d'un endroit et tourné en manière de roman, la jeune fille, Rosanie, doit (comme dans certains contes actuels indiqués plus haut) non pas deviner, mais se rappeler le nom de l'homme habillé de brun dont elle a reçu pour trois mois une baguette qui lui permet de soutenir à la cour de la reine sa réputation peu méritée d'incomparable fileuse. Vers la fin des trois mois, le prince royal, qui aime Rosanie, et qui souffre de la voir préoccupée, s'en va à la chasse pour se distraire. Passant près d'un vieux palais en ruines, il y aperçoit plusieurs personnages d'une figure affreuse et d'un habillement bizarre. L'un d'eux fait des sauts et des bonds en hurlant une chanson dont le sens est que, si certaine étourdie avait mis dans sa cervelle qu'il s'appelait Ricdin-Ricdon, elle ne tomberait pas entre ses griffes. En rentrant au château, le prince raconte la chose à Rosanie, qui se trouve ainsi tirée du danger et qui épouse le prince.

*
* *

Il se raconte en Suède un conte de ce genre sous forme de légende, la légende de l'église de Lund. (Voir *Une excursion en Suède*, par M. Victor Fournel, dans le *Correspondant* du 10 décembre 1868, p. 868.) Il s'agit du géant Jætten Finn, qui promet à saint Laurent de bâtir une église; mais, quand l'église sera finie, il faudra que le saint ait deviné le nom du géant; sinon, il devra lui donner le soleil et la lune ou « les deux yeux de sa tête ». Quand approche le moment fatal, saint Laurent interroge tous ceux qu'il rencontre et jusqu'aux bêtes de la forêt pour savoir le nom du géant; mais personne ne connaît ce nom. Enfin, passant le soir dans un pays qu'il n'avait jamais vu, devant une maison, il entend un enfant qui pleure et sa mère qui lui dit : « Tais-toi, ton père Jætten Finn va rentrer, et, si tu es sage, il t'apportera le soleil et la lune, ou les deux yeux de saint Laurent. » (Comparer, dans la collection Müllenhoff, p. 299, une légende très ressemblante, recueillie dans le Schleswig-Holstein.)

Le *Magasin pittoresque* a publié en 1869 (p. 330) un « vieux conte tourangeau », fort arrangé, mais dont le fond a de l'analogie avec cette légende suédoise : Un paysan doit livrer son fils à un démon, si dans trois jours il n'a pu deviner le nom de celui-ci. La mère de l'enfant entend une voix qui chante comme font les nourrices : « Cher petit démon, ne pleure pas : ton père Rapax (*sic*) va t'amener un beau petit compagnon. »

*
* *

Enfin, en Orient, dans la collection mongole du *Siddhi-Kür*, d'origine indienne, comme on sait, nous trouvons un récit (n° 15) dont la donnée a du rapport avec les contes ci-dessus indiqués et particulièrement avec la légende suédoise et le conte tourangeau. Le voici : Un prince a été assassiné par son compagnon d'études et de voyages ; en mourant il a dit un seul mot, dont personne n'a pu comprendre le sens. Le roi son père rassemble tous les savants, les devins, les enchanteurs du pays, et les fait enfermer dans une tour : si dans huit jours ils ne lui ont pas expliqué le mot mystérieux, ils seront mis à mort. La veille du jour où expire le délai, un des plus jeunes, qui est parvenu à sortir de la tour, va se cacher dans une forêt. Pendant qu'il est assis au pied d'un arbre, il entend des voix qui viennent du haut de cet arbre. C'est un enfant qui pleure ; en même temps, son père et sa mère le consolent en lui disant que demain le roi fera mettre à mort mille savants. « Et pour qui seront leur chair et leur sang, si ce n'est pour nous ? » L'enfant ayant demandé pourquoi le roi les fera exécuter, le père lui dit que c'est parce qu'ils ne peuvent deviner ce que signifie un certain mot, dont il lui donne le sens. Le jeune savant a tout entendu ; il se rend auprès du roi, lui explique le mot en question, par lequel le prince désignait son assassin, et il sauve ainsi la vie à tous ses confrères.

XXVIII

LE TAUREAU D'OR

Il était une fois un roi qui avait pour femme la plus belle personne du monde. Elle ne lui avait donné qu'une jolie petite fille, qui devenait plus belle de jour en jour. La princesse était en âge d'être mariée, lorsque la reine tomba malade ; se sentant mourir, elle appela le roi près de son lit et lui fit jurer de ne se remarier qu'avec une femme plus belle qu'elle-même. Il le promit, et, bientôt après, elle mourut.

Le roi ne tarda pas à se lasser d'être veuf, et ordonna de chercher partout une femme plus belle que la défunte reine, mais toutes les recherches furent inutiles. Il n'y avait que la fille du roi qui fût plus belle. Le roi, qui avait en tête de se remarier, mais qui voulait aussi tenir sa parole, déclara qu'il épouserait sa fille.

A cette nouvelle, la princesse fut bien désolée et courut trouver sa marraine, pour lui demander un moyen d'empêcher ce mariage. Sa marraine lui conseilla de dire au roi qu'elle désirait avoir avant les noces une robe couleur du soleil. Le roi fit chercher partout, et l'on finit par trouver une robe couleur du soleil. Quand on lui apporta cette robe, la princesse fut au désespoir : elle voulait s'enfuir du château, mais sa marraine lui conseilla d'attendre encore et de demander au roi une robe couleur de la lune. Le roi réussit encore à se procurer une robe telle que sa fille la voulait. Alors la princesse demanda un taureau d'or.

Le roi se fit apporter tout ce qu'il y avait de bijoux d'or dans le royaume, bracelets, colliers, bagues, pendants d'oreilles, et ordonna à un orfèvre d'en fabriquer un taureau d'or. Pendant que l'orfèvre était occupé à ce travail, la princesse vint secrètement le trouver et obtint de lui qu'il ferait le taureau creux. Au jour fixé pour les noces, elle ouvrit une petite porte qui était dissimulée dans le flanc du taureau et s'enferma dedans ; quand on vint pour la chercher, on ne la trouva plus. Le roi mit tous ses gens en campagne, mais on ne l'avait vue nulle part. Il tomba dans un profond chagrin.

Il y avait dans un royaume voisin un prince qui était malade ; il lui vint aussi la fantaisie de demander à ses parents un taureau d'or. Le roi, père de la princesse, ayant entendu parler de ce désir du prince, lui céda son taureau d'or, car il ne tenait pas à le conserver. La princesse était toujours dans sa cachette.

Le prince fit mettre le taureau d'or dans sa chambre, afin de l'avoir toujours devant les yeux. Depuis sa maladie, il ne voulait plus avoir personne avec lui et il mangeait seul ; on lui apportait ses repas dans sa chambre. Dès le premier jour, la princesse profita d'un moment où le prince était assoupi pour sortir du taureau d'or, et elle prit un plat, qu'elle emporta dans sa cachette. Le lendemain et les jours suivants, elle fit de même. Le prince, bien étonné de voir tous les jours ses plats disparaître, changea d'appartement ; mais comme il avait fait porter le taureau dans sa nouvelle chambre, les plats disparaissaient toujours. Enfin, il résolut de ne plus dormir qu'il n'eût découvert le voleur. Quand on lui eut apporté son repas, il ferma les yeux et fit semblant de sommeiller. La princesse aussitôt sortit tout doucement du taureau d'or pour s'emparer d'un des plats qui étaient sur la table ; mais, s'étant aperçue que le prince était éveillé, elle fut bien effrayée ; elle se jeta à ses pieds, et lui raconta son histoire. Le prince lui dit : « Ne craignez rien : personne ne saura que vous êtes ici. Désormais je ferai servir deux plats de chaque chose, l'un pour vous et l'autre pour moi. »

Le prince fut bientôt guéri et se disposa à partir pour la guerre. « Quand je reviendrai, » dit-il à la princesse, « je donnerai trois coups de baguette sur le taureau pour vous avertir. »

Pendant l'absence du prince, le roi son père voulut montrer le taureau d'or à des seigneurs étrangers qui étaient venus le visiter. L'un d'eux, pour voir si le taureau était creux, le frappa de sa baguette par trois fois. La princesse, croyant que c'était le prince qui était revenu, sortit aussitôt de sa cachette. Elle eut grand'peur en voyant qu'elle s'était trompée. Le roi, très surpris, lui fit raconter son histoire, et lui dit de rester au château aussi longtemps qu'elle voudrait.

Or, il y avait à la cour une jeune fille qu'on y élevait pour la faire épouser au prince. En voyant les attentions qu'on avait pour la princesse, elle fut prise d'une jalousie mortelle. Un jour qu'elles se promenaient ensemble au bois, cette jeune fille conduisit la princesse au bord d'un grand trou en lui disant de regarder au fond, et, pendant que la princesse se penchait pour voir, elle la poussa dedans et s'enfuit. La princesse, qui était tombée sans se faire de mal, appela au secours. Un charbonnier, qui passait près de là, accourut à ses cris, la retira du trou et la ramena au château. Justement le prince, la guerre étant terminée, venait d'y rentrer lui-même, et l'on faisait les préparatifs de ses noces avec sa fiancée. Un grand feu de joie avait été allumé devant le château. Le prince, ayant appris ce qui était arrivé, ordonna de jeter dans le feu la méchante fille, puis il épousa la belle princesse. On fit savoir au roi son père qu'elle était mariée ; il prit bien la chose, et tout fut pour le mieux.

REMARQUES

Il est inutile de faire remarquer la ressemblance de l'introduction de notre conte avec celle du conte de *Peau d'Ane*. Nous n'avons pas à nous occuper spécialement de ce dernier conte ; disons seulement un mot de son introduction, c'est-à-dire, pour préciser, de la partie du conte où il est parlé du projet criminel du roi et des premières demandes que lui fait la princesse pour en empêcher l'exécution (demandes de vêtements en apparence impossibles à fabriquer). On la retrouve notamment dans les contes suivants : un conte allemand (Grimm, n° 65), un conte lithuanien (Schleicher, p. 10), un conte tchèque de Bohême (Waldau, p. 502), un conte valaque (Schott, n° 3), des contes grecs modernes (Hahn, n° 27 et variantes), un conte sicilien (Gonzenbach, n° 38), un conte italien de Rome (miss Busk, p. 84), des contes basques (Webster, p. 165), un conte écossais (Campbell, n° 14), — tous du type de *Peau d'Ane*, — et dans deux des contes que nous allons avoir à rapprocher de notre *Taureau d'or*, un conte de la Haute-Bretagne (Sébillot, II, n° 40) et un conte catalan (*Rondallayre*, I, p. 111).

La promesse faite par le roi à sa femme de n'épouser qu'une femme aussi belle ou plus belle qu'elle, se retrouve dans plusieurs de ces contes ; mais là, le plus souvent, la reine a quelque qualité merveilleuse, par exemple, des

cheveux d'or (conte allemand) ou une étoile d'or sur le front (conte tchèque).
— Dans d'autres contes, le roi promet de n'épouser que la femme au doigt de
laquelle ira l'anneau de la reine (conte sicilien ; conte grec n° 27, var. 2, de
la collection Hahn), ou bien qui pourra mettre ses souliers (conte romain) ou
ses vêtements (conte écossais ; conte breton).

Dans plusieurs de ces contes, les vêtements demandés sont à peu près les
mêmes que dans notre conte et dans celui de Perrault ; dans d'autres, il y a
quelques différences : ainsi, dans le conte sicilien, la première robe doit être
couleur du ciel avec le soleil et les étoiles ; la seconde, couleur de la mer avec
les plantes et les animaux marins ; la troisième, couleur de la terre avec tous
les animaux et les fleurs. — A la peau de l'âne aux écus d'or, demandée en
dernier lieu par la princesse dans le conte de Perrault, correspond, dans la
plupart des contes du type de *Peau d'Ane*, un manteau de peau, plus ou
moins extraordinaire : par exemple, dans le conte allemand, un manteau où
doit entrer un morceau de la peau de tous les animaux du pays ; dans le conte
valaque, un manteau de peaux de poux, garni de peaux de puces, etc. Dans
quelques-uns de ces contes (conte romain ; conte grec n° 27, var. 1, de la collection Hahn), le dernier objet demandé par la princesse est une sorte de boîte
ayant forme humaine, dont elle se revêt pour ainsi dire, et qui ne l'empêche
pas de se mouvoir.

*
* *

A partir de l'endroit où la princesse demande le taureau d'or, notre conte
se sépare du conte de *Peau d'Ane* et développe un thème bien distinct. Nous
trouvons ce thème dans le conte breton indiqué plus haut, qui offre
de grands rapports avec notre conte, mais qui n'en a pas la dernière
partie (les aventures de la princesse pendant que le prince est à la guerre) ;
dans ce conte breton, en effet, le prince épouse la princesse, dès qu'il
l'a surprise sortant du « bœuf d'or », et le conte se termine là. — Cette
dernière partie manque également dans un conte italien, recueilli à Rome
(miss Busk, p. 91). Ici le commencement est altéré : le roi, père de la
princesse, veut simplement lui faire épouser un « vieux vilain roi ». La princesse demande à son père, avant de donner son consentement, un chandelier
d'or, haut de dix pieds et plus gros qu'un homme. A peine l'a-t-elle qu'elle
s'en montre dégoûtée, et elle dit à son chambellan de l'en débarrasser : le
prix qu'il en tirera sera pour lui. Puis elle s'enferme dans le chandelier. Le
chambellan porte le chandelier dans un pays étranger, et le vend au fils du
roi, qui le fait mettre dans sa chambre. Le soir, quand il revient du théâtre,
il trouve mangé le souper qu'on lui avait apporté dans sa chambre. Le lendemain, même chose. La troisième fois, il se cache et surprend la princesse.
Depuis ce moment, il ne sort plus de sa chambre, et, quand ses parents
le pressent de se marier, il dit qu'il ne veut épouser que le chandelier (*la
candeliera*). On le croit fou ; mais, un jour, la reine, entrant à l'improviste
dans la chambre de son fils, voit ouverte la porte ménagée dans le chandelier et une jeune fille à table avec le prince. Elle comprend alors ce que
celui-ci voulait dire, et, comme le roi et la reine sont charmés de la beauté
de la princesse, le mariage se fait aussitôt. — Un conte italien de Bologne

(Coronedi-Berti, n° 3), dont la première partie est toute différente[1], se rapproche beaucoup de ce conte romain (la jeune fille se met, là aussi, dans un gros chandelier); mais il est moins complet.

C'est également un chandelier qui, dans un conte albanais (Dozon, n° 6), tient la place du taureau d'or, et ce conte albanais, à la différence des trois contes précédents, a une dernière partie correspondant à celle du conte lorrain : Le prince, comme dans notre conte, est déjà fiancé, mais cela ne l'empêche pas d'épouser la princesse « sans faire de noces ». Plus tard, obligé d'aller en guerre, il dit à sa femme de rester cachée dans le chandelier; les serviteurs lui apporteront à manger. Un jour, la mère de la fiancée du prince entre dans la chambre, et, y trouvant la jeune femme, elle la fait jeter dans un endroit rempli d'orties. La princesse est recueillie par une vieille, qui est venue chercher des orties pour en faire un plat. A son retour de la guerre, le prince, ne retrouvant plus sa femme, tombe malade de chagrin. Pendant sa maladie, il lui prend envie de manger un plat de légumes, et il fait crier par toute la ville qu'on lui en procure un. La vieille lui en apporte; mais les herbes ont été hachées par la jeune femme, qui y a mis son anneau de mariage. Le prince, ayant trouvé l'anneau, le reconnaît aussitôt; il se rend chez la vieille et retrouve sa femme. (Cet épisode de l'anneau mis dans le plat d'herbes rattache la dernière partie de ce conte albanais au conte de *Peau d'Ane*, dont il avait déjà presque toute l'introduction.) — Nous citerons encore, comme ayant une dernière partie analogue à celle du conte lorrain, le conte catalan mentionné tout à l'heure (*Rondallayre*, I, p. 111). Dans ce conte, la princesse, après avoir, sur l'avis de son confesseur, demandé à son père une robe de plumes de toutes les couleurs, une autre d'écailles de tous les poissons, et une troisième « faite d'étoiles », lui demande enfin une boîte d'or, assez grande pour qu'elle y puisse tenir. Quand elle a cette boîte, elle s'y enferme et dit à ses serviteurs de la porter en lieu de sûreté. Ceux-ci, passant dans un royaume où tout le monde est triste à cause de la maladie du fils du roi, plongé dans une profonde mélancolie, se laissent entraîner par l'appât du gain à vendre la boîte d'or, dont on veut faire présent au prince. La boîte est mise dans sa chambre. Deux nuits de suite, pendant que le prince est endormi, la princesse sort de la boîte et va lui écrire dans la main[2]. La troisième nuit, le prince fait semblant de dormir. Il voit la princesse et apprend d'elle qui elle est. A partir de ce moment, il cesse d'être triste et ordonne que désormais on lui apporte dans sa chambre double part de chaque mets. Par malheur, bientôt le prince est obligé de partir pour la guerre. Il donne son anneau à la princesse et dit à ses gens de continuer à porter tous les jours à manger dans sa chambre. Les valets, fort étonnés de cet ordre, vont regarder par le trou de la serrure et découvrent la présence de la princesse. Ils l'emportent bien loin dans la boîte d'or, vendent la boîte et jettent la princesse dans un trou rempli

---

1. Cette première partie du conte bolonais, que nous rencontrerons encore dans un des contes cités plus loin et qui figure dans des contes européens appartenant à d'autres familles, se retrouve dans un conte populaire indien du Bengale, *la Princesse qui aimait son père comme du sel* (miss Stokes, n° 23).

2. Dans le conte albanais, la princesse, après avoir goûté de tous les mets, se lave les mains et va frotter celles du prince, avant de rentrer dans son chandelier.

d'épines. Elle est délivrée par des bergers, qui lui font garder les cochons. Cependant le prince, de retour, envoie partout à la recherche de la princesse; mais c'est peine inutile, et il retombe dans sa noire tristesse. Le roi son père ayant fait publier partout qu'il donnerait une grande récompense à qui rendrait la gaieté à son fils, la princesse se présente au château, sous ses habits de porchère, montre au prince l'anneau que celui-ci lui a donné, et elle l'épouse.

Nous rencontrons encore à peu près la même idée dans un conte sicilien (Pitrè, I, p. 388), où la princesse, que son père veut épouser, s'enferme avec des provisions dans un magnifique meuble de bois doré qu'elle fait jeter à la mer. Un roi recueille le meuble et le fait porter dans son palais. Ici, comme dans les contes précédents et dans notre conte, la princesse sort trois fois de sa cachette pour manger, et le roi la surprend et l'épouse. — Le coffre doré où s'enferme la princesse et qui est porté dans la chambre d'un prince, figure encore dans un conte grec moderne (B. Schmidt, n° 12), au milieu d'un récit où cet épisode est très gauchement introduit. — Voir enfin (dans la revue *Giambattista Basile*, 1883, p. 45) un conte napolitain, dont l'introduction est celle du conte bolonais. De même que, dans le conte romain, le prince déclare qu'il veut épouser la *candeliera*, de même ici il dit qu'il veut épouser la *cascia* (la « caisse », le « coffre »).

*
* *

Il paraît que le conte que nous étudions ici forme le sujet d'un de ces petits livres populaires anglais connus sous le nom de *chap-books*. C'est ce qui ressort du titre de ce *chap-book*, que M. Kœhler (*Zeitschrift für romanische Philologie*, II, p. 351) emprunte à un livre anglais de M. Halliwell. Voici ce titre : « Le Taureau d'or, ou l'Adroite Princesse, en quatre parties. — 1. Comment un roi voulut épouser sa propre fille, la menaçant de la tuer si elle ne consentait pas à devenir sa femme. 2. Adresse de cette demoiselle qui se fait transporter au delà de la mer dans un taureau d'or vers le prince qu'elle aimait. 3. Comment son arrivée et son amour vinrent à la connaissance du jeune prince. 4. Comment sa mort fut concertée par trois dames en l'absence de son amant; comment elle fut préservée, et, bientôt après, mariée au jeune prince, avec d'autres remarquables incidents. »

Au milieu du XVIe siècle, en Italie, Straparola insérait parmi ses nouvelles un conte de ce genre (n° 6 des contes extraits de Straparola et traduits en allemand par Valentin Schmidt) : La princesse de Salerne, en mourant, remet son anneau à son mari Tebaldo et lui fait promettre, — comme dans plusieurs des contes mentionnés ci-dessus, — qu'il ne se remariera qu'avec la femme au doigt de laquelle ira cet anneau. Or l'anneau ne va qu'au doigt de la fille du prince, Doralice, qui, le trouvant un jour, s'est amusée à l'essayer. Tebaldo veut épouser Doralice. Celle-ci, sur le conseil de sa nourrice, s'enferme dans une armoire artistement travaillée que la nourrice seule sait ouvrir et dans laquelle elle a mis une liqueur dont quelques gouttes permettent de vivre longtemps sans autre nourriture. Tebaldo, furieux de la disparition de sa fille, voit un jour l'armoire, et, comme elle lui rappelle des souvenirs odieux, il la fait vendre à un marchand génois, lequel à son tour la vend au jeune roi d'Angleterre. Ce dernier la fait mettre dans sa chambre à coucher. Pendant qu'il est à la chasse, Doralice sort de l'armoire, met en ordre la chambre et l'orne de fleurs odoriférantes. Cela se renouvelle plusieurs fois. Le roi demande à sa mère et à ses sœurs qui lui pare si bien sa chambre ; mais elles n'en savent pas plus que lui. Enfin, un matin, le roi fait semblant de partir pour la chasse, et il se cache dans un endroit d'où il peut voir dans sa chambre par une fente. Doralice est découverte et le roi l'épouse. — La suite n'a aucun rapport avec notre conte.

*
* *

En Orient, un conte syriaque ressemble beaucoup au conte lorrain, malgré diverses altérations (E. Prym et A. Socin, n° 52) : La femme d'un riche juif, se sentant mourir, fait promettre à son mari de ne se remarier qu'avec la femme à qui iront ses souliers à elle. Le juif a beau essayer les souliers à toute sorte de femmes : aucune ne peut les mettre. Un jour, sa fille les prend, et ils lui vont à ravir. Le juif déclare qu'il veut l'épouser [1]. La jeune fille lui dit qu'elle veut d'abord qu'il lui rapporte de beaux habits de la ville. Pendant qu'il est parti, elle fait mettre une serrure à l'intérieur d'un coffre et s'y enferme avec des provisions. Le juif, étant de retour, cherche partout en vain sa fille, et, de colère, il porte le coffre au marché et le met en vente (il est probable que, dans la forme originale, sa fille lui avait demandé de lui donner un coffre de telle et telle façon : on comprend alors que la vue de ce coffre l'irrite). Un prince achète le coffre et le fait porter dans la chambre de son fils. Pendant l'absence de celui-ci, la jeune fille sort de sa cachette, fait cuire le riz et met la chambre en ordre. Le lendemain, de grand matin, elle prépare le café. Le prince, fort surpris, fait semblant de sortir, et se cache dans un coin de la chambre. Il surprend ainsi la jeune fille, qui lui raconte son histoire, et il l'épouse. — Le conte se poursuit en passant dans d'autres thèmes, dont le principal n'est pas sans analogie avec la dernière partie du conte de Straparola. Voir les remarques de notre n° 78, *la Fille du marchand de Lyon*.

*
* *

Nous rapprocherons des contes de ce type qui ont la dernière partie, un conte sicilien se rattachant à un autre thème, et où nous retrouverons un détail du conte lorrain que nous n'avons pas jusqu'ici rencontré. Voici ce conte (Pitrè, n° 37) : Une reine a mis au monde, au lieu d'enfant, un pied de romarin, si beau qu'il fait l'admiration de tous ceux qui le voient. Un sien neveu, roi d'Espagne, obtient d'emporter ce romarin dans son pays. Un jour qu'il joue du flageolet à côté du romarin, il en voit sortir une belle jeune fille, et il en est de même toutes les fois qu'il joue de son flageolet. Obligé de partir pour la guerre, le prince dit à Rosamarina (la jeune fille)

---

1. Dans le conte albanais et dans le conte romain (Busk, p. 84), la mère de la princesse a fait faire au roi la même promesse. — Dans un conte arabe d'Egypte, du type de *Peau d'Ane* (H. Dulac, n° 1), le roi ordonne d'essayer à toutes les femmes du pays l'anneau de jambe de la défunte reine.

que, quand il reviendra, il jouera trois fois de suite du flageolet et qu'alors elle pourra sortir de son romarin. (Comparer, dans notre conte, les trois coups de baguette sur le taureau d'or.) Pendant son absence, les trois sœurs du prince entrent dans son appartement, et, trouvant le flageolet, chacune en joue à son tour. A la troisième fois, apparaît Rosamarina. Les princesses, s'apercevant alors pourquoi leur frère n'aimait plus à sortir, et furieuses contre Rosamarina, l'accablent de coups et la laissent à demi morte. Suit un long épisode où le jardinier chargé par le prince de soigner le romarin découvre par hasard le moyen de rompre le charme qui tient Rosamarina attachée à son arbuste. Il la guérit, et, à son retour, le prince l'épouse. — Comparer un conte serbe (*Archiv für slawische Philologie*, II, p. 635) et un conte napolitain du XVIIe siècle (*Pentamerone*, nᵒ 2).

XXIX

LA POUILLOTTE & LE COUCHERILLOT

Un jour, la pouillotte [1] et le coucherillot [2] s'en allèrent aux noisettes. En cassant les noisettes à la pouillotte, le coucherillot avala une écale ; il étranglait.

La pouillotte courut à une fontaine : « Fontaine, donne-moi de ton eau pour m'abreuver, que j'abreuve le petit coucherillot, qui étrangle en grand gosillot [3]. — Tu n'en n'auras pas, si tu ne vas me chercher de la mousse. »

La pouillotte s'en alla près d'un chêne : « Chêne, mousse-moi, que je mousse la fontaine, que la fontaine m'abreuve, que j'abreuve le petit coucherillot, qui étrangle en grand gosillot. — Tu n'auras rien, si tu ne vas me chercher une bande. »

La pouillotte alla trouver une dame : « Madame, bandez-moi, que je bande le chêne, que le chêne me mousse, que je mousse la fontaine, que la fontaine m'abreuve, que j'abreuve le petit coucherillot, qui étrangle en grand gosillot. — Tu n'auras rien, si tu ne vas me chercher des pantoufles. »

La pouillotte entra chez le cordonnier : « Cordonnier, pantoufle-moi, que je pantoufle madame, que madame me bande, que je bande le chêne, que le chêne me mousse, que je mousse la fontaine, que la fontaine m'abreuve, que j'abreuve le petit coucherillot, qui étrangle en grand gosillot. — Tu n'auras rien, si tu ne vas me chercher des soies. »

1. Petite poule.
2. Petit coq.
3. Petit gosier.

La pouillotte alla trouver une coche [1] : « Coche, soie-moi, que je soie le cordonnier, que le cordonnier me pantoufle, que je pantoufle madame, que madame me bande, que je bande le chêne, que le chêne me mousse, que je mousse la fontaine, que la fontaine m'abreuve, que j'abreuve le petit coucherillot, qui étrangle en grand gosillot. — Tu n'auras rien, si tu ne vas me chercher de l'orge. »

La pouillotte alla près d'une gerbe : « Gerbe, orge-moi, que j'orge la coche, que la coche me soie, que je soie le cordonnier, que le cordonnier me pantoufle, que je pantoufle madame, que madame me bande, que je bande le chêne, que le chêne me mousse, que je mousse la fontaine, que la fontaine m'abreuve, que j'abreuve le petit coucherillot, qui étrangle en grand gosillot. — Tu n'auras rien, si tu ne vas me chercher le batteur. »

La pouillotte s'en alla trouver le batteur : « Batteur, bats la gerbe, que la gerbe m'orge, que j'orge la coche, que la coche me soie, que je soie le cordonnier, que le cordonnier me pantoufle, que je pantoufle madame, que madame me bande, que je bande le chêne, que le chêne me mousse, que je mousse la fontaine, que la fontaine m'abreuve, que j'abreuve le petit coucherillot, qui étrangle en grand gosillot. »

REMARQUES

Le conte s'arrête, comme on voit, brusquement. Dans la forme complète, la poule finit par avoir de l'eau, mais elle arrive trop tard auprès du coq, mort et bien mort.

Depuis la publication de notre conte lorrain dans la *Romania*, on nous a communiqué un conte inédit, provenant des environs de la Ferté-Gaucher (Seine-et-Marne) : Le coq a donné un coup de bec à la poule. Celle-ci va trouver le cordonnier « pour qu'il lui raccommode le petit trou que le coq lui a fait ». Le cordonnier n'a pas de soies. La poule va en demander au cochon. Le cochon veut avoir du son. Le meunier, avant de donner le son, veut avoir des chats pour se débarrasser des souris. La chatte ne veut donner de ses petits chats que si on lui apporte du lait. La vache demande de l'herbe. Le pré n'en veut pas donner sans avoir une herse (*sic*). La poule va chercher la herse, qui fauche vingt arpents d'un coup. Le conte finit là.

Dans deux contes allemands (Grimm, III, p. 129 et n° 80), dans un conte norvégien (Asbjœrnsen, I, n° 16), dans un conte tchèque de Bohême

---

1. Truie.

(Waldau, p. 341), le coq et la poule vont aussi aux noix, et l'un d'eux, — dans les trois premiers contes, la poule, — étrangle pour avoir voulu avaler un trop gros morceau. Dans un conte du « pays saxon » de Transylvanie (Haltrich, n° 75), c'est un pois que la poule avale. — Dans un conte picard (Carnoy, p. 217), le petit coq, que son père a conduit au bois pour lui faire manger des noisettes, avale une écale.

Au lieu du coq et de la poule, les deux principaux personnages d'un conte corse (Ortoli, p. 237) sont un petit chat et une petite chatte qui mangent des amandes (sic) ; une amande reste dans le gosier de la petite chatte.

Nous retrouvons dans ces divers contes à peu près la série de personnages et d'objets mis en scène. Ainsi, dans le conte norwégien, la fontaine, pour donner de son eau, demande des feuilles ; le tilleul, pour donner ses feuilles, un beau ruban (comparer la « bande » de notre conte) ; la Vierge Marie, pour donner le ruban, une paire de souliers ; le cordonnier, des soies ; le sanglier, du grain ; le batteur, du pain ; le boulanger, du bois ; le bûcheron, une hache ; le forgeron, du charbon. Le charbonnier donne le charbon, etc. (Ici, par exception, la poule revient à la vie.)

Un conte de la Souabe (Meier, n° 80) se rapproche de la variante de Seine-et-Marne : Le coq et la poule voyagent ensemble. En sautant un fossé, le coq prend si fort son élan, que son jabot crève. Ils s'en vont chez le cordonnier. « Cordonnier, donne-moi du fil, que je recouse mon jabot. » Le cordonnier demande des soies ; la truie, du lait ; la vache, de l'herbe, etc.

Ce conte souabe a beaucoup de rapport avec deux contes, l'un allemand (Simrock, n° 36), l'autre suisse (Sutermeister, n° 5), où une souris a tant ri en voyant son compagnon de route, le chat (ou le charbon : comparer Grimm, n° 18 et III, p. 27), tomber dans l'eau, que sa « petite panse » en a crevé. Elle va trouver le cordonnier pour lui demander de la recoudre ; le cordonnier demande des soies, et ainsi de suite. Comparer un conte catalan, très voisin (Rondallayre, III, p. 48). — Dans un conte du département de l'Ardèche (Mélusine, 1877, col. 425), un rat ayant eu, on ne dit pas comment, la queue coupée, va aussi trouver le cordonnier, etc. Comparer un conte italien de Bologne, du même genre (Coronedi-Berti, n° 10). — Dans d'autres contes, l'un anglais (Halliwell, p. 33), l'autre allemand (Meier, n° 81), le chat a coupé la queue de la souris, et il ne veut la lui rendre que si la souris va lui chercher du lait (ou du fromage). Suit tout un enchaînement de personnages.

Ajoutons encore à la liste des rapprochements à faire un conte sicilien (Pitrè, n° 135), dans lequel notre thème est très bizarrement rattaché au thème de notre n° 62, l'Homme au pois ; trois contes italiens du pays napolitain (Imbriani, XII Conti pomiglianesi, p. 236 seq.), un conte portugais (Coelho, n° 13) et un conte écossais (Campbell, n° 8).

Enfin, notre thème se présente sous une autre forme que celle de conte. Ainsi, dans Mélusine (1877, col. 148), la « randonnée » suivante, recueillie dans la Loire-Inférieure : « Minette m'a perdu mes roulettes. J'ai dit à Minette : Rends-moi mes roulettes. Minette m'a dit : Je ne te rendrai tes roulettes que si tu me donnes croûtettes. J'ai été à ma mère lui demander croûtettes. Ma mère m'a dit, etc. » Et à la fin : « Le chêne m'englande, — J'englande le porc ;... — Ma mère m'encroûte, — J'encroûte Minette, — Et Minette m'a rendu mes roulettes. » Comparer encore, dans *Mélusine* (1877, col. 218), une « randonnée » du département de l'Eure, et, dans les *Contes populaires recueillis en Agenais*, de M. J.-F. Bladé, le n° 5, *lé Lait de Madame*.

*
* *

En Orient, nous trouvons un conte du même genre d'abord chez les Ossètes du Caucase (*Mélanges asiatiques*, publiés par l'Académie de Saint-Pétersbourg, t. V [1864-1868], p. 99, et *Bulletin* de l'Académie, t. VIII, p. 36) : Le pou et la puce voyagent ensemble ; ils sont obligés de passer l'eau. La puce saute sur l'autre bord, mais le pou tombe dans l'eau. La puce s'en va trouver le cochon et lui demande une de ses soies pour retirer son compagnon. Avant de donner la soie, le cochon veut avoir des glands. Le chêne demande que Qürghüi ne vienne plus souiller le terrain auprès de lui (*sic*). Qürghüi veut un œuf. La poule demande que la souris ne vienne plus ronger son panier ; la souris, que le chat ne l'attrape plus ; le chat veut du lait. La vache donne le lait ; le chat le boit et ne prend plus la souris ; la souris ne ronge plus le panier ; la poule donne un œuf ; Qürghüi mange l'œuf et ne souille plus le terrain auprès du chêne ; le chêne donne des glands; le cochon les mange et donne une de ses soies, et la puce retire de l'eau son compagnon. « Aujourd'hui ils vivent encore. »

Il a été recueilli dans l'Inde un conte très voisin des contes européens, et qui est, paraît-il, très populaire chez les Hindous et chez les Mahométans dans les districts de Firôzpûr, de Siâlkôt et de Lahore (*Indian Antiquary*, 1880, p. 207 ; — Steel et Temple, p. 111) : Un moineau et une corneille conviennent un jour de faire cuire du *khirjri* (préparation de riz et de pois) pour leur dîner. La corneille apporte les pois ; le moineau le riz, et le moineau fait la cuisine. Quand le *khirjri* est prêt, la corneille arrive pour avoir sa part. « Non », dit le moineau ; « tu es malpropre ; va laver ton bec dans l'étang là-bas, et ensuite tu viendras dîner. » La corneille s'en va près de l'étang. « Tu es monsieur l'étang ; moi, je suis madame la corneille. Donne-moi de l'eau, que je puisse laver mon bec et manger mon *khirjri*. — Je t'en donnerai, » dit l'étang, « si tu vas trouver le daim, que tu prennes une de ses cornes pour creuser un trou dans le sol auprès de moi, et alors je laisserai couler mon eau claire et fraîche. » La corneille va trouver le daim : « Tu es monsieur le daim ; moi, je suis madame la corneille. Donne-moi une de tes cornes, que je puisse creuser un trou, etc. » Le daim lui dit : « Je te donnerai une de mes cornes, si tu me donnes du lait de buffle ; car alors je deviendrai gras, et cela ne me fera pas de mal de me casser une corne. » La femelle du buffle demande à son tour de l'herbe ; l'herbe dit à la corneille d'aller d'abord chercher une bêche. Le forgeron, à qui la corneille s'adresse pour avoir la bêche, dit qu'il la donnera, si la corneille lui allume son feu et fait aller le soufflet. La corneille se met à allumer le feu et à faire aller le soufflet; mais elle tombe au milieu du feu et elle y périt. « Ainsi le moineau mangea tout le *khirjri* à lui seul. »

XXX

LE FOIE DE MOUTON

Il était une fois un militaire qui revenait de la guerre. Sur son chemin il rencontra un homme qui lui proposa de faire route avec lui ; le militaire y consentit. Les deux compagnons étant venus à passer auprès d'un troupeau de moutons : « Tiens, » dit l'homme au militaire, « voici trois cents francs ; tu vas m'acheter un mouton, et nous le ferons cuire pour notre repas. »

Le militaire prit l'argent et alla demander au berger de lui vendre un mouton. « C'est impossible, » dit le berger, « le troupeau ne m'appartient pas. — Je te paierai cent francs pour un mouton, » dit l'autre. Finalement, le berger accepta le marché, et le militaire revint avec la bête.

« Maintenant, » lui dit son compagnon, « nous allons apprêter notre repas. Va d'abord me chercher de l'eau. » Et il lui donna un vase sans fond. Le militaire puisa à la plus prochaine fontaine, mais il ne put rapporter une goutte d'eau ; il fallut que l'homme y allât lui-même.

Le militaire, pendant l'absence de son compagnon, s'occupa de faire rôtir le mouton, et, tout en tournant la broche, il prit le foie et le mangea. L'homme, de retour, demanda ce qu'était devenu le foie du mouton. « Le mouton n'en avait pas, » répondit le militaire. — « Un mouton qui n'a pas de foie ! cela ne s'est jamais vu. — Moi, » dit le militaire, « je l'ai déjà vu. — Combien a coûté le mouton ? » reprit l'homme. — « Il a coûté les trois cents francs que vous m'avez donnés. — Tu as gardé une partie de l'argent, » dit l'homme ; « autrement tu aurais pu rapporter l'eau dans le vase sans fond. Mais passe pour cette fois. »

Ils poursuivirent leur route et entrèrent chez une vieille dame, qui avait bien quatre-vingts ans et qui était fort riche. Elle avait promis la moitié de sa fortune à celui qui pourrait la faire redevenir jeune comme à quinze ans. L'homme s'offrit à la rajeunir. Il commença par la tuer, puis il brûla son corps, mit les cendres dans un linge et fit une fois le tour du puits. Aussitôt la vieille dame se retrouva sur pied, pleine de vie et de santé, et jeune comme à quinze ans; elle paya bien volontiers le prix de son rajeunissement. Quelque temps après, l'homme rendit encore le même service à une autre vieille dame, et reçut la même récompense.

Or cet homme était le bon Dieu qui avait pris la forme d'un voyageur. Il fit trois parts de l'argent et dit au militaire : « As-tu mangé le foie du mouton? — Non, je ne l'ai pas mangé. — Eh bien! celui qui l'a mangé aura deux de ces trois parts. — Oh! alors, » dit l'autre, « c'est moi qui l'ai mangé. — Prends tout, » dit le bon Dieu, « mais tu auras encore besoin de moi. » Et il le quitta.

Le militaire continua son voyage et eut encore une fois la chance de rencontrer une vieille dame qui voulait aussi rajeunir. Il entreprit la chose et fit tout ce qu'il avait vu faire au bon Dieu : il tua la dame, brûla son corps, mit les cendres dans un linge et tourna une fois autour du puits; mais ce fut peine perdue. Il refit jusqu'à six fois le tour du puits, sans plus de succès. La justice arriva, et notre homme allait être conduit en prison quand, fort heureusement pour lui, le bon Dieu le tira d'affaire en ressuscitant la vieille dame. Le militaire remercia le bon Dieu, et se promit bien de ne plus s'aviser à l'avenir de vouloir rajeunir les gens.

REMARQUES

Le conte qui, à notre connaissance, se rapproche le plus du conte lorrain, est un conte toscan (Nerucci, n° 31) : Pipetta, soldat revenant de la guerre avec trois sous seulement dans sa poche, en donne successivement deux à deux vieux pauvres et partage le dernier avec un troisième. Celui-ci (en réalité, les trois sont un seul et même personnage mystérieux) dit à Pipetta d'aller chercher un mouton à tel endroit : le berger à qui il en demandera un le lui donnera. Pipetta rapporte, en effet, un mouton, et ils le font cuire. Quand il est cuit, le vieillard dit à Pipetta qu'il voudrait manger le cœur. Mais Pipetta l'a lui-même mangé, pendant qu'il surveillait la cuisine. Il répond que le mouton n'avait pas de cœur. Les deux compagnons se mettent en route. — Bientôt ils ont une rivière à passer ; Pipetta a de l'eau jusqu'aux genoux. Le vieillard lui demande si vraiment le mouton n'avait pas de cœur. « Non, » dit Pipetta, « il n'en avait pas. » Alors l'eau lui monte jusqu'au cou ; il persiste à nier. L'eau monte encore ; il en a par dessus la tête, qu'il fait encore signe que non. Le vieillard, qui ne veut pas sa mort, fait baisser l'eau, et ils arrivent sains et saufs sur l'autre bord. — Le vieillard se présente avec Pipetta devant un roi dont la fille est atteinte d'une maladie mortelle, promettant de la guérir. Le roi le prévient que, s'il ne réussit pas, il y va de sa tête. Le vieillard, accompagné de Pipetta, s'enferme avec la malade dans une chambre où il y a un four ; quand le four est bien chauffé, il y met la princesse. Au bout de trois jours, il tire du four un monceau de cendres ; il prononce dessus certaines paroles, et voilà la princesse debout, vivante et bien portante. Le roi fait conduire les deux compagnons dans son trésor, et Pipetta prend tout l'argent qu'il peut emporter. Quand il s'agit de partager, le vieillard fait trois tas de l'argent : le troisième sera pour celui qui a mangé le cœur du mouton. « C'est moi qui l'ai mangé », dit Pipetta. Plus tard, après s'être séparé du vieillard, Pipetta veut, lui aussi, guérir la fille d'un roi par le moyen qu'il a vu employer par son compagnon. Mais, naturellement, il ne réussit pas. On est en train de le conduire au supplice, quand le vieillard apparaît, ressuscite la princesse et sauve Pipetta.

Dans ce conte italien, il n'est pas dit qui est ce vieillard mystérieux. Dans un conte hessois (Grimm, III, p. 129), dans un conte autrichien (Grimm, nº 81), et aussi dans un conte souabe (Meier, nº 62), qui pourrait bien dériver directement du livre des frères Grimm, c'est saint Pierre. Le conte hessois a tous les épisodes du conte italien ; dans le conte autrichien, il manque (comme dans notre conte) l'épisode de la rivière[1]. — Tous ces contes, ainsi qu'un conte de la Flandre française (Deulin, II, p. 116 seq.), rattachent à ce récit une seconde partie appartenant à un autre thème.

Dans les contes qui vont suivre, ce n'est plus saint Pierre qui joue le grand rôle. Dans un conte de la Basse-Bretagne (Luzel, *Légendes*, I, p. 30), où le cadre général du récit est tout particulier, c'est Notre-Seigneur, voyageant avec saint Pierre et saint Jean. Dans un conte catalan (Maspons, p. 56) et dans un conte allemand du duché d'Oldenbourg (Strackerjan, II, p. 301), c'est Notre-Seigneur avec saint Pierre seulement.

Dans le conte oldenbourgeois, complet, mais assez altéré, ce n'est pas le cœur d'un mouton ou d'un agneau (comme dans presque tous les contes indiqués ci-dessus) ou le cœur d'un lièvre (comme dans le conte flamand) que le héros a mangé ; c'est la seconde moitié d'un pain, dont la première lui avait été précédemment donnée. — Même chose, ou à peu près, dans un conte russe (Ralston, p. 351), où le vieillard est saint Nicolas.

Le conte catalan et un conte toscan (Gubernatis, *Novelline di Santo-Stefano*, nº 31) n'ont que l'épisode des guérisons. Dans le conte toscan, c'est Jésus

---

1. Cet épisode de la rivière, qui se trouve encore dans un conte oldenbourgeois, dont nous aurons à parler, se raconte aussi à Montiers : nous y avons entendu faire allusion à une histoire qui n'est autre que cet épisode. Dans cette histoire, c'est saint Pierre, — ou plutôt Pierre, car il n'est encore que disciple, — qui joue le rôle du soldat.

qui a pris la forme d'un vieux pauvre ; dans le conte catalan, c'est saint Pierre, et le commencement ressemble beaucoup à celui du conte toscan de la collection Nerucci, analysé plus haut. — Un conte tchèque de Bohême (Wenzig, p. 88) n'a que l'épisode des parts. Saint Pierre, ou plutôt Pierre, comme dans le conte lorrain cité en note, joue vis-à-vis de Jésus un rôle analogue à celui du soldat des contes lorrain, autrichien, etc. Il fait semblant de ne pas entendre quand le Maître lui demande ce qu'est devenu l'un des trois fromages que Pierre est allé acheter. Le conte se termine par une leçon morale.

Dans les contes autrichien, hessois, flamand et catalan, le héros est, comme dans notre conte et dans le conte toscan de la collection Nerucci, un ancien soldat.

*
* *

Guillaume Grimm donne l'analyse d'un conte semblable qui se trouve dans un livre allemand, imprimé probablement en 1551, le *Wegkürzer*, de Martinus Montanus. Là, les deux compagnons sont le bon Dieu et un Souabe. Le bon Dieu ayant ressuscité un mort, on lui donne cent florins en récompense. Suit l'épisode de l'agneau, dont le Souabe mange le *foie*, comme dans le conte lorrain. Puis le Souabe veut ressusciter, lui aussi, un mort, et il est sauvé de la potence par le bon Dieu. Enfin les cent florins sont partagés en trois parts, et le Souabe s'empresse de dire qu'il a mangé le foie de l'agneau.

G. Grimm résume encore un autre conte de la même époque, qui met en scène saint Pierre et un lansquenet, et il relève des allusions à des contes de ce genre dans des livres du XVIᵉ et du XVIIᵉ siècle.

Le *Novellino* italien, qui date du XIIIᵉ siècle ou de la première moitié du XIVᵉ (*Romania*, 1873, p. 400), contient une nouvelle dont se rapproche beaucoup le conte allemand du XVIᵉ siècle. Voir, dans la *Romania* (1874, p. 181), l'analyse qu'en a donnée M. d'Ancona et les remarques dont il l'a accompagnée. Les personnages de ce conte italien sont le bon Dieu et un jongleur. Au lieu du foie d'un agneau, le jongleur mange les rognons d'un chevreau.

*
* *

En Orient, on peut citer un petit poème persan de la première moitié du XIIIᵉ siècle, dont la source, — au moins la source immédiate, — est évidemment chrétienne (*Zeitschrift der deutschen morgenländischen Gesellschaft*, XIV, p. 280). Là, comme dans le conte oldenbourgeois (comparer aussi le conte russe), c'est un morceau de pain que le compagnon de Jésus nie avoir mangé pendant l'absence de celui-ci. Jésus lui donne des preuves de sa puissance en le faisant marcher avec lui sur la mer, puis en rassemblant les os d'un faon qu'ils ont mangé ensemble et en rendant la vie à l'animal, et chaque fois il demande à son compagnon s'il a mangé le pain. L'autre persiste toujours à nier. Mais quand Jésus a changé en or trois monticules de terre et dit que la troisième part appartiendra à celui qui a mangé le pain, l'homme s'empresse de dire que c'est lui.

FIN DU TOME Iᵉʳ.

TABLE DES MATIÈRES

CONTES POPULAIRES DE LORRAINE

MACON, IMP. ET LITH. PROTAT FRÈRES.

DU MÉRIL (E.). Études sur quelques points d'archéologie et d'histoire litté-
raire. In-8 br. . . . . 8 »
— Histoire de la comédie. Tomes I et II. 2 vol. in-8 br . . . . 16 »
— Le monde est un théâtre, comédie en cinq actes. — Toutes les sœurs de
charité ne sont pas grises, comédie en trois actes. Préface de M. J.
Barbey d'Aurevilly. In-18 jésus, br. 3 50

ÉVANGILES (Les) apocryphes, traduits et annotés d'après l'édition de J.-C.
Thilo, par G. Brunet. Suivi d'une notice sur les principaux livres apocryphes de l'Ancien Testament. 2e édit. augmentée. 1 vol. in-18 jésus,
br 3 50

GARREAUD (L.). Causeries sur les origines et le moyen âge littéraires de la
France, 2 vol. in-12 br . . . . 6 »

HILLEBRAND (K.). Études historiques et littéraires. Tome I : Études italiennes. Un fort vol. gr. in-18 jésus, br. . . . . 4 »
    Table des matières. Poésie épique. — De la divine comédie. I. La
    divine comédie et le lecteur moderne. II. But et effet de la divine comédie.
    — Les poèmes du cycle carolingien. I. L'épopée nationale. II. Les poèmes
    italiens. — Poésie dramatique. De la comédie italienne. I. Des conditions
    d'une scène nationale. II. Caractère général de la comédie italienne.
    III. La politique dans le mystère du xve siècle. (Laurent de Médicis). IV.
    La réforme religieuse dans le mystère (Jérôme Savonarole). V. L'Arioste
    et son théâtre. VI. L'Italie du Cinquecento dans le théâtre de l'Arioste.
    VII. Machiavel et son idée. VIII. Les comédies de Machiavel.

HUSSON (H.). La chaîne traditionnelle. Contes et légendes au point de vue
mythique. Un vol. petit in-8 br . . . . 4 »

MOET DE LA FORTE-MAISON. Les Francs, leur origine et leur histoire,
dans la Pannonie, la Mésie, la Thrace, etc., etc., la Germanie et la
Gaule, depuis les temps les plus reculés jusqu'à la fin du règne de
Clotaire, dernier fils de Clovis, fondateur de l'Empire français. 2 vol.
in-8 br. Au lieu de 15 fr . . . . 6 »

NADAILLAC (Le marquis de). L'ancienneté de l'homme, 2e éd. Un vol.
petit in-8 br . . . . 4 »
    Il a été tiré quelques exemplaires sur papier Whatman et sur papier de
    Chine au prix de 25 francs l'exemplaire.

NISARD (C.). Étude sur le langage populaire ou patois de Paris et de sa ban-
lieue, précédée d'un coup d'œil sur le commerce de la France au moyen
âge, les chemins qu'il suivait et l'influence qu'il a dû avoir sur le langage.
In-8 br. 7 50

PARENT (A.). Machaerous. Gr. in-8 br., orné d'une carte . . . . 6 »
    Relation historique et géographique d'un voyage autour de la mer
    Morte et du siège par les Romains de la ville et de la forteresse de
    Machaerous, dernier boulevard de l'indépendance du peuple juif.

PARIS (G.). Le petit Poucet et la grande Ourse. In-16 br 2 50

PUYMAIGRE (Le comte de). La cour littéraire de don Juan II, roi de Castille,
2 vol. petit in-8 br . . . . 7 »

REBOLD (E.). Histoire générale de la franc-maçonnerie, basée sur ses anciens
documents et les monuments élevés par elle, depuis sa fondation en
l'an 715 av. J.-C. jusqu'en 1850. In-8 br. Au lieu de 5 fr 2 50

ROLLAND (E.). Devinettes ou énigmes populaires de la France, suivis de la
réimpression d'un recueil de 77 Indovinelli, publié à Trévise en 1628,
avec une préface de M. G. Paris. Un vol. petit in-8 br . . . . 4 »

REVUE CELTIQUE

Fondée par H. Gaidoz

(1870-1885)

Publiée sous la direction de H. D'Arbois de Jubainville,

Membre de l'Institut, Professeur au Collège de France,

AVEC LE CONCOURS

De MM. E. Ernault, J. Loth et de plusieurs savants des
Iles Britanniques et du continent.

PRIX D'ABONNEMENT { France .... 20 fr.
Union postale .... 22 fr.

Le 7ᵉ volume est en cours de publication.

ROMANIA

RECUEIL TRIMESTRIEL CONSACRÉ A L'ÉTUDE DES LANGUES
ET DES LITTÉRATURES ROMANES

PUBLIÉ

Sous la direction de MM. Paul Meyer et Gaston Paris,

Membres de l'Institut.

PRIX D'ABONNEMENT { France .... 20 fr.
Union postale .... 22 fr.

La 15ᵉ année est en cours de publication.

MACON, IMP. ET LIBR. PROTAT FRÈRES.

www.ingramcontent.com/pod-product-compliance
Lightning Source LLC
Chambersburg PA
CBHW071632270326
41928CB00010B/1884